U0638395

初心之地

《初心之地》编委会 ◎ 编

石油工业出版社

图书在版编目（CIP）数据

初心之地 /《初心之地》编委会编. -- 北京 : 石

油工业出版社, 2024. 9. -- ISBN 978-7-5183-6914-0

Ⅰ. F426.22

中国国家版本馆 CIP 数据核字第 2024V2B266 号

初心之地

《初心之地》编委会　编

出版发行 : 石油工业出版社

　　（北京市朝阳区安华里二区 1 号楼　100011）

网　　址 : www.petropub.com

编辑部 :（010）64523570　图书营销中心 :（010）64523633

经　销 : 全国新华书店

印　刷 : 北京晨旭印刷厂

2024 年 9 月第 1 版　2024 年 9 月第 1 次印刷

787 毫米 ×1092 毫米　开本 : 1/16　印张 : 38.25

字数 : 582 千字

定　价 : 128.00 元

编 委 会

永葆初心

数十载筚路蓝缕，几代心力，孜孜以求；

数十万笔墨染香，记载历史，见证荣光！

今天，《初心之地》带着壮阔风景与您见面！

历史从《初心之地》一页页翻过。

这本由重庆气矿编写出版的历史文献纪实类书籍，展现了中国天然气工业重要基地川东大气田的"前世今生"！

在呼啸而出的气流涌动中，我们看到展示着中国石油西南油气田公司（简称"西南油气田"或"公司"）重庆气矿生产经营管理成效的"大气之梦"；

在长剑在手，铸剑为犁的奋进征程中，我们看到体现重庆气矿坚持思想聚力、文化铸魂的"自信之源"；

在形成高尚的职业操守和阳光心态中，我们看到"聚是一团火，散作满天星"的"明星"闪耀着熠熠生辉的"志气之光"；

在与亿万年地质构造对话中，我们看到那些编织着色彩斑斓的梦想和明媚憧憬的"星星之树"！

什么是川东石油人的初心？

走川江、入蜀境、风雨兼程，中国第一口现代工业气井——巴1井助国抗战的卓著功勋是老一代石油元戎的初心；

卧龙河、大池干、大天池、高峰场、福成寨、张家场、七里峡，一襟晚照，豪情不减当年，在油气报国的孜孜以求中，让高产气田气壮山河是新一代石油人的初心；

远赴土库曼斯坦，饮马阿姆河，蓝金浩荡，吹沙见金，穿越万里关山，绘制西气东输的万里国脉是我们的初心！

寻踪觅迹，回首来路艰险；溯本求源，不忘点滴初心。

一部川东气田史，就是一幅能源报国的风雨长卷，是新时代、新使命、新征程不变的初心。

速度与激情演绎勘探奇迹，责任和担当展示央企形象，习惯和规范浇筑管理红线，制度和体系构建管理矩阵，探索和寻求焕发智慧光芒，忠诚和奉献熔铸气田风采！

从一錾初开风云起的"石油沟"到石破天惊的"相国寺"；从长江三峡腹地的"大池干"到大巴山南麓的"五百梯"；从拥有高产、高压、高含硫特质的"大猫坪"横空出世到直击地底汲取自然封存绵绵不断的"沙罐坪"；从拥有曾经全国陆上第二大集气总站的"卧龙河"到一寺两峡一场，为川渝地区乃至全国能源安全供应注入强劲动力的"西南储气中心"。

一篇篇脍炙人口的精品力作，见证了重庆气矿初心不改，矢志不渝，努力打造新时代中国天然气工业重要基地新风貌的历史担当！捧读这本厚重的历史，就是重温几代重庆气矿人走过的铿锵之路！

四川盆地，虎踞龙盘，巴山蜀水，秀美瑰丽。川东大气田劈山切谷，奔腾而至，气吞山岳，滚滚东来。重庆气矿人择气而居，在千里沃土万顷良田上播种、耕耘、收获，精耕细作每一口井，精采每一方气，颗粒归仓，让一条条天然气输气管线延伸活力和梦想。

铁石相击，必有火花；

水气相荡，乃生长虹。

时光流转，初心不改。让我们以笔为戈，触摸川东大气田一次次改革强劲的脉动；让我们以笔为犁，记录川东大气田一次次前行的石油力量！书写新时代共同奋进的美好华章。

站在新起点，我们出发！

2023 年 11 月

于重庆

目录

自信之源

志气之光

星星之树

从 1937 年巴 1 井开钻，80 余年风雨兼程，川东石油人始终深信：油脉如国脉，气田勘探开发与国家命运、与时代血脉相连。从陆相到海相，由浅及深。龙门望月，五百梯攻关，沙坪场缚虎，大天池会战，飞龙在天。万顺场、吊钟坝、风雨大池干。福成寨、张家场、沙罐坪、七里峡，巴山深处，谁把归期掐算？卧龙河二次开发，相国寺、铜锣峡、黄草峡华丽转身，云安场、大猫坪虎踞龙盘。

初心之地，每一个气田，都是一枚勋章，每一口气井，都在释放万丈光芒。

初心之地

石油沟：一壑初开风云起

杨源平　何　洋　张　虎

古之巴国都城巴县有一谓之水口庙的小村落，有山山水水统一归流于两江支流——安澜河。由于断崖的隔绝，崖上、崖下泾渭分明，形成了两个截然不同的世界。崖上一派山水田园风光，沟谷之间，阡陌纵横；浅丘之上，树木葱郁，炊烟袅袅、鸡鸣狗吠。而崖下，则是典型的峡谷绝壁，一个倒"U"形的巨大山崖，高耸入云。山崖正中，从水口庙飞奔而下的河水，犹如一条当空白练，挂在群山之间，坠落谷底发出巨大的轰鸣声，溅起腾腾白雾。山崖两边，群山莽莽，林木森森，绵延不绝。顺着谷底，一条无名小溪，在两岸翠竹的荫护之下，叮叮咚咚欢快前行，奔向远方……连接崖上、崖下的，是蜿蜒在山壁上的一条石梯便道。便道向外绵延三千米多的山谷出口，就是因清秀雾绕而得名的烟坡场，安澜乡（镇）所在地。而这条狭长而逼仄的山谷，有一个很工业化的

悠悠石油沟

石油沟尽头是一高达数丈的悬崖，有瀑布从上面倾泻而下

名字——石油沟。

因油而得名　因气而出名

石油沟真的有石油，这也正是其名字的由来。在谷底小溪旁有一个天然水凼，水凼旁的石头漆黑，泛着青光，显然是被石油浸泡过。更神奇的是，积水底部，有一股石油从夹缝中冒出。据清嘉庆《巴县志》记载：巴县水口庙下，有一油泉，随水而出，居民取之供灯。1937年10月28日石油沟一号井（巴1井）开钻，1939年11月25日钻至井深1402.2米嘉陵江统第五组地层，测试日产天然气1.5万立方米。给国家抗战尤需的能源输送了一份振奋剂，极大地提振了抗战士气和信心。石油沟有天赐渗油，亦因"富气"而声名远播。

20世纪30年代重庆使用天然气瓶的道奇牌小轿车

1950年7月1日建党29周年之际，全国石油工业会议决定，将1949年12月接管的原中国石油公司所属四川油矿探勘处和重庆营业所两个机构合并，改为燃料工业部石油管理总局重庆办事处。石油沟油矿隶属于重庆办事处。石油沟气田的勘探开发揭开了崭新的一页。

1954年，西南石油地质处对石油沟构造重新调查，拟定探井16口。1955年5月，因抗日战争和解放战争停顿了7年之久的石油沟气田恢复了钻探工作，5月22日，新中国成立后石油沟气田的第一口探井巴4井开钻，后更名为巴5井，未能获气。同年对巴2井加深钻探，进入嘉陵江层顶部时发生井喷，经中测日产气0.46万立方米。1956年，中华人民共和国石油工业部全国第一届第一次勘探会议决定继续加速勘探石油沟构造，揭开了石油沟气田正规勘探开发的序幕，"巴"字系列井陆续登上了历史的舞台，一个个可歌可泣的场面，在中国共产党的领导下相继上演！

20世纪50年代石油沟气矿远眺

时代书豪情　素描成重彩

翻开发黄的历史档案，记载了时代的壮志豪情，而艰苦卓绝的努力，更是书写了川东气田浓墨重彩的一笔。

"两大气龙"催生希望的田野。1956年至1957年，为钻探石油沟构造顶部轴线北部中生代地层含油气水情况和剖面、岩相变化情况，部署了巴22井和巴9井，巴22井于1956年9月27日开钻，1957年3月10日完钻，完钻至嘉三层位、井深1387.34米时，日获气128.23万立方米，此为川东气田第一口百万级大气井；1956年10月14日开钻的巴9井，在1957年2月2日钻至1100米时发生井喷，同年4月21日，在苏联石油工业代表团专家的指导下，采用空中爆炸的方式灭火成功，后经测试，日获气74.57万立方米。巴9井为我国在四川盆地首次使用涡轮钻机钻获的大气井。"两大气龙"的横空出世，展现了石油沟气田希望的田野。

1959年1—5月，苏联专家卡兹洛夫带领工作组到川南矿务局指导工作，卡拉达也夫、伊万丘克与石油科学研究院一起编制《石油沟气田嘉三气藏试采设计》。8月，石油沟气矿成立气田管理室及试采队，这是川东地区天然气开发工作的第一支专业基层队伍。开始气井动态分析研究，核实嘉三气藏的储量。通过开采动态分析，认识到气藏储层特征是裂缝性气藏。此后，井位部署改以前"面积和十字剖面布井法"为"占高点，沿长轴、沿断层及纽带部位布井"，以寻找裂缝发育带为目的，适应裂缝性气藏的实际，提高钻探成功率。1963年7月，四川石油管理局颁发《气田开发工作条例》，气田开发开始逐步走向正规化。1964年，钻探工作按"目的层、不唯目的层""钻遇油气显示就测试、获工业气流就完钻"的方针，并采用三角井网布井，提高了勘探效果。1965年，石油工业部在四川再次开展以"开气找油"为目标的会战，在石油沟二次勘探，发现了新的气层和新的裂缝系统。1966年后针对气田多产层、多裂缝系统，产能较小的特点，总结出"边勘探、边开发、高速开采、探采结合，选择构造有利部位和层段进行再次勘探，做到先浅后深，逐层搞清"的开发方法。1960年至1970年的10年间，巴3井、巴13井、巴12井、巴28井、巴29井、巴31井等相继获气并陆续投入生产，石油沟气田日产气量最高达60万立方米左右，一般在10万～45.70万立方米，阶段累计产气16.59亿立方米，艰苦年代为国家能源尤需做出了突出贡献。

"四个第一"成就外输梦想。石油沟气田开发初期，无气田集输管网，经10年的艰苦努力，开创了"四个第一"，实现了对外输供。

第一条大口径长输管线。1961年3月，中国第一条大口径长输管线——巴渝线开始建设，1963年5月17日建成投产。管线为D426×7螺纹焊缝钢管，全长54.4千米。起点为綦江县（今綦江区）巴9井，终点为大渡口区九宫庙。实现了天然气输入大城市的梦想。

第一次穿越长江。1961年，作为巴渝线穿越长江配套工程的

苏联专家参与巴9井抢险

巴渝线长江拉索跨越开始动工。跨越管线规格为 D219×8 无缝钢管，跨越管线全长 1056 米，南北两岸塔架各高 74 米，是万里长江上天然气管道的第一次穿越。

第一座配气站。建于 1963 年的九宫庙配气站（原孙家湾配气站）为中国第一座配气站，当时的亚洲第一大配气站雄居于长江之畔。现作为重庆市供气枢纽，连接着卧渝线、巴渝线、峡渝线 3 条干线，日输配气 140 万立方米。

第一套工业脱硫装置投产。1965 年 12 月，在綦江东溪镇建成国内第一座乙醇胺脱硫车间，日处理能力 80 万立方米，开创了天然气净化先河，从此展开了中国天然气净化工业的画卷。

第一个"吃螃蟹"的重庆钢铁厂。1957 年起，石油工业部立项新建巴渝线天然气管线，当时的川南矿务局找到重庆市政府进行协商，希望重庆市出面协调找到使用天然气的企业，但包括重庆钢铁厂在内的重庆化工、机械、冶金等企业对天然气不了解，都不敢使用天然气，川南矿务局就把这个情况反映到了石油工业部，时任石油工业部副部长唐克通过国务院找冶金部进行协调，冶金部要求重庆钢铁厂使用天然气，最终重庆钢铁厂同意试用天然气。石油工业部投资 2000 多万元筹建巴渝线天然气管线和孙家湾配气站（现九宫庙站），1963 年 5 月 17 日建成投产。重庆钢铁厂开始试用天然气，从开始日用气量 2 万立方米天然气到日用气量 3 万~4 万立方米，逐步递增为日用气量 50 万~60 万立方米，再到最高日用气量 80 万立方米左右。重庆钢铁厂没有使用天然气之前使用的是经过挑选的焦煤来炼钢，杂质较多，热值不高，使用天然气后，炼钢质量得到大幅提高。随后重庆钢铁厂新建了重庆钢铁公司第五钢铁厂（原名为重庆钢铁公司刘家坝中板厂，1965 年 7 月 15 日更名为重庆钢铁公司第五钢铁厂），利用天然气生产中板，主要用于船板、原子能破冰船等国防军用钢材。同年 11 月 18 日，时任中共中央书记处书记邓小平第二次视察重庆钢铁厂，称赞弧形连续铸钢机、行星轧机的试验"是两件好事，两件大事"。敢用天然气，对天然气的有效利用，让重庆钢铁厂成为第一个"吃螃蟹"的"人"，提高了天然气知名度，石油沟的天然气更是体现了自身优于其他燃料的价值！

峥嵘岁月淌　平凡写赞歌

从勘探、钻井到天然气输送到千家万户，对于石油人来讲是平常的工作，也是平凡的工作，而在当时的艰苦岁月，石油沟的采气人却书写了段段回荡的赞歌。

平凡工作的不平凡。"宁让气等厂，不让厂等气！""活着干、死了算！"这是当时在职工中比较流行的口号，这与大庆油田的"干打垒"精神如出一辙。石油沟"三八集输站"闻名遐迩，引来大庆油田参观团驻足交流。记者走访了首任站长、后又担任过输气队指导员的谢淑华，谢淑华作了平静的讲述：那个时候，一是要抓好政治思想学习。每天学习文件、学毛主席著作，每晚都学，没有星期六、星期天。二是要学好专业知识。技术员每月上两次课，岗位练兵一周一次课，讲工艺流程、井深结构、设备原理，画工艺流程图，用算盘练习算产量。当时岗位练兵白天、晚上天天都要练，工作完成后自觉地学习练习，写出政治、技术、岗位心得体会。为加强设备原理、性能的学习，大家经常通过拆卸废旧设备再进行组装来不断提高自己的业务能力。东石线设备除锈刷漆保养时，女子集输站抽了 10 个人组成突击队，早上 6 点出发，每人一个水壶，中午啃冷馒头，晚上 8、9 点才回来，浑身油漆、蓬头垢面、一身是味儿，手都没地方洗。入住旅馆，旅馆不让。后来给服务员说好话才勉强入住。一会儿，清洁干净的石油女工上街购买生活用品，旅馆的工作人员吃惊地说道："这是一群很标致、漂亮的女娃儿嘛！"那时条件艰苦，输气队发扬"南泥湾"精神，副业搞得红红火火，有专人负责喂猪、养鸡、种植玉米、红薯等农作物。上班的职工下班后都主动跑去帮忙松土、喂鸡。在生活艰苦的年代，工作下来有饭吃、半月能吃上一次肉，大家的工作热情都很高。

扬子江上踩钢丝。巴渝线茄子溪过江跨越，远远看去如同在扬子江上飞拨琴弦。作为石油沟的管道保护人员，维护巴渝线茄子溪长江穿越主要任务是基础保护、塔架除锈刷漆、过江管线钢丝绳去旧蜡上新蜡三项。75.4 米高的跨江穿越支撑铁塔，本应由专业队伍进行维护，但因太高、太危险，没有单位敢揽这苦差事。石油沟输气队经过反复研究，勇敢地承担下了这个"啃骨头"的任务。队部

大庆油田参观团到石油沟气矿女子班组指导交流

石油沟气矿员工在巴渝线茄子溪长江跨越段开展管线维护

动员精干力量，抽了 30 多人，分成几个组明确了任务。

年过八旬的张国亨，当过巡逻工、电工、指导员、队长，他平静地向记者讲述道：单就铁塔除锈刷漆工作，从早上 8 点上塔，12 点下塔吃饭，午饭后马上上塔，每天工作 12 个小时。因怕用刮刀刮伤钢丝绳，保养时用楠竹当刮刀刮除旧蜡，当时没有打磨器，全靠人工刮掉旧蜡，工作强度大，安全风险高。刮掉块状旧蜡后，用汽油洗干净钢丝绳上残余旧蜡，再重新涂上新蜡。维护人员工作异常艰苦，一天工作结束，能洗净脸手都十分困难。但石油沟气矿员工发扬吃苦耐劳、艰苦奋斗的铁人精神，分别在 1971 年、1975 年历时半年对巴渝线茄子溪长江穿越进行了两次大型维护保养工作。

故事有结尾　并非写尾声

石油沟上演的故事，宛如平常一段歌，叙述起来深感纸短情长。时至今日，踏上这片土地的人们仍能隐约听到那钻机的轰鸣、震天的号子。热血与铁骨、赤诚与豪情，石油沟在 80 多年的历史穿越中发出了深沉、悠远的回响。80 年的风雨，80 年的创业，安澜河畔的座座井站还在抗击着风吹雨打。青山依旧、绿水长流，一代代石油沟人传承荣光，持续闪光。这是石油沟后继者情感寄托的故园、前行的动力！

卧龙河：唤醒卧龙的千钧之力

杨宇为

历史长河奔涌不息，气田发展日新月异，有一种传承早已无声浸润，有一种使命早就融入血脉——我们如此自豪，因为我们是以千钧之力唤醒"卧龙"的人。

卧龙河，是一条看起来并不起眼的内陆河流，其下潜藏的卧龙河构造带，却震动了中外石油天然气地质界。早在新中国成立之初，多位著名的地质学家就深入卧龙河流域，进行过详尽的地质调查，留下大量地质构造方面的资料，但对石油天然气的论述寥寥。1957 年，四川省地质局石油普查大队在长寿、垫江、梁平三县境内进行 1∶20 万的石油普查，惊喜地发现了卧龙河构造——据可靠数据表明，这里具备形成大油气田的地质条件，有良好的油气勘探前景。

20 世纪 70 年代卧龙河气田远景

攻关主战场——卧龙河脱硫厂全景

此时，大庆油田已在海内外声名鹊起，被视为发展潜力极好的陆上巨型油田。卧龙河气田的发现，无疑是能与之交相辉映的一大喜事。当时，有个说法传遍了石油天然气业界：东北有个大庆油田，西南有个卧龙河气田，一油一气，双星熠熠。

按上级部门指令，四川省地质局石油地质普查大队在卧龙河开钻浅井两口，但遗憾因井喷事故而报废。接着石油沟气矿在卧龙河南端冷家槽处，打出了第一口具有工业价值的卧1井，又因严重井漏，造成卡钻事故而被迫报废。在挫折与失败面前，中国石油天然气工业的建设者们，不仅没有丝毫气馁、退却，反而更加一往无前地攻坚克难。

创业 苦干实干不畏难

回首20世纪50年代初，刚刚成立的新中国百废待兴，加快能源发展关乎着国计民生和国防安全。此时，中国天然气工业还一穷二白，探索之路艰苦卓绝……川东石油人怀揣着"油气强国"的梦想，凭着一腔赤诚和苦干实干的精神，探明了卧龙河气田，川东气区的雏形基本形成。

回想气田建设初期，遭到外方技术打压，当时，我国还无法开展高含硫气脱硫，川东气田上的新寺区新3井，一个原本默默无闻的井站，骤然成为全国天然气工业的聚焦点。在石油工业部的指导下，一车又一车的物资运了进来，一批又一批技术人员奔赴于此。经过多年的技术攻关，科研人员解决了中国天然气工业的一大瓶颈难题——天然气脱硫技术。至此川东卧龙河高含硫气田的建设开发迈出了稳健的第一步。

脱硫难题解决了，脱硫材料又成了当时石油人面前的一大"拦路虎"。据记载，在石油工业部的指导下，相关单位在卧龙河气田上的卧9井，对设备、阀门、仪表、管材等进行了全方位的抗硫、防腐试验，找到了可抗硫的钢材和防腐办法。经过1年多的时间，又研制出了一种锰钒材质的防腐钢材，但由于成本昂贵，且原料缺乏，难以大面积推广。

科研人员毫不气馁，继续新的探索、攻关，最终发现了20号钢材，为我国开发高含硫气田注入了强劲之力，提供了坚实可靠的基础。

1972年11月，建成了从卧龙河气田上申垭口计量站至重庆沙坪坝区的输气主干线，全长130多千米、日输气量250万立方米，并在沿途配套了向用户供气的新六中、两路、贺家湾配气站。1973年1月，卧龙河脱硫厂建成，日处理含硫天然气250万立方米、日回收硫黄140吨。1973年8月4日，我国第一座与高含硫气田配套的低温集气站——1号站竣工，日最高集气200万立方米。至此，卧龙河气田整个地面配套建设工程基本完成。

"气田开发初期，产气含硫量高、凝析油多，分离器提浓塔必须每年检修。要想彻底清除污物，就要进塔。有些员工过敏，一进去皮肤就大面积红肿，大家不叫苦、不喊累，到医务室简单处理后又继续开干。很多员工都咬着牙拼过检修期后，才去医院彻底治疗。"卧龙河集气总站第一任班长罗立然回忆。

20世纪七八十年代，气田开发如火如荼。由于卧龙河气田硫化氢含量高、产气层位多，只有边勘探、边开发、边建设，没有以前的经验可借鉴，一切都是摸着石头过河。

虽然基础条件差，卧龙河人依然大干快干、苦干实干，气田壮美的轮廓逐渐清晰——随着卧58井、卧66井等石炭系高产气井的陆续投产，一个个采气站、增压站、净化厂站渐渐在这片大地上星罗棋布。

"建设初期，我们30个人挤在一间农民土房中，夏天没有风扇，冬天没有暖气；喝的水要到两公里外去挑，洗澡要到一公里外的队部。食堂没有桌椅，大家捧着碗蹲在地上吃饭，我们还围成圈，边吃边讲笑话……真的像家人一样。"罗立然深情地说。当时不仅生活条件艰苦，生产条件也很艰苦。没有条件做设备外防腐，大家就戴上自制的棉布脸罩，除锈刷漆，一天下来，除了

1993 年，时任采气 7 队队长潘旭到长温站检查指导工作

眼睛，全身都是油漆。沾了油漆的衣服跟盔甲一样硬，大家自娱自乐互称"盔甲侠"。

在那激情燃烧的岁月里，卧龙河气田人充满了"艰苦奋斗、无私奉献"的精神力量，全身心投入川东地区整装气藏勘探开发进程中，留下了独具风采的创业华章。

辉煌　汗水闪烁谱荣光

随着卧龙河气田勘探开发的气井不断增多，仅仅 1 个集气站、几口采气井，已经不能适应气田开发的需要和区域经济对能源的需求。1977 年 5 月，卧龙河气田南半部的 2 号低温集气站建成投产，正式竣工后日集气能力达到 250 万立方米。同期建成的配套工程还有卧 2 井等 9 口内部集气井的井站装置。

当时的川东矿区从加强卧龙河高含硫气田的管理要求出发，新组建了采气 5 队，分管气田南半部的 2 号站和多口井的所有设施，以及新市和双龙等气田。

在采气 5 队组建的同时，地处重庆市长寿县（现长寿区）境内的国家重点工程——四川维尼伦厂竣工在即，投产之初就需要大量天然气。为切实保障国家重点工程的生产，卧龙河气田加大开采力度，又一高产气井卧 6 井成功投产，1 号站每天试运行气量 210 万立方米，并在位于长寿郊区的倒水桥输配天然气站进行了"向四川维尼伦厂供气点火祝捷大会"，以此表明石油企业为提供优质气源，已作好了充分准备。之后，卧龙河气田的优质能源便源源不断地输入四川维尼伦厂。

1977 年，川东矿区在相国寺构造上的相 18 井钻获了石炭系产层，终于撩开了石炭系的神秘面纱。根据相 18 井的理论与实践，在卧龙河气田卧 65 井同样钻获了石炭系气藏，为在卧龙河气田大规模勘探开发石炭系提供了可靠依据。

从 1980 年 7 月至 1990 年底，卧龙河气田上相继投产石炭系气井共 38 口，原有嘉陵江、阳新及石炭系三大主力气藏，共计 369.33 亿立方米储量，占整个卧龙河气田总储量的 90% 以上，这对再度提升卧龙河气田在四川盆地乃至国内天然气领域中的地位与影响，有着举足轻重的作用。其产生的动力呈辐射状延伸扩张，福成寨、张家场等气田均发现了石炭系，川东气田天然气产量再度迎来历史性突破，年产气量由 20 亿立方米上升到 30 多亿立方米，占当时整个四川盆地年总产量的 50%。

20 世纪 90 年代，随着大池干井、大天池等气田成组、连片开发，南、北干道等集输气都要汇聚至卧龙河气田，卧龙河集气总站应运而生。川东气田产量

2000 年，卧龙河总站采气 17 队队部旧址

快速增长，卧龙河集气总站也随之进行了数次重大技术改造，成为当时全国陆上第二大集气站。

"我刚到卧龙河集气总站的时候，集输气量还处于高峰时期，从总站输出的天然气要进入川渝天然气集输管网，担负着四川、重庆两地的民生保障。单单就重庆市而言，卧龙河集气总站就承担了全市80%的供气量，我觉得责任很大、很重，也很光荣。"卧龙河集气总站原班长张敏说。

40项各级荣誉记录着辉煌，记录着这支责任心强、技术扎实、敢打能胜的"铁军"的奋斗。从这里出发，23名科处级干部、26名技术技能专家、骨干走上了领奖台、走上了人生的巅峰。他们，用杰出与精湛、执着与奉献，将石油天然气工业的发展与个人命运紧密相连。许许多多和他们一样的川油人，创造了卧龙河气田乘风破浪的辉煌！

传承 薪火笃志铸忠诚

随着时代的快速发展，卧龙河气田也迎来了种种革新。站场的楔式闸阀已经被平板闸阀、电动阀门所替代，双波纹差压计被高级孔板阀所替代。如今的

20世纪90年代，垫江县加大天然气管道宣传力度

井站，令人耳目一新。

许多"老石油"对"交通基本靠走，通信基本靠吼"记忆犹新，如今，随着数字化气田建设的不断深入，已经实现数据的自动采集、传输和流程检测。自动化技术升级背后，是前辈们给新一代石油人扎根卧龙河气田打下的坚实基础。

站在卧龙河边放眼望去，当年的土路早已变成宽敞通畅的水泥大道。净化厂、配气站、集输站、增压站等天然气设施井井有条，令人目不暇接。

纵横交织的管道，林立耸挺的塔罐，星罗棋布的井站，凝聚着几代石油人的心血。新一代的卧龙河气田人，正以传承铁人精神为己任，通过日积月累的奋斗，不断探索与沉淀，形成了"聚气、聚人、聚神、聚心"为主要内涵的卧龙河"聚"文化。

在老井产量逐年递减的严峻形势下，唯有加强技术攻关，从管理制度入手，方能挑起振兴卧龙河的重担。

在制度管理上，建立工作质量标准和考核规范，以每月1次的业绩考核、应急预案演练，每周1次的综合检查，每天1次的工作小结，每班1次的技术互问，措施定量，做好日常工作管理。

在安全管理上，严格执行规章制度和受控管理，细心维护设备设施，跟踪

卧龙河集气总站员工许安平为安全生产10000天贴上标志

卧龙河集气总站安全生产 10000 天纪念

落实、执行的效果和质量，形成良好的安全习惯。

在素质培养上，制定周密的培训计划，将培训责任落实到人，培训时间细化到天，稳步提升培训效果，从而达到提高员工安全能力的目的。

卧龙河气田一路走来，为国计民生的发展作出了巨大的贡献。2012 年，卧龙河集气总站荣获中国石油天然气集团有限公司（简称"中国石油"或"集团公司"）企业文化精神教育基地。2019 年，升级为石油精神教育基地。同年，荣获西南油气田公司党员教育基地光荣称号。

卧龙河很小，小到仅是一弯流淌在田野之间的河流。

卧龙河又很大，大到开启了川东高含硫天然气勘探开发的大门。

岁月倏忽，历史的精彩早已熔炼成坚不可摧的力量，鼓舞着卧龙河气田人战胜一切困难，在川东大地谱写了一曲整装气田高效开发的凯歌。

相国寺：石破天惊

彭烟霏　蒋　剑

相国寺在哪里

20世纪三四十年代，国民政府资源委员会地质学家赵家骧等对沙坪坝、相国寺一带进行地质调查。赵家骧描述了相国寺构造轮廓，并认为相国寺和龙王洞为两个背斜，在相国寺构造南端嘉陵江边有一庙名"相国寺"，因而命名为相国寺构造。

很多老地质工作者都声称没有见过那寺庙，也是在查阅文献的时候知道的。记者在相国寺储气库集注站采访时，问到那座神秘的相国寺，人们指着山那边，说就在相14井附近。当地农民说那里曾是一个土匪寨，清末闹白莲教的时候，当地人修了一座平时居住、战时防守的带军事堡垒性质的寺庙，抵御白莲教的进攻。现在已经是一片荒草地，只有几段残垣断壁。但那山寨离嘉陵江边还有

相国寺集注站全景

几十千米。

也有人说相国寺就在渝澳大桥下面，过去称为相国寺码头。在网上查询，确实有那么一个老地名，而且意外地搜索到一枚邮戳，显示"四川重庆江北（相国寺）1965·12·23"，说明那里当时还有一个邮政所。

白云岩哑层

1975 年，川中矿区在相国寺组建指挥所，对相国寺构造实行勘探，四支钻井队在山上搞得火热，赵代禄带领他的 32526 队也开拔到相国寺，承钻相 7 井。

1977 年 4 月，以阳新统为目的层的相 8 井，在穿过下二叠统向下打口袋时，出现了 17.5 米的白云岩，引起石油沟气矿地质、科研人员的重视，早在 1965 年，在蒲包山的蒲 1 井，也曾出现过类似的白云岩，因为一直没有找到标准化石，被称为"哑层"。12 年后，哑层再次出现。

据川东钻探公司原经理、总地质师刘云鹤回忆：当时，四川石油管理局每况愈下，天然气产量持续低迷，从上到下，充满焦虑，都渴望一场胜仗。当时，石油沟气矿总地质师李安静组织地质人员搞科研项目，也想突破。

1977 年 6 月，管理局决定将相国寺指挥所的设备和人员全部划归石油沟气矿。

7 月，科研队地质师陈寿先等人向边铁军矿长建议：在相国寺打一口专门探白云岩哑层的井。

边铁军把总地质师李安静、总工程师张鸣歧及

20 世纪 70 年代，女钻工们端水打井

1977年原川东矿区副矿长钟国承、钻井队队长赵代禄（右二）在相18井钻井现场

相关人员召集到一起，问大家搞不搞得。这群早就想"整一扳手"的技术人员群情振奋，都说搞得。

边铁军说："单独搞一口井，风险大，不如在相18井加深几十米，看里面到底是什么玩意。"这样既节约了成本，勘探周期也不受影响，就以矿区的名义向32526队下任务通知，加深钻井。但加深钻井极为不顺，掉牙轮、卡钻，没遇到的事故都遇到了。钻工意见大，边铁军也急，让当时担任相国寺指挥所指挥的钟国臣现场蹲点，既要把握技术关，也要稳定队伍情绪。

10月14日，井下又发生掉牙轮事故。连续几次事故，让司钻心理素质出了问题。赵代禄不信邪，亲自扶刹把，组织钻工打捞，把井底清理得干干净净。10月27日，甩尾管，射孔。12∶27，放喷点火，无阻流量高达每天340万立方米，测试产量76万立方米。闸门一开，能把当时整个重庆城的稀饭熬熟。

发现石炭系

但问题也来了。

在做开发设计的时候，要确定产层。此时，已经成立川东矿区。他们提前将蒲 1 井、相 8 井和相 18 井的岩屑样品分别送到中国科学院、成都地质学院、南京古生物研究所,请求鉴定。这三家机构是中国最权威的地质分层研究机构,由于岩屑被白云化,分辨不清楚,也需要按照规定,一米一个样品地鉴定。三家机构都没得出结论。

1977 年 11 月 14 日,边铁军给化验室下令:自己搞,一周之后拿出结果。

磨片技术员刘云鹤开始了他一生中最忙碌的 7 天。他把手下几个弟兄召集起来,挑战极限。七天七夜,磨片组的几个弟兄没睡个整觉,人家是一米一个样品,他们一米 20 个样品。针对相 18 井 2305 ~ 2317 米,12 米岩屑做了 314 个样品,加上蒲 1 井和相 8 井的岩屑,总共做了 455 个样品。

刘云鹤的烟瘾,就是那时候培养出来的。

第 7 天,455 个样品还剩 21 个,显微镜下的薄片,依旧是白云岩。在 2317 米第 5 个样品中,刘云鹤发现一粒球瓣虫化石。

球瓣虫化石不是标准化石,相邻的上下几个层位都有。但有了这化石,可以根据古生物学、微古生物学和地层史推论,结合邻区华蓥山西侧三百梯的有孔虫化石,再根据上下层关系判断,它应该是石炭系。

12 月 21 日,形成定论。1978 年,成 2 井取心,取出石炭系标准化石,印证了相 18 井的推论。

人拉肩扛保上产

1978 年 1 月,由刘云鹤、陈寿先完成的报告《相 18 井 2305 ~ 2317 段地层小结》在四川石油管理局组织的自贡勘探会上宣读,同时,由刘云鹤等完成的《川东地区中石炭系新产层初步认识》也发布。两篇报告解决了三大问题:把石炭系确定下来,彻底解决困扰着川东石油地质人的"哑层"问题;对石炭系储存结构有所了解；分布范围得出初步结论。

1978 年 2 月，四川石油管理局从川东矿区、川中矿区、川南矿区、川西北矿区迅速调集几十部钻机，拉开了四川石油管理局历史上最波澜壮阔的大会战。

储气库峰回路转

1993 年 8 月 20 日，一个年轻人背着行李进入相 18 井，一住就是三个月。他叫蒋华全，西安石油学院采油专业的应届大学毕业生。

蒋华全记得，在兴隆场的时候，天气还很热，上路就开始下雨，雾越来越大。三个月后，当他从相 18 井下山的时候，山上已经飘雪。井

岗位练兵，边铁军亲自示范

口经常发生冰堵，当时也没有别的办法，蒋华全和工人们烧热水解堵，保证气井正常生产，成为日常工作。

三年后，蒋华全担任采气三队副队长，分管生产和技术培训。一直干到 2002 年，也就是说，大学毕业后的近十年青葱岁月，都丢在了相国寺山上。那时，相国寺气田已经获得全国高效开采气田称号。蒋华全去的时候，每天有 20 万立方米的产量，到 2002 年离开的时候，每天只有 7 万立方米的产量。

2002 年，蒋华全离开相国寺气田，先后到原江北运销部、原开县作业区、原开江作业区，担任生产办主任、主任工程师、副经理，又是近十年后的 2011 年，蒋华全又回到相国寺，出任原相国寺储气库作业区经理。

冥冥之中，蒋华全与相国寺之间，好像有某种命运的牵系。这是一个气田的命运，在历史的变迁中，总会与一个相对应的人联系起来。蒋华全告诉记者："在储气库集注站，有一个叫杨大勇的同事，他父亲当年在采气三队，我们是同

事，现在又和他儿子同事。"

相国寺储气库的最初动议，可以上溯到 1998 年。重庆成为直辖市后，经济快速发展，对清洁能源的渴求特别强烈。当时，重庆市政府邀请法国道达尔公司到相国寺气田考察，但因资金、技术原因，更主要的是气源的原因，最后放弃了。当时，川东地区的天然气，仅够川渝地区实时使用，往往还捉襟见肘。

"这和农民种田一个道理，家中无余粮，吃了上顿愁下顿，建粮仓有点奢侈。"蒋华全如此比喻。

直到 2009 年，中亚地区天然气大规模进入中国，西气东输二线、三线相继投入建设，搁置了十多年的相国寺储气库，终于峰回路转。

另一个名字

原四川石油管理局局长董金璧（中）、川东矿区矿长边铁军（左）听取卧 57 井抢险钻管队负责人（右）汇报工作

世界上每个国家——包括自身油气产量充裕的国家，都很重视油气储备，都把地下储气库建设作为天然气上下游一体化利用的重要组成部分进行总体规划。

油气储备的多寡，成为一个国家维护油气战略物资安全、保障国家能源正常运转的试金石。出于国家重大战略的考虑，我国决定在西南地区建立首座地下储气库。

优势得天独厚的相国寺气藏再次进入人们的眼帘，构造形态为狭长梳状背斜，采出程度超过 96%，压力系数仅 0.1，具有圈闭密封性好、渗透性强、储存空间较大、地层水不活跃、气质纯等优势，于是，决定将其改建为地下储气库，实现其由"采"到"储"的华丽转身。当年相国寺发现石炭系而改写川渝油气区勘探开发史，而今再度选择相国寺。

相国寺储气库的建成，结束了川渝地区"有采无储"的历史。2011 年 5 月，重庆气矿相国寺储气库作业区正式成立。2011 年 10 月 18 日，相国寺储气库建设项目隆重举行开工仪式。2016 年 11 月，储气库作业区撤销，成立西南油气田公司储气库管理处。

相国寺储气库建设荣获国家优质工程奖

相国寺储气库工程浩大，涉及面广。其中最大的挑战在于要运用大眼井钻井、低压储层保护、远程控制等十大高新技术与一批高新工艺，其中部分技术与工艺不仅在重庆气矿、西南油气田公司，乃至在全国石油系统，均属首次运用，难度极大。

为了全员尽快掌握高新技术，储气库管理处采用专业培训、跟班实习、外出培训、每周一课、特种作业取证等多种培训方式，操作员工、技术骨干、管理人员平均每人接受各类培训达 50 次之多，并经严格考核，达到上岗操作、适应技术需求的水准才允许上岗。

相国寺储气库全景

　　倾力打造"科学注采、追求卓越"的工作理念，成为全体员工共同的精神追求和行为准则；实现"零差错、零失误、零隐患"的工作质量标准，努力打造中国储气库建设管理的标杆工程、安全工程、绿色工程、民生工程，融进每个员工的思想，落实到大家的具体行动中。

　　经过两年多冬冒严寒、夏顶烈日的艰苦奋战，终于迎来了沉甸甸的收获：2013年6月29日，相国寺储气库试注投运一次性成功。投产以来，已实现天然气年调峰保供能力20亿立方米以上；在全国天然气管网中，相国寺储气库作为西气东输二线、中卫至贵阳联络线、中缅管道构成的国家环形管网的重要配套工程，实现了与塔里木油田、长庆油田、西南油气田、青海油田"四大气区"互联互通；在川渝天然气管网中形成了"三横、三纵、三环、一库"的天然气管网格局，为西南油气田快速上产、灵活调配、市场保供提供了坚实的保障。

大池干井：忠义山水蕴气田

丁 会 文 静

在古代进出巴山蜀水的必经通道上，有一座历史上唯一以"忠"命名的州县——忠县。唐贞观八年，为纪念巴国将领巴蔓子"刎首留城"和巴郡太守严颜"宁做断头将军、不做投降将军"之壮举，唐太宗赐名此地为"忠州"。这座城，以"忠"为荣，名人辈出，巴蔓子、甘宁、秦良玉、罗广斌、马识途、杨骅……一个

1976 年 11 月 17 日，张林纯在池 1 井钻井工作

个闪光的名字激荡着时光，不断丰富着"忠义"的内涵，代代相传，延续至今。

一座城市的记忆，每天都在生长，物华天宝、人杰地灵的忠县亦是如此。

1977 年，川东石炭系气藏获得了石破天惊的发现，影响深远。曾属忠县管辖、相隔 100 多千米的两个地方——大池镇和干井镇，因为一个新的气田——大池干井气田的发现，在中国能源史上焕发出夺目的光彩。

大池干井气田位于长江三峡腹地，处于大巴山南麓、巫山以西、武陵山以北。作为川东气田的重要组成部分，它登上历史舞台，随即成为石炭系的主战场，在四川油气田开发史上写下意义非凡的一笔。

随着大池干井气田第一口井——池 1 井的完钻投运，大池干井构造浓墨重彩地出现在川东气田的版图上，成为一个熠熠生辉的坐标。至此，地下能源所蕴含的"洪荒之力"与现代工业文明铿锵碰撞，亿万年远古的能量就此被唤醒，

忠山义水重新焕发出了别样的生机。

近五十年的风雨历程，一代代大池干井人前赴后继，把自己的青春、智慧和汗水都融进了这片山水，践行着忠诚担当的爱国誓言，为川东气田的勘探、开发和后续发展，贡献了不可磨灭的精神和技术财富。

静默的汹涌　撬开"不值得勘探"的"试金石"

提起川东石炭系，人们耳熟能详的一定是揭开石炭系"面纱"的相国寺气田，以及气壮山河的卧龙河气田，鲜少有人提及深藏于一隅的大池干井气田。

很少有人知道，大池干井气田曾为石炭系开发一遍遍地充当了"试金石"，在川东高陡背斜构造上取得了一系列重大突破，贯穿了20世纪八九十年代，也改变了钻探该构造久攻不克、成功率低的被动局面。

其实，四川油气田对该气田的关注由来已久。早在1957年，四川石油管理局的二叠系、三叠系研究队，就对这里展开了详细的地质调查。同年，地质部519队对该构造进行了1∶20万的区域普查。1958年，四川石油管理局地调处106、107队和北京石油学院川东细测队对该构造进行了1∶50万的细测图。1961年，四川石油管理局地调处川东联队又对该构造进行了地质调查。但多次调查得出的结论，都是高陡构造、油气保存条件差，属于不值得进一步开发的"鸡肋"。

放弃意味着停滞不前，继续拼搏则可能拼出一线曙光，也可能"血本无归"。当年，设备、物资、技术、经验等都极度匮乏，放弃还是继续？成了那一代川油人最艰难的抉择。

激情燃烧的年代，为了这"一线曙光"，1971年至1977年，川油人对该区域再次进行了地震详查，证实了地下高点的存在，且基本查明了地腹构造形态，并绘制了阳顶、奥顶构造图。

随着地质勘探技术的进步，人们对高陡背斜构造有了新的认识，发现大池干井高陡背斜构造，主要有万顺场、龙头－吊钟坝、磨盘场－老湾、麦南麦子山4个高点，其中有两三块区域保存条件比较好，属于有利的勘探区块。

为了验证这一认识，四川石油管理局在大池干井气田分批部署了池1井、池

4 井、池 10 井等风险预探井，并抽调各钻井队"尖子班"，组成数百人会战团队，努力向未知领域进发。

1975 年，首钻的池 1 井在下二叠系强烈井喷，测试日产气 6.37 万立方米，揭开了该构造的钻探序幕。

参战人员付出了极大的艰辛。池 1 井地处海拔 900 米的忠县巴营山上，常年云遮雾罩，浓雾进屋立刻凝成水滴，床上的被子总是阴冷潮湿；一到雨天，屋内更是泥泞不堪。尤其是冬天，能冷到骨子里。

1976 年 9 月 28 日，张林纯在池 1 井钻探时休息娱乐听收音机

谈及当时钻井面临的诸多困难，时隔 46 年，当年负责记录井下情况的记录员张林纯仍唏嘘不已："打池 1 井太艰难了，我们反复遭遇井漏、断钻杆这些'拦路虎'，我们顶过天车、吊过游动滑车，很多机器设备全靠背拉肩扛，每个人的肩上、手上都是一层厚厚的老茧。"

那时，解放牌汽车一次拉四五吨泥巴，装卸靠箩筐抬；一根几百公斤重的钻杆，上钻台靠肩膀扛……现场的每一个人，都身兼数职，既是钻井工、又是搬运装卸工、还是安装工。

1978 年，大池干井会战指挥所成立。随后池 4 井、池 10 井、池 11 井相继获气。短短十余年，大池干井众多"明星井"横空出世，震惊世人，勘探工作也在艰难中不断突破。

1985 年 4 月 19 日，完钻测试日产气 14 万立方米的池 10 井，作为大池干井气田万顺场区块的第一口探井，是四川石油管理局第一次在高陡构造的石炭系地层钻获工业气井，对区内高陡构造的钻探方向和深化认识，都产生了积极影响，为川东类似高陡构造的开发提供了宝贵的理论指导和实践经验。

1988 年 7 月 21 日，在大池干井构造南段龙头高点钻探的池 11 井，在石炭系酸化后测试获日产气 47 万立方米高产气流，四川石油管理局随即加强了进一步的地质研究，不久即得出了"高陡构造两翼受大断层切割后，上、下盘的正向构造相互平行，其中上盘的主体构造带和断下盘的潜伏构造带为主"的勘探有利部位，终于使该构造的勘探取得重大突破。

1990 年 3 月，作为川东地区第一口定向侧钻井——池 39 井，测试日产气 132.5 万立方米，成为川东地区高陡复杂构造模式突破井，为川东一井多眼钻井奠定了基础，提升了川东地区侧钻中靶技术，对高陡构造勘探的突破有着里程碑式的意义。

随后，池 22 井、池 20 井、池 50 井等一大批气井相继获百万级工业气流。

至此，一个涵盖万州、忠县和丰都的大气田横空出世，探明含气面积超百平方千米，天然气地质储量达数百亿立方米，在川东地区第一个以大型复杂构造带为目标，实施了成组气田整体勘探开发。

其意义和价值却远非如此，四川油气田因大池干井气田而一改过去以局部次高点为勘探开发目标、零敲碎打的做法，而变为从整体入手、观念方法上的系统转变，促进了四川油气田勘探开发高水平的进一步发展，成效显著。

据悉，1977 年发现石炭系气藏后，四川石油管理局在主攻相国寺气田的同时，大力开展对石炭系的区域预探，发现了张家场、福成寨、卧龙河三个低潜

1997 年 4 月 29 日，采输三公司在池 18 井开展"导师带徒"活动

构造石炭系气藏，代表川东地区石炭系勘探的第一个高潮，而在高陡构造主体的勘探却全部失利。

1983年至1990年间，在前期经验教训的基础上，四川石油管理局以大池干井构造带作为突破点，一边探索，一边实践，搞多学科联合勘探，探索出了高陡复杂构造地震资料处理解释、石炭系储层横向预测、侧钻中靶等高新技术。

一大批断下盘潜伏构造钻获石炭系气藏，这些重大突破，不断提高和深化了针对川东油气富集规律、地腹构造细节的认识，取得了丰硕的成果。

在大池干井构造带成功解剖的基础上，川东地区石炭系的勘探技术有了长足进步，地震从采集、处理、解释到储层特殊处理等层面均得到了提高。借助大池干井气田得到的高陡构造模型，快速推广到大天池、五百梯、沙坪场等20多个气藏。

1987年至1990年间，四川石油管理局在川东10个高陡构造带、27个局部圈闭钻井勘探，获得了6个高陡构造带的成功，新获石炭系含气构造12个，探明加控制储量约上千亿立方米，形成川东高陡构造勘探发现高峰期，川东石炭系勘探开发迎来第二波快速增长的大发展。

1996年11月，川东开发公司采气十四队池54井员工更换井口压力缓冲器

截至 2021 年，大池干井气田历年累产天然气已超过 180 亿立方米，其中池10 井、池 11 井、池 18 井、池 20 井、池 22 井、池 30 井 6 口单井累产远超 10亿立方米，成为大池干井气田名副其实的"功勋井"。

有专家断言："如果没有大池干井气田获得的高陡构造模型，也就没有后来的大天池、七里峡、温泉井和云安场气田等一系列大发现。""2000 年以前，我们四川油气田主要的储量和产量来自川东，其中，石炭系厥功至伟。当年，实现第一个 70 亿产量的梦想，川东的勘探开发功不可没。"

无私的情怀　延续"不可能变可能"的"大池干井精神"

随着池 1 井开钻、万卧线建成投产、礁滩发现、产量达到历史峰值、净化厂投产、川气出川……一个接一个的辉煌成就接踵而至，清晰地展示了大池干井气田的发展轨迹。

在大池干井气田的勘探开发过程中，培养和锻炼了一大批专业技术人才和管理人才。他们在奋斗中不断总结经验、开拓创新、勇于进取，逐步完善适应于川东高陡构造带油气勘探开发的特殊技术和手段，形成川东气田开发"依靠科技进步、坚持实事求是、发扬艰苦奋斗、无私奉献"的"大池干井人"精神，也孕育了一代代来此奋斗的石油人，吸收地域文化的养分，嵌入一生都无法割舍的情怀。

参加过红村建设、川中会战和川东会战的泥浆工余希才如今年近八旬，在参与大池干井会战的 6 年时间里，为他"终其一生只专注做好一件事"的敬业精神埋下了"种子"。

他深情地回忆道："泥浆是钻井的血液，在整个工序中尤为重要。我是 1965年参加工作的那一批人中唯一的泥浆工技师，一口气把这个工种干到了退休。"

他口中的"泥浆"是钻井液的俗称，其性能的优劣对钻井速度、钻井安全和气井投产后产量的高低有着至关重要的作用。余希才说，很多井漏造成井喷失控的事故，大部分都与"泥浆"有关。

6 年间，他跑遍了大池干井气田的大部分气井，处理过数不胜数的问题。1984 年，带着宝贵的经验和攻坚克难的精神，他离开大池干井气田，踏上专职

1996 年 4 月，川东开发公司在采输三公司池 30 井开展 "爱国主义教育基地" 揭牌活动

处理 "泥浆" 疑难杂症的 "工匠之路"。带出的徒弟不乏行业佼佼者，比如 1991 年代表中国灭火队远赴科威特参加油井灭火的董大康，便是其中之一。

余希才说："在大池干井气田吸收的养分可影响几代人。"受父亲影响，余希才的儿子余慧在 2020 年荣获集团公司劳模称号，接过父辈的接力棒，扎根大池干井气田 27 年，用奋斗定义了最好的青春。

回想开发初期，处于长江三峡腹地的大池干井气田，远离城镇、隐于深山密林，环境异常恶劣，生产生活条件极为艰苦。

随着井站在山里星罗棋布地出现，管线也渐次延伸，采气 9 队、12 队、13 队、14 队等相继成立。期间，大池干井气田经历了多次变革，人们来来往往，换了一茬又一茬，可无论离开还是留下，大池干井人的精神始终都在。

1998 年，原采气 14 队队长的叶宜良，以 "身在一线、心在一线、干在一线" 的作风，率队探索大池干井构造带麦子山气田的生产规律，取得一系列成果。荣获 "全国劳动模范" 称号时，被员工誉为 "行走的正能量"，在他看来，作为大池干井人，无论何时何地何种境况，"实实在在地干" 胜过一切。

2004 年，离城镇最偏远、条件最艰苦的池 17 井，员工李英荣获"全国技术能手"称号。在北京领奖时，与国务院领导握手的那一瞬间，她激动得落泪，因为她深知艰苦的工作条件，既是压力也是动力，而大池干井精神则是点亮她拼搏奋斗的一盏明灯。

为摸索大池干井气田的生产规律，制订科学合理的生产措施，一代代大池干井人克服一切困难因素，将大池干井气田的勘探开发融入川东石炭系的开发大潮。

2004 年 7 月 31 日，在西南油气田公司吹响"52135"❶集结号不到 1 年，大池干井气田以累计采气达 100 亿立方米，交出一份满意的答卷，为川东 70 亿目标实现贡献着重要的力量。

气流奔腾不息，随着川东天然气区块的逐步开发，万卧线、龙忠线、忠武线和忠县净化厂等配套开发工程陆续建成。2004 年 11 月 16 日，第一条大规模"川气出川"的输气管线——忠武线建成投产，并正式供气，打通了从四川盆地通往长江三峡库区的绿色能源之路，"川气出川"这个几代川油人孜孜以求的梦想得以实现，有效改善了湖南、湖北两省的能源结构。

几十年过去了，如今，井站公路由原来的泥泞机耕道变成了混凝土水泥道，员工住房由土坯房变成了砖瓦房、再到公寓式宿舍，生活用水由挑水变成了配送纯净水……气流在这里奔腾、时间在这里流淌，变的是环境，不变的是大池干井人艰苦奋斗和忠诚担当的精神。

一大批不同年龄段的优秀人才在这里熠熠生辉，如全国劳动模范叶宜良、全国技术能手李英、全国行业职业技能竞赛金牌选手弋小东、重庆市巾帼标兵赵静、集团公司劳模余慧、西南油气田公司专家蒋伟等，无论身在何处，他们都以曾在大池干井气田奋斗为荣。

大池干井气田数十年积蓄的底蕴，如同其所在地忠县一样，充满了忠诚的担当，代代相传，成为四川油气田宝贵的精神财富。

---

❶ "52135"发展目标，即：每年新增探明可动用天然气地质储量 $500 \times 10^8 m^3$；每年新增天然气生产能力 $20 \times 10^8 m^3$；2005 年天然气产量超过 $100 \times 10^8 m^3$；在 2007 年达到 $130 \times 10^8 m^3$，跻身中国石油千万吨级大气田行列；2010 年产量达到 $150 \times 10^8 m^3$，继续保持中国石油"气老大"地位。

铜锣峡：从"老骥伏枥"到"未来可期"

敖艾非　杨宇为

　　铜锣峡位于重庆市区东部，紧挨铁山坪森林公园，与猫儿峡、明月峡一起并称"重庆长江小三峡"。铜锣峡位于小三峡的中段，因峡口一面巨石极像古时征战时号令的铜锣，故称"铜锣峡"。

　　铜锣峡气田位于铜锣峡大山深处，四十余年时光飞逝，伴随社会发展、企业调整、人事更迭，它见证了巴渝大地社会经济建设取得举世瞩目的巨大成就，也见证了中国石油天然气产业取得长足发展，更见证了一代又一代川东石油人前赴后继、攻坚克难、锲而不舍、砥砺奋进。

　　时光穿梭间，铜锣峡气田曾经意气风发、踌躇满志，曾经日薄西山、老骥伏枥，而今从四十不惑回望，它再一次勇立潮头。时间赠予它勋章，初心未变，奏响时代"三重奏"。

铜锣峡储气库集注站远景

忆往昔　峥嵘岁月稠

1983 年 10 月，一群石油人怀着"油气强国"的梦想来到这个山坳深处，当时卧龙河气田的建设已如火如荼，随着铜锣峡气田的再次发现，大量地质人员对其进行过详尽的地质调查，留下了大量的地质构造方面资料，最终确定了位于渝北区石船镇河水村 4 组，处于铜锣峡构造带天口场潜伏构造高点轴部的铜 4 井。

"那时候我们一天可以生产 70 万立方米天然气，虽然辛苦，但是值得！"回忆起当时的建设场景，已是班长的蒲布感慨道。当时不仅生活条件艰苦，建设条件也很艰苦。在那激情燃烧的岁月里，川油人充满了"艰苦奋斗、无私奉献"的精神力量，全身心投入到川东地区气藏勘探开发进程中，谱写了独具风采的创业华章。

虽然基础条件差，川油人依然大干快干、苦干实干，气田壮美的轮廓逐渐清晰——随着铜 12 井、铜 6 井等长兴系高产气井的陆续投产，铜锣峡气田达到了开采效益巅峰。

在困难的时间、困难的地点、困难的条件下进行开发生产，首先靠的就是苦干。"气田开发初期，产气含硫量高，要想彻底清除污物，就要进塔。有些员工过敏，一进去皮肤就大面积红肿，大家不叫苦、不喊累，到医务室简单处理后又继续开干。很多员工都咬着牙拼过检修期后，才去医院彻底治疗。"蒲布回忆当时工作时的场景感慨道。

随着时代的快速发展，数字化气田建设的不断深入，纵横交织的管道，凝聚着一代代石油人的心血。

2018 年 7 月，从"诞生"到"枯竭"，铜锣峡气田共产气 16.88 亿立方米，它完成了自己的历史使命，由采转注，开启了西南片区地下储气库发展的新征程。

2011 年 11 月，铜锣峡储气库开展商业调峰采气试点

看今朝　恰同学少年

对历史最好的致敬，是书写新的历史。

原本已经沉寂的铜锣峡气田，因为一场"气荒"而觉醒——2017 年冬天到 2018 年春天，一场因"煤改气"、极端天气以及进口气减供等诸多因素共同导致的"气荒"在中国多省市蔓延。全国多地出现限气、停气现象，部分地区 LNG 价格出现了 100% 以上的罕见涨幅，再一次显示出天然气调峰保供任务的艰巨性和紧迫性，也进一步倒逼天然气储气设施布局的加码。

"到 2025 年川渝地区供销市场将出现每天 1500 万立方米天然气的缺口，目前川渝地区主要依靠夏季以检维修方式进行压产和已建成的相国寺储气库进行调峰，仍无法满足川渝地区调峰需求，仍有每天 700 万立方米天然气用气缺口。因此新的储气库建设势在必行。"重庆气矿负责人介绍道。在此背景下，2018 年 3 月，重庆气矿启动铜锣峡储气库先导试验工程。

就在这一刻，铜锣峡气田迎来新生，既是时代赋予它的机遇和使命，更是新一代川东石油人积极履行责任，全力以赴保障国家能源安全所做的努力。

铜锣峡气田（原采气五队）队部办公楼

2020 年 11 月，为全面贯彻落实党和国家关于深化油气体制改革和加强天然气应急储备的决策部署，重庆市政府与中国石油战略合作，共同合资组建重庆天然气储运有限公司（简称"储运公司"），由储运公司负责在铜锣峡气田开展储气库项目建设、生产运维、商业化运营相关工作。

作为首家混合所有制企业，储运公司开启了新的商业化储气库建设、运营模式。中国石油作为项目的建设者和合资公司运营的作业者，委托重庆气矿实施储气库项目建设和管理。储运公司践行轻量化"油公司"模式，实行市场化运行、项目化管理、社会化服务。

2021 年 3 月，正是春寒料峭、乍暖还寒之时，在客户最需要的时候，铜锣峡储气库先导试验工程投产，储运公司把 4000 万立方米天然气采出来输出去，为重庆市百姓温暖过冬增添"底气"，铜锣峡储气库也成为全国首座"边试验、边建设、边销售"的储气库，开创了国内储气库先导试验阶段参与调峰采气的先例。

所谓"历尽天华成此景，人间万事出艰辛"。历经三年建设，重庆气矿储气库建设者们勠力同心、精心耕耘，对他们来说，1000 多个日夜的种种场景仿佛就在昨日……

由于铜锣峡储气库先导试验工程场站和管线的选址不符合地方生态红线新

政策要求，项目启动不久，便被重庆市政府叫停了整整一年半时间，成为重庆气矿建库选址最难项目之一。

由于铜锣峡储气库地下的地质体已固定，建库只能地面满足地下，所以，最大限度争取重庆市政府对选址及路由的支持，是团队推进储气库建设的必由之路。

在研讨解决方案时，重庆气矿负责人反复强调："在当前严苛环境下，储气库建设与生态环境保护要求有交叉、有重叠是不争的事实，在项目推进时，就需要我们投入更多的精力、更大的代价来保护环境。"

事实证明，在随后推进的建设中，因受"三道红线"的制约，项目在开展用林、用地、施工审批、项目选址方案等相关合规手续办理时，协调难度远超预期，各方挑战前所未有。

为此，重庆气矿通过创新开展《铜锣峡储气库建设和运营对周边建设影响评估》和《铜锣峡储气库建设影响清单》等工作，与地方政府相关部门进行了近一年沟通协调，最终取得了渝北区政府全力支持、积极服务项目的建设意见，项目手续"卡脖子"难题被逐一化解。

在铜锣峡储气库项目建设推进过程中，不仅遭遇了生态红线、新冠疫情等外部环境影响，还面临发动机功率达 1490 千瓦的大型分体式压缩机组改造、高差 189 米斜坡坡角达 70 度的陡坡施工等技术难题，影响建库周期的同时，还给后续施工作业带来严峻挑战。

建库之初，重庆气矿对铜锣峡储气库的投运压力进行研判分析，预测注入垫底气至 1.5 亿立方米时，井口压力会涨至 8.2 ～ 10.27 兆帕，完成 4.1 亿立方米垫底气压力会涨至 19.73 ～ 20.75 兆帕。届时，排气设计压力为 9.8 兆帕的增压机组，将无法按期完成注气工作。

为确保注气的连续性，西南油气田公司要求重庆气矿将通常需半年完成的机组改造工作，压缩至 3 个月完成。接下任务，重庆气矿提前与压缩机厂家对接，对增压机组进行调整改造，在铜锣峡储气库注入垫底气的间隙，拆除 200 多平方米的降噪厂房顶部、拆下机组零部件返厂改造，扩大缸径尺寸，提高排气设计压力。

随着机组缸径的改变,所有配套设施也需相应改造,工期紧、任务重、难度大,挑战前所未有。顶着各方压力,重庆气矿一边优化施工工序,一边驻站跟踪、实时落实,最终提前1天圆满完成建库核心改造工作。而这只是铜锣峡储气库建设期间攻克的诸多技术难题之一。

为在山势陡峭地势狭窄的高陡坡施工,重庆气矿组建专家团队反复踏勘,调遣专业台班,进行风镐开挖、局部削峰降坡等措施,为人工开挖施工作业创造条件。

而在实施顶管穿越时,重庆气矿首次采用双向对顶作业,借鉴隧道施工技术,采取双向顶进对中控制、水钻取心及临时支护工艺等系列创改措施,不仅确保了顶管施工的精度及方向,还大幅提高了施工效率,提前半个月完成顶管穿越。

向未来　到中流击水

对未来最好的把握,是创造更美好的未来。

党的十八大以来,奔跑在新时代的赛道上,接续"加快上产50亿"目标,集中打好"四大攻坚战"时代答卷,回应"能源的饭碗必须牢牢端在自己手里"现实期许,铜锣峡气田"初心乐章"再度奏响。

为此,储运公司上下大力弘扬"燃烧激情、团结拼搏、共创伟业"的精神,明确提出:当前和今后一段时间的主要任务是集内外之力,高质量完成储气库注气、地面建设、钻井工程、调峰采气、科研等任务,继续探索完善商业储气库运营模式。同时,克服各种不利因素影响,严抓安全生产、合规管理等工作,努力践行能源保障和民生保供的历史使命。

"任务艰巨,使命光荣!今天的线路工程开工仪式,是集结号,更是冲锋号!"2022年6月6日,铜锣峡储气库举行线路及注采井场工程开工仪式,全面拉开铜锣峡二期工程序幕。

未来两年,铜锣峡储气库总库容达到约13.8亿立方米,工作气量达到9.2亿立方米,将有效缓解川渝地区冬季天然气供需矛盾,保障国家能源战略安全

2022年6月，铜锣峡储气库地面工程线路及注采井场开工仪式

并充分发挥"压舱石""顶梁柱"作用。这是重庆气矿储气库建设者及管理者给自己定下的目标，更是立下"军令状"的破釜沉舟。

2022年，储运公司利用撬装开展铜锣峡储气库第二次商业调峰采气试点。10月以来，迎来新一轮供暖期，"铜锣峡储气库什么时候才能采气？""我们工业区想要天然气，量够吗？"储运公司生产运行部负责人聂科，每天接到这样的咨询电话数量骤增。

已近不惑之年的铜锣峡气田，面对外界"更新""更高"的期许，储运公司总经理表示："当前，正处在储气库业务发展的黄金时期，铜锣峡气田必定再创辉煌、再创发展新路！"

"踏实干，大胆试，努力闯！"对铜锣峡气田而言，未来已来。

高峰场：热血演绎气田春秋

曹 娟

　　"银龙荡山魄，书香绕花谷。"位于重庆市万州区的甘宁镇素有"鱼米之乡"美称，观瀑赏花，采果寻古，串起相邻的高峰、龙沙、响水、新田等镇，共享大自然馈赠，奉献青山绿水的笑颜。重庆气矿万州作业区高峰场气田三十余口井站如雨后春笋，生长、散落在这片广漠的山谷峰巅间。

万州作业区凉风脱水站员工在大雪中巡检站场

高峰场中心站冬季保供操作

高峰往事

关于高峰场气田和这些井站，恍如一些老去的剧场。如果不是要写它们的往事，谁会去翻阅那些泛黄、带着风尘仆仆记忆的书籍和影集。

三十多年前的万县村庄，静谧而老旧，低矮的房屋、日复一日挣不了几个钱的农作，刻画在营生艰难、步履沉重的 20 世纪 80 年代初黑白胶带里。我曾看过父亲在 20 世纪 70 年代初从川南奔赴忠县汝溪勘探的相片，年轻英俊的父亲，叉着腰站在汝溪河畔，意气风发。他说，当地贫穷村民淳朴，为地震队提供了很多帮助，但高峰场构造的测量并无多少收获。

当时的万县管理三区八县，忠县为其中一辖地。同为石炭系气藏大池干构造带，第一口探井池 1 井在 1975 年开钻获气，开启橘城盛产"蓝金"局面，在四川石油管理局采气史上崭露头角。1980 年，高峰场第一口探井峰 1 井开钻，获微气后废井，高峰场继续保持沉默。1986 年原四川石油管理局地调处再次对

王涛总经理题词时的情景

王涛总经理为采输三公司题词

原中国石油天然气总公司总经理王涛为采输三公司题词

该区进行地震详查，不仅加密了测线，而且将测线延伸过江，进一步查清了高峰场潜伏构造的形态、高点位置、构造走向、断层分布，以及与大山坪等邻近构造的接触关系，高峰场气田有了春将至的气息。

1987年9月8日，川东开发公司成立采气九队（也是高峰人喜欢说的"老九队"），负责管理大池干井、高峰场气田及万卧输气管线，肖仁斌时任队长，陈炎明为指导员。他们带领赵忠华、谢泽明、吴考祥等为数不多的技术员、技师跑遍万州、忠县群山。长江为证，高山留影，这群石油人为推动高峰场气田发芽开花作出了努力与奉献。在此期间，采气九队积极参加采气队井组间基础资料"信得过"竞赛活动，为高峰场气田开发提供了大量准确可靠的数据。

1990年5月30日，原石油部副部长黄凯视察川东开发公司，指示川东地区一要多出天然气，二要多出人才，三要多出气田开发经验。1993年5月20日，原中国石油天然气总公司总经理王涛到川东气田视察，欣然挥毫为采输三公司题词"掌握科学技术建设现代化大气田"。指示是军令，题词是勉励也是目标，高峰场气田酝酿已久，终在20世纪90年代登上三峡库区天然气高产的舞台，挑起采、输、供大梁。

1990年，作为油二代的我跨入华阳输气技校大门，与石油正式结缘，也见识了成都的繁华。那一年安静许久的高峰镇迎来大批的石油人和车辆，忙碌的人们、光芒万丈的火焰，让村民们既惊又疑，人前人后地询问，勉强搞清楚他们的土地下蕴藏着"宝贝"。

守得云开见月明，1990年10月，高峰场气田石炭系气藏首先由峰6井开井生产，酸化后日产121万立方米，之后峰8、7、3、11、12井分别于1990年11月、1992年5月、1994年6月、1995年9月和1997年5月投产。气藏试采中经历了峰6井单井试采，集中北段试采和全面试采三个阶段，生产井数由1口增至6口，日产气由初期的20万立方米增至70万立方米。十年磨一剑，高峰场气田只用了7年，迅速成长，如同一棵高大、生机盎然的青松，扎根于贫瘠的川东大地远眺未来。

1992年从输气技校毕业分配到峰6井上班的何兴东，在该井值守了15年。从年少青葱的稚嫩学徒到稳重有度的班长、技师，何兴东见证了高峰场气田的兴衰更迭。他说，初到峰6井时，班长是黄兴华，峰6井的顺利投运是黄兴华、辛大海、梁福丽他们住着破旧的宿舍、轮流不眠不休守出来的，他们深深知道这口井的成功标志着高峰场气田进入新的纪元。

峰6井在高峰镇大寨村的一个山坳里，冬冷夏热蚊虫多，最要命的是缺水。一到干旱期，他们就要挑着桶、拿着盆到外面田角上取水，一要保证生产二要将就着饮用。"每张帕子都是黄泥色，爱美的女工们没办法，只能把水用明矾沉淀后再洗脸。"提起往事，何兴东如数家珍。初到峰6井时面对荒芜的单井，日复一日调压、计量的单调工作，何兴东失望过、沮丧过，可在数年的天然气开采中，他的彷徨已转换成把青春献给石油、誓要建功立业的决心与行动。

高峰场中心站单井夜间巡检

　　高峰一带地处浅丘，海拔在 180 ~ 700 米之间，林海如涛、云烟如水。高峰镇是万州西部出城第一镇，赶场时人来人往，极为热闹。曾经获得全国五一巾帼标兵岗、四川省巾帼班组荣誉的女子站——高峰站，班组职工的生活保障全靠赶场时购买。高峰站主要汇集高峰场气田 8 口井的天然气，再输往凉风脱水站，最终进入西气东输的管网，同时也为万州供应民用气。历任高峰站站长的何忠琼、李小琼、王忠静这些来自重庆各地的女职工，具有山一样坚韧不拔、吃苦耐劳的精神气质，带着一批又一批的姐妹们战高温、斗风雪，保障了天然气的安全输供。

　　高峰场气田井站、管道多处于自然灾害多发地带，爆管（原有的叫法）时有发生。山体滑坡、泥石流会导致爆管，冬季积水成冰堵塞管道会引发爆管，应急抢险成了家常便饭。1994 年夏季，连日降雨，致使万卧线穿越杠家河段露出水面 20 多米，悬空 5 米，情况危急。肖仁斌他们带队抢险组，不惧艰险、忘我奋战，历时两个多月，运送碎石 2000 多立方米、编制铁丝笼子 1000 多个、动用编织袋 800 多个、灌注水泥 200 多袋，"迫使"河流改道，修复工程比预期提

峰 15 井高含硫施工验收现场

前一个月竣工，保障了高峰场、大池干每天 300 多万立方米天然气的安全输出。

高峰片区属于丘陵，也有谷底与山梁落差达几百米的地势。当时没有水泥路、沥青路，只有纵横阡陌的黄泥羊肠连接各个单井。晴天一身灰，雨天一身泥，每到坡陡溜滑处，众人齐声呐喊推车上坡。"最窄的地方轮胎半米外就是悬崖，路又滑得很，我握着方向盘很小心，生怕有点误差会伤到大家。"曾参加过抗美援朝战争的驾驶员汪大斌对高峰场每口井的路面了如指掌。

厚厚的影集里，每一帧图片都是一个浸透着石油味的故事。穿越时空的界限，我仿佛回到那个金戈铁马的岁月，他们年轻的脸庞、矫健的身姿仿佛在呼唤着、奔跑着，咬紧的牙关、挥动的榔头、湿漉漉的背影，无不诉说着这群高峰人对天然气事业的忠诚与执着。

星光聚海

天下之事分久必合合久必分，三十余年间，老九队转身数次，逐一变成采气三公司、采气三厂、万州采输气作业区（万州作业区），管理范围也是移步换景。2005 年、2008 年峰 15 井、峰 003-X3 井先后投运，这两口高含硫井在提高高峰场气田产量的同时，也让一向平稳生产的凉风脱水站改变了原有节奏。

凉风脱水站于 1999 年成立，坐落在甘宁镇（原凉风镇），原属忠县输气队管辖，2002 年撤队并入采气三厂。甘宁镇因三国东吴将军甘宁而得名，为中国现代著名诗人、散文家、文学家何其芳故里，核心景区拥有亚洲第一瀑——青龙瀑布，是万州兼具秀丽风景与文化历史内涵的旅游重镇。"书香绕故园，将军名满天"，貌似温文尔雅、秀丽端方的甘宁恰恰是个"雷窝"，霸气十足。凉风脱水站每到春夏饱受雷击之苦。为保证生产，井站早早检修线路、准备柴油，静候着闪电霹雳划破天空。柴油机轰轰运行，驻守在现场的人立即手动开启断电后无法自动恢复加载的装置。

"这不算辛苦，最恼火的是冬天。"原为凉风脱水站班员、现为高峰场中心站站长的张应树是建站之初就分来的老党员、老员工。忠县输气队撤队后，分管脱水技术的干部、技术员短时间内相继调离万州，凉风、汝溪脱水站站长、

高峰场管线抢险施工现场

采气三厂现场踏勘

凉风脱水站春季远景

技术人才自主挑起生产与管理的大梁。在每立方米气超过 100 克含硫量的天然气输入凉风脱水站后，有限的技术和设备管理出现短板，冻、堵、杂质多，成为高峰场气田安全输送的最大"拦路虎"。"雪花在飘，我们在跑，洗泵倒泵、加防冻剂、用开水淋被子裹，只要能防堵解冻，什么法子都用上了。"张应树说。"眼见着温度计降到 0°，大雪纷飞。我和清容一直在现场淋热水解堵，老周他们在整理管沟。忙到天要亮了，我真的是没法站起来。"往事如烟，曾涛回忆那段艰辛的岁月，依然心潮澎湃、眼泛泪光。

凉风脱水站处理气量最高峰值时日逾 110 万立方米，那是高峰场气田的高光时刻。峰 6 井、峰 13 井、峰 003-X3 井……群星云集，汇成磅礴的气田，累计生产逾 52.1 亿立方米。

老骥伏枥

三十年河东三十年河西，高峰场气田的衰老也在情理之中，尤其是大猫坪气藏的崛起，越发衬得老气田龙钟之像。2009 年高峰场气田日产逾 80 万立方米，随后一路下跌到最低值 10 万立方米。三十多年的岁月在时光中不过沧海一粟，但对于曾经辉煌、贡献过巨大能源的高峰场气田，遗憾与希冀并存。

2018 年，万州作业区对高峰场气田进行全面摸排、踏勘，从泡排增量加注、泡排减量加注、控水采气、排水采气、控压生产、增压生产 6 个方面为各井制订最合理的开采制度，狠抓老井挖潜，碾收高峰场气田每一个角落、每一颗金灿灿的"谷粒"。2019 年，作业区深挖气田稳产潜力，将高峰场气田综合递减率控制在 11.5%，同比 2018 年降低 1.92%。作业区因吴建宇管理寨沟湾气田挖潜成绩明显，将他调往高峰场主管老井挖潜增效工作。几年来，他与技师工作室密切配合，促进高峰场气田挖潜再有新突破。

"在个性化管理中，我们峰 003-X3 井等 7 口老井通过复产、提气、控产排液、低产常开试产等措施的开展，达到日增产 20 万立方米的目标。"年近五十却头发基本全白的吴建宇在研究集中增压、间隙开采、优化柱塞运行时间等老井增气措施的同时还建立了"物资回收库"，利用峰 18 井的场地回收闲置设备

高峰场峰 3 井复产现场

设施、管件零件，在去年复活老井中发挥了极大的"利旧"作用，减少生产成本近 50 万元。

随着技术人才与科技装备的与时俱进，从高峰场气田走出来的工程师、高级技师、技师越来越多，为推动老气田"再生第二春"贡献建设者的智慧与力量。目前万州作业区经理蒋昊、党委书记韦元亮同为"80 后"技术员，都在高峰场气田"当过兵、站过岗"。2020 年他们组合成作业区新的领导团队后，充分利用驻站党支部结合生产技术的优势，一边加大高峰场气田老井挖潜力度，一边寻找机遇让老气田发挥新的功能。技术练兵场、导师带徒营地、对外脱水培训，曾经的生产重地成为人才摇篮库和提升精英基地，以人才孵化的功能继续为重庆气矿作出贡献。

山高人为峰，不因坎坷而心生怯意，不因年岁放弃自我。世事易变，曾经的功勋井峰 6 井已成为观察井，高峰站大门紧闭变成无人值守站。这些年，高峰场气田生产不易，高峰人初心依旧、荣辱不惊，珍惜昔日荣光，虚心做好当前每日的"拾穗"工作。尘埃怎能湮没星光，万州作业区总结多年来高峰场气田生产与管理的经验典范，根据投入开发的第一批气井均为峰字号系列的特点，浇灌耕耘企业文化土壤，形成"爱企、担当、创新、奉献"为核心的大高峰文化，激励着、指导着全区员工攻坚克难，勇敢走向明天。

2022 年，为解锁大猫坪区块生产，助其腾飞，被西南油气田公司寄予重望重庆气矿承建的天高线 B 段复线建设工程 7 月动工，在 9 月底完成，大猫坪 6 口高产高含硫气井将全部投运输入万州末站。被"分流"出来的冯家湾中心站 50 多万立方米的低含硫气与高峰场气田原有产气共计逾 80 万立方米进入高峰场

实施无人机山地管线巡检

中心站处理，凉风脱水站的吸收塔将拥气满怀，不再只身萧瑟，被气流激荡的止回阀又将在蓝天白云下发出鸽哨般响亮的声音。

一路走来，一路风景。锲而不舍，金石可镂。影集、工作志已翻到最后一页，高峰场气田的故事仍在继续，这个曾经获得"全国高效开发气田"荣誉，作为三峡库区腹地重要生产天然气的老地方依然志在千里。

责任越大，努力更有目标；跋涉越难，风景越是无限。究其前世今生未来，飞翔的翅膀始终掌握在向往明天、追逐梦想的手里。加油吧，高峰场气田，暂缓脚步不过是歇一歇为积蓄更多奔跑的力量，更远的目标与理想在另一座山峰召唤。

大天池：为信念而战

蒋　剑

"西南有巴国。太葜生咸鸟，咸鸟生乘厘，乘厘生后照，后照是始为巴人。"

——《山海经·海内经》

巴国文化源远流长，我们的祖先在这片神奇的土地上繁衍生息、自强不息。其中的开州、梁平、垫江、开江，曾经同属巴国的四个郡县，千年以后，却又因为同一个地层的开启，将它们再次紧密相连。

石炭系——从相18井获气的那个瞬间，川油人苦苦探寻的那个期待被点燃；大天池——大开发的信念，因为一个构造，创造出四川油气田的传奇。

缘起　石炭系

从20世纪20年代末期以来，不少先驱就开始围绕"卧龙河"的地质构造，开始进行四川东部地区的油气勘探工作。到了30年代，翁文颢当轴民国资源委员会时，政府又组织人财物力，在石油沟钻探了巴1井，取得了日产天然气1.5万立方米的历史成就。1955年年初，全国第六次石油勘探会议及时作出决定，恢复对川东石油沟构造的油气勘探工作。

60多年来，四川油气田的勘探者们先后在盆地东部的二叠系、三叠系、下二叠统等地下层位发现了天然气储量；又相继在卧龙河、石油沟、东溪、相国寺等构造上，钻获了一批威名赫赫的天然气工业气井。

当"一切为了七十亿"的接力棒紧握在石油先辈们的手中，是压力也是动力。

相国寺大开发场景

"是否有石炭系？"成为当时最大的谜题。"找到石炭系"成为石油人心中始终坚信的那份信念，1977年10月27日，相18井在石炭系获气，最终成为石油人的精神理想。

川东发现石炭系的消息一经传出，为20世纪70年代百废待兴的中国注入了一剂能量剂，提出了"沿长轴、打构造"的理论，为发现大天池构造带奠定了坚实的基础。

石炭系的成型特点，给予川东石油开发信心。根据在相18井发现石炭系总结的理论和经验，相继在川东卧龙河气田、福成寨气田、雷音铺气田、大池干井气田等区域发现了石炭系并获气。这一切为四川油气田树立了坚定的信心。务必找到那片最富有的"大气之海"，成为当时根植在人们心中的信念。

石油工业部高层非常看好四川天然气的发展，立即作出部署，要求加大勘探力度。1978年，为探明石炭系的范围，寻找天然气大场面，四川石油管理局在梁平七桥成立川东北勘探会战指挥部，立即在川东部署了三条测线，布置了8口探井，开展了一系列紧锣密鼓的勘察工作。

国家的重视程度决定了石炭系的勘探速度。几个月后，地质部的专家们将

石炭系发现时的地质磨片

获取的井史卡片非常细致地罗列开来：整个石炭系的圈闭、构造、储量清晰呈现。

1979 年大天池构造上第一口井川 61 井开钻，虽未钻获油气，却让大天池构造带第一次出现在石油人的视野。正是这次发现拉开了大天池开发的序幕，开启了一段天然气开发史诗般的传奇。

发现　五百梯

开州，曾经的开县，刘伯承故居所在地，其地层发育和地势起伏与四川盆地的地质发展历史密切相关。

开江，隶属于四川省达州市，地处四川省东部，大巴山南麓。

两个分属不同地域的地县，因为一个发现，交汇于 20 世纪 80 年代。

1974 年和 1979 年，地质部第二普查勘察大队、四川石油管理局分别在大天池构造上钻探川 61 井和邓 1 井，均未钻获油气。

1982 年的《四川盆地邓家坝构造地震普查成果报告》带来了新的希望，详细论述了该区地层、构造和油气分布，发现了邓家坝构造（五百梯构造南段）。

原川东开发公司大门

当石炭系上的气田一个一个被发现，四川石油管理局为此作了新的规划。

冯万奎，重庆气矿原副矿长，当时参加工作还不足一年，对川东气田的开发体会至深："大气藏的开发必须具备大储量、有规模、能稳产的特点。然而，当时发现五百梯构造正好具有开发的潜能。"

为了科学有效地开展石炭系的勘探开发工作，1983年10月10日，四川石油管理局在梁平七桥正式成立川东开发公司。

经过不断地探寻、分析，1986年，四川石油管理局地质调查处地震一大队、五大队对大天池构造北段进行连片详查，发现构造东南翼大断层下盘的五百梯潜伏构造。1987年，提交《四川盆地大天池构造北段地震详查总结报告》及相应的五层构造图，"五百梯构造带"正式出现在世人的面前。

五百梯构造属于川东大天池高陡构造带北倾末端东翼断下盘的一个局部潜伏构造，位于四川省开江县和重庆市开县境内，至此真正将开江和开县紧密相连。

1989年1月，在五百梯构造天东2井钻至井深3780米时发现长兴组生物礁，测试日产气3.6万立方米。

在主攻石炭系时意外发现长兴生物礁，其深远的意义影响了20年后重庆气矿的生产。长兴组生物礁气藏接连启发了环开江－梁平海槽以及大猫坪气田，为重庆气矿的接续开发和稳产提供了巨大的支撑。

1989年9月，在五百梯构造高位的天东1井，于石炭系首次获得工业气流，日产气111.84万立方米。

获气当天，震惊了整个四川油气田。开井现场的热闹，至今还印刻在冯万奎的心中："在石炭系打出高产井，那场面太壮观了，让所有人都非常激动。周围有些井场的干部员工还抬着整猪、扎着红花送到天东1井祝贺。"

石炭系、五百梯、高产层、高产井……信念的力量终于让川油人找到了梦寐以求的"大场面"。

五百梯的发现只能称为惊喜的前奏，接下来龙门气田、沙坪场气出的发现渐渐把叙事引向了高潮。

1989年9月19日，龙门气田天东4井完钻，测试日产天然气1.34万立方米，发现龙门气田。

1990年1月15日，钻至天东5井飞仙关组发生井喷，发现龙门气田飞仙关

五百梯气田建成现场

气藏。

1992年9月8日，沙坪场气田第一口探井——月东1-1井侧钻成功，在石炭系测试获日产气82.99万立方米。

气田的相继发现，显露出大天池构造带的强大规模：以石炭系为主产气层，包括五百梯、沙坪场两个大型整装气田，龙门一个中型气田，四个含气圈闭。其意义对未来的生产指导产生了深远的影响。

天东2井发现了五百梯，天东1井证实了石炭系大型含气构造，具备建设大型整装气田的基础和条件，拉开了大天池构造带滚动开发序幕。天东5井找到飞仙关，还因其上百克的超高含硫量，成为中国石油高含硫气井实验基地。

开发，尽快开发！中国石油天然气总公司为大力开发大天池，1992年10月五百梯完成试采方案，12月天东10井开井，日产量37.5万立方米，五百梯气田正式投产。

为了获取开井后的精确资料，对后续的勘探发展做指导。一代石油人突破了思维局限、体力极限，用更大胆的开发思维，更仔细的资料收集，为后续气

原川东开发公司经理李朝鑫（右一）研究部署大天池气田开发对策

田开发、地面集输建设，提供更为准确和精准的资料。

刘东，重庆气矿规划计划科科长，在大天池开发初期还是一名刚毕业的大学生。为了找准气井精准、科学的产能，背着重逾百斤的真重仪，随着师父在开江、开县的乡间泥土路来来回回，获取了五百梯气田试采期间完整的录井资料。

迎战　讲渡线

当五百梯气田刚刚进入试采阶段，当沙坪场气田和龙门气田还未开启试采，一条纵贯整个大天池构造带的管线设计概念，被正式提了出来——讲渡线，这条全国首条干气输送干线，承载了大天池气田的希望，彰显着四川油气田不断自我突破的果敢和担当。

1993年11月30日，采输四公司在梁平七桥成立，大天池地面集输系统建设工程全面启动。1994年3月，大天池构造带地面集输工程项目组成立，这是

讲渡线建设场景

四川石油管理局成立的第一个专项工程项目组。

在"两新两高"等思想指导下，地质、工程各条战线人力物力通力合作，从初步设计开始，就定下了管输能力为 810 万立方米的长输管道设计方案——根据探明储量设计管道输送能力，在全面投入生产后，实现了设计与实际生产高度契合，这在当时的四川油气田是一个创举。

以"新工艺、新体制、高水平、高效益"为主要内容的"两新两高"指导思想，不仅体现在大管径输气干线，在勘探开发上引

讲渡线焊接场景

进了压裂酸化技术、斜井大斜径度井水平井等技术，首次引进脱水装置、采用 SCADA 系统，更是"两新两高"精神最重要的体现。

"这是一个创举，根据探明地质储量设计的管道输送能力，在全面投入生产以后，实现了设计与实际生产高度契合。"至今刘东依然很感慨。

1993 年 11 月 30 日，在梁平七桥成立采输四公司，全面启动大天池地面集输系统建设。

1994 年，四川石油管理局提出《四川盆地大天池构造带石炭系气藏概念开发设计》，正式开启大天池构造带整装气田开发的序幕。

作为四川石油管理局"九五"计划期间增储上产的重点工程，大天池构造带输气管道工程采用的新工艺、新技术，具有划时代的意义。这些新工艺、新技术包括：国内首次采用含硫干气输送；在含硫气输送中首次采用全进口具有较强抗硫化物应力开裂和氢脆腐蚀能力的 X52 埋弧焊直缝管，并要求在潮湿、低温环境下必须辅以干燥和预热措施；将新型、先进的数字式超声波检测仪应

大天池气田员工学习技术

用于长输管道监测；首次采用井口高低压切断安全控制系统；首次采用高压自动调节阀；首次在全工程采用 SCADA 控制系统等等。

作为大天池构造带地面集输工程的主干线，讲渡线自 1995 年 10 月开工，到 1999 年 8 月建成并投产，历时近 4 年。这条 170 千米的管线，联通开州、开江、梁平、垫江，就像一条丝线，串起散落在大天池区域内的"珍珠"。

作为国内首条高含硫干气输送管线，讲渡线穿越 40 米以下的小型河流 66 次，穿越 40 米以上的中型河流 1 次，全线设置输气站 4 座、阀室 7 座、微波通信站 5 座、脱水站 6 座，建设 SCADA 系统一套，每一项工程都是一项壮举。

回想 20 世纪 90 年代初期，四川油气田所有管线都采用湿气输送。一到冬天，面临的最大难题就是低温造成的冰堵。尤其是大池干井气田，由于管线坡度大、室外温度低、气井产水量大，极易造成冰堵。只要一冰堵，哪怕是在深夜，技术人员也必须立即集合，开会分析情况，找出冰堵段，第一时间进行处理。

冰堵对生产的影响，只是湿气输送其中一个弊端；另外一个棘手的麻烦，则会加快管线腐蚀，带来巨大的安全隐患。而干气输送很好地解决了这些困扰。

1997 年 12 月 7 日，天东 12 井建成川东地区第一套脱水装置并投入使用，龙门气田首次实现干气外输。

这条承载希望的讲渡线，正式掀开川油人实现梦想的新篇章。

决胜　大开发

大天池开发是一场技术与管理的革命，在它的里程碑上，必须庄严地刻上脱水和 SCADA 系统两个名词。

"难，真的难！"重庆气矿副总工程师冷一奎，谈起脱水，依然感慨万千，

"一开始，大家在罐6井仅有的老式脱水系统上学习操作了两个月，就要全面掌握4套全进口的先进脱水装置的操作应用。"

面对新的挑战，所有的干部员工从未想过退缩，抓住一切机会向调试工程师请教，夜以继日地摸熟设备流程；派人赴国内新疆、海南甚至加拿大去学习，搞清技术原理；请机修厂、计量站的工程技术人员来进行工艺拓展培训。

重庆气矿在大天池气田举办首届采输系统专业技术比赛

　　大家边学边练，组建培训小组，不同专业相互培训、考核，考核后进行排名，严格执行末位淘汰……1996 年 3 月至 1999 年 9 月，三年半的时间中，公司进行各类培训 17 批，培训人员共计 427 人次。

　　正是这样高频次的培训和学习，对于新装置、新工艺的快速推广起到了至关重要的作用。

　　1997 年 12 月，大天池气田首套脱水装置——天东 12 井引进脱水装置投产。由于工艺设计的外文资料不能很好地适用于生产现场，员工们就抱着厚厚的外文字典，到现场一个一个名词核实，逐字逐句地摸清楚弄明白。经过全体员工的努力，最终形成了一套可操作性强、完全适应于现场工艺的脱水设备规范。

　　然而运行期间，富液温度不够、灼烧炉持续臭鸡蛋气味、水套炉燃烧不充分、缠绕式垫片规格选型不匹配等问题接踵而至。现场技术骨干带领着一大批优秀的操作员工，经过不断摸索，分析原因，解决了一个又一个问题，形成了国内首套完整的脱水操作规范，为脱水装置国产化打下了坚实的基础。

　　在消化、吸收国外技术的基础上，重庆气矿联合厂家自行设计研制了撬装脱水装置，填补了国内空白。大天池构造带脱水工程各套装置于 1997 年 12 月至 2000 年 3 月陆续建成并投产。

　　SCADA 自动化系统的成功应用，是大天池整体开发期间另一个意义重大的创举。从 1999 年开始运用，就以其先进的操作思想影响着之后 20 余年的现场自动化应用。SCADA 系统犹如气田里的"中枢神经"，全面监控着生产的全过程运行，采集并分析着主要工艺参数，控制着关键枢纽阀位，为气田的安全生产和科学管理提供了有力保障。

　　然而，当 SCADA 系统提出后，经过那一代石油人的付出和努力，让大天池构造带上这些自动化控制系统稳定持续工作，改变了整个川东石油人的认知。

　　学习培训依然贯穿整个 SCADA 投运过程，不断派人到加拿大、国内西南石油学院、重庆大学学习。终于实现我国首次在整个构造带各气田采用 SCADA 系统的夙愿。这条系统，为气田的安全生产和科学管理提供了有力保障。

　　2002 年 5 月 21 日，中国石油天然气股份有限公司在重庆组织召开了大天池构造带地面集输工程竣工验收会议，《验收鉴定书》上这样写道：SCADA 自动

召开沙坪场气田内部集输工程完工交接会

化系统的应用使气田集输和开发水平上了一个新台阶。

2002 年，大天池构造带天然气开发项目地面建设工程荣获集团公司优秀工程设计一等奖，并陆续捧回多项国家级及省部级奖项。

回望　大天池精神

从之后的实践证明，当初大天池地面建设项目从前期的选择、设计，到后期的实施、管理，都有值得借鉴的成功经验。它的成功在于新理念、新技术的引入，以及技术经验的总结、管理机制的创新、敬业精神的彰显。

雷达，作为天东 12 井的数位站长之一，对"大天池精神"有着更为直观的感受："当年，大家为了弄明白各种装置的操作，不论男女，争先恐后地上。白天操作、夜里琢磨，个个都牵挂着现场，都感觉投身大天池气田的建设是一件很光荣的事。"

随后，在大天池建设中又涌现了刘辉、谢利平、王川洪、吴晓燕等一大批骨干人才。

开展"情系大天池"文艺到一线活动

　　截至 1999 年年底，大天池气田累计探明储量超过 2500 亿立方米。2000 年，重庆气矿天然气生产突破 50 亿大关；2002 年，大天池构造带地面集输工程竣工验收，天然气年产量增加 10 亿立方米；2006 年，生产天然气 72.9 亿立方米，全行业为之瞩目。

　　在大天池气田的积极助力下，重庆气矿累产天然气 1700 亿立方米，折合油气当量 1.4 亿吨，一度占据全国天然气总产量的八分之一。

　　因为大天池，才有了十余项国内首次，再次证明了开发大天池的英明决策。

　　因为大天池，李德树将成功的技术和管理经验带到土库曼斯坦，陈华勇将最新的管理理念带入川东北气矿，冷一奎与西南石油大学油气储运专业合著脱水书籍，雷达将大天池精神带入储气库……

　　决胜，不仅成为川东气田的骄傲，更是来自人才接续贡献社会的那份信念。

　　川东有石炭系的那份信念，伴随着果敢和决断、坚持和奉献、团结和协作、传承和创新，将大天池打造成当时最大的整装气田，也打造成为"两新两高"的实验基地、人才的培训基地，最终将巴国文化用大天池精神赓续传承，在中国天然气发展史上超然闪耀。

现在的大天池气田

沙罐坪：长流的力量

李　陈

　　开江，古称新宁，幅员 1000 多平方千米，位于天府之东，巴山南麓，峨城山下。在漫漫历史长河中，她不断沉淀发展，沉淀了厚重的底蕴，孕育了丰饶的物产资源。在这里，春日可观百花艳丽，夏日可赏荷风摇曳，秋日尝尽虾蟹甘美，冬日温酒泡泉悠然自得，成就了一段"梁平坝子开江田，成熟一季管三年"的佳话。

　　无论是自然景观，还是矿产资源，开江都有独特禀赋。这里自然资源蕴藏丰富，已发现的矿产资源就有 20 多种，其中煤、天然气储量占矿藏总量的 90%

原沙罐坪气田采气十六队员工宿舍

以上，其中，以天然气采出为主的重庆气矿开州作业区的沙罐坪气田已在此投产 30 余年，与同年投产的气田相比，沙罐坪的"年龄"已属古稀。

1997 年 7 月，员工出行对沙罐坪巡检井资产进行清查途中歇凉

目前，沙罐坪气田有措施井 7 口，压力仅有 8 兆帕。在产水、沙淹等诸多不利因素并存，管理难度极大的窘境下，沙罐坪气田依然足额完成年度产量任务，并收获优秀"五型"班组、先进班组、优秀中心站等荣誉。

投产至今，沙罐坪累计产气 56.72 亿立方米，按 2 元单价计算，累计创造总产值高达 113.44 亿元。波动平缓的日产量曲线，镌刻了沙罐坪奔涌的印记，时光书写的成绩向世人宣示着：沙罐坪地底的原始力量一直在缓慢长流，从未平息。

解封　含气的"沙罐"

"这里以前有个窑厂，烧制的罐子很粗糙，所以叫沙罐厂。因为修建在坪上，就叫沙罐坪。"1957 年，地质部第四普查大队来到四川省达县地区开展地质普查时，延续了四川人取地名的洒脱，把刚发现的构造命名为沙罐坪。此时距离大庆油田、胜利油田的发现还有两年，中国还被西方扣着"贫油国"的帽子，国内的油气勘探工作不惧污名，紧锣密鼓开展工作，一如中华民族的隐忍和执着。

1965 年，国家对能源实行重点倾斜，石油工业部指明四川"贫油富气"的属性，做出"油气并举，以气为主"的决策时，四川石油管理局已在 12 年的摸索中，形成了符合四川碳酸盐岩裂缝性复杂气藏的钻井工艺技术，四川复杂的地质条件已挡不住川油人坚定的勘探步伐，四川盆地的大门向川油人敞开。

如果说临近的大池干、卧龙河构造是奔腾的黄河，高压低渗的沙罐坪就是一条小溪，存在开发工艺复杂、储量动用难度高、稳产条件差、开采综合效益差等难题。"当前能源需求不断高涨，沙罐坪构造分布较广、储量大、主产层石炭系的气甲烷含量高、硫化氢少，是洁净、绿色、低污染的优质能源，机遇大于挑战，干！"一声铿锵的号令，为沙罐坪气田的开发划下了起跑线。

直到 1980 年沙罐坪第一口探井——罐 1 井开钻时，已是四川石油管理局肃清极左思潮，解放思想拨乱反正后的第二年。恢复重建长期废弛的生产建设，拼力完成主要生产指标成为全局锚定的统一目标。

随后的 5 年间，沙罐坪气田以罐 1 井为坐标，以鼻形构造为方向，沿着构造轴线陆续打下了罐 4 井、罐 6 井和罐 2 井三口探井，官宣了沙罐坪气田的发现。钻井之初，大批钻井队奔赴沙罐坪，每个井钻探完成后留下 1 名守井人，保护维护这根插在地下天然气宝库上的"吸管"，等待后续全套"通道"建设。

"要表现最优秀的人才能被留下来，其他人跟着钻井队继续四处钻采。就像歌里唱的——哪里有石油哪里就是家。"覃太根已年近八旬，2000 年他的女儿刚从沙罐坪气田退休。"那会儿用牛毛毡做屋顶、土砖做灶，去几百米开外的河边挖水坑过滤取水，每天能挑十几担。"

相对于覃太根生活的平静，那个年代物资的匮乏和法律的低普及率，让附近的某些居民产生了思想波动：这个两人一井，囤积着管材的地方，不就是个没上锁的藏宝箱吗？

"大件录音机、棉被、床单，小到水杯、毛巾等都没了。"某个夫妻俩外出打水的下午，覃太根一家失去了他们在站场的所有"家当"。在以后的日子里，覃太根再没让井场空芜过，他和妻子，总会留下一个守护看管着。偶有罔顾规定、硬闯站场的，覃太根抚摸着头顶长约 10 厘米的疤："强行索要管材、金属零件，我不给，就给我留下这个。这些都是企业资产，我负有保管责任啊！"这种情况直到 1983 年中央紧急打击经济领域严重犯罪活动，方得以逐步消除。

国家各项政策的松绑，配合加快上产的主旋律，沙罐坪气田解开了封印，进入蓬勃的青春期。截至 1986 年，沙罐坪气田共计完成了 20 口探井、详探井的开发，正式进入试采阶段。因天然气的存在，交通、信息闭塞的 80 年代，这个以沙罐厂命名的小村镇，迅速成为四川省达县（现达州）开江的"明星乡镇"。

1994 年 2 月下的第一场雪，采气 16 队员工雪景合影

成长　阵痛后成熟

　　20 世纪 80 年代末，探获了 5 个气藏的沙罐坪气田犹如一块吸铁石，吸引了四面八方的人们来这里工作和定居。时代洪流中，因林业行业转产来到罐 6 井的王明伦，从守林变成守气，刚到站场时，王明伦盯着站场上的"铁疙瘩"和师父银润洪穿梭的身影，一盯就是几个小时。这位摇着蒲扇、头发灰白的老人，已听不清老伴的耳语，却还记得师父的名字。没有计算机的年代，是师父靠着言传身教把石油技艺教给了自己，手把手跟着学会了洗高级孔板阀、求积仪使用、测真重等操作，让自己这个"外行人"成了正宗石油人。

　　伴随王明伦一起在沙罐坪成熟的，还有气田的储层改造技术。沙罐坪石炭系属于低渗低孔储集层，储量规模虽大，但因为缺少通道，天然气看得着摸不到。为了将压裂酸化技术运用于气田开发，西南石油大学从 1959 年便开始了研究，并于 1978 年成立了全国首个酸化实验室。在十几年的反复研究和实践中，沙罐坪成为西南地区率先运用该项技术的气田之一。

　　1983 年即完钻的罐 2 井，因技术制约，气层被沉沙淹没，足足"沉睡"到

1988年。直到强大的水力在地层中"崩"开裂缝，盐酸沿着裂缝腐蚀扩出"高速公路"，埋藏在深处的天然气才得以汇聚出井，带来酸化措施前8倍的日产量。酸化后井口压力达到23兆帕，气流奔涌而出的那一刻，地面为之震动，甚至引发井场附近的村民大喊："地震了！"

"地震"的不只是井场。在沙罐坪气田发现到试开采的几年时间里，管理制度的改革也如雨后春笋一般，伴随着天然气的钻采工作一路推进。7年间，四川石油管理局完成了二级单位改革包干转型，施行"以气养气"，产量、利润、成本都靠自己把控。大锅饭变分灶饭，二级单位绩效的重要性愈加凸显，工人技术考核工作和轮班弹性制开始实施，沙罐坪的员工在经历短暂的管理改革"阵痛"后，迅速调整投入到新一轮的采气大会战中。

1987年，四川石油管理局《沙罐坪气田石炭系气藏开发评价方案》中指出：沙罐坪储层渗透性较差，地层能量较小。沙罐坪在试采过程中，没有出现过众人期盼的"产量爆发"高光时刻。以中低产气井为主，气藏非均值性强的沙罐坪气田，多数井需要进行间歇生产，在那些依靠脚力步行巡查的十几年里，沙罐坪众员工如同对待自己孩子一般，耐心呵护、精心细致。

1995年，罐25井员工正在对水套炉调压

　　李树春自跟随钻探队从泸州到罐6井，便在沙罐坪住到退休。从管理气井，到值守井场电台，最后因为腿脚好、熟悉路线成了巡管工。"赶场最近的乡镇是天师，从井场出发单程要1个多小时。巡管时一个人从开江走到檀木，30公里没有条正规公路，走到哪就在当地农家歇息，往返得两三天。"回忆起那段沙罐坪时光，李树春十分感慨。儿子李西洪在沙罐坪完成了出生、成长、上学和就业，当年父亲巡检过的沙达线，如今李西洪也已沿着走了25年。这条于1986年贯穿罐6井和达县站的重要输气干线，在数次施工维护中历久弥新，它的现任"守护者"李西洪，巡管时手持登山杖，脚踩轻便健步鞋，走在周边配套成熟的巡管路上，每晚在就近乡镇住宿，与父辈的工作条件相比，李西洪笑称，沙达线的巡管路也从原始走向现代化。

转型　不落的暖阳

　　截至2022年，沙罐坪气田走过了以石炭系开发为主的正规开发阶段，2005年进入"泡排+增压"的开发调整阶段。在经历30余年的开采后，完成了它的历史工业任务，以7.3%递减率稳稳地站在如今西南片区的天然气贡献背后，目击了天然气的发现和释放，见证了石油人的成长和转变，犹如一位老者，冷静沉着。

　　在2019年全国首批绿色矿山名录里，沙罐坪气田名列第一。以领跑的姿态成为行业内绿色发展标杆。以良好矿貌环境的"有机绿"，资源综合利用固废管理的"清洁蓝"，科技力量实现节能减排和碳排放降低的"纯净白"，为这座贡献了30余年生命、已然是气田中"老者"的沙罐坪，赋予其新时代的定位和职责。

　　如今的沙罐坪气田是重庆气矿开州作业区的五支部阵地，气田的管理更加多元化、智能化，宿舍楼、值班室、工具用房林立，职工书屋、健身房内设备用品丰富，自来水罐、电网、数据网络等带来了充足的资源，全覆盖的视频系统让员工不用出站即可完成日常的生活和远程的气井管理工作。便捷有效的管理模式，让员工对气井的情感从刚需被动回归为改善型依赖。

当前的沙罐坪片区负责人任晓义，也是"沙二代"。父亲退休后，他秉承了老一辈的石油意志，在采气、气田水回注处理、脱水、增压专业中横向转行多次，从"万金油"逐步成长为"多面手"，不仅是沙罐坪的管理者，个人也因技能突出在2022年进入重庆气矿高价值人才梯队。

"我们还经常被邀请去参加老乡家里的喜宴。"任晓义说。站场周边的村民早已习惯了这座为当地带来资源、买卖和朋友的场站。通过天然气安全知识宣传、开展党支部共建、地企应急预案联合演练等多种地企联动的活动，村民逐步了解天然气的优势、危险性和相关知识后，开始转换思维，共同融入天然气生产管理中，养成了管线周边有施工、燃烧、塌方等情况便积极打电话汇报的习惯，逐步掌握了天然气安全使用的知识。沙罐坪孕育了她的居民，现在居民也在保护着沙罐坪。天然气让员工把家搬到了气田，无数小家又在数年工作中团结成了大家。

低渗透的沙罐坪有多平凡，长寿的沙罐坪在时光中就有多耀眼。时至今日，沙罐坪气田依然稳稳地保持着每天15万立方米的天然气日产量，前期因为技术缺陷而被砂淹没，而封存4年的气井也在逐个修复中，仅2022年，沙罐坪凭借移动泡排加注技术、智能开关井技术，复活罐2井、罐25井，获增气量60万立方米。时光是仁慈的，它给予的漫长将数代石油人的技术锤炼成金钻，直击地底汲取自然封存的宝藏，也让"慢性子"的沙罐坪得以在岁月长河中彰显出优势和潜力，缓慢而坚定，温柔绽放。

大猫坪：磨砺见证初心

曹娟

　　万州，夏属梁州之地，春秋战国时先后归属巴国、楚国。东汉建安二十一年（公元 216 年），刘备分朐忍县置羊渠县，为万州建县之始，时隔 1784 年，建立重庆市万州区。漫长的岁月打磨出古老的川东门户，刀耕火种、战火纷飞的历史造就坚韧不拔的族群，还有储量丰富的矿产。拥有高产、高压、高含硫特质的云安厂气田大猫坪区块在万州分水镇横空出世，揭开传承石炭系天然气高产生命薪火、招展胜利红旗的新篇。

繁花盛景虎啸云安厂

　　位于重庆东北部的万州地区属亚热带季风湿润带，四季分明，日照充足。冬冷多雨雾，夏热多伏旱。云安厂气田大猫坪区块深藏万州分水镇，距离主城区 20 余千米。周遭环山，盛产有名的分水李子、万州红橘。每到春、夏之季，漫山遍野，香雪飞舞、红娇绿艳。谁能想到，如此温婉秀丽的地方蛰伏着从远古奔腾而来的"蓝金"洪流。

　　据《大猫坪区块长兴组气藏开发方案》记载：云安厂气田大猫坪区域构造位置属于四川盆地川东断褶带云安厂构造带南段东南翼断下盘一潜伏构造。勘探工作始于 1972 年。1982—1983 年，原四川石油地调处使用数字地震仪，采用 62 次观测覆盖系统，布设 28 条测线和 4 条联络测线，多次覆盖对云安厂构造进行详查，最终发现主体构造上的柱家槽和中心场两个潜伏高点，在陡翼下盘发现大猫坪、冯家湾等潜伏构造。2006 年针对大猫坪地区开展了三维地震勘探，编制了长兴生物礁有利相带分布图、储层厚度、孔隙度、储能系数、生物岩隆

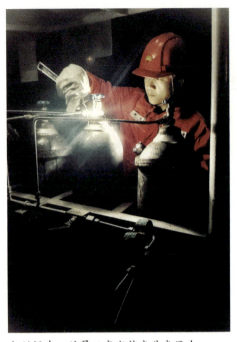

大猫坪中心站员工夜班补充井安压力

厚度分布图、含油气分布预测图。记载里还脉络清晰地写着大猫坪区块 5 口生产井相继诞生的来龙去脉。

经过 9 年的开采和调研，大猫坪区块在 2018 年向国家储委提交大猫坪长兴组气藏主体复算探明储量约 130 亿立方米，技术可采储量约 120 亿立方米，经济可采储量约 120 亿立方米；云安 012-X8 井区新增探明储量约 14 亿立方米，技术可采储量约 13 亿立方米，经济可采储量约 13 亿立方米。

诸多数据的提交，无不显示着大猫坪区块的勃勃生机。参与大猫坪区块最初建设的地质工程师乔龙平，这位扎根在万州作业区几十年、徒弟遍布西南油气田公司的老专家，对大猫坪区块每口气井的根底都了如指掌。他说，云安 012-2 井试投产成功，验证了大猫坪区块庞大的生产能力，这就好比重庆气矿一锄头挖出了个金虎头，兆头好得很，当时作业区上上下下都兴奋不已。

天下没有永远的盛宴，在大猫坪区块初显"虎威"的时候，作业区原生产主战场位于石炭系的寨沟湾气田、高峰场气田也步入生产的后阶段轨道。乔龙平的电脑像摊开的历史书册，清晰地记录着新老气田的兴衰如潮起潮落：

2009 年，寨沟湾气田日产逾 100 万立方米，高峰场气田日产逾 80 万立方米；

2010 年，寨沟湾气田、高峰场气田日产皆逾 50 万立方米；

2011 年，寨沟湾气田日产逾 34 万立方米，高峰场气田日产逾 38 万立方米。

2014 年，大猫坪区块 5 口生产井全部投产，寨沟湾气田、高峰场气田日产量已下滑至 11 万立方米、22 万立方米。

老气田衰退符合自然规律，新生代"老虎"——大猫坪区块以日均约 150 万立方米的产气量"接棒"奔跑，以占据作业区日产量 70% 的业绩，为整个川东气田注入强劲有力的新鲜血液。

逆风飞翔攻坚大猫坪

欲达高峰，必忍其痛，欲戴王冠，必承其重。大猫坪区块的高效开发与电影里的套路如出一辙：成功没有一帆风顺，成大事者必受诸般磨难方得正果，即使天之骄子也要头悬梁锥刺股，因为天赋集中了雷电最热烈的光芒、最坎坷的核心力量。

大猫坪区块 5 口井都是高含硫井，其中云安 012-2 井最高每立方米 105 克，云安 012-X8 井最低每立方米 38 克。4 口井来气在云安 012-1 井混合之后输往万州末站，含硫量逾 80 克，远高于国家规定天然气含硫量 3 类小于等于每立方米 350 毫克的标准。压力高、产量高，硫化氢、二氧化碳高，如此"虎"性，让万州作业的安全生产管理犹如刀尖上的舞蹈。

困难重重，万州作业区在每年工作报告上都明确写道加强大猫坪区块的管理，夯实底线，守牢关口。作业区生产办关于大猫坪区块高含硫生产的分析、调研中记录着开采运行的艰辛：5 口井最长生产不到 10 年，部分油管、管线、分离器、闪蒸罐等设备积液包、排液口均出现不同程度的腐蚀，甚至穿孔；受

大猫坪中心站员工领取慰问品

高压高产高含硫气体腐蚀、冲击，常出现阀杆断裂、阀芯脱落、密封件损坏等问题。据统计，自 2010 年始，高含硫站场管线发生腐蚀穿孔、断裂共计 3 次。

天然气硫化氢含量高导致水合物形成温度高，同时管线低洼处易形成积液、管线弯头多且内径不规则影响清管效果等原因导致水合物冻堵易发。据统计，自 2009 年投产以来，大猫坪区块高含硫站场共发生不同程度的水合物堵塞 18 次。

远程点火系统可靠性不高，硫化氢缺乏有效在线监测，放空排液管线易堵塞和失效，阀门内漏导致设备长期带压，井下安全阀压力监控处于盲区，笼氏节流阀生产过程中易堵塞。2013 年，新完钻高含硫井配备井下安全阀设备，现场未安装相应的控制柜等配套设备设施，生产现场无法直观判断井下安全阀开启情况，存在一旦有异常情况出现，不能及时发现、处理的风险。

云安 012-6 井、云安 012-X7 井生产噪声明显，部分已实施多年的无害化治理项目因处理方法缺陷，出现固化物膨胀、固化池池壁开裂、池壁渗漏等现象；高含硫气田水存储、拉运环节都需整改。

各种各样问题在持续的生产中开始浮出水面，如何面对高含硫生产的风险与压力，考验着万州作业区干部员工的能力与责任心。幸运的是作业区对高含硫生产管理不算陌生，也曾走过磕磕绊绊的路。2005 年、2008 年相继投产的峰 15 井和峰 003-X3 井都是含硫量上百克的"危险户"。此前，作业区领导、技术干部算是摸着石头过河，一边组队到兄弟单位学习，一边摸索积累经验。曾经在万州作业区担任经理的唐光平在员工大会上说："万州的天然气生产环境复杂，点多线长面广路烂，给生产带来很多困难。高含硫气井的开采从完成生产指标上来说是锦上添花，从安全角度上看就是难上加难，每时每刻都在摸老虎屁股。"话糙理不糙，高峰场气田的两口高含硫井曾让值守员工吃尽了堵、漏、不稳定的苦头。

2009 年后，高含硫气田成为万州作业区生产的主战场，真是让人一阵欢喜一阵忧。

为了把猛虎关在笼里，让每日 150 万立方米气流像猫一样温顺地出发，一大批领导相继到万州作业区集中精力、物力打造"铁桶般"的大猫坪区块。无

大猫坪中心站员工巡检

数次现场调研、无数次分析会、无数次熬更守夜，总结出适合大猫坪区块高含硫生产的管理经验和《万州作业区高含硫冬季生产方案》，并在全气矿推广。

2018年10月，作业区调整缓蚀剂加注工艺或重新选择缓蚀剂、建立高含硫系统监测点，准确掌握高含硫站场设备管线腐蚀状况、趋势及防腐效果、在SCADA系统上位计算机设置报警点，自控联锁、利用信息化技术在线监测生产数据及在输气管线压力上涨初期，采取"降压 + 加注防冻剂 + 清管通球"组合提前解决管线堵塞问题等30多项有效治理风险隐患确保安全生产的措施。

在各类创新创效改进中，云安012-X7井节流管件、阀门实施吸隔声包裹，在水套炉 - 分离器橇装工艺区四周修建"降噪墙"，都专治噪声。气田水拉运全程实施密闭系统，解决云安012-1井、云安012-2井含硫气体外泄的问题。在站场关键位置悬挂红黄蓝分级牌，重点治理跑冒滴漏。"绿水青山就是金山银山"，没有了噪声、臭气的大猫坪区块，变得更加幽静可爱。"我们亲爱的大猫猫""明天要去看大猫猫了"，在亲昵的称呼里，大猫坪区块就像一只阳光下眯着眼休憩的漂亮家猫。

天道酬勤，功夫不负有心人。生产了十一年零五个月的大猫坪区块安全累

大猫坪中心站设备大修

计采气逾 49 亿立方米，并建成国家能源高含硫气藏开采研发中心腐蚀与防护现场试验基地（2018年 4 月 11 日顺利通过集团公司评估验收），建成了高酸性气田在线腐蚀监测、缓蚀剂和水合物抑制剂加注及预膜装置的试验基地，承担了国家示范工程、863 项目、股份公司项目、分公司重大专项等十余个项目现场试验应用的技术支撑，成为渝东北地区酸性气田高效开发的标杆。2018 年获得集团公司"酸性气田完整性管理示范区"的荣誉称号。在万州作业区精心的棋局部署中，5 井一体联手逐鹿，安全奔跑在时间的赛场里。

众志成城艰辛红旗路

方寸不过数百平方米，五线谱般简单流畅的地面工艺流程，一棵采气树定位场中间。这是大猫坪区块生产主体之一的云安 012-1 井，与其他老成持重的大型集输站相比确实身形单薄，但统管大猫坪区块 5 口生产井的大猫坪中心站在 2015 年就设于该井。

大猫坪区块的生产顺利走到今天，离不开所有参与建设者的辛勤付出。云安 012-2 井投产那年，山里的冬天来得太早，凌厉山风夹杂飞雪，负责开井工作的员工姚建、冯专、莫绍明住在冰冷的活动房。冰天雪地中，他们三人一步一滑，轮流做好调整气量、水套炉保温、加注防冻剂、巡检现场等工作。姚建说，那年冷得很，电线又没接好，他们在值班室里只有裹着被子边跳边上班。时光匆匆，十多年转瞬即逝。如今姚建也是大猫坪中心站站长，而冯专退休两年，莫绍明即将退休。

大猫坪区块是万州作业区发展的主要"命脉"，守护"猫"的生产是作业区所有人的责任。2018 年，作业区推行党员站长＋党支部书记＋党员技术干部的

"1+1+1"管理模式，由负责生产转为党委书记的韦元亮将党建工作导进中心站管理，发挥党委政治引领和服务指导作用，驻站帮扶大猫坪中心站提升执行力。"党员在哪里，红旗就树立在哪里。守住大猫坪就是为作业区、气矿的高质量发展贡献党员的力量。"韦元亮把管理生产的严谨融入党建大格局。

大猫坪中心站以硬核、硬朗的作风扬名。曾经在员工足够的情况下，作业区为它配置了经典组合：一半技师一半转业军人。早操军歌、应急拉练、技术比武、文化学习，半军事化的班组管理为大猫坪区块生产设置了最佳"保护网""助推器"。2009年退伍到作业区的赵雷，2017年获得中国石油采输气大工种职业技能竞赛金牌，被聘为大猫坪中心站站长，与姚建联手，凭借一腔热血一身硬功夫，共同守牢高含硫生产的每道关口。

2020年，万州成为重庆地区新冠疫情最严重的地方之一。风声鹤唳里，赵雷带领甲班班员坚守岗位3个半月。他们一边做好防疫工作一面巡井防冻堵。"必须每口井都要按时查看，高含硫生产是老虎野性，哪里不对冷不丁的就要跳起来伤人。"班员说赵雷那段时间有点"过于"严厉，应急演练快把山梁踏平。

2021年春节前后，降温大寒，渝东北民用气陡涨。姚建和班员忙碌在鹅毛般大雪中，僵着手加密完成排污、注防冻剂、清管通球等工作，挂着木棍艰难

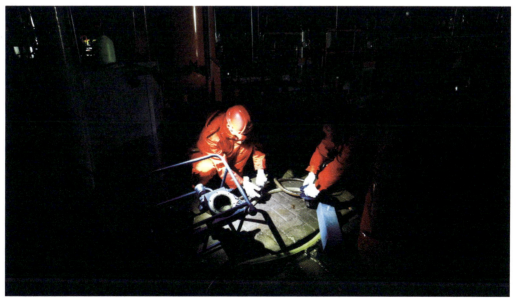

大猫坪中心站员工除夕之夜维修防堵剂泵

行走在山梁上的红色身影是大猫坪最亮丽的风景。春节期间,渝东北日用气平稳突破 100 万立方米,创历史新高,大猫坪中心站功不可没。多年努力、倾力付出,大猫坪中心站凭借实力夺得了西南油气田公司"金牌班组""基层建设红旗班组"等荣誉称号。

金牌、红旗在手,大猫坪区块的纪实并未像话本里以"从此他们静谧幸福到老"作为传统结局。2021 年 1 月 26 日,川东地区首口"一井双礁"水平井云安 012–X16 井长兴组完井测试获 113.65 万立方米高产工业气流。

向着建设 500 亿大气区腾飞。当大猫坪区块披上新的铠甲,秉承着石油人披荆斩棘、开疆扩土的血脉,三峡移民牺牲小我成就大家的精神,高举地心之火,把多年奋斗的刀光剑影和胜利深深镌刻在采气人一路跋涉、一路高歌的历史里。

黄瓜山：山涧云海擒气龙

廖云杰

清代《永川县志》记载，永川"双晒"黄瓜山原名泸龙山，其境北至巴渝，南系川蜀，因俯瞰山体细长，植被茂密，形似黄瓜而得名。山脉间万顷林地、丰富矿产储量是当地人文、经济发展的重要依托。

连绵山脉"酿"美景"孕"宝藏

"松涛推开青纱帐，满山梨花迎朝霞，象鼻嘴上观锦绣，白岩槽里看桃花……"万顷梨花组成的炫目花海唯有在黄瓜山才能邂逅，如此景致是一首萦绕心头的诗，亦是一幅叫人陶醉的画。

但是！它的沧桑你可曾晓得？亿万年白垩纪陆相沉积，亿万年雨水溶蚀冲击而成"一山二岭一槽"的雄伟山势。

它的气韵你可曾见过？千年前老祖先就开始了对"社稷"进行培育和改良，为我们留下了弥足珍贵的遗产。几千年袅袅炊烟随风飘去，脚下已是沃壤千里，

1955 年，石油工业部四川石油勘探局 105 地质队在黄瓜山地区进行 1∶25000 地质细测，查明了黄瓜山构造为：闭合良好的不对称箱状背斜构造

地质人员分析岩心

川南第一井——黄1井

物产丰富的昊天黄土。

它的深蕴你可曾知道？在厚厚的岩层下，竟是亿万年前沉积三叠系钢铁洪流——石油与天然气。

美哉！壮哉！于是乎黄瓜山就有了地上"聚宝盆"，地下"流金河"的美誉。

2018年中冶赛迪集团、永川博物馆依托"梨"文化内涵，精心打造集观光、风土人情、红色基因的乡村振兴经济工程。成为如今闻名遐迩的"中华梨村"。而其中一个子板块"58历史记忆馆"坐落在一座四合院落中，"梨村往事"再现了一代伟人邓小平同志视察黄瓜山钻井的历史事件，掀开了黄瓜山气田半个世纪奋斗光荣岁月……

头戴铝盔"闯"山林"打"钻头

黄瓜山真有油气？山顶"58历史记忆馆"向我们慢慢掀开这段峥嵘岁月……

19世纪末，世界第二次工业革命完成，内燃机改良与普遍应用使得油气成为工业血液，乃是牵一发动全身的生产要素。

新中国成立，国家大力发展油气工业，1955年"一五"规划"油气、农业、交通"三车并行。大庆油田未开发前，玉门油田、克拉玛依油田是我国仅有的油气支柱，受限开采量与规模，油气自给率仅四成，需要进口大量油气满足经济复苏和国家安全需求。

朝鲜战争爆发，以美国为首的西方国家为了遏制中国，削弱中国战争能力，使中国遭受了历史上第一次油气禁运，然而中苏关系急剧恶化如同火上浇油。在当时国际国内环境下，"为国找油、找气"成为破局唯一出路。

数以万计的地质学家、勘探队散入苍茫的西北戈壁，穿梭于白山黑水间。他们心之所向，全是油气。

1956年5月28日，川南地区第一口探井——黄1井开钻，1957年1月30日在三叠系嘉一段完钻，测试日产气14.19万立方米。由此推开黄瓜山气田开发帷幕。

新中国成立初期，中国工业基础羸弱，国内经济萧条。没有运输车辆和设备只有锄头与铁锹，钻前土木工程在这样极端困难的环境下以人拉肩扛的方式化整为零搬到井场，然后再用土办法安装。

那一年雨水特别多，井场满是积水与泥泞。整个井场几乎泡在水塘、水洼中，给生产带来了困难。钻井工人与作业人员要在齐膝深的水里施工，还得保证安全与质量。

住在梨村的周姓老人见证了那一段历史。如今88岁高龄的他回忆往事，颤巍的双手在胸前比画，时隔60年仍难掩内心激动："他们是毛主席的好战士！"

"石油是苦难的，当这种苦难达到极致，就会焕发出一种激情"。川油先辈以身躯和满腔热血，在那个激情燃烧的年代展现了强大的意志力和努力建设国家的蓬勃热望！

1957年2月至8月，嘉一气藏黄1井、黄4井、黄5井陆续投产。随着气田持续开发利用，1958年，一条全长20千米的输气管道由黄瓜山铺设到永川大型国有化工企业，开启了四川盆地输气的先河。

黄瓜山开采出油气的捷报传到中央。1958年3月8日，时任中共中央总书记邓小平同志专程来到永川黄瓜山石油钻探队视察工作。小平同志不顾山路泥泞，兴致勃勃地前往黄5井的天然气放喷点火测试和正准备测试的黄10井，详细询问了天然气开发利用情况。他说："石油工人风餐露宿，野外生活朴实、艰苦，大家更要多关心他们的生产生活，多打井、多产油、气，为国家建设多做贡

2020 年 1 月 30 日，永川采输气作业区党员突击队攻坚老井挖潜增效

献"。小平同志离开气田时，气田党委书记把黄 10 井的两小瓶油样送给他留念。他端详着油样，动情地说："今天总算看到四川有石油了，四川有了石油，党中央就放心了。"

伟人的驻足极大地鼓舞了川油人，沿着热浪的轨迹飞翔。1958 年 9 月 25 日，北京地质勘探研究所《四川永川黄瓜山气田初步研究报告》远景评价：黄瓜山气田二叠系气藏存在的可能性极大。1959 年 12 月 20 日《四川盆地石油普查初步总结报告》分析：黄瓜山气田三叠系嘉陵江组、茅口组沉积环境良好，利于油气生成有巨大的开发潜力。

诸多数据的提交犹如无数条锁链，牢牢锁住了隐藏在黄瓜山数千米地层下这头"洪荒气虎"的尾巴。黄瓜山气田开发迅速进入白热化。

截至 1984 年，黄瓜山气田探明天然气地质储量 5.24 亿立方米，累计钻井 27 口，仅获气井 6 口，探井成功率仅为 22.2%。1999 年年底，气井开采接近枯竭，累计开采 4.19 亿立方米。

到此黄瓜山气田开发戛然而止！不甘的情绪深埋在每一个川油人心中。

再续荣光"探"页岩"榨"燃气

1997 年，大洋彼岸的美国 Mitchell 能源公司在 Barnett 盆地页岩带首次使用水力压裂技术，"页岩气"首次进入人们视野，登上国际能源舞台。2003 年，水平井钻探技术应用使美国页岩气开发步入新的历史阶段。统计显示，2005 年美国页岩气产量仅 196 亿立方米，随后 6 年呈爆发式增长，直至 2011 年产量高达惊人的 1720 亿立方米，年均增长率 43.1%，一举将美国由天然气进口国转变为天然气出口国，在国际能源的舞台独领风骚。

一场改变世界能源格局的革命正在悄然上演……

中华民族伟大复兴急需这股钢铁洪流。从 2005 年开始，我国相继在四川盆地、渤海湾盆地积极开展前期研究，从页岩气形成条件与富集规律、资源潜力与有利带分布等方面对各个盆地进行全方位评测。

2010 年，四川盆地威 201 井在奥陶纪五峰组海相页岩中获得工业气流。

2011 年，开钻了中国第一口陆相页岩气井——柳评 177 井。

2012 年，中国成为继美国之后，全球第二个页岩气接入管网开始商业性开采的国家，并且页岩气可开采储量高居全球第一。

2016 年，中国建立陆上页岩气探矿区块 54 个，钻井 800 余口，铺设页岩气专属管线 235 千米。

喜报连连让传承川油人"血脉"的新时代西油人看到了复兴先辈荣光的曙光。

承载着三代人的希望与梦想，2018 年 9 月 29 日，经过现场数小时技术调试，西南油气田公司首口深层页岩气评价井——黄 202 井顺利投产成功，日产气 22.73 万立方米向重庆市永川区平稳输送。

现场参与投产的所有人员无不相拥喜极而泣。"我从小听着爷爷打井的故事长大，如今我站在爷爷曾经为之奋斗的地方开出了气，倍感自豪！"这位青年技术员是众多"川油精神"传承者的缩影。他们的爷爷、爸爸扎根这片土地，奉献了整整一辈子，很多先辈带着遗憾离开了人世。如今时隔 35 年，黄瓜山气田

永川采输气作业区强化党建带团建，2020 年 7 月 29 日，开展页岩气增储上产青年突击队"授旗仪式"

再次吹响"集结号"，沿着先辈足迹，永不磨灭的"川油精神"照亮地宫，洪荒气虎无处遁形，源源不断的工业气流从地宫中呼啸而出。

2019 年矿权流转，新生作业区整合需要时间，但如今如火如荼的黄瓜山页岩气战场时不我待！同为川油人血脉，为了同一个目标，永川作业区在极短的时间内完成人员重组。一大批从各个作业区主动请缨而来的脱水精英投身黄瓜山页岩气开发，给脱水基础薄弱的永川作业区吃下定心丸，迅速凝聚成一股配合默契的上产铁军。

黄瓜山气田活了！重庆气矿页岩气开发也迎来了春天……

2019 年 6 月 19 日，黄 202H1-4 井顺利开钻，黄瓜山深层页岩气先导试验区黄 202 井区初露峥嵘。井区首批将在龙马溪组页岩气优质储层部署三个平台，12 口先导性实验井钻探工程将紧锣密鼓地进入战斗序列。作为全国首个深层页岩气先导试验区，黄 202 井区开发意义重大可见一斑。

莲花脱水站建设无疑是黄瓜山页岩气开发历程中一次意义非凡的"大会战"。

2020 年 5 月，位于永川区莲花镇黄 202 脱水站地面工艺建成，首期规模日处理量 150 万立方米。为了安全、平稳、高效满足黄瓜山气田页岩气大开发布局需求，接踵而至便是长达数月的"三查四定"工作。为此，永川作业区迅速成立投产小组进驻脱水站，围绕投产计划进行周密部署。

"一个月没回过家，我太想我的儿子了！"永川作业区脱水工程师余茂楠感慨良多，这个30多岁的大男孩诠释了什么是"痛并快乐着"！

"头伏饺子二伏面，三伏烙饼摊鸡蛋。"最炎热的天气干着最累的工作！接近40摄氏度的高温天气，投产小组游走在脱水站每个角落，排查隐患、调试设备对现场发现的问题进行沟通与整改。投产前生活区尚未修建，吃过晚饭劳累半天的投产小组便挤在10平方米不到的活动板房内编写投产方案并反复讨论修改。余茂楠更是身兼数职，参与编写方案的同时，还要每晚负责对员工进行脱水工艺培训。

儿子突发水痘，一个月未回家的余茂楠万万没想到竟然以这样的方式见到了日夜思念的儿子。为了让父亲陪伴自己，6岁小家伙偷偷把爸爸装有投产方案的公文包藏了起来，然而在他心中一向温柔的爸爸第一次对着自己大发雷霆。望着儿子委屈的模样，这个七尺男儿抱着儿子流下了滚滚热泪。夜里余茂楠抱着儿子讲了许久的故事，故事的内容全是自己工作琐事。天未亮，又火急火燎地前往脱水站工作。

两个多月的时间，这个180斤的"大胖子"熬成了155斤的壮硕汉子。大家都亲切地称呼他"猛男"，是调侃更是认可！

"宝剑锋从磨砺出，梅花香自苦寒来"。三个月与骄阳为伴，朝着光的方向点燃希望。

2020年7月22日，黄202井区深层页岩气试采干线升压测试，黄202脱水站一次点火成功！标志着该井区全面具备外输能力，在黄瓜山气田页岩气开发里程碑上写下浓墨重彩的一笔。

2020年12月30日，重庆气矿黄202井区深层页岩气开采首次突破4000万立方米。

"快、快、再快！"点点星火汇聚燎原之势，无数井架在黄瓜山脉拔地而起。2021年至2022年，黄202H2、H3平台，黄205井以惊人的速度投入生产，日产气量35万立方米，黄瓜山气田成为永川作业区上产路上的一缕曙光。

永川作业区作为重庆气矿页岩气上产的主战场规划部署页岩气平台17个，

2020 年 9 月 6 日，永川采输气作业区黄 202 井区页岩气地面工程全面投产

气井 107 口。2023 年前建成 10 亿立方米产能，预计 2025 年产能超过 20 亿立方米，2035 年产能超 50 亿立方米。为西南油气田公司打造西南增长极，加快 500 亿、奋斗 800 亿目标的实现提供有力支撑。

"青山依旧在，几度夕阳红"。回望初心，一代代矢志不渝的川油儿女只争朝夕不负韶华。一声声震天呐喊、一步步披荆斩棘、一次次砥砺前行，欲与天公试比高！

历史的车轮没有终点。展望未来，新时代、新使命，唯一不变是那满腔热血铸就而成日不落的"川油魂"，鼓舞着新时代的西南石油人践行使命在祖国页岩气大开发浪潮中滚滚向前！

1957 年 2 月 2 日巴 9 井
灭火后的井喷场景

李四光（前排左三）到
四川油田开展地质调查

20世纪90年代的九宫庙配气站

功勋气井相 18 井纪念碑奠基典礼

相国寺气田职工克服用水难，找水保生产保生活

会战川东五百梯气田

1977年双9井发生井喷，石油沟气矿职工积极抢险

东溪乙醇胺脱硫车间

1988年时任中顾委常委康世恩（左二）在川东气田听取川东地区勘探开发
形势汇报

川东开发公司梁平七间桥幼儿园

采输一公司员工合影

川东开发公司梁平七间桥公司员工合影

采输一公司员工合影

卧龙河一号站组织召开班前会

采气二厂垫江输气队大门

采气二厂垫江输气队全景

采气二厂垫江输气队办公室

卧龙河气田远眺

大天池气田开展技
术培训

大天池输气管道工
程合同签字仪式

大天池员工认真录
取资料

采输三公司劳动竞赛先进代表合影

采输三公司首届职代会代表合影

采输三公司首届职代会代表合影

卧龙河总站生产用房及井站

2004 年池 31 井解堵放喷

2004年忠武输气干线建成实现川气出川

筚路蓝缕，彰显岁月沉淀。梦想，不是深谷幽兰，风雨中，需要汗水实现。巴1井产气，海棠烟雨，渡劫，也渡国难。相国寺石炭系，石破天惊大发现，改变盆地天然气版图，迎来改革开放的春天。矢志不渝找气田，常规气稳产，页岩气异军突起，吴家坪，醉里挑灯看剑。

　　曾经气壮山河，如今老区典范。新时代，新能源，油气热电氢，与时俱进，情系万家冷暖。气聚巴渝，打造大西南天然气枢纽，气田数字化背后，科技宏图大展。绿色矿山，乾坤浩荡，地层深邃，大地苍茫，只此青蓝。

大气之梦

初心之地

作为全国最大的天然气生产气矿，西南油气田公司重庆气矿如同四川油气田的一个小小缩影，见证着三十年间川东气田的每一次历史性跨越。承载着川东气田勘探开发的厚重历史，每一次跨越，真实地映射出改革开放带来的激情与荣耀……

重庆气矿：见证改革开放三十年

刘扬英　温志怀　陈子玮

"国有企业活力和竞争力提升，经济效益屡创新高，是国企改革的直观体现。"

——李荣融（国务院国资委原主任、党委书记）

在全国三大气区中，川渝气区排在陕甘宁气区、塔里木气区之首，而川渝气区，属重庆气矿"分量"最重。有人说，有两个先决条件造就了重庆气矿在西南油气田"中坚力量"的位置。

一是石炭系气藏在川东的发现，有了"开不尽的肥沃土地"。川东气田勘探开发区西起华蓥山，东至方斗山，北邻大巴山前缘，南抵贵州省接壤，勘探开发面积约 2.87 万平方千米。

二是改革开放，带来思想大解放、观念大更新、体制大改革、管理大创新、结构大调整、市场大开放。也因为改革开放，才有科技兴气的活力，才有计划经济向社会主义市场经济转换的良好经营机制，才有川东石油人摆脱思想束缚，使川东气田步入良性、持续、稳定、快速发展的轨道。

改革开放，迎来了川东气田发展的春天。川东石油人珍惜这一历史机遇，艰苦创业创造出奇迹：天然气管网贯通川渝南北，"川气出川"梦想成真；天然气年产量攀升至 74 亿立方米，折算油当量突破 600 万吨，年产量占据四川油气田"半壁河山"，约占全国天然气总产气量的 13.1%，跃居全国天然气气矿首位。

昨日的素描、今日的重彩，川东气田展开了一幅雄奇的历史画卷——

三十年：油气当量突破 600 万吨

1978 年全国科学大会以后，四川油气田坚持"科学技术是第一生产力"的方针，川东气田走科技兴气之路，川东气田步入快速发展的春天。

科学勘探气田　储量快速增长

1937 年 11 月，在巴县石油沟开始钻探四川第一口天然气井巴 1 井，拉开了川东气田勘探开发的序幕。在事隔 40 年后，川东气田的勘探开发才有重大转折，在改革开放的 30 余年间，勘探开发有过三次历史性突破。

第一次突破，发现石炭系气藏，四川盆地以裂缝性气藏为主的勘探转变为以裂缝—孔隙性气藏为主。

1977 年年底石炭系气藏发现，1978 年十一届三中全会召开。石炭系气藏的横空出世，如同一个新生婴儿幸运地降临到一个新时代。

1977 年 10 月 22 日，在川东相国寺构造相 18 井加深钻探到 2305 米至 2317.5 米时发现 12.5 米的白云岩，10 月 27 日经酸化测试日产气 85.05 万立方米，该井为四川盆地首次发现石炭系气藏。国外石炭系气藏都有大储量，找到石炭系气藏就找到了开启川东气田神秘地宫的"金钥匙"。这一惊世的发现，标志着四川盆地以裂缝性气藏为主的勘探转变为以裂缝—孔隙性气藏为主的勘探，四川油气勘探重点开始由川南向川东转移。相 18 井成为四川盆地勘探开发的重要里程碑。

据《四川油气田开发简史》记载，"1978 年春，一个思想解放的浪潮正冲破历史的禁锢，掀开了石炭系进攻战的序幕。"

为整体勘探开发石炭系目的层，1978 年四川石油管理局成立川东北钻井会战指挥部，组织会战川东。这时的会战已经不再是人海战术，而是讲究科学勘探开发，以增储上产为目的：优先拿下川东低、潜构造后，集中攻关再战高陡构造，成功获得一批"双高"气田，迅速扩大了石炭系发现后的勘探成果。

三十年来，川东石炭系整体勘探开发，形成储量增长三大高峰。

低潜构造石炭系钻探，形成石炭系勘探储量增长的第一个高峰期。在石炭系的低潜构造上，采取先近后远、先肥后瘦、先浅后深、先易后难的"四先四后"的部署原则，加快卧龙河、邻水等区块石炭系的勘探。截至1986年年底，发现卧龙河、张家场、福成寨等11个石炭系气藏，新增探明储量达318.7亿立方米。

高陡构造石炭系钻探，形成石炭系勘探储量增长最快的第二个高峰期。运用数字地震勘探技术，选择大池干井构造进行重点解剖，1987年到1990年，新获得石炭系含气构造12个，探明加控制储量约1200亿立方米。

整体勘探大天池构造带获得成组气田群，形成石炭系勘探储量增长最大的第三个高峰期。1989年，令人惊喜地发现了五百梯石炭系气藏，在大天池构造北段五百梯构造天东1井钻获百万级的高产井。五百梯断下盘石炭系圈闭面积达108平方千米，成为这一时期四川探明天然气地质储量最大的整装气田。截至1999年年底，相继在开县、开江、梁平、垫江、长寿等境内，累计发现石炭系气藏52个；探明石炭系气田32个，累计探明储量2642.81亿立方米，相当于川东气田原有的总储量，这种具有性质相同规模各异的成组气田群，被整体命名为大天池气田，是四川盆地20世纪90年代第一个特大型气田。总计可生产20多年，稳产期13.5年。这一时期还在大池干井构造主体的吊钟坝高点和断下盘支点的磨盘场高点钻获4口日产百万立方米的大气井。

第二次突破，发现生物礁气藏，开辟了岩性气藏勘探新领域。1983年11月，石宝寨构造宝1井测试获气37.2万立方米，川东发现石宝寨构造生物礁气藏，这是四川地区第一个被发现的生物礁气藏，从而开辟岩性气藏勘探新领域。20年后，这一区域大放异彩。

第三次突破，发现飞仙关鲕滩气藏，实现对石炭系气藏的战略接替。1995年10月25日，在渡口河构造渡1井，钻至井深5037米时发生井喷，首次在四川盆地发现飞仙关鲕滩气藏。截至2007年年底，在铁山坡、渡口河等飞仙关组气藏探明惊人储量。从发现新产层，到拿到可接替资源储量，仅经过12年勘探，就实现了对石炭系的战略接替，打破了近20年以石炭系为主的勘探格局，成为四川油气田勘探发现史上第二个重大里程碑。

2002年，在开县、宣汉境内发现罗家寨气田，被再获可喜储量，位列当时四川盆地已发现的 100 个气田之首，无疑给川东气田再添砝码。

科学开发气田　产量快速增长

1982 年，四川石油管理局对天然气生产单位实行了产量任务包干，盈余分成。1983 年对川东矿区重组，组建了四川石油管理局第一个专业化天然气开发公司——川东开发公司，专门负责对川东气田的正规开发工作，到重庆气矿接过接力棒，三十年来，天然气产量快速增长，刷新多项纪录。

十大气田被评为全国高效开发气田。相国寺、五百梯、高峰场、沙坪场等一批气田先后获集团公司嘉奖。

加快石炭系整装气田的开发。通过气藏描述和试采，运用数字模拟技术，逐个编制试采设计开发方案，进行气藏整体开发，1980 年至 1990 年间，这批气藏年增加天然气产量 16.14 亿立方米。

卧龙河气田因为高含硫以及多产层（12 套）气田而闻名，走立体开发之路开辟了新路子。在垫江县、长寿县等境内的卧龙河气田，针对气田具有多产层的特点，1980 年至 1990 年十年时间，坚持"主攻石炭系、兼探二叠系、加密三叠系气藏网"的方针，1990 年年底探明储量 379 亿立方米，平均日采气 350 万立方米。卧龙河气田为当时全国产气最多的气田，储量居整个亚洲天然气田之首。

大天池构造带为整体高效开发成组气田树立了样板。大天池构造带具有性质相同规模各异的成组气田群，运用先进技术成功开发。

铁 21 井"一井双层分采"全国首例。铁 21 井于 1995 年在同井内用油管和套管进行双层开采，结束了一口井只开采一个层位油气资源的传统历史，在全国尚属首例。

五百梯气田年产量突破 10 亿立方米大关。2002 年，重庆气矿开县采输作业区年产气量 10.07 亿立方米，标志着五百梯气田年产气量首次突破 10 亿大关，创历史新高。

池 30 井为大池干气田"十亿功勋井"。2007 年 10 月 9 日，忠县作业区池 30 井单井历年累计采出天然气约 10.02 亿立方米，成为大池干气田"十亿功勋井"。

天东 90 井高压气举排水，沙坪场气田均衡稳定开发。该井至 2007 年年底累计排水 20 万立方米，有效降低了边水区的能量和水浸影响程度，使沙坪场气田生产稳定，产量稳定在 450 万 ~ 480 万立方米 / 日的水平。

三十年来，有水气藏开发、增压采气、低渗气藏开发、气田多产层立体开采等新技术的广泛应用，提高了资源采收率；低压井修井技术、油套管腐蚀检测评价技术、有机解堵气田水回注处理等技术的有机结合，有效地维持了气田产能稳定发挥。

改革开放政策，天然气储量的坚实，促进重庆气矿在数十个气田 100 多个构造上获气井约 500 口，其生产经营业绩不断攀升。天然气年产量从 30 亿、50 亿、60 亿上升到 70 亿立方米，屡创新高。

三十年：集输管网架起气龙腾飞

在社会主义市场经济体制下，油气勘探开发投资由国家拨款改为银行贷款，四川油气田走"以气养气"之路，川东气田各种集输工程迅速建立。

巴渝线、佛两线、卧渡线、双卧线、张卧线、福张线、沙卧线、万卧线、忠武线……一条条输气管网星罗棋布，架起气龙腾飞的翅膀，穿越时空、穿越梦想。天然气，从深山走进重庆城，从重庆走向四川，从川渝东输，融进国家西气东输工程，这是几代川渝石油人共同的大手笔。

历史沉淀：巴渝线让天然气进入重庆主城

石油沟气田是川东最先开发的气田，为把这里的天然气输送到重庆主城，1961 年 4 月，从石油沟巴 9 井至重庆市的巴渝线开始动工。这是中国第一条大直径长输气管道工程，管道直径 426 毫米，全长 54.43 千米，设计输气压力 2.0 兆帕，日输气量 200 万立方米，1963 年 5 月 17 日建成。1965 年，这条管线在茄子溪跨越长江，成为当时国内第一座输气管线大型跨越工程，实现输气管线第一次穿越长江，也是国内第一座直径为 219 毫米，长 1056 米的跨越长江的空中悬缆式输气管桥。

随着建成日处理能力 80 万立方米的国内第一座东溪乙醇胺脱硫车间，当时川渝仅形成泸州和重庆两个地区供气系统。

巴渝线，揭开了川东地区天然气资源用于城市工业生产的序幕，为冶金、化工工业生产提供了原料和能源。1973年1月，卧渝输气管线建成投产，卧龙河气田经净化后的天然气输往重庆市区。

梦想一：佛两线实现川渝气贯通

巴渝线建成16年后，佛两线建成。

1979年10月，起于合川佛荫，止于重庆江北两路的佛两线建成，全长167.37千米，管径720毫米。标志着川渝地区南半环输气干线全线贯通，川东、川南、川西南、川西北四个矿区的50多个气田联成一体。从此，川东地区的天然气经巴渝线、卧渝线到重庆，再经佛两线进入四川，直达成都。

1986年3月，全长147.09千米的沙（罐坪）—达（县）—卧（卧龙河集气总站）管线建成，成为沙罐坪、张家场、福成寨等气田的重要输出通道。

1989年4月，144.11千米的万（万县高峰场气田）卧线建成，成为大池干的输出通道。

同时，实现了大池干、高峰场、沙坪场、罗家寨、渡口河等5个整装气田的产能建设，确保了川渝供气，又为西气东输提供资源条件。

1987年建成，1989年4月投入试运行的北干线，全长297.8千米，东起渠县脱硫厂，经广安、南充等11个县市，达到终点成都青白江。自此，川东地区输气管网与全川输气管网连成一个环形供气系统。

梦想二：忠武线实现"川气东输"

2002年2月龙忠线、万卧线改造工程在忠县竣工，时为川渝天然气东输前卫工程。

忠武线，由重庆忠县至湖北武汉市，主干线长760千米，年集输气量达30亿立方米，属东输工程。2004年11月16日，自重庆忠县灯树站至川渝天然气东输工程出口站建成，并正式向忠武线供气。川气东输，几代川渝石油人的梦想成真。

梦想三：大天池集输工程跃居全国自动化之最

随着天然气生产技术的不断发展，集输形式也在不断更新换代。

新兴代诞生。2000年1月，卧龙河集气总站技术改造工程完工，日集输能力达 1000 万立方米，其规模居亚洲前列，当时自动化控制程度和工艺技术处于国内领先水平。

自动化时代。大天池气田地面集输工程，自 1995 年 10 月动工，经过 7 年建设，至 2002 年 5 月 24 日竣工，地跨四川开江县、重庆梁平、长寿等地，是国内陆上自动化程度最高的天然气地面集输工程。并从国外引进 SCADA 系统，全面实现了数据自动化传输和远程监控，在西南油气田率先实施脱水工艺技术，实现了天然气干气输送和对集、输、脱（水）生产过程及设备运行状态的自动监控，使大天池整体产能年产气达到 21 亿立方米。1997 年 12 月，重庆气矿第一套脱水系统在大天池气田天东 12 井成功运行，实现了天然气输送干气低腐技术的重大突破，填补了一项国内空白。随后又在万卧线、沙卧线成功实现干气输送，并辅之智能清管、智能检测等手段，科技在重庆气矿的管网运行中发挥巨大作用。

高含硫新探索。2004 年 4 月天东 5-1 井井场上安装了高酸性气田在线腐蚀试验装置，这种装置在亚洲石油天然气行业中仅有几套，而在中国仅此一套，其成功做法为高含硫气田管理提供了借鉴。

三十年来，川东地区形成了高效分离、深度脱水、干气输送、SCADA 系统控制与区域控制站相结合的工艺技术，以及老气田增压开采、输送的集输工艺技术。

三十年来，输气和集气管网串联与并联相济，形成庞大的集输管网，重庆及川东气田已经形成天然气资源产供销一体化协调发展体系。

三十年：现代管理提高发展实力

改革开放，必须建立适应现代企业制度要求的管理机制。西南油气田公司坚持以市场为导向，效益为中心，科技为动力，成本控制为主线，优化结构调整，加快主业发展。重庆气矿也在管理的不断破茧化蝶中推进。

新老"重矿人"解放思想，在管理上大胆创新，借它山之石，摸着石头过河。以"规定动作"和"自创动作"相结合，快速建立起不同时期相适应的管理机制，为企业持续、有效、较快、协调发展注入不竭动力。

特别是按股份制运作以来，重庆气矿按照规定动作，建立三大管理体系，规范化运作。

QHSE 体系让安全更放心。从 HSE 到 QHSE，重庆气矿先后建立起工业生产、职业健康、环境保护和交通安全四个方面的配套安全生产制度体系，完善了相关规章制度、操作规程标准，健全了从"气矿至作业区至班组"三级安全监督受控管理网络，把各项安全生产活动一一纳入管理的掌控之中。

内控体系让管理更规范。重庆气矿不断推进企业内部控制体系全面实施和持续创新，充分发挥内部管理资源优势，全面实施了精细化管理。近年来，累计出台党群类、生产管理类和经营管理类规章制度 282 个，评价规章制度 228个，完成内控流程 222 个、RCD 文档内控资料 110 个，数次通过股份公司管理层测试和普华外部审计无例外事项。

企业文化体系让队伍更具凝聚力。重庆气矿以"舆论宣传快半拍、思想教育合上拍、典型示范跟上拍"的"形势、目标、任务、责任"主题教育活动为主要载体，把企业文化建设重点直接聚焦到基层区站，构建独具特色的区站式企业文化框架，实现了目标、感情和激励凝聚，增强了企业凝聚力和向心力；创新开展以"员工思想素质过硬，员工业务技能过硬"为主题的"双过硬"岗位练兵活动，为"五清楚"达标奠定了基石，员工队伍综合素质得到了有效提升，切实增强了队伍的战斗力和创造力。

与此同时，重庆气矿不断自主创新管理模式。

实施扁平化，缩减管理层。2002 年，重庆气矿对组织机构进行重大改革，撤厂撤队成立作业区、运销部，由"气矿—采输公司—采输气队"三级管理，变为"气矿—作业区（运销部）"二级管理，减少了管理层级，节约成本，提高了工作效率。

改革劳动用工制度，实施轮班作业。2004 年年底，在分公司的统一部署下，重庆气矿率先在一线井站班组实行轮班作业制度，深受一线员工的欢迎。

实施"分级分类"管理法。重庆气矿率先建立、实施"144"井站分级分类管理体系，并在西南油气田得到推广运用。即：以《井站管理办法》为核心，以井站定岗定员、薪酬分配激励、岗位岗序归并、轮班作业等配套制度为四大运行骨架，以"三违"行为记分管理、安全生产行为控制、生产设施投复运九项制度、岗前培训指导管理等为四大制度支撑，建立起科学、合理、规范、有序的井站管理新模式。特别是建立起突出岗位业绩、贡献和责任三要素的激励性薪酬体系，如果一个工作在地理位置偏僻、工作量大、安全风险环境系数较高的宝1井员工，与地处重庆周边、工作量小、安全风险环境系数较低的井站员工相比，年业绩奖金收入可拉开万元以上的差距。

实施"优化简化"管理法，解决人力资源短缺。针对后期气田生产实际，重庆气矿摸索建立起井站分片区、成立中心站管理的新模式，实现了管理重心由后期气井日常管理向重点管线、场站安全管理的转移，缓解了生产规模日益扩大与人力资源相对不足的矛盾，提高了自动化单井和后期气井值班员工劳动效率，降低了管理成本，改善了采气单井站人际交流匮乏、文化生活单调的现状，受到了广大一线员工的普遍欢迎。

实施"过程受控"管理法，变"经验"管理为流程式常态化规范化管理。《重庆气矿生产过程受控管理》主要是将天然气生产管理的各项工作流程化、模板化，通过"生产受控记录卡"进行"作业风险事前提示、关键环节步步确认、工作过程真实记录、完成质量全程评价"，践行"程序控制过程，过程保障结果，考核评价效果"的理念，重庆气矿通过《生产受控记录卡》把现场作业与控制中心紧紧连接起来，集中到控制中心统一指挥和管理，实现了"现场作业、现场监督、控制中心远程监控、领导决策"四位一体的全方位管理，改变了依靠个人能力、历史经验保生产的旧模式，实现了科学化、规范化、流程化、常态化的管理。该项管理创新成果荣获了西南油气田公司2007年度管理创新成果一等奖、四川省石油企业管理协会企业现代化管理创新成果一等奖以及第21届全国石油石化企业管理现代化创新成果一等奖，并由中国石油企业协会推荐参加第15届全国企业管理现代化创新成果的评比。

实施"分满出局"管理法，违章记分责任连带。重庆气矿建立起以《"三违"行为及责任记分处罚细则》为主，《生产及作业行为责任记分办法》《物资采购产品质量红（黄）牌管理制度》《建设工程责任主体劣迹管理制度》为辅的制度体系，推出了承包商违章记分管理新模式。具体细化了对施工作业的 33 种违章行为、物资采购的 10 种违章行为的检查考核标准，完善了以各专业《HSE 检查表》和《违章记分信息系统》为主的考核体系，设立了以《安全生产监督举报办法》为主的监督体系，实行违章记分、责任连带、终身在案、分满出局，实现了"事前防范、事中控制、事后处理"三位一体的良性管理机制。

实施"标准成本"管理法，创新采输气成本管理模式。充分结合各类场站的生产工艺、装置运行和成本结构的不同情况，重庆气矿在综合调研、分析、论证的基础上，分类制定出较为合理的、符合现行生产经营管理需要的标准成本定额，建立了装置标准成本预算、核算分析和考核的采输气成本管理模式，从而使财务预算管理工作处于有效、有序和可控的状态之中，有效提升了气矿经营管理水平。

三十年来，管理的不断优化和创新，促进了重庆气矿生产经营业绩的不断攀升，也揭开了继往开来、突飞猛进的新篇章，在时代的浪潮中迎来了持续、有效、较快和协调发展的春天。

三十年：思想政治工作春意盎然

企业是市场的主体，创造产品，也创造精神，创造文化。

企业思想政治工作，被称作经济工作和其他一切工作的"生命线"。

在重庆气矿，这根"生命线"不是"奄奄一息"的"无魂线"，也不是可有可无的"空心线"。重庆气矿以创新作为神来之笔，有力地延伸了这条"生命线"。

关键词：一岗双责评价激励

动态管理有些人看来思想政治工作是"务虚"，但重庆气矿善于"虚"功实做，增强了思想政治工作渗透力。

近年来，重庆气矿进一步理顺了组织结构关系，调整和充实了基层政工干部，建立了气矿—作业区（运销部）—井站（班组）三级管理网络和党政工团齐抓共管的大政工格局，为思想政治工作机制创新提供了前提和保证。

重庆气矿在继承和发扬的基础上，不断创新工作思路，将思想政治工作纳入企业管理制度进行统一整合。一方面，建立完善思想政治工作规章制度。建立了明确的"一岗双责"制度，把思想政治工作的成效作为考核领导班子、领导干部工作业绩的一项重要内容和评选"四好班子"的一个重要条件，与对干部的奖励、选拔任用和考核相挂钩，使思想政治工作与企业管理同频共振、良性互动。还建立了包括调研制度、党务工作月报制度、信访工作月报制度、基层建设季报制度、廉政谈话制度、员工思想动态分析汇报制度等操作便捷、高效运转的思想政治工作信息反馈系统。另一方面，建立完善思想政治工作评价激励机制和动态管理机制。每年年初，重庆气矿党政主要领导与基层单位签订业绩合同时，思想政治工作被纳入关键业绩指标，大力加强管理层综合评价和工作过程考核。还完善了思想政治工作预警机制和维稳导航机制，通过定期召开基层建设动态分析会和维稳工作会议，使"软引导"的思想政治工作和"硬规定"的管理工作有机结合起来。

关键词：学习型组织　立体式教育

《谁动了我的奶酪》《致加细亚的一封信》《细节决定成败》《你为谁工作》……这些畅销书是重庆气矿读书活动的重点书目。

重庆气矿一改过去"收发室""传声筒"式的思想政治工作传统形式，全力打造"学习型"组织。近几年来，一年一个主题，先后开展了以改变员工心智模式为重点的读书活动；先后开展了"我为72亿建言献策""班组建设大家谈""大庆精神铁人精神"大讨论等活动。

重庆气矿不囿于单向式的说教，而是立足于形势任务教育，采用多层次、多途径的立体式教育方式，每年工作会后，及时在重庆气矿内网编辑工作会议精神宣传提纲，编印《形势任务教育》小册子下发指导基层单位，组织主题教育宣传小分队，深入一线宣讲，让广大员工了解企业改革发展形势，明确目标，坚定信心。

工作实践中，重庆气矿把思想政治工作化无形为有形，变抽象为具体，变空洞为生动，确保了思想政治工作声音不减弱、形象不淡化、作用不削减。

关键词：精神文化　企业文化

编著政研论文集《耕心》以及抗洪写真专辑《搏击洪流》；拍摄、制作形象宣传片《大跨越》及形象宣传画册《激情燃烧气势如虹》；组织重庆气矿形象宣传片《大跨越》在重庆电视台的展播；拍摄《雪莲》《采气女工》DV 电视……重庆气矿利用各种渠道为广大员工提供了健康有益的精神文化产品。

创新形式和载体，引领员工参与企业文化创新工程，是重庆气矿增强思想政治工作吸引力的重要途径，积极培育区站文化、安全文化、廉洁文化，化理念为实践，化文本为行动，使集团公司企业精神、企业宗旨和核心经营理念逐步固化于制、内化于心、外化于行，使之成为重庆气矿持续发展的助推器。

企业文化理念的传播在认知中"入心"，在渗透中"落地"、在融入中"定格"、在交流中"升华"。

关键词：先进典型　英模文化

多年来，重庆气矿坚持把选树先进典型作为思想政治工作的有效抓手，通过开展多层次的典型示范和立体化宣传，走出了一条"点亮一盏灯，照亮一大片，抓好一个点，带动一个面"的成功之路，增强了思想政治工作感召力。

从 2006 年开始，着力"英模文化"建设，连续开展了"重庆气矿·榜样"先进典型宣传活动，加大正面宣传和引导力度，努力发挥好集团公司"标杆班组""先进班组"和分公司"红旗单位""红旗班组"的典型示范带动作用。

重庆气矿先后编印、制作了《光荣啊！气田劳动先锋》《榜样的力量》《超越梦想》等劳模宣传册子和视频资料，并通过橱窗、网络等载体在全矿范围内掀起学习，宣传、争创先进的热潮，充分发挥了先进典型的示范引领作用。

"英模文化"培育出有高度责任感和奉献精神的员工以及优秀团队。近几年来，重庆气矿劳模辈出、群英荟萃，已形成了由全国、省部、地局以及矿级组成的近 100 人的劳模群体。

关键词：以人为本　服务员工

大音希声，大象无形。重庆气矿始终坚持以人为本，积极为员工解决实际问题和困难，开展"春风化雨、润物无声"的思想政治工作。把解决思想问题与解决实际困难结合起来，加大"送温暖"工作力度，增强保障工作实效，深化"送温暖"活动内涵，及时为困难员工、困难家庭和一线员工送去组织关怀。持续深入地开展了以"进万家门，知万家情，解万家难，暖万家心"的"送温暖"和慰问活动。近两年来，共慰问劳模、特困职工、生病住院职工600多人次，发放慰问金近50万元。

三十年来，生产一线井站普遍安装了卫星天线接收器或接入了地方光纤闭路电视网；生产井站绝大部分实现生产调度汇报语音录入，配置了传真机；对井站栽种草坪和树木，实施全面绿化；为井站休息室配置床、衣柜、书桌，学习室和值班室添置了桌椅、学习书籍、空调和文体器材；积极实施井站改造，使井站基本建成了"公寓式"和"花园式"的家园。走过艰苦创业的岁月，留下坚实的足迹。重庆气矿先后荣获"全国模范职工之家""中央企业先进集体"、重庆市"五一劳动奖状""文明单位标兵"、集团公司"先进基层党组织"等荣誉称号。影行岁月之光，一代代石油人用智慧和汗水画出了一幅幅最新最美的图画，这壮丽多彩的奇景，透着几多丰姿、几多色彩……

未来的重庆气矿，面对川渝地区天然气需求总量不断增加，重庆、成都联手打造"川渝经济圈"，面对21世纪中叶70%城市用上天然气，"气化中国"的总体规划，"为国争气"已成为重矿人魂牵梦绕的情结，也意味着重庆气矿需要更大的发展。

重庆气矿迈过 70 亿立方米大关

杨源平

截至 2006 年 12 月 18 日 8 时，重庆气矿天然气年产量突破 70 亿立方米大关，达到 70.068 亿立方米，完成年度计划任务的 97.3%，这是川东气田又一辉煌的历史时刻。

2006 年年初以来，重庆气矿按照分公司工作会的安排部署，围绕 72 亿上产目标，以"管理执行年"为主题，全矿上下团结一心，精心组织，开拓进取，使各项工作按照既定计划有条不紊地向前推进：为确保天然气的组织到位，重庆气矿将全年的生产计划，合理调配，仅 1 月至 7 月比进度计划超产 1 亿立方米，为后几个月的生产安排和大修工作争取了主动；加强项目进度监控，早计划、早安排、早准备，利用夏季生产相对淡季，成功组织了重庆市使用天然气以来最大规模的停气作业区卧渝、巴渝线两线碰口等系列大修工程，特别是在重庆地区百年难遇的干旱和 50 年难遇的高温天气中，重庆气矿按标准流程操作，安全、优质、高效地完成了 46 项大修施工作业，为后期生产赢得了主动；以"井站管理现场会"和"施工作业管理工作会"两大会议为切入点，规范井站生产和工程建设项目管理，大幅度提高了生产及施工作业配合等工作管理效率，为生产创造了安全屏障；精心组织产能建设，开发钻井成功率高，2006 年累计新开钻井 10 口，完钻井 9 口，累计完成试油井 12 口，其中获气井 11 口，获气井成功率达到 91.7%，共获井口测试产能 322.34 万立方米 / 日，无阻流量 1482.81 万立方米 / 日；认真践行"用程序控制过程，用过程保证结果"的理念，完善并严格执行了设备设施投复运"九项制度"，2006 年安全投产 13 口新井，日增产能 125 万立方米；大力实施老井挖潜，通过老井试修、酸洗解堵、排水采气等挖潜措施，全年增传气量 2.8 亿立方米……随着一项项工作的深入，一口口气井产量的"颗粒归仓"，重庆气矿的天然气生产经历了拔尖（空前的产量目标）的阵痛、抽穗的兴奋、扬花的欢笑，终于迎来了收获的喜悦。

70 亿立方米大关的突破，不仅为四川油气田跨入千万吨级大油气田贡献了中坚力量，也为全年安全完成 72.8 亿立方米的冲刺目标奠定了基础，更为川东气田的开发树立了一座新的里程碑。

陆上摆兵　水面布阵
我国内河首艘 LNG 单燃料船破浪川江

彭烟霏　李　群　朱　律

冬季重庆，巴水苍茫。2015 年 12 月 14 日，国内第一艘 LNG 单燃料船——泰鸿 1 号由重庆涪陵珍溪顺利抵达合川通益码头，开始投入商业运营。

泰鸿 1 号长 62.7 米、宽 13.9 米、吃水 1.9 米、额定载重 1500 吨，是交通部内河 LNG 示范船。泰鸿 1 号所需 LNG 燃料由中国石油在渝地区的重庆川港燃气有限公司（简称"重庆川港"）提供。

早在 3 年前，重庆川港就开始对 LNG 产业进行水上布局。重庆川港副总经理说："川江段船舶超过 1.2 万艘，大多以重柴油为动力燃料，污染大。泰鸿 1 号是我们推广的第一艘 LNG 单燃料货船，也是全国内河第一艘 LNG 单燃料货船。"

重庆泰鸿船舶有限公司总经理说："川江曾经是最繁忙的黄金水道，运输成本和公路运输相比，只有公路运输的 10%，具有先天优势。建造 LNG 单燃料船，主要是看好 LNG 未来的发展前景。"

他所说的发展前景，一是指国务院 2015 年 4 月发布的《水污染防治行动计划》，即著名的"水十条"。二是 11 月习近平主席访问新加坡时，两国元首共同宣布中新政府第三个合作项目落户重庆，组建重庆运营中心。交通等基础建设投资力度加大，前景看好。

二级船长张家文在长江和嘉陵江跑船 30 余年，是嘉陵江上有名的"舵把子"，几年前自己经营着一条 200 吨的机动船。当听说泰鸿 1 号开建，张家文立即卖掉自己的船，加盟泰鸿船舶有限公司。

泰鸿 1 号配有海事雷达，由 12 颗卫星准确定位，水上、水下情况一目了然。

据悉，重庆川港为了保障泰鸿 1 号加注，制定了先期采用移动式定点加注保障方案，以后将结合市场的发展情况，采用固定岸基加注站方式解决加注问题。

泰鸿 1 号一次可加注 LNG10 立方米，航运线路为嘉陵江草街库区，承运煤炭，单边航程 67.5 千米，加注一次可以跑 4 个来回。

重庆川港副总经理表示："下一步，我们将与船东、船舶设计院、LNG 工艺系统支持单位——华气厚普共同收集技术参数，详细分析 LNG 技术工艺的适应性、安全性，以及 LNG 单燃料船舶对水纹状况的适应性、运行的安全性和经济性。"

中国内河 LNG 单燃料船投入运营

冬供有"底气"暖流进万家

——重庆气矿举全矿之力护民保供抗"寒冬"

丁　会　李　春　肖卫萍　刘文仅

重庆市作为全国 15 个新一线城市之一，仅 2021 年上半年 GDP 同比增长 12.8%，上万亿生产总值，离不开清洁能源助力。2021 年，西南油气田公司重庆气矿累计生产天然气 25.51 亿立方米，销售天然气 89.77 亿立方米，为地方经济快速发展备足保供"底气"，也为千万居民应对低温寒潮提供稳定的能源保障。

"一家老小冬天再也不冷了"

2022 年 1 月 10 日，重庆气矿天然气单日销量达 3144 万立方米，比去年同期增加了 800 多万立方米。随着川渝地区气温持续走低，冬季供暖季的到来，民生用气需求大幅上涨，这一数据还在不断刷新。

近年来，重庆市大力推进天然气发展，下辖 38 个行政区县，全面实现管道天然气"县县通"，大部分地区已启动"村村通"燃气工程，城乡百姓生活质量得到极大提高。

2021 年 11 月，重庆市大渡口区已建成"村村通"天然气管线工程 8 条，民胜村、鳌山村、石盘村等 11 个村 1927 户农村居民用上天然气。而在两个多月前，家住跳磴镇南海村 3 社的村民陈园家里，每天使用的还是液化气，甚至有时还得砍柴烧火。现在不用背拉肩扛，一拧开关就着的生活，让曾经柴火满屋炊烟缭绕的厨房，因天然气入户变得方便又整洁。

只是陈园不知，为让百姓在这寒冷冬季心暖气足，重庆气矿上千名一线员工顶着刮面寒风，加密巡检，优化调峰管理措施，摸清用户用气高峰规律，日夜守护气源地，时刻为用户提供高质量的服务，应对逐年增大的用气调峰需求。

这样的付出，不仅提高了陈园家的生活质量，也让远在四百千米外的重庆市秀山土家族苗族自治县平凯街道矮坳村村民杨业江一家欢喜不已。

年近七旬的杨业江在矮坳村生活了数十年，对于中国石油天然气进村入户，她表示："几辈人做饭、取暖都是烧柴、烧煤，烟尘大不说，还经常被呛得咳嗽，今年家里终于通上天然气了，火还旺得很，太方便了……"

家住渝北区的重庆居民王娅，2021年10月乔迁新居不久便产下二胎，可谓双喜临门。她说："重庆的冬天阴冷潮湿，老人孩子容易感冒，新家安装的地暖每月虽然消耗600多立方米天然气，却让一家老小冬天再也不冷了。"

在重庆，像王娅这样的地暖用户，从2020年的11万户增至14万户，增幅近30%，仅新增的地暖用户每天用气量就增加75万立方米左右，而像王园和杨业江那样的新增民用户更是不计其数。

每年5%民用刚性增量，只是重庆市新增燃气需求的一部分。去冬今春，受国内外天然气供应形势紧张，以及天然气发电成为新的保供重点等多种因素影响，全市天然气日用气量节节攀升，给重庆气矿冬季保供工作带来新的挑战。

守护好每一方天然气

面对逐年上涨的供气需求，入冬前，重庆气矿一边优化间歇井生产制度、科学调配气源、合理调整管输流程，全力保障老区气井的产能发挥，一边控制管网压力，探索管道运行平衡点，减少管网压力波动对气井生产的影响。

在2021年11月，重庆气矿就制定了2021年冬季至2022年春季天然气保供方案，在产运储销各环节共同发力，确保民众冬季用气高峰期心暖气足。

其间，重庆气矿对所辖生产气井按时间节点制定"周密排查、综合分析、科学研判"措施，根据实际情况及时调整"一井一策"方案，分解产量任务目标，全力以赴加大措施挖潜增产力度，打响老井稳产增产"攻坚战"。

2021年11月初，工作28年的老湾中心站站长何波，按照重庆气矿摸排关停井复产潜力要求，带领班组成员冒着零度低温，对关井数月的池 37 井开展增压气举复产工作。

气举初期，轮流值守手动排污，定时调节气举气源压力和井口针阀等工作持续了 4 昼夜，成功实现气举复产，日增产量 1.4 万立方米。何波说："那时既要控水还要保产量，杜绝增压机组停机，生产现场根本不能离人，吃饭上厕所都是轮流转。"

如此事例在重庆气矿的冬供攻坚战中不胜枚举。通过氮气气举、增压气举、泡排加注、油管解堵、节流器井下作业等多种措施成功复产门西 001-H3 井、门西 005-H3 井为代表的关停井 13 口，每天新增产能 26.5 万立方米。

2021 年，通过对 224 口措施增产井实施采气工艺、泡沫排水等措施，优化调整生产制度，最大限度发挥气井产能，重庆气矿累计增产天然气 3.05 亿立方米，为重庆气矿超额完成年度生产任务，助力冬供增添"底气"。

90 亿，点亮百姓幸福生活

2021 年 8 月，一封来自重庆市经济和信息化委员会的感谢信，对重庆气矿为华能两江落实夏季发电用天然气资源量 7500 万立方米，表示感谢。

2020 年伊始，重庆气矿领导带队与重庆市政府主管部门、华能两江、重庆电网多次进行磋商，挖掘了华能两江年 5 亿立方米用气能力，随即在资源紧张的情况下，多方协调为其新落实跨年度资源量 1.7 亿立方米，可保障发电 8.5 亿千瓦时。此举在重庆市经济快速发展，电力负荷屡创新高，电力供应出现较大缺口的关键时刻，为全市电力平稳安全供应提供有力支撑。

同时，统筹调度营销、生产运行等单位及部门高效协作，全力开展跨行业、跨单位、跨部门的能源保供对接工作，与华能两江形成了"提前一天衔接，滚动组织资源，当天保供到位"的供气机制，全力保障发电生产天然气供应，助力华能两江充分发挥电力顶峰的关键作用。

2021 年，重庆气矿向华能两江保供 5 亿立方米天然气用于发电生产，较上年同期增供 2.1 亿立方米，同比增幅达 71%，为重庆市产生电力 25 亿千瓦时，有效缓解了重庆市电力保供压力，成为全市电力平稳安全供应"助力器"。

2021 年是工作 35 年的江北区域营销主管李涛最繁忙的一年，也是责任最重的一年，他所在的江北作业区担负着重庆市 17 个行政区的 74 家客户供气重任，2021 年累计供气达 47.49 亿立方米。

与重庆气矿其他营销团队成员一样，李涛的电话费月月告急，冬季尤为明显，不足半月就用完是常事，他说大部分都是去电宣传保供政策、咨询客户生产经营情况、了解客户用气需求、解答协调用户反映的供气问题，全力做好对内协调和对外服务的供气窗口工作。

在重庆气矿像李涛这样，每天奔波于燃气保供的销售客服还有很多，年复一年，日复一日地盯紧增销增效各个环节，充分发挥管网互联互通、终端联管平台等优势，产运储销共同发力，全力提升天然气保障能力。

2021 年，重庆气矿累计外销天然气 89.77 亿立方米，销量首次接近 90 亿大关，重庆气矿瞄准 100 亿目标，力争再创佳绩，切实为川渝经济圈高质量发展提供燃气保障，为民生用气聚足幸福"底气"。

逆势突围扩"粮仓"　万家灯火添"暖气"

——重庆气矿全面建成投运相国寺储气库扩容达产工程

丁　会

2021 年 11 月 24 日，西南油气田公司 12 号注采站完工投运，标志着相国寺储气库扩容达产建设项目全面完工，日采气量增加 524 万立方米，相当于在重庆地区再建 1 座可满足 500 万户居民用气的中小型储气库，跑步加入全国调峰保供行列。至此，这座西南最大天然气"粮仓"日采气量最大可达 2855 万立方米，每天可供近 3000 万户居民用气，保供能力突破历史峰值，为守护万家温暖再增"底气"。

建成投产的相国寺储气库集注站全貌

高效建库，"重矿责任"背后的荆棘

12 号注采站是相国寺储气库扩容达产建设项目的收官之作，由西南油气田公司重庆气矿承建，比预期足足提前 1 个月，成功赶在入冬前加入全国调峰保供主战场，将相国寺储气库日采气量推向历史新高。

按照公司年初计划，11 月中旬，12 号注采站钻井完工、钻机离场，气矿储气库建设团队随后进场施工，12 月 30 日完工投运。

2021 年 9 月，受国内冬供形势影响，公司将完工日期提前至 11 月 25 日。原本 11 月中旬才能进驻 12 号注采站施工的气矿建设团队，经多方协调，让钻机提前搬迁离场。10 月 27 日，储气库建设团队提前 20 天进场，为按期完工赢得宝贵时间。

进场前，为加快建设进度，组织施工单位提前 10 天完成管线预制工作；将原本安排的 20 吨吊车，更换为 50 吨进行吊装作业，以加快建设进度和保证吊装大型机具设备安全；所有材料摒弃物流，由厂家专车直达现场，将材料运输时间从一周缩短至 2 天……整个施工过程环环相扣，组织有序。

如此一来，原本需要 2 个月完成的建设项目，仅用 1 个月就完工投运，创下了十年建库最快纪录。

对于相国寺储气库建成后实施扩容达产的作用，分管该项目相关负责人说："当初我们把相国寺石炭系气藏改建为储气库，建成投运后发现达不到 2855 万立方米的日采设计规模，无法在规定时间内实现 22.8 亿立方米的顺利注采，今天完工的扩容达产项目，就是要充分动用库容，把'仓库'的作用发挥到极致。"

据悉，相国寺储气库项目于 2010 年启动，设计总库容量 42.6 亿立方米，总投资 98 亿元，2011 年 10 月正式开工建设，2013 年 6 月开始注气，2014 年 12 月开始采气。

2019 年年初，相国寺储气库在经过多周期注采后，生产动态资料表明，采气期内现有的注采井网，无法完全满足库容整体动用和高峰期应急采气目标要求。

按照国家发展改革委和国家能源局关于加快储气设施建设的要求，对相国

晨曦中的相国寺储气库集注站工艺区

寺储气库实施扩容达产，需新增 8 口井，进一步提高储气库的应急能力和运行效果。

2019 年 10 月 9 日，总投资 6.97 亿元的相国寺储气库扩容达产工程正式实施，储气库建设团队利用该库一期工程积累的 8 年大型工程建设经验，主动扛起二期建设大旗。

原本以为可以轻松完成的建设项目，却迎来了史上最难考验：生态红线、煤矿坑道、新冠疫情、极端天气……一个个前所未有的挑战接踵而至，犹如一座座大山重重地压在建设团队肩上。

生态建库，"重矿精神"背后的担当

一直以来，储气库布井选址在满足"安全可靠性、技术可行性、经济合理性"三大基本原则的同时，还要符合当前新的生态环境保护和城市建设规划要求，布井选址就成了制约储气库建设发展的重要因素，难度也逐年升级。

"扩容达产建设既要满足地质要求，又要满足'生态红线、耕地保护红线和城镇开发边界线'这'三道红线'的控制要求，还要避开已有的公路、学校、居民住宅等高危、高密度人口聚集区域，布井选址遭遇四面楚歌的事时有发生。"有关人员介绍道。

地处重庆市北碚区和渝北区交界处的相国寺储气库，因其紧邻"放牛坪"国家 4A 级风景区，属于"四山管制"区域，受"三道红线"制约，项目推进一度陷入停滞状态。

地下的地质体已固定，扩容达产的井位布井只能地面满足地下。所以，最大限度争取重庆市政府对选址及路由的支持，是团队推进扩容达产建设的必由之路，协调难就成了制约项目建设的突出矛盾和焦点。

在研讨解决方案时，储气库建设团队就认识到，在当前严苛环境下，储气库扩容达产建设与生态环境保护要求有交叉、有重叠是不争的事实，在项目推进时，就需要投入更多的精力、更大的代价来保护环境。

事实证明，在随后推进的建设中，因受"三道红线"的制约，重庆气矿在开展用林、用地、施工审批等相关合规手续办理时，协调难度远超预期，不仅涉及林业局、环保局、规划和自然资源局、发展改革委等多个职能部门，还与地方相关存在利益冲突，各方挑战前所未有。

储气库建设团队经过艰苦协调，逐一破解难题，编制"不可避让生态红线方案"，积极协调地方政府支持项目建设，通过协调渝北区专题研究推进项目用地手续办理事宜，确定了用地方案，得到了区政府全力支持、积极服务项目的建设意见，完成了项目用地手续办理，让建设进度跟上了预期节点。

科技建库，"重矿技术"背后的保障

在相国寺储气库扩容达产项目推进过程中，遭遇纵横交错的煤矿坑道，造成井漏失返、表层窜漏等棘手难题，不仅严重影响钻井周期，也给后续堵漏作业带来严峻挑战。

2021 年 2 月 4 日 2 时 57 分，相储 17 井钻进至井深 102.56 米时，发生井漏失返，原本应该从井口循环返出的钻井液和岩屑凭空消失，让人费解和不安。

相国寺储气库集注站压缩机房

随后对井场周围进行巡查，发现距离井场 2 千米处一废弃矿洞有清水流出和空气喷出，现场人员立即汇报。

汇总现场情况后，储气库建设团队迅速拟定解决措施，调整钻井方案，改空气钻为雾化钻，在出水点修围堰及引水设施，搭建防尘蓬，安排水车及吸排车在出水点轮流作业。

期间，钻井液车转运至井场 200 余车；水车拉运压滤水外运 3000 余方；三台吸排车累计作业近 700 小时，商砼堵漏 20 立方米……通过 24 天鏖战抢险，终于在 28 日 21 时完成钻塞，恢复钻进。

7 月 24 日，通过 150 天全力奋战，相储 17 井顺利完成，虽因遭遇煤矿坑道工期被迫延长，项目成本也陡增近 600 万元，但给后续建设提供宝贵的"避坑"经验。

相储 12 井地处相国寺南端，山上布井垂直下钻无疑是最优选择。但前期踏勘发现垂直于该井地下 100 米处，是曾经的煤矿坑道和巷道，若在山上布井则会遭遇相储 17 井相同境况。

为此，储气库建设团队将相储 12 井的布井井位从山上移至山下，采用大位移井定向工艺，提前避开煤矿坑道，虽然增加了钻井难度，却大大提高了建设效率，节约了项目投资，高效圆满完成了建设任务。

这样的挑战属家常便饭。有关人员说："其实井下作业最难突破的是技术瓶颈。"

相储 13 井固井作业时，下部钻遇高压气层，导致井漏与井喷风险增加，固井难度也随之增大。于是，率先引进国外最高密度水泥浆体系，并组织一期建设专家现场研究施工方案，针对性开展了高密度弹性水泥石力学评价，最终解决固井新难题，让相储 13 井在高难度条件下成功实施固井作业。

此举，不仅刷新国内在役储气库弹性水泥浆密度之最，还填补了国内储气库高密度弹性水泥浆条件下，应用精细控压固井的技术空白，在国内乃至世界储气库建设史上具有重要意义。

这样的事例在建库历程中不胜枚举。针对相国寺储气库注采井强注强采及地层亏空、易漏失等特点，固化推广应用随钻堵漏、承压堵漏、油层套管悬挂回接固井等先进技术，解决了枯竭层固井施工中疑难问题，储气库实现完成井固井质量"红线"合格率 100%，固井质量居国内在建储气库前列。

期间，创新形成的"地下—地上—体化工艺分析"等多项技术达到了国际领先水平，探索的复杂山区储气库施工技术，为相国寺储气库整体建设顺利完工提供了重要保障。有了相国寺储气库的建设经验，不仅为全国储气库建设提供借鉴与参考，也为西南油气田公司筹建川渝百亿储气库群建设提供经验和标准，将为全国的应急调峰、冬季保供与战略储备作出重大贡献。

困境建库，"重矿力量"背后的突围

如果说井工程是和深埋于地下看不见的对手博弈，那地面建设则是一场史无前例的战天斗地硬仗。

2019 年 9 月，刚完成铜锣峡储气库先导试验工程站场建设，便马不停蹄接手相国寺储气库扩容达产工程的张纯，经历了工作 8 年来最大的挑战。

作为储气库建设项目部地面工艺负责人，面对突如其来的新冠疫情，张纯带领70人的地面建设团队，在深山摸爬滚打数月，待一切渐入正轨之际，却被突如其来的新冠疫情按下了"暂停键"。

2020年年初，受疫情影响，所有地面工程建设全面停工，工期也被迫延长，而京津冀地区当年冬供调峰季却迫在眉睫。

面对危局，迅速组织地面建设团队分兵合击、各个击破，积极与项目涉及的三圣、兴隆、茨竹三个乡镇进行沟通协调，准确掌握所在地的疫

相国寺储气库扩容达产工程新建管道

情管控标准和要求，结合项目进展情况，将现场作业点结合疫情防控进行有效调整，优先在疫情低风险区域开展复工准备工作。

同年3月，在经过7次现场协调检查，完善一系列相关手续后，相国寺储气库扩容达产工程项目，率先成为北碚区、渝北区首批复工复产的工业项目，充分保障了该项目的工作目标。

复工后，现场复杂多变的局面，却让施工难度数次加码：村村通道路因疫情被村民自发阻断，车辆无法通行；林区权属不明，村民不准施工；材料拉运受阻，车辆不能下高速；施工人员的社区证明过期，要求全员隔离……问题一个比一个棘手，各种难题压力让人喘不过气。

疫情影响还在持续，一个更大的难题又接踵而至。

根据扩容达产项目建设施工设计要求，项目涉及一条 9 千米长的管线施工作业带宽应为 12 ～ 14 米，而林业局根据相关要求仅批复了 7 米。这样的宽度，对直径 273 毫米，需双管、三管同沟铺设的管道施工而言，意味着大型机具不能进场开挖施工，水泥、河沙等水保材料无法用汽车拉运进场，大部分工作只能依靠人工，难度可想而知。

8 月初，十余头骡子驮着水泥、河沙等水保材料，每天往返于施工现场，工期被迫延长，搬运成本翻倍。

在地面建设团队举步维艰之时，一场持续一个半月的暴雨极端天气不期而至，连续暴雨带来的影响，对承建扩容达产项目建设的重庆气矿而言，无疑是雪上加霜。搬运途中，骡子在穿越泥泞山地时，跌下山坡的事时有发生，项目推进的艰难不言而喻。

如此困境，建设团队无一人退缩，党员干部主动请缨担责扛事作表率成常态，才让相国寺储气库这个"超级工程"震撼亮相，在管理和技术上取得的一系列创新成果，使相国寺储气库建设项目获得行业内外一致好评，先后荣获了国家优质工程奖、重庆市科技进步二等奖、石油工程建设优秀设计一等奖、石油优质工程金奖等多项国家级、省部级荣誉，收获成果共获得国家授权专利 34 件，软件著作权 8 项，技术秘密 3 项，形成标准 37 项，出版专著 2 部。

十年建库，"90 亿能源"背后的接力

接受采访时，很多参与过扩容达产建设项目的人都表示，这样的硬仗既是挑战也是考验。

一茬一茬接力奋斗，一件一件执行到位，换人不换蓝图，十年坚守默默奉献，为相国寺储气库这个西南最大天然气"粮仓"调峰保供建设护航保驾。

投资上百亿的相国寺储气库建成至今，累计向全国调峰采气 90 亿立方米，替代标煤约 1100 万吨，减少二氧化碳排放量约 1700 万吨，为助力成渝地区双城经济圈建设，推进长江经济带绿色发展提供能源支撑，为国家能源安全提供

新的保障。

傲人成绩的背后，是储气库建设团队十年如一日的拼搏和坚守。

然而，就是这样一支拥有中国地下储气库建设技术国内领先水平的团队，鲜少有人知晓他们的辉煌与坎坷，受建库团队"事了拂衣去，深藏功与名"的氛围影响，参与储气库建设的大多数人，早已习惯但行好事、不问前程。

10年来，近600人的建设团队，冲锋在穿山越江、爬坡过坎的一线现场，克服了生态红线考验、煤矿坑道梗阻、施工窗口期紧窄、建设工序交叉、地面工艺复杂等现实难题和技术瓶颈，成功建造出西南最大地下天然气"粮仓"，护佑万家灯火，为全国的应急调峰、冬季保供与战略储备作出重大贡献。

在展望后续建设工作时，建设团队负责人说："储气库建设投资大、周期长、程序多，难以立竿见影，我们在摸索储气库高效建设模式期间，得到了国家、地方、企业等多方支持共同发力，储气库建设才能如此圆满完成，初步达成了调峰保供、战略储备的中长期目标，真正实现在开发中保护，在保护中开发，履行能源央企社会责任的同时，更要保护好生态环境。"

相国寺储气库扩容达产工程新建的第12号注采站

向深层页岩气勘探开发进军

吴　平　董丽霞

在四川油气田页岩气开发生产蓬勃发展的良好势头下，西南油气田公司重庆气矿在矿权内部流转的面积 6043 平方千米渝西区块上，页岩气项目建设如火如荼。

矿权流转已 15 个月，面对渝西地区超 2 万亿立方米的页岩气资源量，面对深层页岩气勘探开发新能源、新设备、新技术，油公司模式下的新型作业区建设，重庆气矿如何实现"从无到有"，如何"从严冬走向春意渐浓"？

革故鼎新　突破"三无"瓶颈

2019 年 4 月，矿权从蜀南气矿流转到重庆气矿，渝西区块页岩气开发却是一道"无技术、无经验、无人才"的巨大难题。

重庆气矿将如何实施"地质""井工程""地面建设"一体化产能建设？

页岩气开发是一项地下目标与地面条件综合考虑的整体工程，前期井位部署非常关键。

重庆气矿地质科负责井位部署的工程师罗鑫，带领研究所地质人员，在渝西区块起早摸黑地现场踏勘。他们的挎包里总放着区块相关构造、地质图件等，不论走到哪，打开相关图件就在上面描绘"江山"。综合考虑现场地形地貌、人居条件、地质目标等各种制约因素，并反复优化整体方案后才最终确定部署科学合理的井位。

黄 202 区块五峰组——龙马溪组位于川南深水陆棚相沉积中心，发育富有机质黑色页岩，优势微相发育，普遍埋深 4000 ~ 4500 米之间，属于深层页岩气。

压裂施工现场

　　但深层气井，除了钻井、压裂难度递增，涉及卡钻、溢流、高套压风险也增大，特别在水平段钻进过程中，水平导向工具面临巨大挑战，重庆气矿页岩气产能建设项目部（简称"页建部"）负责人言道："目前市面上旋转导向工具承受的温度有限，一般地层温度超过140度的耐受温度，仪器就极易失灵。"

　　在地深4千多米的纵向深度，既要确保钻头随地层起伏、其纵向高度不能超过5米的"黄金箱体"内钻进1800米以上，这已属难题。西南油气田公司又提出在5米"黄金箱体"基础上再力争3米的"铂金箱体"，页建部工程师们纷纷感觉"压力山大"："页岩气井能不能获得好的效果，水平段地质导向导得准不准很关键。"

　　虽然此前对页岩气地质导向技术一片空白，工程师陈智雍和同事们通过不断跟踪学习、实例分析、技术判断，已逐步掌握核心技术。利用精准的地质导向技术，运用随钻伽马和元素录井资料建立适合渝西区块黄202井区的"铂金箱体"地质导向模板，提高"铂金箱体"及储层钻遇率。

　　除了地质导向，压裂也是页岩气开发的关键核心技术之一。

由于深层页岩气体积压裂存在高闭合压力和高应力差的特点，普遍存在施工压力高，加砂困难，改造体积小，且天然裂缝发育易形成套变的技术难点。页建部采用分段压裂，一体化可变黏液体系，暂堵工艺，大水马力压裂设备等技术措施保障，采用"大排量＋高强度"加砂工艺，实时优化调整泵注程序，有力保障了压裂施工质量。

据了解，在重庆气矿渝西自营区块黄202H3-4井最后一段压裂施工中单段加砂，量达366.7吨，创造了中国石油页岩气单段压裂加砂量新纪录。

对标梳理　突破创新管理

在如火如荼的施工现场，脱水站、集气站、清管站……一座座全新平台、场站在渝西大地上拔地而起。

在黄202脱水站场，永川作业区脱水工程师余茂楠已在此站坚守2个多月，眼看着4套非标设备、1套火炬、9套双层撬装装置及撬外部分工艺设备的安装，让具有海外脱水投产经验的余茂楠非常兴奋："这是重庆气矿第一座双层撬装式三甘醇脱水装置的脱水站，严格按照分公司页岩气标准化设计精心打造。"

设备的更新换代，加快了重庆气矿人勘探开发深层页岩气的步伐。持续做好先导试验井跟踪、地震处理解释、钻完井配套、水力压裂等关键技术攻关，提前滚动储备撬装设备及管材等设备，各项高效并举的新举措，更保障了渝西页岩气"快建快投、大上快上"的技术支撑。

为杜绝后期生产中出现问题，前期排查梳理相当关键。2019年4月，重庆气矿开发科组织相关科（部）室积极介入，与永川作业区开展排采前的"三查四定"工作。他们克服持续一个多月40℃高温天气，查设计漏项、查未完工程、查工程质量隐患，对下游集输系统进行调试。

7月，气矿组织相关业务科（部）室成立了"中间交工小组"，现场检查了包括黄202脱水站1座、陈食清管站1座和外输干线7.8千米，并对梳理出的站场工艺、自控仪表、管线部分存在问题及下步整改做出重点部署。

提出正确的问题，往往等于解决了问题的大半。

建设中的黄202中心站

页建部责督促施工单位加快问题整改，永川作业区"定任务、定人员、定时间、定措施"负责对问题进行闭环管理，逐一销项。

截至2020年，黄202井区下游集输站、脱水站、内部集输及外输管线已提前调试完成，待第一口排采井黄203井焖井完毕，就可实现"万事俱备，只等开阀门进气"。

同时，在当前大力开展的"提质增效"活动下，如何实现"颗粒归仓"？在黄203井将采取试采期间不放喷燃烧，直接导入生产的方式，初步估算，如果一口井预计烧掉200万立方米天然气，十几口井就会烧掉上千万立方米天然气，节约直接经济效益约五千万元。

"严冬酷暑" 只为"并跑"前行

面对未知领域的探索，无法预知的困难令人措手不及。

受新冠疫情影响，黄202井区地面建设工程进展缓慢，为尽快追回施工进度，与地方各级政府协调难度让页建部副主任吴钊光长叹："太难了，我们的施

为加快建设进度，一线员工夜以继日奋战

工队伍硬生生被政府工作人员拦在路口，要求必须去指定宾馆隔离 14 天后才重新进场施工。"

隔离，除了等，只能等。

终于熬到重新进场施工，谁料汛期如期而至，滂沱大雨中，大家天天都像从泥浆池里翻滚了一般浑身泥泞。

熬过了汛期，极端高温天气伴随秋老虎的脚步来势汹汹，热浪炙烤下，身上的红工衣湿了又干，干了又湿，只留下一圈圈汗渍印迹。

生活区还在修建中，作业区负责每顿送餐，车行 40 多分钟才能逐一送到各个施工现场。大家席地而坐吃着盒饭，渴了喝一口凉开水，累了就在值班室椅子上，甚至地上倒头便睡。

抢时间、抢工期、抢进度，一个伟业的建立，不在能知，乃在能行。

在重庆气矿全体参战人员共拼共赢努力下，重庆气矿渝西片区页岩气勘探开发已不仅是"从 1 到 2"量的进步，更是"从 0 到 1"质的飞跃。

"即将排采的黄 203 井是支撑后续开发方案和产能建设的关键井，为进一步深化对渝西区块龙马溪组——五峰组不同部位页岩储层品质、气藏封闭性的认识，落实资源规模，黄 203 井的试采对区块下步科学开发部署具有重要意义。"重庆气矿矿长对渝西片区页岩气勘探开发前景寄予厚望。

从"跟跑"变"并跑"，重庆气矿深层页岩气勘探开发已正式"启程"，未来已来，前景可期。

天青色等烟雨而我在等你

——重庆气矿云安 002-9 井测试小纪

彭烟霏　胡　波

2019 年 7 月 23 日，大暑，重庆市万州三峡库区腹地飘着淡淡的云雾，远山近水若即若离。云安厂气田冯家湾潜伏构造云安 002-9 井石炭系测试正在有条不紊地进行。重庆气矿、开发事业部、川东钻探公司 70569 钻井队、地研院等单位领导、专家、工程技术人员，以及四川石油新闻中心、重庆气矿新闻中心记者齐聚井场，共同见证这一时刻。

该井为云安厂气田冯家湾区块石炭系滚动扩边井，于 2018 年 12 月 12 日开钻，由开发事业部负责钻井工程管理，川东钻探公司 70569 钻井队用 141.9 天安全高效完钻，完钻井深 5415 米。

川东石炭系从 1977 年 10 月发现至今，累计探明储量超过 2500 亿立方米，曾是中国陆上最大气藏，多年支撑着四川油气田天然气产量"半壁江山"。40 余年耕耘，石炭系气藏开发进入中后期，产量每况愈下，重庆气矿上下，特别渴望一次大场面。

13 时，开始点火放喷，山谷升起一团火焰，驱散周围云雾，瞬时产量跃上 70 万立方米，高开高走。在钻井队值班室，桌上放着一个 20 斤左右重的大西瓜。重庆气矿新闻中心电视记者胡波是个"吃货"，一直盯着大西瓜，问大家"吃不吃，我帮大家切？"没人理他，大家盯着监视屏上的瞬时产量曲线。

在冯家湾潜伏构造选井位，传统的方式几乎没有效果，重庆气矿科研人员综合分析物探资料、实钻资料、气井开发资料，发现了一批深度隐藏的钻探目标。再用"叠前深度偏移"技术、"气藏精细描述"等新技术优中选优。重庆气矿地质科副科长廖义沙是云安 002-9 井井位选定人，说起这口井，依然难以平静，他告诉记者："要找一块既符合地质设计要求，又满足钻井施工的井场太困难了，选中在这山垭口上，刚好摆得下一部钻机。修建井场更是一波三折，前后花了一年时间。"

井场狭小，除了摆放钻机，就仅仅能摆下两幢野营房，食堂和钻工休息区设在几公里外的山下。70569 钻井队队长刘杰告诉记者："我们就在附近租下农民的旧房子，领导、技术人员、行政班人员住在里面，组成突击队，遇到异常，迅速各就各位。"

两个小时后，产量测试曲线依旧是一条直线。副总地质师冯青平说："石炭系测试状态稳定，不可能大起大落，为了保险起见和取样，继续放喷。"

2016 年年初，西南油气田设立《川东地区天然气勘探开发关键技术研究与运用》，即川东重大科技专项，由重庆气矿牵头组织。廖义沙告诉记者："川东重大科技专项形成地质创新成果，指导着云安 002-9 井部署和施工。通过这口井，对潜伏构造找到了新的认识手段。也希望通过对该井的认识实践，深化川东石炭系气藏精细描述，形成新的滚动勘探开发思路。"

有人把石炭系比喻成一条火腿，好肉都吃得差不多了，现在是在啃硬骨头，在骨头缝里找肉，既需要耐心，更需要有新的办法和工具。

17 时 05 分，测试结束，产量计算出来：测试日产量 67.252 万立方米，硫化氢含量每立方米 3 克，预计可在冯家湾区块北部新增储量 31.29 亿立方米。

此时，胡波再次提议开西瓜，这次大家齐声说："开！"

鲜红的瓜瓤放在两个盘子里，如盛开的鲜花。此时，这"吃货"终于明白：这大西瓜是个暗喻。

西南油气田公司企业二级专家、重庆气矿副矿长兼总地质师钟克修即使腿受伤，依旧赶到现场，面对熊熊大火，他挥舞着拐杖在空中划了一条弧线，发出海啸般的欢呼，这是重庆气矿近十年来，在石炭系直井最重大的发现。

测试结束，冯青平跑到井场外一片信号稍微好的开阔地，向正在北京学习的矿长电话汇报，并提出下一步建议措施。

矿长在北京那头只说了三条：向所有参战人员表示热烈祝贺，做好后评估，扩大战果；做好现场安全管理；迅速做好新闻宣传，以此振奋精神，鼓舞全矿士气。

这一天，除了石油人激动，当地村民也没闲着。万州区天城镇绿茶村村民委员会主任带领巡逻员在井场周边警戒，劝导看热闹的村民。村民程琳佩戴着万州区公安局配发的印有"巡逻"的红袖套，在路口和附近的山路上提醒村民注意安全，不要走近警戒线。

科技助力高质量发展

吴 平 周文洪

在 2022 年西南油气田公司重庆气矿工作会上，明确绘制了上产 50 亿的发展蓝图，以此目标为引领，重庆气矿全体员工激情高涨，自觉担当使命及责任，在兢兢业业干好本职工作的同时，充分发挥积极性及创造性，为重庆气矿高质量发展作出贡献。

对于一个近年来资源勘探还没有取得战略性突破，储量结构失衡的老气区来说，要想牢牢把能源的饭碗端在自己手里，加强科技攻关是突破资源瓶颈的原动力。

如何加强战略引领，在哪些方面开展前瞻性、基础性、战略性的科技攻关，如何利用各种优势资源，攻坚克难，打造更具价值的科技成果链？一系列难题摆在了重庆气矿科技人面前。

重庆气矿总地质师罗冰言道："科技攻关必须要围绕生产过程中存在的各类技术难点进行攻关突破。这些技术难度有可能就是很小的一个点，但只要突破这个小点，就会对生产带来不可估量的效益。"

科技助推企业发展

在当前新阶段、新形势和新变化下，如何运用创新的技术科研手段，为重庆气矿的勘探开发生产实现"科技找气"，从而推动"科技兴企"？

2022 年，重庆气矿科研工作锚定加快上产 50 亿目标，紧紧围绕老区稳产、新领域上产、储气库建设、创新提效"四大攻坚战"，聚焦资源发现根本任务，着眼勘探开发中存在的技术瓶颈铺开工作。持续开展川东地区中、浅组合的研

科技助推企业发展

究，尽快落实侏罗系、龙潭组等新型油气藏的建产区，利用地质工程一体化手段，解决致密气、页岩气效益开发的技术难题。进一步加大对二叠系、三叠系及石炭系等层系的深化研究，拓展认识，在创新成藏理论及实践的基础上实现老区的滚动勘探开发。

要想上产50亿，页岩气、致密气等新区域是产量突破的重点区域。川东地区下侏罗统凉高山组、自流井组大安寨段和东岳庙段三套陆相暗色泥页岩广泛发育，已成为当前页岩气勘探的一个重要领域。

气矿科技科在前期广泛展开野外地质考察，提出在梁平地区建设侏罗系陆相典型剖面的建议，该成果将建成四川盆地首条完整、系统展示下侏罗统三套页岩层的沉积地层、古生物组合、有机地化、储层性能等参数的实物剖面，形成一个标准示范科研教学场地，对各级人才培养、陆相油气的勘探开发具有重要意义。

建于天东5-1井和峰15井的腐蚀与防护现场试验基地，是国家能源高含硫气藏开采研发中心的重要组成部分之一，也是国内第一个以高含硫气藏开采为重点的国家级研发中心。多年来，累计评价材料、评价药剂，开展各类中试试验、取得 20000 余组数据，先后为国家示范工程、863 项目、股份公司项目等 20 余个项目提供应用技术支撑。

但随着高含硫气藏用新材料的不断出现，垢下腐蚀、局部腐蚀等相关技术的发展，现场试验装置已无法继续承担相应的现场试验工作。

在云安 012-6 井建设的高含硫气藏开采先导试验基地经过紧锣密鼓的建设实施，于 2023 年 4 月完成基地建设，10 月完成项目验收。建成后成为国内唯一的高含硫气田用材料在硫化氢分压大于 1 兆帕条件下的现场评价试验基地，将为集团公司高含硫气藏开采技术的研发、推广应用及人才培养，提升集团公司在高含硫气田开采中的国际影响力和话语权，添上浓墨重彩的一笔。

近年来，重庆气矿持续开展脱水装置故障诊断技术研究，构建三甘醇脱水系统智能诊断与监控平台，实现脱水系统在线状态判断、异常识别定位，露点、醇耗预测等系列功能；开展孔板流量计流量补偿研究，实现了孔板流量计清洗期间的流量自动补偿，提升对孔板流量计的实时监管效率，提高公平计量的可信度和公正性。

坚持技术立企、技术增效，重庆气矿科研工作坚持多项科技攻关及科技创新，提升生产效率，把高质量发展牢固建立在科技创新的驱动进步的基础上。

在重庆气矿科研工作的顶层设计和前期规划下，2022 年，井工程科的工作量陡增。钻井 58 口，修井 44 口，钻修井数量比去年增加 40%，比前几年增加 100%，是重庆气矿历史最高峰。

新领域老气区、新井老井齐上阵，对于上产 50 亿，井工程管理科副科长满怀信心："作为气矿勘探开发上产坚定的实施者，只要前期规划得好，我们就像建筑工人，哪怕再苦再累都一定会保障勘探开发上产见到成效。"

科技成果转化凸显

科技创新是企业发展的不竭动力，为企业发展注入了新动能，而系列科研成果的运用，为增储上产及安全高效生产奠定了重要基础。

近年来，重庆气矿强化科技项目成果培育，深化成果凝练，形成气矿牵头，相关研究单位、高校参与共同申报高级别奖励模式，申报重庆市科技进步奖7项，其中《开江—梁平海槽长兴组生物礁勘探突破与关键技术应用》等3项获得奖励；制定《陆上天然气生产场所天然气泄漏事件应急监测技术规范》企业标准；搭建的"生产实时数据全链路质量智能管理系统"已在分公司蜀南气矿和工程院推广应用。

在川东侏罗系油气资源接替层系开展的多项科研项目，展示出该层系中的致密砂岩气、页岩气，以及页岩油资源量大，具有向生产成果转化的资源基础。《渝东北地区长兴组沉积特征研究及勘探目标选择》《大猫坪区块长兴组气藏描述及开发技术对策研究》等科研项目，形成多项创新成果，有力支撑了生物礁气藏的勘探开发工作。

从多年地质工作转到从事科技工作的杨江海感言：科研项目与生产项目不一样。科研项目重点在于解决技术难题，其成果的转化应用在实际生产建设中，需要一个漫长的过程。

对此，科研技术人员龙俨丽深有体会。2014年，在了解到川东地区有604座含硫天然气场站放空系统存在点火系统故障、火炬安全距离不够、点火装置常采用"长明火"等问题，爱钻研的她和科研团队成员就琢磨着能否发明一套"升降式智能点火系统"。

放空火炬的升降点火装置从2015年开始研发，到2018年第一套在天东90井现场试用，再到2019年第二套的优化改良，历经了近5年时间。该装置实现了微流量自动监测智能点火，消除了"长明火"，大幅度降低碳排放，实现甲烷零排放。获得发明专利1项，实用新型专利7项，形成论文2篇。截至2022年7月，已在川东地区的大竹站等29个含硫天然气场站推广应用。

科技成果有形化效果凸显，这个过程艰辛坎坷却又充满胜利的挑战。

2020年1月至2021年6月，由重庆气矿科技科组织，环境节能监测中心承担，在开州采输气作业区讲治站开展的《三甘醇脱水装置尾气除臭技术研究》科研项目的研发与现场改造，一年半的时间里形成了一套有效的三甘醇脱水装置灼烧炉底部进风技术，大幅降低生产场站恶臭浓度，实现天然气场站绿色环

微流量自动监测智能点火装置已在多个井站使用

保发展目标。该技术成果形成的专业化文章发表在国外著名期刊《*Journal of Research in Science and Engineering*》上。

值得一提的是，随着"两峡储气库"建设驶入快车道，科技科未雨绸缪提前开展"两峡储气库"成果培育工作，以此形成储气库建设及运行的关键示范技术和规范。

由此，根据"两峡储气库"建设周期及研究进度，以"透明储气库、智能储气库、绿色储气库"为建设目标，初步规划专项项目17项，已拟在2025年申报重庆市科技进步奖。

为积极备战集团公司第二届科技创新大赛，重庆气矿作为为数不多参加此次科技创新的基层单位，领衔"老气田数字化转型升级关键控制智能化技术推广应用"成果参加科技创新板块的评比，为下一步在整个集团公司推广运用，创造出良好的经济效益及社会效益助力。

科技成果转化凸显，捷报频传。2022年10月将在宁夏召开"第十二届全国天然气藏高效开发技术研讨会"，重庆气矿选送的《川东地区碳酸盐岩整装气藏提高采收率实践与启示》《浅析控压生产在深层页岩气的应用效果》《渝西页岩气集输管道腐蚀原因与防蚀措施探讨》等6篇文章获选会议交流。

培养科技人才后备军

科技时代需要人才，人才推动科技发展。习近平总书记强调：在创新实践中发现人才，在创新活动中培育人才，在创新事业中凝聚人才。

2022年，重庆气矿"两所两中心"及相关科部室从事专业的科研人员接近200人。虽然所属工程师、技能专家、技师的技能水平，在分公司乃至集团公司是数一数二榜上有名。但科研人员的能力素质在分公司相对不足，综合能力强、业务能力突出的科研领军人才较少。

为此，建立健全人才成长的培养和激励机制尤为重要。

重庆气矿积极搭建科技舞台，创造科研环境，拓展科研人员专业视野，打造人才成长渠道，持续推进科技人才队伍建设。相继出台《重庆气矿科研项目经理考核指导意见》《激发科研机构和科研人才动力活力二十六条措施》等文件，进一步激发了科研项目经理主观能动性，提升科研项目质量，提高项目成果有形化转化率。

同时，重庆气矿进一步深化与科研院所、高校合作，组织科技项目与知识产权专题培训，参加石油学会交流等措施，让科研工作人员在学习中提高、在交流中成长，在锻炼中成才。

于2010年建立的"重庆气矿劳模创新工作室"培养了大批吃苦耐劳、勇于创新、业务精湛的科研人才。其中，由庞宇来和刘辉领衔的"庞宇来劳模创新工作室""刘辉劳模和工匠人才创新工作室"尤为突出，工作室共有成员61人，有全国五一劳动奖章获得者2人，省部级劳动模范3人，地市级劳动模范8人，重庆气矿级劳动模范16人，高级技师16人，技师15人。

在他们的引领下，科研人员开展技能攻关，解决瓶颈难题，总结生产经验，形成绝招绝技。《防堵塞的阻火器》《阀套式排污阀阀套提取工具》《提高页岩气开井初期采气管线蒸汽换热效率对策研究》等成果应用推广，创新成效显著。

长期以来，重庆气矿坚持"以项目为载体，以项目培养人才"。年轻的科研人员跟着高水平队伍学习后，不仅提高他们的技术水平技术能力，更得到了参

重庆气矿科研人员辈出，各项成果屡获大奖

与大赛的锻炼成长机会。

已从事油气勘探科研工作十余年的陈守春，通过主持开展的多个大型科研项目，在推进关键核心技术攻关和科技成果转化中成效显著，已成为重庆气矿科研人才队伍中的佼佼者及公司范围内的一线科技先锋。"我喜欢研究和探索，特别是对未知领域的探索。通过一些现象，去发现一些规律，如果这些规律在以后的勘探开发过程中得到了一些印证，这是非常有成就感的。"

2022 年 3 月，重庆气矿组织了《重庆气矿科技论文写作与演讲评选》劳动竞赛，收到 16 家基层单位提交的 50 篇参赛论文。从地质、工程、软科学三个方面反映了重庆气矿科研工作的创新性和论文成果对生产具有较强的指导性。"此次劳动竞赛必将促进广大科研工作者或一线生产技术人员相关能力的提升。我们将对相关作者予以奖励，采用把优秀论文成果集推荐出版专刊等形式，以此提升科研积极性，从而有效激发气矿整体科研水平的提升。"科技科科长杨江海说道。

对于科研人才队伍的接续培养和梯度建设，重庆气矿总地质师罗冰擘画了一幅"各业务链大融合 + 专业性强的领军者 + 热爱科研事业的新兵"蓝图。

　　卿勇就是一名热爱科研事业的新兵。他刚加入井工程钻完井团队才一年时间，虽然从事合同管理等工作，但钻井组、修井组的各项工作都在积极介入，跟着经验丰富的前辈学习钻井试油过程跟踪管理、老井上试、修井、隐患井治理等。"钻井工程是一门综合性学科，理论性强、与现场实际结合紧密、知识更新速度快，希望自己能尽快成长为一名可以处理复杂情况的复合型综合性人才。"卿勇给自己设立了一个长远规划。

　　重庆气矿科（部）室、岗位人员之间定期轮岗交流学习，尽量做到懂地质的要懂工程、懂工程的要懂地质，还要涉猎开发、勘探等。在致密气、页岩气、地质工程、气藏、开发生产等全业务链成立领导小组，定期通报进展、研讨建产流程，互相了解工程、地质、气藏、开发等各区块业务，甚至负责土地的相关人员和基建队伍在井位部署时就要提前介入，共同参与如何选井、土建、地面建设、布井。涉及具体项目，则从业务链大融合中落实到人头，分工更细更具体，共促项目落地实施和稳步推进。

　　如此一来，复合型、综合性人才层出不穷，重庆气矿科研队伍建设发展前景广阔。

　　在结束采访时，科技科科长杨江海告诉记者，通过系列科学技术攻关，重庆气矿老气田综合递减率降低到5%以下，处于全国同行业最高水平。

　　天道酬勤，凤凰重生。川东地区辉煌的勘探开发工作从相国寺石炭系起步，到大天池迈入黄金时代，一系列高效开发技术、老气田中后期稳产技术，数字化气田的全面建设，乃至近年页岩气、致密气等领域的攻坚及上产，都离不开一代代科研人员勇于奉献、背水一战、负重前行、攻坚克难的意志和毅力。

　　以科技引领发展，让科技之光照亮重庆气矿更加光明的未来！

探索安全质量效益发展之路

——重庆气矿多措并举力保安全生产纪实

吴　平　邓疆湘　彭龙英

安全是企业生存和发展的根基，决定着企业发展的脚步能走多远。

重庆气矿牢固树立安全质量关，严格执行标准规范，严格遵守操作程序，开拓了一条独具重庆气矿特色的"走质量效益之路，创安全效益之业"康庄大道。

责任在肩　共筑千里气田绿之韵

"十三五"期间，重庆气矿将绿色矿山创建工作纳入环保工作的头等大事。自 2017 年始，艰难地走过了近 7 年绿色矿山创建探索之路，为全面建设绿色矿山奠定了坚实基础。

2018 年 1 月，重庆气矿围绕"根植绿色发展理念，推进绿色矿山创建实现可持续发展"的主题，成立绿色矿山创建工作组，以召开启动会、推进会、现场会、交流对接会，组织基层单位预验收等工作方式，细化创建标准，以梁平、开江作为试点，坚持目标导向，狠抓过程控制，细化创建标准，现场指导对标，强化宣传和培训，统筹推进各项创建工作。

2019 年，重庆气矿承办西南油气田公司绿色矿山现场推进会，川东北气矿、蜀南气矿、长宁公司、储气库等多家单位多次分层级现场参观，交流创建经验、展示成果，抹绿千里气田。

2020 年，重庆气矿持续深化"创新、管理、民生、家园"四大典型成果应用，依靠科技创新持续增强生态文明建设的战略定力，助力实现"气不上天、

绿色矿山建设成效凸显

油不落地、声不扰民、绿色环保"目标,生态环境保护建设驶入快车道。

2021年1月,开年就迎来好消息:沙罐坪气田、西河口气田、张家场气田、云和寨气田位列全国绿色矿山名录。其中沙罐坪气田以四川省第一的位置摘夺桂冠。这是重庆气矿坚持以环境保护为己任,实现"人、矿山、自然"和谐共生的累累硕果。

借鉴成功经验,重庆气矿持续开展龙门、东溪、檀木场和板东气田地方申报准备工作,确保顺利进入全国绿色矿山名录。

2023年,重庆气矿秉持新形势下油气田企业推动高质量发展的转变方式,加大生态文明建设的迫切需求,继续推进绿色矿山创建、甲烷管控等,逐步熄灭长明火炬,减少甲烷和碳排放;同时按照分公司"两步走"原则,加快推进绿色矿山创建工作。一是满足国家绿色矿山遴选条件的独立采矿权,按照国家、地方要求开展绿色矿山建设、申报以及遴选、验收。二是以重庆气矿为单元,对标《油气田企业绿色矿山创建验收量化评分表》(企业标准),完成自评估报告、宣传画册、宣传视频、展板以及现场对标整改工作,顺利通过分公司预验收,具备向勘探与生产分公司进行申报验收的条件。

"创生态矿区,建绿色气田"以人与人、人与自然、人与社会和谐共生为宗旨,以绿色能源为己任,倡导生态文明建设,不仅是重庆气矿可持续发展的需要，也是重庆气矿致力于创造能源与环境和谐的庄严承诺。

重拳出击　让隐患无处遁形

隐患藏于微，如暗礁险滩让人防不胜防。重庆气矿以深化双重预防机制为抓手，以风险管控为主线，借助信息化手段，实现大数据分析和预警，让隐患无处遁形，为重庆气矿安全生产保驾护航。

识别风险是合规的原点，建立风险识别与控制机制非常重要。2022 年 3 月，重庆气矿编制《重庆气矿当前面临的主要安全生产风险》下发至各单位部门，要求综合细致研判分析，有的放矢开展后续工作。

为规范隐患管理，信息化平台的建立功不可没。三年来，重庆气矿依托云技术，搭建问题集中管理平台，涵盖各级检查、员工巡检发现人、物、环、管隐患（问题）数据，初步实现对"两个现场"风险趋势的分析和预警，整改闭环全过程的实时动态跟踪及展示，为隐患（问题）闭环整改提供了大数据支撑。累计发现隐患（问题）34136 个。各单位将排查的隐患（问题）上传问题集中管理平台，分级分类完成整改，累计消除 29979 个。

2021 年，为进一步精确定级隐患，规范隐患描述，对标隐患分级标准开展《重庆气矿生产场站安全隐患识别与定级标准化研究》，形成重大隐患 20 项、较大隐患 66 项、一般隐患 262 项、问题 A 级 216 项、问题 B 级 256 项，建立起"具体隐患—检查项—违反条款"的由具体隐患—宏观判定条款直接关联。同时，将问题集中平台融入数字化融合平台中，严格统一数据格式，嵌入隐患判定标准，必须手动选择隐患级别、判定依据等方可录入，确保每一条隐患 / 问题有"归属"，达到精准分级且便于查找的目的，满足数据的收集和多维度应用。

浴盆曲线、管道老化、高含硫开发、第三方施工、地质灾害等各种因素都影响甚至危害安全生产。

2020 年 8 月，重庆气矿从顶层设计出发，统筹谋划启动"安全生产专项整治三年行动计划"。建立健全公司及重庆气矿两级隐患治理督办制度，开展年度综合排查、专业系统排查、日常监督检查、安全联系等多形式的隐患排查长效

开州作业区增压东站员工在排除隐患

机制。通过严格实行领导挂牌督办、全员宣贯、深扎现场、规范管理程序、闭环管控，对生产场站安全隐患描述与分级分类研究，升级气田水、恶臭、噪声等重点风险源全周期管控，打造固废存储标准化现场，全面升级井控、含硫天然气开发、页岩气生产等重点领域风险管控，推进超限压力容器、老旧管道及环保等重点隐患治理进度。

油气泄漏是集团公司三令五申"五个零容忍"之首，如何快速发现生产场所天然气泄漏并能快速处置？

为确保泄漏隐患及时发现并消除，降低员工可能暴露在天然气环境中的风险，重庆气矿近两年陆续为各单位配置 27 台手持激光甲烷遥测仪。下一步，将为每一个作业区机关、中心站配备手持激光甲烷遥测仪，进一步提升现场巡检质量及效率，全面检测设备设施运行状态，降低员工可能暴露在天然气环境中的风险。

"十三五"期间，重庆气矿通过大修、公司安全生产费、投资等多渠道开展隐患治理工作。在公司支持下共投入治理资金 5.52 亿元，分层级落实安全隐患治理项目 93 个，2021 年共投入 1.47 亿元治理重点隐患 263 项，有效保证了设备设施人员本质安全。

强基固本　夯实安全生产根基

2021年12月29日，重庆气矿为全面细致掌握员工现场安全生产能力素质，立足"两个现场"应知应会，对1197名站场及管道巡护操作员工分级开展全覆盖培训及考评，促进操作员工在"油公司"模式和数字化转型下的能岗匹配。

此次考评涵盖采气、脱水、增压、输配、管道保护、HSE等六个专业。最终考评结果既在意料之中也在意料之外。极少数综合成绩70分以下的员工，分不清静压和差压变送器，不会调阅生产报表、不会巡查单井监控云台、不会操作上位机等问题令人触目惊心。

负责此项工作的张宇坦言：此次考评是员工能力素质短板"曝光台"，了解大家的短板，为今后提升员工整体素质指明了培训的攻坚方向。

多年来，重庆气矿始终把员工安全意识提升和技能培养作为巩固安全本源的有效方式，坚持"干什么、学什么，缺什么、补什么"的原则，围绕重点业务、关键岗位、重点人员和重要内容开展员工培训工作。2023年，在深化"油公司"改革模式进程中，重庆气矿从技能人才队伍建设顶层设计出发，一边建立各层级采气技能专家工作室及轮值制度，发挥高技能人才的优势和引领带动作用。一边以考评为抓手，按照"一年打基础、两年抓提升、三年见成效"的阶段目标循序推进，在全矿范围开展员工素质能力摸底，实施分级分类针对性培训，全方位加速人才培养的同时，补齐员工技能短板弱项，提升岗位履职能力。

2023年年初，重庆气矿在各级检查中发现一些不利于安全生产的苗头，随即，八个方面的务实措施实施，持续确保气矿高压严管中后期安全管控的高压态势不变，才能落地落实气矿整个安全生产平稳有序。

从"强"监管到"抓"监管，一字之差，体现的是气矿从上至下逐级压实责任，真正把工作抓实抓细，落到本职上。

下一步，针对一些突出问题、典型问题、风险事件设立"曝光台"，以曝光不好的行为，曝光不好的苗头，曝光不好的态势为出发点，激发大家相互比较相互学习，同时做到"有奖有惩"。曝光不是就问题而说问题，而是要找到问题背后的原因，倒逼各级管理人员、领导人员把安全真正放在首位，践行"安全不一定出成绩，但是可以否定很多成绩"的理念。

一岗双责　力促全员执行力提升

2022年3月10日，在重庆气矿召开的"抓监管、保目标"QHSE专题会上，与会人员围绕近期安全生产形势及监督检查情况，聚焦风险、压实责任就严格全过程监管举措进行深入讨论。

重庆气矿勘探开发区域地质复杂、地域敏感，硫化氢浓度高，极易造成严重事故。部分建设项目存在合规性风险，钻试固废、返排液、气田水、恶臭、噪声等重点风险源管控存在短板和盲点。如何准确把握严峻复杂的风险挑战，准确把握趋严趋紧的监管形势，准确把握自身存在的问题不足？能否通过系列有效措施防范风险、应对和化解挑战？

责任的落实与执行力的有效转换一直制约气矿高质量发展之路。如何真正履行一岗双责，强化监督检查质量，提升监督人员能力，持续培育示范站队，全面提升基层站队QHSE标准化建设质量？

重庆气矿矿长要求"以最严的态度，最实的作风"，针对典型突出问题从严、从重、从快进行处理。

3月16日，一个站内施工作业违规5人受罚，施工方接受高额处罚加黄牌警告的突出问题，在重庆气矿掀起一场以治理"违规"为重点、亮剑执纪问责"宽松软"的监管"风暴"。

为打通安全"最后一公里"，提升安全环保管控水平，重庆气矿狠抓安全生产执行力建设、重点领域安全环保管控、安全环保长效机制的建设水平提升，重点开展安全环保2.0提升，制定4个板块40余项措施，重点安全领域10个方面190项措施，安全长效机制建设水平方面3个板块41项措施，提高QHSE绩效占比、严肃突出问题考核、安全生产记分"双挂钩"等安全生产监管专项提升8项措施等系列举措究其目的就是为了安全执行工作得以落实，在一线落地生根，在一线标准得以实现，在员工身上得以体现。

管道保护　任重道远

——重庆气矿管道保护工作纪实

彭烟霏　温志怀

2015 年，是西南油气田分公司重庆气矿管道隐患治理年。

第三方施工、浴盆曲线、高含硫开发、地质灾害等各种因素都影响甚至危害着管道安全。

管道保护是经济责任。2016 年是"十三五"的开局之年，也是重庆气矿"筑底企稳"打基础的重要一年，重庆气矿"二次创业"的宏伟蓝图已经开启，需要管道支撑。管道串起重庆气矿上中下游产业链，是打造黄金终端的通道，管到这头，连接井口天然气，管道那头，连接效益。同时，管道也是能源大动脉，为重庆乃至整个西南地区社会经济的发展起着举足轻重的作用。

管道保护是政治责任。万里管道万里责任，安全环保事故是油气行业的颠覆性风险。它对企业经营管理是颠覆性的，对地方经济、居民安危是颠覆性的。这就要求我们必须以政治责任的高度来做好管道保护，如同矿长在重庆气矿 2016 年一季度 QHSE 管理委员（扩大）会暨管理评审会上指出：在 2016 年安全环保工作不能靠搏命运、赌运气，我们不能指望老天一直眷顾我们，也不想过如坐针毡、提心吊胆、寝食难安的日子。

管道保护是社会责任。重庆气矿 5400 余千米的管道，穿越川渝 24 个区县，穿越高山峡谷、穿越大江大河，沿途上千万居民，还有不计其数的城市和乡镇，这也是展示重庆气矿乃至中国石油良好形象的舞台。以管道保护为契机，把中国石油"忠诚担当、风清气正、守法合规、稳健和谐"的良好形象向社会传递。

责任如山,使命如山。

重庆气矿将完善管理机制,强化基础管理作为管道保护工作的保障;加强巡检维护,强化风险管控作为管道保护工作的重点;加大管道投入,强化隐患整治作为管道保护工作的关键;突出地企联动,强化应急响应作为管道保护工作的支撑;运用现代科技,强化本质安全作为管道保护工作的根本,通过人防、物防、技防,构筑起管道保护立体网络。在这个立体网络下,抓住风险管控和本质安全的牛鼻子,定能确保"生命线""经济线""效益线"安全平稳运行。

大排查:打响隐患治理攻坚战

重庆气矿 5400 余千米管道,逶迤横亘在川渝 24 区县,它既穿越川东岭谷地带,也穿越大江大河,更穿越高速公路与高速铁路等交通大动脉,为重庆及西南地区经济社会的发展作出卓越贡献。

在"十二五"收官之际,记者驱车数千公里,对重庆气矿管道历史、现状做了一次翔实的新闻调查,既感受到重庆气矿在二次创业实践中对管道保护的深层次布局,也感受到管道保护中的忧虑,同时也感受到管道保护工作取得的阶段性成效。

管道之殇:无处不在的第三方

2015 年 12 月 22 日,冬至。大竹作业区管道保护工李勇起了一个大早,在一家米线店喝了一碗米线。今天有点冷,就多舀了一些辣酱,然后出门。

他今天要巡管的地段是新竹渠线,从大竹站到渠县站,全长 30.8 千米,需要三天时间。

在重庆江北区冉家坝,重庆气矿副矿长打开 GIS 巡检信息管理系统,此时包括李勇在内,全矿共有 28 名巡管工在路上,一目了然。

2015 年 6 月 11 日,开江作业区所管辖的金达复线被第三方野蛮施工挖断,原料气外溢。作业区紧急切断气源,副矿长心急火燎赶到现场。

一周后,副矿长再惊。

6月18日，位于綦江县境内的綦（江）南（川）线，被第三方野蛮施工挖断，这是渝南片区唯一的气源管线，整个南川、万盛近10万户居民无气可用。

重庆气矿第一时间启动应急预案，副矿长再次赶到现场组织抢险施工。

各大媒体把焦点对准现场，事关民生。

有人提醒副矿长：如果媒体不报道原因，中国石油又得"背黑锅"。当副矿长上气不接下气追赶到央视记者的时候，对方已经准备上车离去。副矿长试着问："你们晓得造成的原因不？"记者说："没有人告诉我们啊。"

于是，马上支起脚架，摄像机对准副矿长。副矿长只说了两点："一是现场标识清楚，明显是野蛮施工造成；二是我们已采取措施，连夜施工，确保明日中午恢复供气。"

第二天，央视新闻频道"共同关注"栏目播出，还有副矿长的同期声。

半年后，重庆气矿输气管道周边的160个施工点，全部采取了事前预警、加密标识、加密巡检、防护协议、一单化管控、24小时监管、全过程跟踪等方式，强化风险管控。当记者问起副矿长上中央电视台的感受时，他一脸自嘲："以后再也不会以这种方式上电视了。"

浴盆曲线：已进入耗损失效期

管道的风险在哪里？

除了城乡建设发展的第三方野蛮施工外，管道的风险还包括管道与市政管网交叉并行、管道周边人居环境升级改变、地质灾害以及自然腐蚀泄漏等多种因素。

重庆气矿矿长在2015年的工作报告中指出："地面集输系统建成投运时间普遍较长，管道自然腐蚀泄漏事件逐年增多，'浴盆曲线'已进入耗损失效期。"

据重庆气矿开发科副科长介绍："重庆气矿有各类型号的天然气管线和气田水管道5400千米，40%以上的管道投运时间超过20年，最早的管线已经投运40年以上，自然腐蚀泄漏呈现增长态势。"

大竹作业区管辖的竹渠线1989年投运，运行26年时间。到2015年11月17日，建"新竹渠线"，该段全长30.8千米。

大竹作业区副经理告诉记者："2009年，我们委托安研院，采用漏磁检测技术，对该段进行智能检测，全程发现隐患 20000 余个。"

开发科主任工程师罗明对当时的检测结果记忆犹新，"最大的隐患是夹层，部分管材分成了两层，锈蚀，剥落，有些地方只有 0.5 毫米，触目惊心。"

安研院提出初步方案：需要整改，这之前，经论证分析输压控制在 4.5 兆帕以内。重庆气矿为了保险起见，要求输压控制在 4.3 兆帕以内。一面委托设计院对新竹渠线进行设计，同时报分公司，最后报集团公司，成为集团公司挂牌整治的安全隐患整治工程。

从立项到设计、采购、施工，到最后完成投运，前后花了 6 年时间，投资近亿元。

二次创业：隐患攻坚重拳出击

重庆气矿提出"二次创业"实践，围绕找气、挖气、增气、销气做文章。按照重庆气矿描述的宏图，到 2020 年，也就是"十三五"完成之年，回到曾经的辉煌时代。所有这些规划和蓝图，都离不开管道。油气管道保护在重庆气矿成为重中之重。

万州作业区经理在接受记者采访时说："我们作业区目前大猫坪开发如火如荼，上游有气源，有生产能力，下游有市场，云（阳）奉（节）巫（山）每到冬天，气源总是紧张，制约的就是管道。"2015 年，万州作业区天然气销量在 2 亿立方米左右。业内人士估计：如果新建一条突破瓶颈的管道，销售量将立即大幅上升，市场前景看好。

2015 年作为隐患治理的攻坚年。重庆气矿成立了管道隐患治理领导小组，下设 5 个工作组。具体工作包括：明确隐患治理前期工作，管道隐患治理基础管理，全面开展隐患排查治理，隐患评估销项，明确需要地方政府协调解决的隐患报送当地政府。

2014 年以来，排查出违章建筑 159 处，市政交叉共 268 处，途经人口密集区共 630 处。其中列支 2.5766 亿元，用于管道安全隐患治理。在重庆气矿内部，它串起了上中下游产业链。对地方经济社会发展而言，管道与地方经济发展、安全又密切相关，引起地方政府的高度重视。

2015 年 6 月 10 日，重庆市政府副市长、市政府油气输送管道安全隐患整改工作领导小组组长率领安监局、渝北区委主要领导到重庆气矿两路输气站，开展管道重大隐患整改现场办公。地方政府以前所未有的力度强化管道保护。

重庆气矿纳入重庆市挂牌督办的管道安全隐患共 81 处，涉及卧渝线、巴渝线、綦南线、渡两线、卧两线、新峡渝线、铜相线 7 条管线。完成 80 处隐患治理，98.8% 完成重庆市要求的治理任务。

大协调：建立管道保护新模式

中国经济的高速增长，高速铁路、高速公路建设纵横，城市基础建设如火如荼，农村城镇化风起云涌。既拉动了经济的高速发展，同时也对管道安全运行带来冲击。

在经济高速发展的新常态下，如何对管道进行有效保护，又与地方经济发展不发生冲突，不仅仅是个技术活，更需要有政治视野、法律意识、市场眼光，启动管道保护的区域大协调。

博弈：经济发展与管道保护

2013 年，梁平县（现梁平区）回龙镇要建一所农村小学，选址距离讲渡线不到 8 米。当梁平作业区知道情况后，县规划局已经批复。

按照天然气管道安全管理的行业标准：像讲渡线这类管径大且高压运行的管道，在两侧 75 米范围内应避免修建永久性高层建筑，更应避免修建人口密度高的学校、医院等市政设施。

作业区立即与县规划局、回龙镇政府交涉。但几次协调未果。对方均答复："按照《石油天然气管道保护法》的规定，只要在 5 米以外，就合法。"

记者逆向思考："行规与法律的差距为什么这么大？"

当遇到这种情况的时候，只能加密巡管次数，用强烈的责任心去弥补。

梁平作业区巡管班长邓兴江站在梁平县屏锦镇万年村的七涧河边，指着密密麻麻的管桩，告诉记者："就在我脚下不到 50 米的范围，铺设着 6 条管道，有主干管道，也有单井集气管道，还有民用气管道。"

"这种高后果区，我们必须每天巡管。"梁平作业区经理告诉记者。

20 世纪 80 年代投运的大竹输气站，当时是远离县城的荒郊，在 2015 年大竹县的城市规划中，这里已是整个城区的中心点。

大竹作业区前巡管班班长陈姗只要看到路上跑挖掘机，就本能地紧张，到了晚上就失眠。与他有同一感受的人，在记者沿途采访中，比比皆是。

按陈姗的话说，最大的问题是协调难。陈姗告诉记者："有一年，我和沈大均经理向某县汇报管道占压，约好下午三点半，我们三点二十赶到办公室外，直到下午六点二十，才获准汇报。整整站了 3 个小时。"

联动：管道保护新常态

2015 年 11 月 20 日，重庆气矿联合渝北区政府在大庆村石油文化广场开展了卧渝线 B 段天然气管道泄漏应急演练，这是重庆气矿当年举行的第 6 次地企联合演练。

演练结束时，重庆气矿副矿长、HSE 总监在接受重庆电视台采访时说："通过与地方政府的联动，就是要更好地履行我们的社会责任。"

与地方政府的联动并非空中楼阁。重庆气矿通过建立地企管道保护联系工作机制、管道施工联合办公工作机制、管道应急处置协调联动工作机制，为联动提供了保障。

质量安全环保科科长介绍："2015 年，重庆气矿先后与地方政府和部门召开了十余次管道隐患整治协调会，在巴渝线、轻轨占压等重大安全隐患整治上取得重要进展。"

"现在，我们与地方政府的协调比以往顺畅多了。"渝北运销部主任工程师刘年忠深有感触，"运销部主动加强与地方规划部门、政府安监局、发展改革委的协调，能够做到事前安全预警、及时掌握地区规划动向。"

定期与不定期的协调会议、联动会议不只是在渝北运销部，重庆气矿所有作业区、运销部以及在气矿层面，均已形成长效机制。

近几年来，大竹作业区所辖管道，随着地方经济快速发展，改线很多。"算下来，地方政府掏腰包整改的有近 8000 万元。"大竹作业区副经理龚伟说。

正在建设中的南（充）大（竹）梁（平）高速公路，在梁忠段与讲（治）渡（舟）线交叉。目前，该段已经硬化，只等铺设柏油。记者在现场看到，高速公路建设指挥部专门修了一管道穿越涵洞，长 54 米，宽 4 米，高 2 米，并在两边焊接螺纹钢的铁门。

讲渡线在梁平作业区段 81 千米，每天输气量在 500 万立方米左右，重庆气矿几乎一半的产量通过此管道，进入下游的脱硫厂。

天眼：寻找地企共同关注点

忠县作业区把管道保护纳入当地公安系统的"天眼"计划。

据忠县作业区副经理李海山介绍：在人口密集的居住区和施工地段，由作业区购置摄像头，与公安局的天眼计划联网，共同肩负天然气管道保护职责。

而公安系统也喜出望外。在他们的天眼系统中，仅仅限于城镇，能进入农村和人口密集的社区，作业区管道保护的摄像头，不仅延伸了天眼的功能，也为管道安全提供了新的思路。

据忠县作业区管道保护工程师贺建峰介绍："2015 年 10 月中旬，作业区通过多方联系、协调，因地制宜，大胆采用远程摄像头 + 手持终端 APP+ 监控平台等技术手段，实现管道高后果区远程监控管理。"

为保障图像可存储性，该远程摄像装置配置 1TB 存储硬盘，可将监控视频图像保存 30 天，符合地方治安主管部门对石油天然气管道系统安全防范的要求。

2015 年 6 月 11 日，开江作业区金达复线发生一起因第三方违章施工引起的天然气泄漏事件。

"依靠巡护人员'巡检 + 值守'24 小时监控模式，已不能满足愈加严峻的管道保护形势。"开江作业区经理于林的话中有一丝无奈和忧虑，更多的是一种痛楚。

痛则思变。中国移动 4G 技术在于林脑海打转。开江作业区联手中国移动，利用 4G 无线通信网络技术、高清摄像、云存储，建立起远程无线监控系统。

技术干部彭昊介绍："我们的生产安全信息传递网络，采取无线传输的方式，对高风险区、高地质灾害敏感区进行了全过程、全方位远程监控。"

"还可通过网络实现对第三方施工现场全天候的监控。"巡管工阳林有了更多的信心。

"开江作业区的创造性尝试非常宝贵。"重庆气矿矿长给予了高度肯定。

重庆气矿党委书记认为："'天眼＋云存储'是管道安全管控在技防方面的一次大革命。"

大数据：增添管道保护新利器

天然气管道已成为地方经济不可缺少的"生命线""经济线""效益线"，不仅关系着一方能源的供应，一方经济的发展，更关系着人民群众的安危。

重庆气矿通过人防、物防、技防，构筑管道保护立体网络的同时，抓住风险管控和本质安全的牛鼻子，定能确保"生命线""经济线""效益线"安全平稳运行。

开发环境：三高气田显责任

记者在万州作业区采访，与巡管工袁孝成一起巡管，他今天巡管的路段是云安 002-8 到云安 24 井，要翻过海拔 1031 米的铁峰山。这是整个万州作业区管道经过的海拔最高点。

袁孝成以前是井下作业队的钻工，后来改行当采气工，2009 年改行当巡管工，现已是高级巡管工。"还是喜欢这工作，有时巡管还有点浪漫。"袁孝成告诉记者。

地处三峡库区腹地的万州作业区，沟壑纵横，管道所经之处，有原始森林区，也有生态保护区，管道从此山到对面山上，经常是 V 字形的走向。巡管途中，他的伙伴被山民安装的套野猪的夹子夹过。他有自己的"线人"，每到管线有施工动土的时候，"线人"总会第一时间向他报告。

袁孝成说他的巡管段不在这里，在天高线 A 段，就是大猫坪输往万州净化厂的原料气管道。

万州作业区经理秦伟告诉记者："天高线 A、B 段是高含硫管道，每天必须巡管。到了冬天，技术干部、巡管工编成一组，每天通球，确保管道不被冰堵。"

这是随着气田开发环境改变而改变的管道保护措施。

秦伟告诉记者："在大猫坪潜伏构造发现以前，作业区产气含硫量不高，可以按照常规巡管，但随着大猫坪滚动勘探开发，只有加密巡管，才会做到万无一失。"

"大猫坪作为'三高'（高产、高压、高含硫）气田，能够成功开发，我们的巡管工付出了艰辛、汗水和责任。"秦伟动情地说。

第二天，记者离开万州，驱车前往梁平采访，路过分水，山上已经飘雪，白茫茫的一片。高速公路侧，有该点的海拔桩："此处海拔 841 米。"心中闪出一丝念头，"袁孝成，还有万州作业区所有的巡管兄弟，此时，他们的巡管路上，是否已经飘雪？"

基础管理：走向大数据时代

大竹作业区生产办尹浩介绍，在新竹渠线的施工过程中，他们收集了近 10 万个相关数据。

"这些数据有焊口的具体地理位置、管道埋深、交叉情况，以及使用的材料等级等等。"尹浩告诉记者。

对管道基础数据的录入和管理，起始于相国寺储气库建设。

"新竹渠线投运一年后，将对该管线进行后评价，从工艺技术、投运效果和经济评价等方面进行审查验收。"大竹作业区副经理龚伟告诉记者，"有了这些基础数据，以后的检测、维修、抢险等，更加方便。"

大数据时代，数据的价值日益凸显，数据已经成为不可或缺的重要资源。

如今，重庆气矿通过完善管道完整性管理机制，形成了比较全面的数字化、影音化管道基础档案。

在渝北运销部，记者看到他们建立了 6 大类 16 种基础档案，包括管道基础数据、高后果区识别、管道风险评价、管道完整性管理、管道维修维护、效能评价等。

渝北运销部主任工程师刘年忠告诉记者："近几年，我们全面开展管道基础资料的清查与整理，实现了管道基础档案的数字化管理。"

记者在梁平县屏锦镇万年村七涧河边采访。因为夏季洪水，一条管道裸露在河边，施工人员正在用混凝土加固。承包该项目的某公司技术负责人马亮，正在指挥干活。

马亮在美国留学生活了 7 年时间他也愿意从最基本的干起。他告诉记者：

"梁平作业区管道保护基础工作做得细，我们可以大大缩短工期。"

现代科技：精心呵护大动脉

在三峡库区腹地以及整个渝东北地区，是重庆市划分的五大功能区里的"生态涵养区"，对环保的要求极高。

忠县作业区副经理李海山担心不仅是天然气管道，还有气田水管道。"管道保护要打持久战。"李海山说的打持久战，就是做基础工作。还有就是上技术手段。李海山是一个技术控。2013年，他联系重庆特胜机电设备公司，对管道标志桩进行改进。根据管道输送介质，采用不同颜色耐腐蚀的工程塑料制作，重量不足5公斤，获得国家实用新型专利。

渝北天然气运销部管理29条集输管道，超过400千米，大多处于城郊接合部，其中穿行城区的供气管道就有130多千米。

"这些管道牵一发而动全身。"渝北天然气运销部主任工程师刘年忠说起管道保护就有一种如履薄冰、如临深渊的感觉。这是重庆气矿管理层向下层层传递压力与责任的结果。

"按照集团公司新发布实施《油气管道线路巡护规范》，重庆气矿至少应配备162名管道保护工，606名专兼职巡线员。"开发科科长艾天敬拿着2015年11月1日正式实施的集团公司企业标准介绍，"我们现在的人员配备远远不够。"

如何克服人员短缺的问题？如何强化管道本质安全？加强现代科学技术的运用是一剂良方。

重庆气矿大胆尝试管道检测、修复新技术，狠抓管道缺陷修复及风险评估。智能检测、内腐蚀直接评价、GIS巡检系统等高新技术，得到全面应用。视频监控及无人机巡检新技术的逐渐使用，将大大提高巡管效率，并确保巡管无死角。

卧渝线是向重庆市主城区输供天然气的"主动脉"，重庆气矿在卧渝线A段试点了应力集中扫描技术，这是一种新的管体缺陷检测手段。在卧渝线B段，重庆气矿开展了智能球微泄漏检测试验，这种技术将有效解决管道泄漏后不易被发现或发现泄漏但泄漏点寻找困难等问题。穿越河流管段的保护也是一个老大难问题，截至 2015 年 11 月底，重庆气矿首次采用组合式电磁—声波法，全面完成所辖管道穿越 40 条河流的检测工作。

2007 年至 2016 年，重庆气矿共发生 76 次管道失效事件，但随着完整性管理的全面推进，管理水平不断提高，管道失效率由 2007 年的 6.25 次／千公里·年下降到如今的 2.03 次／千公里·年，下降了 67.5%。

提质增效升级版行动见实效

——重庆气矿积极落实"提质增效"专项行动纪实

蒋　剑

截至 2021 年 8 月底，重庆气矿累计实现增收 10925 万元，降本 1859 万元，控投 1792 万元。分别完成年度奋斗目标的 83%、81%、66%。

一张时间过半任务过半的成绩单为重庆气矿提质增效专项行动注入了一剂强心剂。

自 2020 年实现生产销售双跨越后，重庆气矿在实干中深切体会到提质增效带来的实效。2021 年的工作会上，重庆气矿将"降本提效"纳入四大攻坚战，完美契合了集团公司今年打造提质增效"升级版"的战略部署。

为确保提质增效工作持续开展，重庆气矿立即编制《重庆气矿 2021 年提质增效专项行动方案》，制定 9 类 38 项提质增效措施，突出深化增储上产、拓市增销、控投降本、绿色发展等重点领域和关键环节，并落实到人、落实到单位，让提质增效于细微之处见真章。

强部署抓组织，深化主题教育，激发强大动力

在公司"转观念、勇担当、高质量、创一流"主题教育启动视频会会后，重庆气矿迅速响应，先后 3 次召开研讨会、对接会、推进会，认真研判疫情和低油价给重庆气矿生产经营带来的影响，深入分析当前存在的薄弱环节，及时下发通知，要求各业务部门提高政治站位，把开展提质增效作为推动气矿高质量发展、坚决打赢四大攻坚战的重要抓手，与公司、重庆气矿发展目标深度融

合，认真梳理业务范围内提质增效工作举措，分业务板块扎实拟定提质增效工作方案。

重庆气矿成立以主要领导为组长，分管矿领导为副组长，各相关业务科（部）室主要负责人为成员的提质增效专项工作小组，安排专人加强过程跟踪，对标对表跟进各项举措落实情况，定期总结专项工作实施效果，实现工作闭环管理。

重庆气矿率先组织召开 2021 年提质增效方案对接会，制定《重庆气矿 2021 年提质增效专项行动方案》，围绕生产经营管理部署 9 类 38 项具体举措，深入剖析在管网降压、地面集输优化、安全隐患整改、老井挖潜增效、页岩气增储上产等方面存在的薄弱环节和问题短板，细化工作目标，明确责任部门，制定运行大表，要求各专业板块提出针对性措施，反复分析研判，并进行可行性论证，为提质增效专项行动扎实开展奠定基础。

破传统寻突破，深化守正创新，推动纵深发展

不破不立，破而后立。

面对发展的桎梏，重庆气矿认真审视自身的问题，思考从内寻求突破，在外创新思维，找寻新的出路。

常非并举，夯实资源根基。重庆气矿持续加大勘探开发力度，不断优化产能建设，增强气田生产实力，聚焦大猫坪西—大猫坪东区块长兴组生物礁等三大区块，持续推进勘探开发一体化；通过优化黄 202 井区井位部署方案、编制黄 202 井区页岩气开发方案，稳步推进页岩气优质高效集中建产工作；持续抓好矿权保护和储量申报工作，已完成花果山、新市、黄草峡动态法转容积法储量计算，卧龙河等三个区块已通过分公司专家审查，双家坝等五个区块已通过股份公司专家组审查。

效益开发，降低运行成本。重庆气矿始终坚持"效益优先"建产的原则，不断优化地面工程建设方案及设计，通过加快产量保障措施项目工作进度、推动生产工艺调整降本、优化简化工作方式等，合理控制建设投资。截至 2021 年 8

月底，重庆气矿完成天然气工业产量 16.86 亿立方米，完成公司年度考核目标的 67%，累计实现增收 10517 万元。

聚力创新，力促技术攻关。面对如何突破现实，打开效益开发新局面，重庆气矿始终坚持问题导向，分析制约重庆气矿发展的症结及技术瓶颈，强化科技攻关针对性，加大科技攻关力度。截至 8 月底，已完成中心站数据迁移优化整合 13 座、直管站数据迁移优化整合 26 座，整体工作进度完成 95%，已实现数字化融合平台及数据模型框架搭建，管道巡检系统 85%，地面工程基础台账 50%，系统集成 80%，数据资源整合 50%。

深化变革，推动改革增效。重庆气矿通过优化结构，持续推进"油公司"改革，通过优化整合未上市部分"四中心"业务，降低管理运行成本；通过优化矿属机构及定员，提高业务、定员、用工总量的匹配度；通过试点推行工资总额与编制定员挂钩，盘活现有人力资源；通过持续推进"中心站 + 无人值守"管理模式，加强员工总量控制；通过完善绩效管理体系，逐渐形成"收入凭贡献、增资靠效益、升降看业绩"的分配导向，加大正向激励力度。截至 8 月底，共节约人工成本 512 万元。

重执行抓落实，深化利析秋毫，取得行动实效

自 2021 年年初降本提效"攻坚战"打响以来，重庆气矿全体员工运用"一切成本皆可降"的思想武装头脑、指导实践，深化"利析秋毫"的策略，在推动重庆气矿高质量发展上有了新的提升，在夯实提质增效成果上有了新举措，提振了员工干事创业精气神，让专题行动取得实效。

精细生产，提升生产效能。气田进入后期开采，原为满足高产量设计的管输压力及沿线设备均出现富余，同时，高压输送不仅造成能量损耗，增加管网运行风险及运维成本，而且制约低压单井产能发挥。经过反复论证，重庆气矿分阶段、分片区对引进分厂及大竹分厂原料气管网进行降压，通过实施管网降压，气田沿线平均日增产约 3.5 万立方米，日节约燃料气消耗 1440 余立方米。为了促进颗粒归仓，重庆气矿通过优化方案和强化现场组织，降低放空损失，

降低对气矿产量和用户供气影响。截至 8 月底，原料气管网降压运行累计增产 240 万立方米，引进分厂检修时，累计多发挥产量 50 万立方米，两项累计增产 290 万立方米，共计增收 347 万元。

策略营销，激发市场活力。重庆气矿以市场为导向，抓实营销策略，通过稳步提高市场占有率、贯彻"一户一策"着力扩销增效、实施差异化定价策略、精细营销计划管理、加大市场研判释放天然气绿色低碳竞争力等措施，深挖市场潜力，激发市场活力。截至 2021 年 8 月底，累计销售天然气 59.39 亿立方米，完成年度目标的 73.78%；销售均价 1.677 元 / 立方米，超年度目标 0.014 元 / 立方米。

集智聚力，推动降本提效。自提质增效专项行动开展以来，重庆气矿始终依托全员的智慧，让行动见到实效，围绕"完全成本降低 10%"目标，紧盯关键成本压降，分类评价清理处置低效无效资产，加大力度强化基本运行成本管控，充分发挥各部门专业优势降本，要求物资采购总成本下降不低于 5%，大力实施降库，要求期末库存资金占用降低率 5%，开展集约招标，节约施工和服务费，深入开展对标世界一流管理提升工作，推动气矿 25 处办公物业提质增效。截至 2021 年 8 月底，节约物资采购资金 567.42 万元，节约率为 8.9%，完成报废资产处置批复 5 批，实现收入 61 万元。

保压平衡，压降投资成本。重庆气矿以"效益优先，有保有压"为原则，遵循"谨慎精准、效益优先"准则，严格执行"先算后干、算好再干"要求，综合研判，统筹安排，保障重点项目投资，精准施策钻井和地面工程造价，通过加强施工工作量核实、调整定额子目、地材及乙供料价格核减、推行市场化定额等手段钻井工程提质增效措施控降 33 万元，地面工程提质增效措施控降 19 万元。

隐患治理，夯实节能降耗。重庆气矿围绕业务主导和综合监管"两条主线"，狠抓"两个现场"常态化风险管控，全面开展安全隐患项目排查及治理，强化员工健康管理，抓好生态环境专项对标审核，强化管道完整性管理，同时积极推进能源计量试点降耗。截至 2021 年 8 月底，重庆气矿员工新冠疫苗接种共计 3588 人，外包业务人员接种共计 499 人，各项节能指标控制在分公司下达指标范围内，驻场监造范围内产品 100% 驻厂监造，强检计量器具周检率 100%，必检物资质量检验率 100%，必检物资质量合格率高于 95%。

提质增效永远在路上，重庆气矿将持续完善低成本高效益发展的长效机制，深入推进提质增效专项行动，全力以赴抓好各项工作落实，确保完成全年生产经营各项目标任务，为奋力开创气矿高质量发展新局面而努力。

蝶　变

——重庆气矿推行基础管理精细化工作纪实

邹云波　蒋　剑　王　茜

精细化管理是一种理念，一种文化。

精细化管理的本质就是落实管理责任，将管理责任具体化、明确化，是企业的战略规划能有效贯彻到每个环节并发挥作用的过程，同时也是提升企业整体执行能力的一个重要途径。

然而，推进基础管理精细化却是一个极其艰辛的过程。没有波澜壮阔、没有惊天动地，只有繁杂琐碎和默默无闻，需要一步一个脚印，长久推行才能见到成效。

值得一提的是，在重庆气矿发展的关键时期，决策层高屋建瓴，坚持战略管理、基础管理精细化齐抓共管，基本形成了上下联动、基层主体、条线推进、成效较好的格局，为重庆气矿高质量发展提供了强有力支撑。

强基固本　力量在气田凝聚

"对于企业而言，安全是最有颠覆性的因素。当前，摆在我们面前的最大问题就是如何杜绝和消除隐患？我们要以'刮骨疗伤'的姿态，在基础管理精细化上做足'功课'，将每条管线守护好、将每个场站管理好、将每个阀门保养好……"西南油气田公司副总工程师、重庆气矿矿长语气坚定。

如何突破固有思维，扎实推进基础管理精细化工作？2018年6月初，这一问题曾让重庆气矿领导班子倍感压力。

现在，这一压力非但没了，相应地还从一线传来对领导层"务实"和"创新"的赞誉。重庆气矿党委书记认为，这一赞誉是重庆气矿不断创新工作方法，毫不动摇地推进基础管理精细化工作换来的。

求木之长者，必固其根本；欲流之远者，必浚其泉源。重庆气矿领导层注重强化顶层设计，以建立健全领导机构和工作机制破题，集中抓好基础管理精细化，为企业健康发展提供坚强组织保障。2018年6月29日，一份《关于成立重庆气矿基础管理工作领导小组的通知》在重庆气矿出台，在此基础上又专门设立基础管理办公室。要求各单位坚定信心，始终保持"定力、精力、毅力、耐力"，这是强力推进基础管理精细化工作的应有之义。

6月下旬，在重庆气矿领导的指导下，基础管理办公室人员用了12天时间，克服困难，以"白加黑""5加2"工作模式，对重庆气矿层面现行检查评比规章制度进行了全面优化整合，既承接好重庆气矿规章制度，又将工作中形成的好经验、好做法纳入其中，初步完成了《基础管理检查工作指南》《重庆气矿生产场站基础管理工作检查及评分标准》《重庆气矿油气管理管道保护基础管理工作检查及评分标准》，体现权责对等、流程合理、简洁有效。

重庆气矿基础管理加装了精细化"芯片"，一场强基固本的风暴将席卷川东气田。

7月4日，基层单位领导、技师、中心站站长等12名有着特殊身份的员工首次在重庆蔡家聚集，他们的身份是——基础管理办公室轮值检查组成员。成员在接受为期一周的培训后直奔各个生产一线，并以"贯标验标、以查代训、以训为主、持续提升"为原则，对各单位进行检查。

落实之重，贵在执行。有了精细化的理念、制度，最终还得看执行效果。

"基础管理检查标准是经过6次改稿修订的，我们对管理标准、考核评分标准制定都以生产现场的最基本要求为原则。"垫江作业区采气高级技师胡建谈到基础管理工作这样说。

9月9日，记者跟随管道保护检查组采访时，组员姜军说："大多数作业区都行动起来了，警示桩（牌）、标识桩等都具有正确、清晰的方向指示性和警示作用，员工对于绝缘接头的检测、阴极保护参比电极的测试、PCM仪器操作能力水平提升明显。"

"从邻北 1 井到岐山村的这段管线算是管理到位、巡检到位的管线,尽管有些堡坎着色不够明显,但是对于这种处于茂密植被、大山深处的管线,我们的要求就是巡检通道畅通、标识桩定位准确、警示牌明显、管道堡坎牢固……"基础管理管道保护检查组陈智勇挽起被露水和雨水淋湿的裤腿说。

基础管理精细化不仅仅是管理层面上的一次革命,更是基层干部员工行为规范上的一次巨大变革,是一种卓越精神的体现。

地处主城区的江北运销部,把管道保护工作做到了极致:6 名班子成员划分100 多千米的高风险管段,每人每月巡线 10 ~ 20 千米、完成一份巡管报告,清查属地管线的运行风险、排查属地管线安全隐患;机关十多名技术干部划分 426 千米管线,针对自己属地内的管道基础建设进度、管道安全隐患整改每月上交巡管报告;40 名管道保护工按计划进行巡检,月度进行巡检符合率考核;19 名初转岗的管道保护工成立管道安全巡护组,由管道技师牵头,在 426 千米管线上分风险等级加密管道标识桩、分梯度设立警示牌、分轻重缓急在施工点加设管道巡护通道隔离网……

万州作业区经理魏伟曾参与重庆气矿"三基"检查标准的整理与编订,也先后多次参与"三基"对标检查,对于基础管理精细化工作,魏伟自有一套法宝:快速从作业区生产办、QHSE 办公室、维修站、中心站站长中临时抽调人员组成作业区基础管理办公室。基础管理办公室分工明确:排查组开展拉网式的隐患排查并进行表格化的分类登记;整改组负责隐患整改;验收组采取专家验收达标的方式对隐患整改的落实情况进行打分。

无独有偶,开州作业区也紧跟步伐,成立井站基础管理督导组。督导组由片长李伟、党支部书记张智勇等组成,负责每天对井站设备管理、员工个人素质、现场目视化管理等基础管理工作进行逐一排查、培训。再结合作业区实际情况发挥专家工作室的作用,落实问题整改、消除生产隐患、现场操作开展技能的教与学,让一线员工在专家工作室现场问题整改的同时接受有针对性的现场培训,提升员工业务技能水平。

开江作业区副经理、副书记在接受记者采访时说,自重庆气矿推进基础管理精细化工作以来，开江作业区积极响应：快速制定"一本方案"即基础管理推进方案；立即采取"两种措施"即以班组自查自改、作业区领导＋执行组＋督导组的三级督导；落实"三个覆盖"即思想观念转变全覆盖、员工技能素质提升全覆盖、基础管理自查自改全覆盖。

垫江作业区也不甘示弱，一系列举措陆续出台：通过建立技师工作室强化站场基础管理，通过对标整改加强班组管理，通过应急处置、应急演练桌面演练＋实作演练提升员工风险管控水平，通过地毯式的巡查整改达到现场目视化规范，通过制定员工短期、长期目标，抓好员工应知应会培训，提升员工个人素质。

"基础管理精细化是提升企业核心能力的关键，在细节上下足功夫，建立起自己的'精细优势'，这是重庆气矿持续保持强大生机与活力的秘诀。"在接受记者采访时，余进一语中的。

余进说，重庆气矿初步计划是让每个班站长都参与基础管理办的轮换检查，让每个班站长都参加基础管理标准的交流学习。常言道："基础不牢，地动山摇"，有一个好的基础，打造一批拥有坚实基础的"兵头将尾"，以他们为一线井站基础管理的支撑，我们才能真正达到固本强基。

强基固本　活力在一线迸发

"细节源于态度，细节体现素质，细节决定成败。"这是重庆气矿全体干部员工在推进基础管理精细化过程中形成的共识。

"通过轮值检查，让我们的一线员工素质得到明显提升，活力竞相迸发，以此来推动管道安全管理、场站平稳运行，班组管理、目视化管理上台阶。"西南油气田公司副总工程师、重庆气矿矿长如是说。

"在这个夏天，层林尽染熟悉的石油红／那些只手能动的阀门闪亮的螺帽／还有埋在地下涌动的天然气流／每一个细节感受着／他们50度的心跳和摔成八瓣的汗珠／辛苦了大高峰人／成绩与艰辛同在，你们与生产共行／基础管理提升在路上／今天的付出换来安全的赞歌"。这首诗在大猫坪、高峰场广为传颂，这是万州作业区强化基础管理的真实写照。

9月6日，万州区下了入秋以来的第一场雨。"下雨都比出太阳好，几天前顶着烈日整改现场隐患，员工的脖子都晒脱皮了！"万州作业区大猫坪中心站员工的一句话让记者无言以对，竟然还有情愿淋着细雨干活的员工。

"通过持续的基础管理检查，一线员工暴露出了素质参差不齐的问题。"万州作业区采气技师、高峰中心站站长程锋遗憾地说道，"但是我们没有认输，我们通过夜校、轮班培训等方式来提升员工素质。"

记者在万州作业区大猫坪中心站了解到，员工每天晚上7时至10时为"夜校"学习时间，与此同时，还要接受作业区的轮班考核。"考不合格不上岗！"成了员工相互激励的口头禅。"基础管理要争'双第一'！"是喊得响当当的、人人皆知的作业区近期目标！

"8月份，我们万州作业区员工江洋参加了重庆气矿的轮值检查，学到了很多的'秘籍'，他将在未来一段时间里为井站员工'传经送宝'。"兼职作业区基础管理办公室的王丹说。

9月7日，开州作业区巫山坎中心站，采气工王旭洋告诉记者："推行基础管理精细化后，作业区对一线员工的培训多了、测试多了、考核严了，增大了员工压力，但我们进入装置区更'不虚火'了，我们懂了阀门原理清楚阀门结构，出现故障我们不求人了。学会了心肺复苏能救人了，30秒内背上空气呼吸器能自救了，如今的我们那是底气十足。"

"重庆气矿这次真是从根本上找到了生产一线管理的'病根'，开出了从人、物、环节、管理各方面入手的'良方'。"开州作业区党委书记对基础管理精细化谈了自己的见解。

"进行清管器发球操作之前，首先要清楚本次操作存在的风险……放空球筒压力，检查并确认清管球已经发出，关上快开盲板……"9月8日下午，室外温度33℃，在开江作业区沙罐坪中心站设备区，6名员工顶着太阳在现场搞实地模拟发球操作，只见其中一名青年员工一边指着阀门一边口述操作步骤，其余5名员工或拿着纸质操作步骤认真对照，待那名青年员工结束整个模拟发球操作，现场响起了一片热烈的掌声。记者走近一问，原来是沙罐坪中心站在对青年员工进行专门的实操培训。自开江作业区实行员工能力评估考核定级以来，沙罐坪中心站持续通过自主学习、班组培训、轮班培训等多种方式对 C 级、D 级员工进行帮扶提升，绝不让一名员工掉队拖班组能力评估的后腿，绝不能放弃对任何一名员工的帮助、关心和关爱。

9 月 9 日一大早，垫江作业区副经理就开始点评卧 88 井中心站员工的现场盲演："刚刚的现场盲演非常成功，我很满意。大家对各环节的风险把控很到位，对各个关键操作的执行也是快速到位，流程倒换正确，动作迅速……"

"8 月份，卧 88 井接受基础管理办公室的检查，暴露出管道保护基础薄弱、风险管控环节还有提升空间等问题。"中心站员工介绍说，"如今我们将分散在中心站的巡管工抽调到作业区成立了 8 人巡管班，集中组织学习《重庆气矿油气管理管道保护工作检查及评分标准》，认真开展管道专业实操培训，提升巡管班员工的业务水平。"

"我们更注重设备的'本质安全'，阀门保养到位、能轻松活动是我们对阀门的最低要求。"卧 88 井中心站站长田勇说，"现在标准统一，员工心中有数，干工作更简单了。"

9 月 10 日，长寿运销部卧龙河集气总站。两名青年员工在值班室认真翻阅手中的资料，另一名年龄较大的员工正接受基础管理办公室人员风险管控访谈。在正对值班室大门的墙上有一块很大的现场监控屏，屏上显示的正是今天高级孔板阀清洗操作的画面。每组接受现场考核的员工都是两人配合，放大的画面上还能清晰地看到现场监督人员不停地进行风险提示和操作步骤提示。

"今天访谈结果还是不错，我就是担心接下来的工艺流程图考试，我担心时间短了画不完站场的流程图，拖大家的后腿。"55 岁头发花白的卢生云师傅面对记者的提问，忐忑地说道。听记者提到今天他背空呼 19 秒的优秀成绩，他不好意思地笑着说道："我们这些老工人，不怕实际操作、不担心工艺流程的讲解，就怕理论考试，上年纪了背理论困难，好在晚上瞌睡少，半夜睡不着就起来看书。"听旁人说起，我们才知道原来今天卢师傅的理论成绩也是 100 分的满分。

"站上的老师傅都很敬业，前几天天晴他们就白天做设备保养，晚上自己在宿舍看理论，在软件上刷题。"2018 年 7 月刚从大竹作业区结束实习正式分到长寿运销部的 90 后员工周鹏博说。"我们管道保护工作目标就是，不但自己的员工要清楚管道走向，还要让管道沿线的居民、施工点员工也清楚管道走向。"9月 14 日上午，正在中梁山阀室检查阀室标准化整改的江北运销部经理说。

"其实在重庆气矿基础管理办公室建立以前，我们江北运销部自己也在进行季度绩效考核，同样是采用站长交叉考核的方式，让参与的站长们在班组管理、设备管理、目视化管理各方面深入交流，相互学习，带动运销部整体管理水平的提升。"一线党支部书记冯兰英在九宫庙中心站接受采访时说道。

"我们 7 月份获得'双第一'不是偶然，在我参与基础管理办公室定标工作的同时，党支部书记冯兰英就在站上同步开展对标工作。我们非常重视这次基础管理的推行工作，因为作为一线站长，深知只有设备安全了，站场风险才能受控，员工的安全才能得到保障！"江北运销部九宫庙中心站站长深有感触。

重庆气矿基础管理精细化为何能迅速推进并取得新的变化？缘于重庆气矿牢牢抓住基层这个"牛鼻子"，全面实施"活力工程"，基层单位用心思变，井站生产要素活力迸发。"让生产一线活力迸发的关键要素就是一线的'兵头将尾'，我们通过抽调一线班站长、技术人才参加轮值检查，目的就是将他们塑造成为综合管理能力强的员工；在检查中通过借鉴其他作业区好的经验和做法，推动自己作业区、中心站的管理更上新台阶。"西南油气田公司副总工程师、重庆气矿矿长说。

强基固本　动能在基层释放

一个全新的基础管理办公室，为一线员工打造了一个可供学习、交流的好平台；一座"轮值检查"的连心桥，让基层单位和井站员工实现了资源共享，互动互促；一本简洁务实的检查《标准》和《操作指南》，使参与检查的员工在基础管理精细化中得到锤炼……

翻开重庆气矿每月的"轮值检查"报表和总结点评，一个个生动的场景跃然纸上，一项项基础管理精细化的创新成果引人注目。

"检查过程中，班站长能发现差距，能找到今后工作的方向，会主动思考问题，也通过基础管理办的'以查代训'收到好的效果。如今班站长的理念转变了，管理思路创新了，自身价值也得到了体现，同时基础办在检查过程中发现亮点或是成果，也将持续不断完善标准，让标准与实际操作无缝连接，让标准更实用、更接地气。"西南油气田公司副总工程师、重庆气矿矿长一番话让记者茅塞顿开。

"基础管理办公室的设立，可以帮助班组长成长，也可以带动作业区进步。8月份我去各作业区检查，也将其他作业区好的经验和做法带回了作业区。"万州作业区大猫坪中心站站长对记者说，"最大的变化就是井站员工将现场基础管理精细化作为常态化的工作，大家不是以一种应对检查的态度，现在日常工作就是搞好生产的同时开展井站基础管理排查登记归类、问题整改销项、应知应会学习技能提升等。"

一线班站长动能的释放是关键，作业区层面的管理者更是底气十足。"我们的近期目标就是勇争基础管理双第一，长远目标是达到基础管理精细化免检单位，作业区通过综合评选金、银、铜牌员工，评选金、银、铜牌班组，激活员工学习动力，建立员工竞争机制，推动基础管理工作落到地，推动精细化管理全覆盖。"万州作业区经理的话掷地有声。在"上蒸下烤"的夏季，万州作业区基础管理提升、基础工作整改专用车载着维修小组每日奔波在各个井站。从舍得"一身皮"的整改到无数次的练习考核、竞赛催化，万州作业区的基础管理工作有了很大起色，在8月重庆气矿基础管理考核评分中，名列第一。

9月7日，记者在开州作业区见到井站基础管理督导组组长，问起培训员工的技巧，他形象地回答："我就是一天拉起'假人'到处跑。"他的工作就是让每个员工懂急救知识、会应急逃生技能、掌握必要的应知应会知识和技能，"如今，每一个员工都会心肺复苏的操作，每一名员工都能在30秒内有条不紊地背上空气呼吸器；如今，场站员工清楚自己站上的工艺流程、了解站场每一种阀门的结构及工作原理、掌握站场关键工艺参数的具体值。尽管驻站以来每天的工作辛苦，但是看到大家的进步我觉得我的汗水没有白流，值了！"

在开州作业区，技术干部驻站不是特例，开州作业区副经理也是驻站领导之一。"开州作业区管道管理起点低、起步晚，我们在7、8月基础管理检查中名次靠后，但是我们并不气馁。我们知道自己的薄弱点，作业区从 3 月成立管道保护班以来，把管道管理功课做实做细。"他一边关注田间地头进行实作训练的管道保护工一边说道，"我们借气矿基础管理办公室的强大后盾，吃透《细则》，还派出管道保护班班长张远福到气矿基础管理办公室学习取经，如今对 14 名管道保护工的培训搞得有声有色，无论是管道保护理论知识还是管道专业的 PCM 实际操作等都认真组织培训。"

饶益，一名 2014 年采气转岗干管道保护的员工，用 4 年的时间取得了管道保护高级工资格证书，如今在管道保护班不是工龄最长的老师傅却是技术最精的巡管工之一。"这种理论 + 实操培训的驻站集中培训效果确实明显，我们有信心将我们开州作业区 150 多公里管线管理好。"

9 月 8 日，记者在开江作业区采访时，副经理详细介绍了他们的"妙招"："作业区从 2016 年开始就在作业区范围内对员工进行综合能力评估定级，根据员工的综合考评成绩分为 A、B、C、D 级，从薪资上体现各级员工之间的差距，将等级评定作为员工竞聘班长、站长的必要条件，作为推评技师、优秀技术能手的条件。"

"虽然抓基础管理精细化后事情多了、我们肩上的责任多了，如今学理论、懂技术、背空呼、干工作不只是对自己的安全负责，对家庭的幸福负责，也是对作业区的安全生产负责，更是对企业的整体效益负责。"开江作业区增压、采气、脱水、管道保护均取证的多面手柳庆面对记者侃侃而谈。

"7 月，基础管理工作小组到垫江作业区卧南中心站，他们对员工的风险管控采取了访谈式的检查、对话式的交流、引导式的抽查，员工没有压力，能较为全面地回答出工作环境中的风险，我觉得这就是一次现场检验并同步帮助员工加强风险管控的现场课。"垫江作业区卧 88 井中心站新上任的站长说。

"变化最大的是站长的角色转换，以前是家长式、保姆式地带着大家一起干活儿，如今是标准在那里，属地划给你，我们自己就自觉地对标整改自己属地范围内的问题。"即将退休的采气工凌杨说出内心最真实的声音。

9 月 10 日，记者来到位于四川邻水县柑子镇海拔 800 米高的邻北 1 井采访。在这口单井上，采气工周和平每天干得最多的是抄录现场的生产数据，其次就是为现场 26 只阀门清洁、润滑、保养……

"这儿出行不方便，我除了工作还是工作，要不然怎么打发时间，我把邻北 1 井 26 只阀门搞得特别灵活，让生产现场的安全风险更可控。"周和平面对镜头毫不怯场。

江北运销部九宫庙中心站场站管理为何在 7 月的基础管理检查中拿到了第一。9 月 14 日，记者一行前来探个究竟。

眼前的场景让人赞叹不已：站场设备保养到位，无跑冒滴漏现象，站场阀门开关牌、阀腔保护膜、注脂嘴防尘罩创新实用，站场目视化规范、地标走向线清晰，站场地面干净、平整，围墙光洁警示着色规范……

"我们的管道保护更是在细节上追求卓越。为了切实保障野外管道走向明确，运销部在标识桩、警示牌上做文章，1.3 米、1.5 米、1.8 米高的标识桩分别用于常规、荆棘林、无人山林区布桩；2 米、2.5 米、3 米高的警示牌分别用于开阔地、庄稼地、果林里的穿越指示牌。"江北运销部经理在中梁山阀室进行巡管踏勘时这样介绍管道基础管理工作。

记者了解到，江北运销部不论是自己的季度绩效考核还是重庆气矿的基础管理检查，都以"奖大于惩"的绩效奖惩方式激活员工，以此来推进基础管理精细化。

基础管理精细化做实了就是生产力、做强了就是竞争力、做细了就是凝聚力。重庆气矿义无反顾地强力推进基础管理精细化工作，抓实井站现场管理，抓好员工素质提升，必将促进企业健康发展，推动重庆气矿各项工作再上新台阶。

精细蜕变，破茧才能成蝶。精细化管理是一个永续精进的过程，正如长江的奔涌从不停歇，重庆气矿高擎强基固本的大旗继续前行！

"智"启

——重庆气矿老气田中心站数字化转型纪实

蒋　剑　　胡德芬

重庆气矿，拥有着 3.54 万平方千米矿权，管辖着 9 个作业区和运销部、47 座中心站、1000 余口井、5000 余公里管线，承担着川渝两地供气重任，持续维持着 70% 的市场份额。经历过大开发的荣耀，重庆气矿老气田进入低产和递减的生产后期。如何让老气田优化升级，打破传统的瓶颈？重庆气矿人不断探索——转型，迫在眉睫。

2020 年，"油公司"改革模式推进以来，"集约化生产管理新模式"已悄然而至，重庆气矿人挺进改革"深水区"攻坚必啃的"硬骨头"，从中心站管理、大数据分析、智能操作入手，深化老气田数字化转型，推动气田改革的顺利实施。

稳中求变

经过 25 年的信息化建设，重庆气矿基本实现了"中心井站＋无人值守管理"模式，但功能配备不完善、无人值守信息化管控能力不达标、海量数据应用不够充分等问题依然存在。老气田数字化的创新和改革，需要在稳定中寻突破。

近年来，重庆气矿通过摸索、总结形成了两化融合"231"循环工作法，从最小的管理单元"中心站管理"入手，按照示范引领、梯次推进、全面提升的原则，打造"极核引领、三加协同、多点创新"的"1+3+N"老气田中心站管理数字化转型。"1"即极核引领——数据管理；"3"即远程巡检、应急处置、信息化运维;"N"即泡排智能加注、智能开关井、远程调压、数据治理、联合测试等信息技术融合创新试点。

变而生智

生智——数据管理。经过长时间的尝试和探索,重庆气矿基本实现了天然气生产数据的实时采集和远程传输,但仍有 60% 的实时数据需要人工干预和审查。2019 年 12 月组建信息化技术攻关团队,自主创新研发"生产数据集成整合与智能应用系统",采取边建边用、小步快跑、快速迭代方式,建立了统一规范的开发生产全业务链数据库,搭建应用了开放包容的开发生产数据集成整合管理系统,研发了生产数据自动核准、生产报表自动生成、SCADA 坏点监控、实时趋势多维分析、管输效率分析、清管周期预测、管线泄露预警、腐蚀监测管理八大特色数据管理和应用模块,实现了开发生产主体业务的信息化管理,仅用 3个月完成了全矿的推广应用。

生智——3+ 协同。重庆气矿以物联网系统为核心,积极探索联网深化应用,深度融合 SCADA 系统、视频监控系统、激光甲烷监测仪,采用共享互动和智能分析技术,实现了远程电子巡检、故障问题辅助判断,信号回路远程调校等功能。

为减少井站劳动强度,中心站设置自动巡检点与巡检周期,系统按周期对全站设备进行一次自动巡检,并将巡检结果与场站设备运行状态、仪表数据进行自动比对与智能分析,提供巡检报告,井站员工只需对自动远程巡检结果进行确认。重庆气矿将应急处置与 SCADA 系统现场报警联动,当现场发生数据异常、泄漏等报警时,自动启动系统。针对中心站误报警频繁、系统建设质量参差不齐、采集数据与控制可靠性不高等问题,重庆气矿采取细则制定、规范标准等一系列信息化运维举措,切实保障信息化系统的稳定运行。

生智——多点创新。重庆气矿持续加强智能攻关,将信息技术与泡排加注、开关井、远程调压融合,多点创新,为"中心站管理数字化转型"提供原动力。重庆气矿通过分析生产实时大数据,结合人工智能技术,建立"大数据回归预测模型"，创新液体泡排智能加注技术，使有水气井管理从自动化跨越到智能化，并实现自动预测泡排加注量。

老气田进入生产后期，间歇井数量增多、开关频率高、员工劳动强度大，重庆气矿优选门西001-X4井等4口井进行智能开关井技术试点。控制器采集井口油压、套压、输压，根据控制器特有的算法，模拟人工开关井。开井时先打开闸阀，全部开启后，针阀自动开始开启，当后段输压达到了设定值或达到设定开度，针阀停止转动；关井正好相反，先关针阀，当针阀完全关闭后，下发闸阀关闭指令，直到闸阀全部关闭后停止，气井自动开关的试点成功，替代了传统的人工关井复压生产，节约了生产力保障了员工的安全。

智启征程

重庆气矿不断探索智能化在老气田的应用和结合，利用物联网智能应用系统，实现了员工在值班室就能对现场工艺设备状态、泄漏情况、生产数据核对等进行电子巡检，无人场站的巡检周期由7天延长至15天，报表从半小时手动填写到3分钟自动生成上传。云和1井、云和004-X1井应用智能泡排加注工艺，气量上升5%，泡排量下降30%。门西001-X4井等3口井试点智能开关井技术，通过近3个月的试运行，实现天然气增量15万立方米，预计年增产45万立方米。远程调校仪表从30分钟一个降至2分钟一个。

直面过去，重庆气矿积极开展数字化探索，借助信息化建设，打开"1+3+N"老气田中心站管理数字化转型新局面；面对未来，重庆气矿不断追求数据的完整性、准确性，开放合作、融合创新，走上老气田效益开发、精益开采的"快车道"。

新时代，新征程！新起点，新作为！

重庆气矿老气田中心站数字化转型，一直在路上！

老气矿如何清除"存量隐患"

——重庆气矿提升"两个现场"管理侧记

丁　会

授之以鱼不如授之以渔。

2019 年 8 月 1 日，西南油气田公司重庆气矿"两个现场"管理提升推进小组结束了为期 15 天的生产现场首轮专项检查，对 12 个基层单位进行摸家底、盘存量、守底线、保安全，确保安全环保形势持续向好。

这是重庆气矿针对生产现场存在的薄弱环节和"低老坏"现象以及个别基层单位高风险作业风险管控不到位等问题，管理层循因施策推出的又一风险管控有力举措。

近年来，重庆气矿高含硫气田开发增多、设备新旧系数降低、管道外围开发区和三四类地区激增、环境保护督查严苛等生产客观现状，以及部分员工对现场风险识别能力和措施落实执行力不足、责任意识不强，部分年轻技术干部专业技术不全面等主观因素制约，给重庆气矿的生产、安全管理带来了严峻的挑战。

一系列生产现场、施工现场及员工安全环保意识和能力素质的具体问题浮出，下一步如何变革突围才能取得实质性进展，成了全矿上下最迫切的期待。

6 月下旬，重庆气矿新一届班子迅速组建机构明确职责，成立"两个现场"领导小组和专项管理提升小组，着力增强员工安全环保意识，聚焦生产作业现场和施工作业现场的风险管控，拉开落实各级管理主体责任、强化风险过程管控的序幕。

一场查训结合的"两个现场"提升管理行动在重庆气矿应势而生。业务主管矿领导带队，细化检查标准、统一分工，检查基层单位所辖采气、集输、增压、脱水、输配、气田水回注等主要生产单元和无人值守井站，消除基层"存量隐患"，提升员工应急处置能力。

成立生产作业现场、施工作业现场、人员素质提升和主题实践活动4个工作推进组，制定制度，落实工作质量标准、责任，全面排查、专项整治；规范施工现场管理、强化属地监管、增强作业许可管理、优化作业管理流程和开展承包商专项整治，全面提升施工作业过程受控管理水平；优化升级员工能力素质评估考核机制，开展有针对性的专项培训，搭建员工素质提升平台，提高员工发现问题和解决问题的能力，增强自我"造血"功能。

一系列政策举措相继出台，为重庆气矿切实把控"两个现场"作业风险，肃清基层管理沉疴旧疾，最终实现"生产作业现场本质安全水平、施工作业现场进一步规范、员工安全环保意识"三大目标的全面提升，发挥标本兼治的利器作用。

重庆气矿相关科室负责人介绍，此轮专项检查业务主导查训结合，问诊把脉摸清生产现场的"存量隐患"，针对12个基层单位"病症"，从现场到管理对症下药开出12张"处方"，各科室专业人员再针对各自领域存在的问题，帮助基层提高站位，举一反三地逐个分析问题成因、研究对策，并现场开展针对性培训，同时按照整改时间节点，分级分类落地落实落细。

"处方"内容不尽相同，整改要求普遍升级。为此，基层反响不一，有人叫苦有人称快。

对于此次员工能力素质考评新标准，重庆气矿打破有的能力素质考评机制，按照复合型高技能人才"一岗精、二岗会、三岗懂"的则，归并相近性质工种，重新定义操作技能岗位的工作界面、内容和任职条件等要素，探索建立操作服务岗"大岗位"模式。

结合新规，重新拟定班组员工培训方案的老湾中心站站长坦言："按照重庆气矿操作服务岗'大岗位'模式管理要求，有的知识储备、业务技能和思想意识已经无法满足目前的工作岗位需求，走出'舒适区'的对标培训势在必行。"

这样一来，仅仅掌握理论知识而对现场设备设施掌握不熟悉、对作业技能及方式方法不了解、对故障发现分析判断能力欠缺的员工肯定吃力。

面对首轮专项检查结果不纳入考核的新规，有部分基层单位借助新规，上下合力提升现场管理水平，实现"存量隐患"清零。

忠县作业区HSE负责人宋卓林介绍，个别基层单位对隐患和问题没做明确区分，把隐患当问题处理，处置周期被延长的事就会发生。比如，常被当问题处理的固定式硫化氢检测仪故障，若处置不及时，一旦发生泄漏，现场人员无法第一时间做出判断，容易出现人员中毒、天然气闪爆等事故。

新标准明确规定，严格按照隐患识别标准归类隐患，经评估后，重大风险突出的走应急处置程序，为基层最大限度缩短处置周期，确保生产设备、设施本质安全提供制度保障。

老气田走上创新路

王玉平　李　陈

　　单井产量低、减员快、设备老化、站场分散是西南油气田公司重庆气矿开州作业区提质增效面临的四大难点。近年来，开州作业区大胆创新，提速数字化改造、深化井站标准化管理、优化人才培养机制，为作业区的转型求得先机。

数字化改造　缓解缺员之困

　　"创新是被逼出来的。"2021年10月21日，采访作业区经理时，他如是说。

　　以增压东站为例，按管理要求每个增压站需要6人当值，两个班倒班需要12人，而东站实际上只有9人。近五年是退休高峰，又没人员补充，一线减员20%左右。无疑，提升生产自动化是节约人力资源，保障生产运行的有效途径。

　　2018年，重庆气矿强化作业区的自主管理，实施简政放权，出台了将作业区项目审批权由5万提高到20万、让作业区承担研究课题等政策，开州作业区立即启动数字化改造和工艺优化。

　　阀门的远程控制是重点目标，持续攻关4年，如今，第一、第二、第三代产品已投入使用，第四代产品的研发思路已酝酿成熟。10月22日，在天东51井的采气树旁，作业区副经理介绍，正在开发的第四代远程开关井系统，将实现对气量的实时采集，投入使用后，可减少开井前计量建设环节，为快速投产创造条件。

　　2020年，作业区主动向西南油气田公司申请《老气田数字化转型升级关键控制智能化技术研究》科研并成功立项，2021 年 9 月，该项目已通过公司中评估。此项目将形成老气田数字化转型推荐做法，为老气田高质量发展提供标准化解决方案。

有了政策的支持，采用自主研发和合作开发相结合的方式，作业区相继实现了阀门远程控制的轻便部署、气井远程开关、气井智能生产、气田水自动转输回注、区域联锁控制等，为老气田提质增效形成支撑。

创新思维　打造标准化井场

2021 年 10 月 22 日，笔者走访了 5 个井站，所到之处无不是赏心悦目。蓝天白云下，红黄相间的管道横平竖直、石子铺的地面上不见一丝油迹，以前随处可见的生锈接口已难寻踪影，就连以往最不受看的物品堆放点也因配上型材隔离网后，有了"规范"的尊严。

井场上，创新的影子随处可见：阴极保护桩已经改良、固定防冻剂加注铁管的加长管箍代替了铁丝、自主研发的排污装置放在方口井里、库房里塑料收纳盒摆得整整齐齐。

标准化管理无死角，创新思维至关重要。作业区鼓励每一位员工，用新的方法去解决工作中存在的困难。细微之处，凝结着员工的智慧。一直以来，接口处裸露在外，容易生锈，保养工作量大，2019 年，作业区在井站标准化管理升级中，发现了防爆挠性管后立即购买并组织安装，这一举措让现场标准化管理向前迈出一大步。型材隔离网和以前的铁丝网相比，除了端庄大气、不生锈，还有自行安装、局部更换的降本优势。就铺垫设备的基墩由石材代替砖砌，作业区算过这笔账，请民工至少 300 元 / 人，价格因民工技术差异，不能确保效果，而用石材只需把尺寸告诉商家，送货上门铺上就用。石材代替砖砌，既经济又快捷，并且更养眼。

在近年持续的井站标准化升级改造中，作业区求新求变，形成了一套井站现场标准。

创新文化　奠定创新之基

"以前清洗孔板，要搭上梯子拆下来，再拿到地面上操作，现在梯上有操作平台，拆下来转个身就行。"在增压西站，采气工陈军站在梯子上，高兴地演示着。

他脚踩的梯子是上个月才安上的。安装梯子的需求是在为群众办实事的活动中，班组向作业区提出的。两周后问题就得到解决。做梯子的型材由作业区向商家定制到站，班长熊佭丹带着一名班员进行组装。如果按以前的做法，购材料自行切割焊接，那是费时、费力又费钱。

"传统观念是有需求找厂家，现在是找标准、找解决方案。"廖敬对队伍的这一思想转变倍感欣喜。"授之以鱼不如授之以渔。"这既是作业区发展的需要，也是对员工的培养理念。作业区引导员工先思考后动手，努力为员工创造学习和展示的机会。从思想引导到培养、从平台搭建到奖励机制优化，历经多年，开州作业区已沉淀下朴实而厚重的创新文化。

开州作业区早有"人才孵化基地"的美名。西南油气田采气技能专家工作室领衔人刘辉离开作业区后，时常想起和技术员、领导共同探讨的幸福时光。集团公司金牌培训师王川洪在作业区工作了十余年，他对作业区的培养心怀感激。近两年，开州作业区为上级输送专业技术管理人才 13 名，操作技能人才 14 人。2020 年，钟均灵在全国采气技能大赛中荣获个人银牌，程浩然在 2020 年全国创新比赛二等奖。

"计中计"让生产更具精确度

吴　平　彭龙英　任毅松

2021年5月20日12时30分，西南油气田公司重庆气矿计量检测中心负责储气库仪表检测的三名员工没顾上吃午饭，正在相国寺储气库集注站脱水区闪蒸罐上更换温度传感器："今天我们要加班加点完成100台（套）各类仪表的现场检测，以保证他们能顺利完成二季度的调峰保供。"

分毫析厘控输差见效益

作为西南油气田公司和重庆市颇具影响的知名计量技术机构，计量检测中心担负着重庆气矿天然气外销场站的计量监督、能量计量改造及外销计量检定（校准）工作。

在计量业界有一句行话："输差一出，计量先行"。因计量仪表是表征计量数据的直接设备，也是产生误差的主要因素。如发现计量输差较大或有异常时，应首先检查计量仪表，这也是业界均认同的检查方法。

进入五月，重庆的天气阴雨绵绵潮湿闷热。5月16日，相国寺山上突降瓢泼大雨，具有30多年检定经验的技师冯渝正在生产区域巡查检表，发现放空区的一只压力变送器出现传感器故障，他随即向储气库管理处汇报后，又迅速返回仓库寻找同型号同规格仪表，做好新表测试并调试后进行了更换。"在当前开展的'降本提效'活动中，我们坚持所有仪表能维修的就维修，比如变送器不合格的、回路不对的，还有便携式硫化氢报警仪显示不对的都要调。"浑身湿透的他如是说。

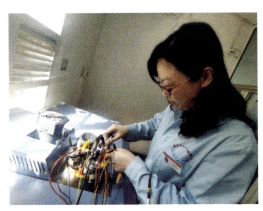
检测铂电阻温度变送器

可燃气体检测仪

因外销气量直接产生的经济效益不可估量，在这当中仪器仪表则起到了"四两拨千斤"的杠杆作用。

2021 年，计量检测中心积极服务气矿天然气生产现场密切监控输气管线、站场及交接点的每日输差，运用输差异常处理系统模板，对重庆气矿 52 个计量输差点的考核指标进行调研评估论证，制定合理输差控制指标。新增 3 个输差监控点、变动输差指标 14 个。重庆气矿年度输差实际完成 0.67%，超额完成指标 0.53 个百分点，约 6000 万立方米。完成相国寺储气库管理处、重庆页岩气勘探开发有限责任公司、重庆天然气储运有限公司所辖站场的各类仪器仪表共计 5702 台的周检及维护，技术服务创收 360 万，实现了每年递增，提质增效成效初显。

"我们要做最好的乙方，不断提升精准计量和服务质量，努力拓展内部服务市场，持续开展内部劳务创收，为甲方服务好。"计量检测中心主任程伟掷地有声。

入库检定细雕琢保投产

2017 年，计量检测中心取得了中国合格评定国家认可委员会颁发的 CNAS 实验室认可证书，这是西南油气田公司所属二级单位计量技术机构首次获得该证书，也是国际认可的权威资质认证。

为防止不合格计量器具流入生产现场，构筑重庆气矿安全生产第一道屏障，计量检测中心对覆盖气矿在建投资及大修项目采购的法兰、管材、计量仪器仪表建立入库检定制度，严格产品质量监督检验。截至 2021 年 5 月，已完成气矿、凯源公司、中国石化、页岩气公司等单位 6 个场站 13 个计量点 20 站（次）的现场计量首检。

目前计量检测中心建有标准长度室、质量分析室、标准压力室及音速喷嘴标准装置室等 12 间，已成为西南油气田标准检测实验室的标杆。

走进实验室，各类仪器摆放井然有序，一目了然，检定人员更是一派忙碌。

在万工显室忙碌的仪表高级工白雪，正在对新近送来的 100 余块孔板进行检测。"这台半自动的万能工具显微仪精度很高，主要用于检定孔板的孔径，大概要一刻钟才能测一块孔板。"

同样忙碌的还有在标准压力表室的仪表高级工邱瑞，自 3 月以来，重庆气矿新进一批压力表 500 余只，目前已检测合格 300 余只，从打压、稳压、降压、录取资料、计算公式、出具合格证书，最快半小时检一块表。"这次的 500 余只算轻松的，最多的一次供应站送了 1200 只压力表，我们忙乎了两个月才首检完毕。"

仪表现场检测

计量检测中心精心保持和维护重庆气矿已建立的 14 项企业最高计量标准，完成了最高标准器及配套设备共 357 件的量值溯源送检工作，确保重庆气矿最高计量标准器最佳性能。

2021 年，计量检测中心对重庆气矿的井口、外销和交接计量 26 个计量站场进行了检查，检查各类仪器仪表 1261 台（套），计量参数和数据 2096 份。检定各类仪表共计 3850 台，金属材质检验、检测管材、法兰等 205 根（片）。对浙江油田重庆区域投产的第一口气井丹浅 001-17 井交接计量的计量装置及系统进行了投产前现场计量首检，对不合格项进行指导整改，为该井顺利投产提供了强有力的技术保障。完成黄草峡储气库各类仪器仪表检测共计 522 台，发现施工缺陷问题 30 处，完成指导整改，为黄草峡储气库循环注采测试任务的顺利完成提供可靠保障。

2022 年 5 月 20 日是第 23 个"世界计量日"，2022 年的主题为"数字时代的计量"，旨在让人们认识到数字技术对当今社会的改变趋势。有计量，才有产品，用计量定格一切，把量化进行到底。

扮靓绿意航程

——重庆气矿绿色矿山创建工作纪实

肖贵刚

秉承"桃花流水、福地洞天"的生态文明理念，重庆气矿积极开展绿色矿山创建活动，像呵护婴儿一般呵护着天然气生产场站的天地山水，行走在川东千里气田，一幅幅绿意盎然、生机勃勃的美丽画卷让人沉醉。绿色矿山创建引领川东气田绿色崛起，促进了良好生态与高效开发双丰收。

矿容矿貌——托起绿色希望

绿满场站织锦绣，草木葱茏绿蔓延。珍爱绿色的巴渝石油人，渴盼绿色发展。2019 年 6 月 17 日，重庆气矿绿色矿山创建通过自查验收，重庆气矿员工用汗水浇灌绿色，用执着追寻梦圆。

筑起绿色屏障

绘就激情洋溢的绿色画卷，是巴渝石油人的共同梦想。唱响嘹亮的"绿色气田"之歌，是奏响绿色崛起的时代强音。

"矿容矿貌环境优美"是绿色矿山创建的重要标准，围绕这一要求，重庆气矿广大干部员工躬耕实干，用辛勤和汗水把川东气田变成一个绿色的世界。

草木葱茏，花繁叶茂，成为各单位开展绿色矿山创建美化环境的目标追求。重庆气矿所辖 1231 口气井大多分布在山区，推行中心站管理后，一些无人值守井站出现闲置土地。为了有效利用资源，重庆气矿科学决策，因势利导，广泛开展各类环保宣传活动，引导全民积极参与生态文明建设。广大干部员工挥汗播绿，让辛勤化作林荫，在千沟万壑、荒山秃岭上创造一个又一个绿色奇迹。一个天蓝地绿、山川秀美、瓜果飘香、秀美场站的绿色气田正在崛起。

一块菜地，就是一个生态环保的小环境，一片果树，就是一个美化环境的绿色希望，一座场站，就是一片绿色蔓延的美丽彩缎。为了合理选择蔬菜和果树品种，江北运销部选派人员深入走马羊中心站开展现场调研，种植巨峰葡萄树等各类树种340余棵，莴笋等蔬菜10余个品种，绿化面积达2570平方米。广大干部员工用汗水浇绿了土地，吃上了自己栽种的绿色蔬菜，陶冶了爱站如家的情操。

郁郁葱葱、生机盎然的菜园果园，染绿了井站山岗，筑起了一道道美丽的生态本色。高都1井原是梁平作业区的一个无人值守井站，曾经是一片乱石嶙峋的不毛之地，梁平作业区组织力量从场站外搬运新鲜泥土造地270多平方米，从开江果蔬基地选来优良品种，种植起梨树、血橙、葡萄、豇豆和南瓜等瓜果蔬菜。目前，绿色已经漫过了井站围墙，昔日的"荒芜"景象已被遍地披绿所取代。

抹绿千里气田

2019年，是花开的一年！是重庆气矿寻见大自然芳香的一年！是推进绿色矿山创建助推绿色发展不平凡的一年！

利用闲置土地打造绿色靓丽名片，成为各单位开展绿色家园建设，美化矿容矿貌活动的亮点。

建设绿色家园，人人都是主角，人人都在行动。通过开垦荒地、平整垃圾场地，长寿运销部在黄草峡等中心站种植果树114株，嫁接果树20株，栽种11个品种蔬菜800余株。经过挖地、除草、平整，开江作业区在罐3井开辟土地1亩多，栽种优质红心猕猴桃树苗和优质枇杷树苗100余株，把荒芜场地变成了绿色园林。

仔细瞧瞧忠县作业区万顺场增压站内那条绿色风景带，就是过去将原无害化治理后的气田水池荒废区域改造而成的绿色菜园，开垦耕地200多平方米，种植豇豆、萝卜等近10种蔬菜，2018年收获瓜果蔬菜900斤。忠县作业区把"职工菜园"纳入6个中心站的自主管理，建成"小菜园"6亩多，把绿色蔬菜、品质果树栽满了沟沟岔岔。

如今行走在长寿运销部果蔬基地双 4 井,仿佛置身于天蓝地绿、山青水碧的美丽画卷。放眼望去,基地里满是高品质果树和绿色蔬菜,空气中弥漫着瓜果飘香,成为一道令人称奇的风景。

织就绚丽锦缎

一座场站,有了草木,就有了绿色的生机;有了鱼塘,就有了动心的喜悦。

川东气田日益兴起的利用废旧池塘养鱼亮点纷呈,正在蔓延成绿色家园最美丽的色彩。万州作业区对汝溪站旧鱼塘进行扩容形成 2000 立方米的大鱼塘后,投放了白鲢、草鱼和鲫鱼等鱼苗。忠县作业区清淘、深挖井站内废旧池塘,开展立体综合养殖。垫江作业区启动卧 57 井、卧 88 井中心站生态鱼池建设试点工作。极目远眺,一座座场站在蓝天的映衬下显得格外翠绿,与晶莹清澈的鱼塘构成一幅优美的山水画卷。

莫道今朝风景好,明年春色倍还人。重庆气矿广大干部员工正在用辛勤和汗水将绿色矿山创建持续推向深入,明天的川东气田必将呈现出场站在林中、人在画中的美丽景象。

建设现代数字化气田——"智慧"宏图启新航

东风浩荡花千树,智慧宏图启新航。重庆气矿持续推进绿色矿山创建,用饱蘸真情的笔墨,描绘了一幅打造"智慧气田"的壮美画卷。2019 年 6 月 28 日,重庆气矿绿色矿山创建通过自查验收,川东气田千帆竞发春潮涌,信息之花美丽绽放。

东风无一事 妆出万重花

承载着几代川东石油人的梦想,重庆气矿敢走新路、敢为人先、敢于超越,按照"两化融合"战略部署,以"三化"为目标,用独特的视觉和韧劲,开启现代数字气田建设示范引领,竭力打造川东气田的智慧名片。

因为信息化选择了超越,实现了探寻"圣火"的梦想。信息化促进了生产,信息技术转化成了现实的生产力、竞争力和创新力。

打造"智慧气田"目标，凸显了重庆气矿建设现代数字化气田的理念创新与实践创新。近年来，以作业区数字化管理平台和物联网建设为契机，实现生产数据全面采集、自动控制重点覆盖、站场视频、图片实时监控和物联网智能管理，进一步完善了数字化气田功能。同时，加强气田生产精细化管理，全面提升了数字化管理水平。

因为信息化激发了斗志，实现了一次又一次跨越。建设现代数字化气田成为重庆气矿全员共同的理念和信条，成为融入企业血脉、拿不走、丢不掉的DNA。

以开发生产为主导，着力推进数字化应用是重庆气矿将信息技术转化为发展资源的重要途径。目前，重庆气矿全面完成生产实时数据接入，为生产运行平台、A2系统、生产受控系统和井站数字化信息系统输送数据。同时，运用实时数据进行生产受控、试井解释，实时数据得到有效利用。在此基础上，着力业务需求，引进新技术，开展智能泡排配对加注、设备预防性维护研究，积极开展两化融合条件下的劳动组织优化，借助信息化条件下的"无人值守＋电子巡井＋远程操控＋周期维护"生产模式，精简了富余人员，促进了"三项制度"改革和"五定"工作的顺利开展。

因为信息化选择了承担，因为誓言成就了辉煌。建设现代数字化气田成为重庆气矿创技术之新，迸发展之智，书写信息时代壮歌的不竭动力。

插上信息化建设的垂天之翼，将数字化管理平台与基层站队QHSE标准化建设紧密结合，是重庆气矿将信息技术转化为发展资源的重要手段。近年来，重庆气矿不断创新管理，实现了"巡回检查""分析处理"等11项业务流程数字化，促进了关键业务高效管理，将"岗位标准化、属地规范化、管理数字化"有效落实到生产现场。矿属大竹作业区积极打造"作业区数字化管理效率提升能力"和"油气生产设备精细化管理能力"，于2017年取得了工信部两化融合管理体系评定证书，熠熠生辉的金色牌匾，昭示着重庆气矿竭力打造智慧气田取得的斐然成绩。

一夜春风来　新绿万千重

大数据、云技术、物联网，如同一条充沛的河流，信息在其中日夜不息地汩汩流淌，勾勒出重庆气矿打造"智慧气田"的轮廓。

遍布井站的信息网络从无到有，气田信息化从"乡村小道"到"高速公路"，"云技术"新实践得到拓展。重庆气矿积极开展泡沫排水采气智能化加注技术研究与应用，通过大数据现场实验，在大竹作业区建立云和 1 井数据模型，根据产水量情况，调整泡排加注制度调整方案，已达到最优生产方式，目前该井建模取得初步成功，直接按大数据模型计算结果进行加注，与生产实际吻合度较高。

"数字气田"，守卫安全环保的"卫士"，为气田装上"千里眼"和"顺风耳"，信息化为安全环保生产筑起了一道牢固的堤坝。

拥抱信息化发展的春天，重庆气矿积极应用信息化强化风险管控，使管道运行和生产过程得到有效受控。利用管道 GIS 巡检系统及高风险管段视频监控系统，强化管道巡检管理和防止第三方破坏管理。利用移动 GIS 技术，APDM 数据模型，将 4041 余千米管线测绘成果进行数据处理，实现了巡检任务分配、高后果区、必检点巡检工作量化和信息及时反馈。通过改造气田水转运系统，实现气田水自动转运，压力远程监控，员工巡检周期延长、安全环保更加受控。6 月 20 日，记者前往檀木中心站采访时，站长赖仕强说，信息化的运用提高了安全防控水平，降低了安全风险，减轻了劳动强度，员工真正体会到了减负。

信息化成为确保高含硫环境下安全生产的有效手段。高含硫井站、高含硫阀室以及高含硫管线，采用完善的自动控制方案确保安全生产受控。自动控制压力、液位等生产过程参数，自动联锁控制进出站阀，自动监测管线压力和压降速度。

信息化与环境治理相融合，彻底消除环境风险。2018 年 5 月 27 日，生态环境部督察组对开江县饮用水水源地保护工作进行督察时，对位于宝石桥水库旁开江作业区五科 1 井提出"二级保护区内存在五科 1 井，目前仍在作业，存在较大环境隐患"的问题后，开江作业区立即进行整改，在采取对五科 1 井气田水池进行环保隐患治理等措施的基础上，不断完善信息化功能，实现无人值守，彻底消除人为活动形成生活废水产生的环境风险。2018 年 9 月 10 日，生态环境部督察组通过实地督察，同意五科 1 井环保督察问题销项。

好风凭借力　唤来满眼春

运作一体化、反应快捷化、管理精细化、工作高效化……信息化的新技术、新应用正悄然渗入川东气田开发建设和员工工作生活的方方面面，重庆气矿用智慧打造的信息化智慧气田正在崛起。

做好信息化与工业化的深度融合，书写信息化建设的新篇章。通过"两化融合"贯标建设，大竹作业区自动化采集生产数据由 910 项上升至 2044 项，自动化措施增产井由 3 口增至 24 口，关键设备完好率达 99.25%；可远控的数字化生产单元由 12 个增加至 74 个，数字化覆盖率和远程可控率得到全面提升，基本实现了手持终端巡检、数据实时监控、数据统计查询和生产动态实时分析等功能。梁平作业区积极开展增压机组在线监测的预防性检维修，在沙坪场增压站 2 号、3 号机组开展在线监测与故障诊断适应性改造，为外部系统提供数据支撑，通过建立远程在线现场状态分析平台，实现增压机组预防性检维修。

造福井站，情播沃土，井站员工赶上了信息时代的节拍鼓点，昔日握惯了阀门和扳手的大手开始点击鼠标、敲打键盘。

依托信息化技术，传统、粗放式的"单井管理"模式向集约、高效化的"中心站管理"模式转型；传统的现场工作模式转变为信息化条件下"无人值守 + 电子巡井 + 远程操控 + 周期巡护"的数字化管理模式，提高了管理水平，提高了员工素质，降低了劳动强度，减少了井站值守人员。

2013 年以来，大竹作业区管理井数增加了 2 口，管线增加了 28 千米，但在册员工数量却由 310 人降至 238 人，减少了 72 人。开江作业区天东 9 井、龙门增压南站信息化系统关键参数自动采集、关键阀门远程控制和风险防控体系建设成效突出，劳动效率不断提升，气井挖潜持续增产。2019 年 6 月 15 日，随着数字气田功能的不断完善，开江作业区撤减了 4 个值守点，减少值守人员 15 人，将这 15 人进行优化组合后，分别充实到工作急需的中心场站。

扬帆力破千重浪，数字气田谱华章。重庆气矿信息化建设助推管理水平迈上了新台阶，重庆气矿申报了《西南油气田生产网基础资源运维管理系统》《两化融合管理系统》等 3 项著作权软件，申报的《数字化气田完整性建设及管理研究与应用》荣获西南油气田公司创新成果一等奖。熠熠生辉的金色牌匾，昭示着重庆气矿竭力打造智慧气田取得的斐然成绩。

信息化建设充满辉煌，信息化推进又是新的起点。重庆气矿建设现代数字化气田，恰似一缕强劲的东风，吹暖了川东气田繁花似锦、生机勃发的春天。放歌千里气田，重庆气矿正沿着绿色发展轨迹一路高歌猛进，筑梦蔚蓝，展翅云端。

资源节约与综合利用——策马扬鞭再奋蹄

雄关初度尘未洗，策马扬鞭再奋蹄。站在绿色发展的新起点上，重庆气矿坚持两个"轮子"一起转，用"资源节约"和"综合利用"启动效益发展新引擎，步入"不惑之年"的川东气田正迸发出蓬勃的生机与活力，不断迎来新精彩。

精细管控管出效益新精彩

基础管理犹如"生命线"，关系到企业发展的成败。精细化管理，为企业铸就"钢筋铁骨"，令其"枝繁叶茂"，尽显生机与活力。

胜在战略决策，赢在战略思维。重庆气矿坚持把抓好天然气生产与创造良好的经济效益、社会效益和生态效益紧密联系起来，把持续完善资源节约管理体系，有效推进能源管控，作为实现效益发展的重要驱动力和闯关利器。

"凸显能耗指标管控"。将节能节水指标考核纳入各单位年度业绩合同中，全面组织开展各项能效对标工作，成为实现节约型管理的重要抓手。2017年至2018年，重庆气矿实施节能技措项目11项，实现年节电0.02万千瓦·时，节气159万立方米，折合2108吨标煤。

"瘦身就是降本"。坚持质量重于数量，价值重于规模，有序进行高耗低效设备淘汰。2017年至2018年，重庆气矿按照轻重缓急，多次通过大修项目对在用高耗低效设备进行淘汰，共淘汰高耗低效设备229台，2019年淘汰高耗低效设备在50台次以上。

"节能就是增产"。深挖潜力节能降耗是重庆气矿走效益型发展道路的得力举措。近年来，重庆气矿积极推广节能"四新"应用，先后在梁平作业区七桥中心站和天东29井安装2套太阳能光伏发电装置，实现年节约12吨标煤；先后在10座脱水站16套脱水装置上安装板式换热器，年节能能力532.53吨标煤；

在 8 个井站 13 台机电设备上安装变频装置，年节能能力 121.82 吨标煤，走出了一条经济效益好、资源消耗低的科学发展之路。

从速度型发展到效益型发展，是重庆气矿推进绿色矿山创建以来发生的可喜变化。开江作业区荣获集团公司 2018 年度节能节水先进基层单位，大竹作业区大竹脱水站、梁平作业区沙坪场增压站等场站成为节能示范站队。熠熠生辉的金色牌匾，昭示着重庆气矿持续开展资源节约与综合利用取得的斐然成绩。

优化调整递交靓丽新答卷

资源节约与综合利用工作应该如何找准抓手、寻求突破，更好地为创新驱动发展战略的实施服务？积极实施优化调整和技术改造自然成为重庆气矿资源综合利用领域关注的焦点。

变压力为动力，视节能为责任。重庆气矿把大力开展地面装置、设备和管网优化运行调整作为实现节能创效的重要抓手。近两年来，先后完成了龙门增压南站、沙罐坪增压站、黄草峡增压站增压机组和宝 001-1 井水套炉以及讲治站脱水装置等 5 项设备运行优化调整。其中，开江作业区通过关停并转高耗能设备或富余处理能力的增压机组，利用天东 9 井和龙门增压南站的片区生产管网，施行"两用一备"机组运行模式，实现年节能 214.4 吨标煤。通过沙罐坪增压装置"两用两备"，檀木增压装置停用，天东 9 井单脱水装置运行等措施，实现年节能 162.37 吨标煤。通过讲治站单脱水装置运行技措项目，实现年节能 77.4 吨标煤。2019 年，重庆气矿持续实施增压压缩机组改造降本，将以往卧南增压站 5 至 6 台机组改为 3 至 4 台机组运行，节约费用 34.5 万元，同时，实施万顺场增压站 1、2 号压缩机组缸径改造，节约费用 36.3 万元。

资源节约理念深入基层，综合利用意识入心入脑。近两年来，重庆气矿先后完成了龙头、麦南片区集中增压改造、巫山坎气田优化生产模式调整、文星、福成寨片区增压脱水优化运行调整和高都铺气田就地利用等 4 个项目系统优化调整。其中，忠县作业区通过优化调整停运麦南增压站机组，年节约天然气 32.77 万立方米，节约费用 32.77 万元。大竹作业区针对西河口、福成寨区块产能递减，原料气处理量下降的实际情况，将福成寨增压机组运行模式由 4 用 3 备变为 5 用 2 备，年节约天然气 11.74 万立方米，节约费用 11.74 万元。福成寨脱水站员工通过改进三甘醇品质现场维护方法，使三甘醇的更换周期由 2 年延长至 5 年以上，仅此一项节约费用就达 10 万元以上。

持续创新实现效益新发展

"欲得其中，必求其上；欲得其上，必求上上。"面对已取得的成绩，重庆气矿没有停止继续探索的步伐，而是不断求上、求优、求高，坚持技术创新，科技引领，进一步实施节能环保攻关，提高资源节约与综合利用能力。

深挖潜力铸就辉煌，不懈追求开启新的篇章。近年来，重庆气矿坚持继承与创新相结合，不断将节能潜力研究工作持续推向纵深。先后开展梁平作业区沙坪场增压站增压机余热发电可行性论证、沙坪场区块供电系统节能方案论证和"及时控"燃烧节能管理系统应用，以及增压机烟气余热利用等研究项目。为了深入挖掘节能节水潜力，重庆气矿还持续开展了老气田整体节能工程论证、节能灯具对比测试和压差发电技术研究，以及太阳能发电技术研究等多项节能潜力研究。其中，针对大竹作业区云和增压站 1 号机组实施的压缩机稀薄燃烧改造，针对长寿运销部晏家站安装压差发电装置，利用天然气输送压差发电，已完成前期研究，已投入现场应用和实施。2019 年，重庆气矿将在 12 座场站安装推广升降式放空点火系统成果，可节约运行费用 20 万元，将在 14 个站实施太阳能供电系统优化改造，节约费用 6 万元。

适应生产新常态，做好节约大文章。重庆气矿将技术创新作为实现资源节约集约利用的有力支撑，矿属邻水作业区积极开展科技创效，合作研发的《一种远程控制起泡剂智能加注装置》获国家实用新型专利，为降本增效提供了智能化支撑。大竹作业区联合北京总院等单位积极开展老井人工智能措施生产科技攻关，在云和 1 井推行人工智能摸索措施生产新模式，降低了劳动强度，提高了员工的工作积极性，减少了起泡剂、消泡剂用量，仅 2019 年以来，节约药剂费用就达 10 万元。7 月 4 日，记者前往云和增压站采访时，班员曾德义说，大竹作业区员工做了很大努力，无论是员工的精神面貌，还是工作激情和工作成效，都取得了大幅度的改观和可喜的变化。

"气龙"展翅恨天低，扶摇直上九万里。迎着重庆气矿持续推进绿色矿山创建的东风，插上绿色发展腾飞翅膀的巴渝"气龙"，必将在浩瀚的天宇中飞舞得更高、更稳、更加精彩炫目。

环保高效开采——扮靓绿意航程

新目标开启新希望，新蓝图承载新梦想。瞄准 2020 年年底进入全国绿色矿山名录目标，重庆气矿积极打造巴蜀大地环保名片，大力实施环保高效开采战略，为川东气田注入了清澈的甘甜和新的生机。

治本攻坚 守护碧水蓝天

芳菲 8 月，行走在川东千里气田，一幅幅"绿意"盎然、生机勃勃的美丽画卷让人沉醉，矿属各单位已为天然气生产场站"裁剪"出靓丽的"新装"。

守一方净土、一湾绿水、一片蓝天，是气矿履行环保高效发展的重要使命。2017 年，先后对 33 座井站进行土壤环境风险评估，采取积极措施顺利通过环保部门评估认可，达到工业用地土壤环境要求。2017 年至 2019 年，严格落实"三废"达标排放要求，统一处置废弃机油 84.38 吨，看似不显眼的数字，记录的却是环保人的心血和汗水。

秉承"桃花流水、福地洞天"的生态文明理念，重庆气矿像呵护婴儿一般呵护着天然气生产场站周边的天地山水。为摸清回注井周边的地下水质情况，积极开展回注井地下水监测工作。通过对回注井周边水文地质勘查和回注井地表含水层的监控，先后在峰 2 井、天东 89 井和卧 49 井等 6 座回注井周边建成监测井 13 口，为每月定期开展地表水水质监测，提前预警回注水渗漏风险提供了可靠保障。

守护碧水蓝天，环保生产任重而道远。2017 年至 2019 年，重庆气矿先后投资 1027.07 万元，实施天东 71 井气田水池恶臭治理和峰 9 井固体废弃物处置大修等 28 个自控大修改造项目。投资 2790.79 万元实施五百梯增压西站噪声环保隐患治理和天东 87 井等气田水池恶臭环保隐患治理等 5 个分控改造项目，有力地促进了天然气开采与生态文明的协调发展。

微风、白鹤、芦苇、涟漪……在被一片绿色印染的五百梯气田，记者用手中的相机，忠实记录着五百梯气田如画的美景。

这是一份来之不易的成绩单，就在几年前，天东71井和增压东站的恶臭、增压西站的噪声却是周边群众反映强烈的突出环保问题。发生如此巨大的变化，不仅仅是属地的开州作业区铁腕治污，治本攻坚，还井站周边群众碧水蓝天的有力见证，更是重庆气矿扛起生态文明建设政治责任，积极采取环保措施对恶臭、固体废物处置、噪声超标等环保问题进行技术改造喜结的硕果。

科技创新　接力绿色航程

油气田的环保高效开发靠什么？靠核心技术，靠科技创新。

保持加强生态文明建设的战略定力，大力开展环保新工艺新技术研究，广泛开展新技术成果运用，重庆气矿正在持续发力。积极推进钻井废弃物不落地、气田水回注监测、恶臭治理等清洁化技术研究与应用。在开州作业区天东71井积极开展"川东地区气田废水处理技术适应性研究"和"重庆气矿气田水达标外排方案论证"，优选出适合于重庆气矿的"MVR蒸发结晶"气田水处理技术，处理后的气田水完全符合排放要求。开展的"气田水池恶臭治理技术评价研究与应用"，消除了恶臭物质对环境的影响。正在实施的增压东站恶臭环保隐患治理和增压西站降噪治理工程也取得了显著成效。

凭着一股韧劲，利用针对回注系统重点风险控制环节评价而提出的相应风险控制措施，对130条气田水输送管线开展风险评价，分别提出了针对性的风险控制措施，确保了回注系统的安全运行。同时，在卧49井、峰2井等井开展了微地震监测工作，摸清了回注井存在的地质风险及井筒风险，为气田水回注井的安全生产提供了技术支撑。

这是一段目标清晰、不断接力的绿色航程。重庆气矿依靠新工艺新技术，不断加大投入，攻坚克难，大力开展气田水管道、气田水池等环保设施隐患治理，消除环保隐患。2017年至2019年，重庆气矿先后投资229.61万元，实施池35井气田水回注系统隐患治理、峰003-X3井固化池及污水池渗漏大修等8个自控隐患治理。投资817.96万元，实施池39井至池55井等井站气田水管线分控隐患治理，均取得了显著成效。

推广运用新技术，不断完善环保管控设施，成为重庆气矿强化环保工作的刚性约束和不可触碰的高压线。2017年至2019年，先后实施"寨沟湾中心站放空火炬系统大修""池 34 井污泥池大修"和"垫江作业区气田水拉运装卸点视频监控完善整改"等 20 个自控设施大修项目，确保了污染源产生、运输与处置全过程受控。

环保先行　引领绿色崛起

蓝天白云相映，绿树清流相依。重庆气矿环保先行引领着气田绿色崛起，促进了良好生态与高效开发双丰收。2019 年以来，气矿牢固树立资源为王理念，强化资源勘探，7 月 23 日，滚动勘探开发井云安 002-9 井喜获日产 67.252 万立方米的高产工业气流，展示了川东石炭系复合圈闭群巨大的勘探开发潜力。同时，持续优化开发模式，精细生产组织和挖潜稳产，截至 8 月 12 日，安全生产天然气 15.6881 亿立方米，超进度完成计划生产任务。

崇尚自然，风拂花开。环境保护工作的深入扎实开展，有力地促进矿属各单位取得了良好的环境效益和经济效益。2019 年以来，开州作业区先后对 70 口气井进行细致摸排，不断优化泡排井、间歇井生产制度，摸索柱塞气举、智能泡排加注等新工艺、新技术应用，气田综合递减率由前几年的 14% 降为 6.7%，实现了高效开采。截至 8 月 12 日，累计实现天然气挖潜增产 6883.7 万立方米，按年度计划超产 610.3 万立方米。开江作业区环保高效开发成绩喜人，气田综合递减率出现负增长，2018 年与 2017 年相比，综合递减率为 -3.36%。

荷花伴柳草萋萋，碧水连波十数里。金山站呈现的和谐生态画卷，正是近年来开江作业区积极开展金山站、讲治站等十余座重点集输站场和单井气田水池恶臭治理，开展罐 28 井等 3 口井气田水池环保隐患治理后，生态环境发生可喜变化的一个缩影。

剪裁用尽春工意，浅蘸朝霞千万蕊。忠县作业区老湾中心站，昔日臭气熏天的垃圾池不见了，取而代之的是果树飘香、喷泉四射的鱼塘，原有的固化池已变成了郁郁葱葱、生机盎然的菜园果园。在蓝天的映衬下，场站显得格外翠绿，与晶莹清澈的鱼塘构成一幅优美的山水画卷。

蓝天为卷，井站为星。展望未来，重庆气矿正在用智慧和汗水绘制川东气田最新最美的环保高效开发曲线，一路高歌猛进，负重前行，不断续写新篇章，铸就新辉煌。

运筹帷幄　助力生产行稳致远

吴　平　邓盛男

2022 年重庆的夏季令人记忆深刻。自入夏以来，8 月平均高温天数为 1961 年以来历史同期最多，受极端高温天气影响，停水、限电、山火频发。热土之上，西南油气田公司重庆气矿全面落实地方政府关于电力保供的重要部署要求，积极筹措天然气资源，保障重庆市天然气发电调峰客户"华能重庆两江燃机发电有限责任公司"燃机稳发满发，单日发电用气量突破 366 万立方米，创投产以来单日最高生产用气纪录，为支持重庆市天然气发电全时段满负荷运行，顺利"迎峰度夏"提供关键支撑。

全力以赴：统筹协调生产运行

7 月至 8 月高温期间，万州、引进两个净化厂停产检修，忠县厂溶液受高温影响处理性能降低，大竹厂夜间产品气过剩，诸多因素制约高含硫产量发挥。重庆气矿采取"昼大竹、夜忠县"的气量调度方式，确保重庆及川东北气矿高含硫气作用最大限度发挥。"2022 年夏天，受高温限电和山林火灾等影响，工业、化工化肥等非居民用户受影响减、停气，造成管网运行波动较大，我们必须多方协调，频繁进行管网进出气调节，确保管网运行安全平稳。"负责统筹"产运储销"全链条协调运行的生产运行科科长黄静才说道。

重庆气矿作为一个开发已逾 40 年，大部分气井处于开发中后期的生产单位，一方方天然气得来如此不易，可谓"一滴心血一方气"。

重庆气矿加强每日产量跟踪分析，督促各生产单位对标每日生产计划及时纠偏，确保产量任务尽量往前赶，为"保每月产量，保全年产量"，推行"分片

时任重庆气矿副矿长胡昌权（右一）一行靠前指挥

区集中停气检维修"，按照"同一条管线一年只能停气一次""与净化厂检修同步安排"的原则，统筹停气检维修计划，统筹安排，为全年生产任务完成争取主动。

"停气检维修，我们是边干边优化边总结。现在国家提倡'碳达峰碳中和'，我们也在思考如何创新统筹运行思路，在保生产的同时又能做到减少碳排放。"黄静才说，"目前气矿大多数气井已进入后期开采，一次停气碰口作业就能减少上百万立方米气，这需要好多口井来生产哦。"

8月26日至29日，烈日当空，地表温度已达50℃。在大竹采输气作业区达卧线、老福张线停气碰口及隐患整改作业现场，重庆气矿副矿长胡昌权带领生产运行科和相关科部室人员靠前指挥，对停气碰口各项工作逐项进行核查，全方位促进施工作业顺利实施。本次施工涉及福成寨、文星、张家场、板桥等4个片区、2条干线、6座站场，同步开展施工点8处，完成张家场站、文星站、成2井等井站收发球筒、立式分离器、增压后计量高孔阀的更换拆除。累计回收天然气32.6万立方米，产生经济价值量45.6万元。

2022年，重庆气矿在讲渡线、龙忠线、沙达线等管线停气施工期间，应用

"抽吸回收管存气"模式，累计回收天然气 199.1 万立方米，减少二氧化硫排放量 10.0288 吨、氮氧化物排放量 106.8068 吨、二氧化碳排放量 4254 吨、甲烷排放量 28.32 吨，节能能力 2638.7198 吨标煤，产生价值量 278.4765 万元。

自 2019 年矿权流转后，渝西页岩气建设驶入快车道。2019 年年底，重庆气矿撤销页岩气建设项目部，由生产运行科统筹负责页岩气运行、钻井运行过程管理。2021 年 7 月，西南油气田下发一份"军令状"，要求重庆气矿在 12 月 31 日之前，必须开钻 28 口页岩气井。

28 口井同时开钻，在重庆气矿乃至分公司都史无前例。在分公司制定"投建运"模式下，气矿进一步细化精益管理。短短一个月时间，生产运行科牵头组织气矿基建部、行政事务中心共同协作推进，协调各方力量，保证钻前工程施工、协调钻机运行、平台建设，其中还涉及周围农户房屋拆迁、高压电线迁移等全部生产要素组织到位，重庆气矿副矿长多次前往施工现场靠前指挥，全过程跟踪施工进度，做到测设与征地一体化、钻前施工与电力保障同步推进，环评、设计、钻机安排同期开展，多项工作较计划提前完成：黄 202H8 平台较计划提前 16 天；黄 202H6 平台较计划提前 15 天；黄 202H8 平台较计划提前 7 天，得到西南油气田公司董事长（执行董事）表扬。

"我们不怕做事情，更不怕事多，为了解决一些遗留的顽疾问题，有时候没有正常的程序，但我希望做一名开拓者来淌一条新路，一旦淌出来了，大家就照这条路走下去。"黄静才如是说。

全力防范：遏制生产运行风险

在 2022 年一季度生产会上，多名矿领导对重庆气矿风险作业及生产受控的工作表示肯定。

2019 年年初，为适应重庆气矿生产信息化转型发展新形势，生产运行科探索建立作业区调控中心"4+2+1+1"及中心站"1+1"受控管理，生产井站由有人值守逐步转向无人值守管理模式，在江北采输气作业区试点管理，开展生产场站和施工现场视频监控。

2020 年，受控管理由信息受控升级为对"两个现场"视频监控，实现对现场实时、面对面监控提示，正式建立"气矿—作业区—中心站"三级受控管理体系，全面提升了"两个现场"风险管控水平。

2022 年，重庆气矿持续深化"两化融合"，发布《重庆气矿两个现场视频监控管理指导意见》，进一步规范"两个现场"管控，遏制生产运行风险。一个由矿级领导、相关科室和各基层单位领导、生产受控相关岗位员工组成的"风险作业及生产受控问题通报群"即时建立。生产调度人员与生产受控人员每天会发布当日作业实施情况跟踪及次日实施计划，汇总、通报监控发现作业过程中存在的问题，促进管理提升。具体到哪个单位哪个站点，是人的不安全行为还是物的不安全状态，受控人员怎么提示要求、现场怎么处置整改等，负责气矿生产受控工作的杨兴梅在群里以图文并茂的方式发布，把"两个现场"视频监控管理日分享、周总结和月通报工作持续做实，全面提升对"两个现场"的风险管理水平。

对停气碰口各项工作逐项进行核查

自 2020 年至 2022 年，经作业区视频巡检自行发现并制止不安全行为 3988 次；监督站 2022 年 1 月至 9 月视频抽查发现"两个现场"问题 542 项（其中施工现场问题 274 个，生产现场设备设施日常管理 268 个），较 2021 年 1 月至 9 月发现问题减少 155 项。

如此一来，对生产受控人员综合能力要求越来越高。要想遏制现场风险，怎么把视频监控真正用起来、用好，用在风险管控上？生产受控人员要"能发现问题，能判别风险，能及时制止"是关键。

结合重庆气矿生产管理形势的转变，生产运行科与 QHSE 监督站建立了作业区受控人员跟班学习机制，分批次到现场学习，以此力促受控人员的业务水平和业务素质提升。目前已有 15 名受控人员跟班学习，效果明显。

从 2021 年年底开始，重庆气矿明确应急抢险业务归口生产运行科管理。自接手这项工作，生产运行科探索建立应急抢险管理新模式，推行应急抢险"专业化管理，一体化实施"，目前已累计开展 8 次管道泄漏大型应急抢险。

2022 年 2 月 14 日，重庆气矿所辖达卧线达石段马家阀室附近发生气泄漏。应急抢险中心从 15 时 20 分接到应急抢险指令到 2 月 15 日 22 时 40 分焊口检测合格及热处理完成，共计耗时 31 小时 20 分。较之以前有可能需要 2 ～ 5 天完成的应急抢险，大大节约时效、人力、资源调配等。由此推算，以生产运行科牵头，由应急抢险中心组织的管材，注氮、焊接（热处理）、照片台班在几小时内都能到达重庆气矿所覆盖的所有管网地点。"系统互通、信息综合、统一指挥、资源利用"功能成效显著，真正实现了应急抢险指挥"看得见、连得通、叫得应"。

目前，以重庆抢险维修中心为平台，已设立"矿级＋作业区级"两级库，建立 2 个标准化库房和 1 个 300 平方米的大中型物资存放地，工器具"应急物资一单化"清单和现场目视化并定点存放，统筹施工、检测、氮气置换、监理、应急物资。"油公司"模式下的管道应急抢险处置新机制结出硕果。

2021 年 4 月，由重庆气矿承办的"供电应急检修演练观摩会暨生产要素保障管理提升研讨会"在梁平采输气作业区举行，重庆气矿副矿长、副总工程师、HSE 副总监出席会议。

生产要素保障工作看似"偏门"，但供水供电、应急抢险、特种设备管理、增压厂房管理等方方面面是确保天然气生产建设的重要保障，缺一不可。分批次更换超期超限工作的压力容器，做好"预防性维修＋动态维保"；解决增压厂房漏雨、噪声超标等困扰多年的"老大难"问题，由"治"向"管"提升；加强自然灾害管理，做到"防、治、管"结合；对重庆页岩气勘探开发有限责任公司、四川长宁天然气开发有限责任公司的运维管理等诸多事项，"作为业务管理科室，生产运行科怎么为基层单位服务好，出了问题想办法确定技术方案，想办法争取资金，才能为基层单位和气矿解决更多的生产难题。"相关负责人说道。

全局在胸：研判生产重点难点

目前重庆气矿在役天然气管道 5404.52 千米，管道总数"大"、新度系数"低"，含硫管道多。逶迤横亘在川渝地区 39 个区市县，既穿越川东岭谷地带，也穿越大江大河，更有高速公路与铁路等交通大动脉纵横交织。

天然气管道串起重庆气矿上中下游产业链，是打造黄金终端的通道。管道这头，连接井口天然气，管道那头，连接经济效益。

由于管网高含硫气比重逐年递增，运行调配难度逐渐加大，生产运行科持续推进高、低含硫气掺混改造及高含硫气井井下节流器安装，通过优化调配，均衡分配，最大化释放局部高含硫气井产能。在天东 9 井将讲龙段气量引入天东 9 井脱水装置，多发挥龙门场天东 5-1 井、天东 110 井产量 20 万立方米／天；汝溪站将高峰场、万顺场低含硫气引入汝溪脱水装置，发挥石宝寨宝 001-1 井产量 12 万立方米／天；巴营站将龙吊、麦南片区低含硫气引入巴营脱水装置，发挥池 037-2 井产量 5 万立方米／天。

2020 年以来，重庆气矿黄 202 井区、重庆页岩气公司足 202 井区及蜀南气矿泸州页岩气陆续投（上）产，但受原渝西管网输送能力及销售市场局限，产能发挥存在风险。

如何消除产输矛盾？ 2020 年，由生产运行科牵头多次组织相关部门、单位，

员工认真巡检

开展渝西管网适应性分析，查找输送瓶颈，推动适应性改造。完成西彭站内新峡渝线与西永线连通、西团线与来西线联通，来凤站来华线调压改造；2021年，完成来永线、永川工业园区站改造及西永线、永双线提压输送；2021年5月陆续投运，实现渝西页岩气全产全销，此举得到分公司大力称赞。

2022年8月19日，江津支坪发生山火，影响重庆燃气公司外环西彭—珞璜管线安全，生产运行科协调重庆燃气公司、中国石化永川公司、重庆页岩气公司共同做好渝西片区流程调整；8月21日，开州采输气作业区沙罐坪增压站外150米处发生山火，运行科指令作业区立即采取紧急处置措施、卸载机组，确保站场安全。

重庆气矿管网总体呈"南净北原"的二极分布，形成了原料气干线三线成网，净化气干线四向成网，相国寺储气库、黄草峡储气库、铜锣峡储气库"三库"居中的骨干管网格局。

怎么调配？如何运行？要想做好生产运行调度要过"三关"——会画画、有担当、能协调。

会画画：首先要把重庆气矿的整个管网牢记于心。调度中心每一位值班人员全面掌握重庆气矿管网的关键节点参数、重要管线运行状态，并能熟练默画，快速准确应对各类调度应急工况，作为上岗硬指标。近年来，重庆气矿产量逐年递减，管网高含硫气比重逐年递增，与管网运行的不适应性凸显。如何优化调度措施，更好地推进高、低含硫气掺混，以达到气质气量均衡分配，最大化释放局部高含硫气井产能，是重庆气矿调度中心要持续破解的重点难点。

有担当：重庆气矿生产调度系统是全矿唯一一支 24 小时战备队伍，身体素质好、心理素质过硬是干好这项工作的重要前提。8 月 25 日凌晨 4 时 30 分，位于蔡家岗街道的重庆气矿机关办公楼，接到北碚区政府发布的疫情全域防控通告。此时，正在重庆气矿调度中心值班的邓盛男接到此消息，第一反应就是"这里是重庆气矿生产指挥、应急指挥的中枢，绝不能出问题。"与此同时，在外出差的黄静才科长紧急安排副科长李世兵与谭凯烊、杨雯昱、邓志刚相继赶赴办公室坚守岗位，有效确保了疫情期间重庆气矿天然气产运销组织平稳受控。"疫情期间，别人都是往外走，我们调度上的人却是逆行者。"副科长李世兵坦言。

能协调：与重庆市经信委、国家管网等十余家单位、政府部门建立良好的联系机制。2019 年，重庆气矿外派生产调度中心张伟到重庆市经信委挂职锻炼，重新构建新型战略合作关系，有力推进重庆市天然气供应保障、运行调度管理、产供储销体系建设、重点工业项目用气、迎峰度冬调控演练、燃气安全专项整治等各项工作的开展，进一步巩固了政企合作共赢的伙伴关系，充分彰显了重庆气矿央企责任担当。

重庆气矿副矿长胡昌权感叹："生产运行要真正实现'统一指挥、把控全局；联系上下、沟通内外；精准研判、正确决策'的中枢作用，确保天然气勘探开发产运储销全产业链高效运转，这条路任重而道远。希望你们行远自迩，笃行不怠，做一名能'运筹帷幄'的生产运行人，助力气矿生产运行工作行稳致远。"

2022 年 9 月，送走夏季高温酷热，即将迎来秋冬新一轮供暖季，生产运行科认真落实油气田公司、气矿及重庆市委、市政府部署要求，牵头编制《重庆气矿 2022—2023 年新一轮保供年天然气保供工作方案》，超前谋划新一轮天然气保供工作，坚决打好供气保障攻坚战。

面对突发事件，救民于水火、助民于危难，危急时刻如何实施高效救援？一场三峡库区腹地发生含硫天然气管道泄漏"突发事件"上演了一部惊心动魄的救援。

紧急大"救援"

丁　会　刘渝强　文　静

人民至上，生命至上，是应急管理遵循的根本价值。

2022 年 6 月 23 日，连日的暴雨，导致西南油气田公司重庆气矿万州作业区天高线 B 段一连串"意外"突发：地质沉降、管道破裂、含硫天然气泄漏、人员中毒受伤……一场与时间赛跑、考验区域协作合力的"多灾种、大应急"抢险救援，在三峡库区腹地万州区甘宁镇上演。

当"灾情"发生后

当天上午 10 时 40 分，"嘭"一声巨响如惊天大雷炸在万州区新农村 1 组，冲天气流伴着刺鼻味道，让泄漏点附近做农活的老乡，瞬间意识到危险来临。

"万州作业区吗，你们新农村 1 组的天然气管道漏了，快点来处理……"周边居民一边自发疏散，一边联系管道所属单位。

此时，万州作业区两级调控中心的光纤振动预警、次声波泄漏监测、滑坡监测相继报警，三大预警系统综合显示泄漏点坐标位于东经 108 度 29 分，北纬 30 度 67 分，地理位置在万州区新农村 1 组，距离天高线 B 段管道起点 5 千米。

预警系统触发阀室破管保护，阀室内干线球阀自动关闭，为避免上游超压，作业区通过远程控制系统，快速关闭上游生产井。就近的高峰场中心站人员携带安防器材和远程检测仪，赶赴现场进行先期处置。

演练抢险人员正在监测"事故点"周边有无可燃气体泄漏

事件发生后，万州作业区立即开展应急处置工作，发出预警信息，将泄漏情况报告甘宁镇政府，请求地方支援，并向气矿和地方政府相关部门报告事件信息。随即，甘宁镇政府、公安派出所、消防队、卫生院第一时间到达现场，共同开展应急处置工作。

赶赴现场时，万州作业区经理蒋昊说："天高线 B 段管道关联冯家湾区块和大猫坪区块井站，涉及产量 167 万立方米 / 天，硫化氢含量 87 克 / 立方米，紧邻 G348 国道属于高后果区，情况十分危急，一旦处置不当，后果不堪设想。"

事发现场，公司领导坐镇指挥督战，根据泄漏态势实时下达指令。宝石花医院、重庆气矿消防大队、重庆气矿环境监测中心、重庆气矿应急抢险维修中心等单位的抢险队员先后到达现场，快速投入救援抢险。

为正面引导舆情，应急指挥部主动开展媒体联动回应社会关切，把灾情造成的损失降到最低限度，全力确保人民群众的生命财产安全。

泄漏现场，载有激光甲烷检测仪的侦查无人机升空，对泄漏区域开展实时监测，并将监测数据传回应急指挥系统；搭载气体检查设备的喊话无人机在空中盘旋，引导泄漏影响区域居民先期疏散；携带有多种传感器的消防侦查机器人，快步走进泄漏区侦测周边环境，确认泄漏点点火条件；搭载点火装置的无人机，一次性完成点火作业，消除硫化氢中毒风险，确保处置人员的生命安全……

别急，这是演练

　　这一起"突发事件"发生在重庆市万州区人民政府、西南油气田公司联合举行的含硫天然气管道泄漏地企联动应急演练现场，百余名应急演练人员，上演了一部"二级突发事件"应急抢险救援大片，现场惊心动魄极尽震撼。

　　西南油气田公司总经理，副总经理、安全总监在成都指挥桌面演练，副总经理在万州演练现场指挥实战演练。重庆市应急管理局副局长、万州区委常委、

抢险人员正在准备事故点更换管道施工作业

副区长出席演练活动。

随着泄漏现场应急处置的结束，次生、衍生事故隐患的消除，疏散的百姓陆续返家，此次地企联动应急演练 8 个科目全部完成。

一批新技术、新装备大放异彩，大大提高了救援效率，成为观摩团成员关注的焦点。

相比于此次演练中亮相的甲烷遥测四足机器人、ACR 防爆巡检机器人、小型化宽频带地震仪等十余个新技术新装备，管道触发预警报警系统则成为关注重点。

"基于管道同沟敷设光纤感应土壤振动的光纤振动泄漏系统，能对危害事件提前预警精准定位；基于声学的泄漏实时监测技术的次声波泄漏系统，能在 100 秒内快速报送泄漏位置；基于将微小地震波比例放大的滑坡监测系统，能第一时间发现管道周边地质变化情况，报警管道异常……"现场有人议论这样的系统，等于是给横贯深山的天然气管道装上了一个个"智慧脑"和"透视眼"，为后续突发事件的分析、判断、处理提供前置预警，全方位提升应急处置效率势在必行。

对科技救灾的价值，负责演练进度协调落实工作的重庆气矿质量安全环保科副科长说："科技力量在救援抢险中的作用，除了直接体现在精准监测、精准研判、精准施救，也体现在为众多救援人员解除了后顾之忧。"

科技智能成亮点、区域协同成主角是本次演练的两大特色，相关应急救援组织机构和职能部门争相亮相。

"此次演练看到的只有 100 余人，实际启动的是 500 多人，涉及内部产业链上下游单位，内外联动部门，牵涉很多应急救援系统中的资源调配。"负责现场演练组织与实施的西南油气田公司质量安全环保处领导坦言："此次演练无论规模还是难度，都代表了西南油气田公司最高水平，集中检验了各项应急预案的可行性和各级各部门'提级指挥、社会动员、资源调度、区域封控、疫情防控、物资保障'等各环节的应急响应能力。"

这场演练接轨未来

"这场演练，既演现在的流程和程序，也演未来的需求和可能。"负责应急演练筹备、进程总体指挥部署工作的重庆气矿副矿长介绍道："通过演练，检验了队伍的实战能力，也发现了我们的需求，这是技术进步的重要动力和方向。"

此次演练，展示了西南油气田公司、重庆气矿在信息化条件下，对应急响应、指挥、救援等成果的集成运用，全面检验了油气管道设施安全连锁系统的完好性、有效性，以及新技术、新装备在应急条件下的可靠性和实用性。

有人说通过这场演练，既展示了公司硬核科技的"肌肉"，也发现了存在的缺陷。

复盘演练时，大家发现无人机点火、监测、侦查、喊话等新技术新设备的功能，均受气候条件和地理位置的限制，无法规范化应用，但自然灾害突发事件，往往伴随着恶劣环境和天气。

消防队员对着火点进行喷淋降温

"这也是此次演练选址万州的原因。"负责应急演练方案筹备实施成员说:"万州境内山峦起伏,丘陵交错,落差较大,辖区气井分布广而偏,加上'高压、高产、高含硫'的特点,这样的环境最能考验应急实战能力。"

无人机系列的各项功能在短距离展示,效果基本达到预期,若泄漏点离中心站有二十千米,甚至更远,无人机电池则无法续航数小时,航拍画面、声音更不能保证实时回传到调度中心,众多功能能否合并,这些问题都成了未来科研的方向。

总结讨论时,大家对演练中发现的科技"新需求"群情激昂。纷纷坦言:今天观众看到的是救援人员负重抢险、涉险的动人画面,而这背后,还有一批科技含量十足、广泛应用于救援一线的"神兵利器",科技"神器"不仅为抢险增加了底气,也重新定义了新时代应急救援抢险。

现场指导的西南油气田公司副总经理对重庆气矿未来的安全管理提出了更高要求:"持续加大高含硫气田管理力度,积极拓展应急指挥系统,全面提升设备设施本质安全水平和应急处突能力,保障地方经济社会高质量发展。"

演练结束后,各方评价中用得最多的一个词就是:超乎预期。

万州区委常委、副区长评价道:"本次演练既检验了能力,磨合了机制,又教育了民众,为高效处置类似事故和突发事件提供了宝贵的经验,真正做到了让政府放心。"

为加强地企紧密协作,重庆市应急管理局副局长提出:"下一步市应急管理局与西南油气田公司密切合作,将重庆气矿应急救援力量纳入重庆市应急救援预备库,地企紧密协作,确保重庆市安全生产形势的持续向好,保障人民群众的生命财产安全。"

全程观摩演练的西南油气田公司总经理指出:"此次演练项目选择精准、组织严密有力、应急反应快速,进一步提升了政府部门、企业的应急救援管理能力、应急人员应急意识和响应能力,有效检验了企业与地方政府各单位之间的协作能力,达到了锻炼队伍、提高认识、增强应急抢险实战水平的目的。"

这样的肯定和评价,无疑是对重庆气矿应急救援能力的最高褒奖,不仅为重庆气矿指明了未来发展的方向与目标,还给出了通往目的地的途径与方法。

行走大三峡

金 瑛 彭烟霏 杨梦瑗

三峡闻名天下，奇秀壮丽的山水令人惊叹。然而，在大山深处，有这样一群人对三峡美景无暇顾及，他们就是西南油气田公司重庆气矿万州作业区巡管班的巡线人。

巡管班组建于 2004 年 6 月，全班 21 人，平均年龄 45 岁，党员 6 名。在长江三峡沿线 6 区县近 650 千米管道线上，21 个兄弟常年奔波于高山密林、纵横沟壑之间，每年总计行走 31200 千米……

在这组数据里，有他们每一个人经历的艰难险阻、惊心动魄、豪情万丈的故事。其中，发生在覃仕学、杜猛、熊秉友三位兄弟身上那些质朴的事，真实地反映了这个团队对油气管道保护的责任担当。

覃仕学调查取证

覃仕学，1962 年出生。负责云万线及支线，管线里程 45.4 千米 / 次，全年巡检里程为 2179.2 千米。2010 年开始巡线。

离年末还有 10 多天了，覃仕学粗算了一下，2017 年自己巡线行走的路程要超过 1700 千米。对此，他笑道："走路不是目的，而是发现和解决问题，让管道安全。"

早在 2010 年，万州作业区保卫股撤销。保卫干事覃仕学被安置到巡管班。当过保卫干事的他知法懂法、干练、社交经验丰富，最关键的是还会取证。

回想 2017 年 6 月，云阳县肖家湾要建一个水处理厂，施工单位开着挖掘机和推土机就干。正在巡线的覃仕学看见后，喝令停止作业，因为下面有天然气管道。

对方为了节约成本、抢进度，对覃仕学不理不睬。覃仕学就对他们宣讲《管道保护法》，明确对方将要承担的法律责任和后果，并且就地取证。施工队只好停止施工。但等覃仕学走后，他们又悄悄干起来。覃仕学发现了，迅速向作业区和云阳县安监局、经信委报告。在作业区的大力协调下，由政府出面，彻底制止了施工队的行为。

覃仕学心里还是不踏实，每次在外面巡线回来，就遛到水处理厂工地察看，发现违规行为就及时向云阳县政府相关部门报告。他的汇报条理清晰，往往一针见血。"那条管道是云阳县几十万居民和工业用户唯一的气源通道，一旦遭到破坏，会引起全城恐慌……"每次接到覃仕学的报告，政府相关部门的人员就迅速出动，教育、责令整改。

这以后，只要覃仕学一出现，他们大老远就跑上来，向覃仕学汇报他们的工作，最后再加一句："求你别给政府报告了。"覃仕学就笑："换到以前，我有执法权，就不报告了。"

杜猛玩转无人机

杜猛，1973 出生。负责天高线，管线里程 29 千米／次，全年巡检里程 1392 千米。2010 年开始巡线。

2017 年 8 月，作业区为了减轻巡管班的劳累，也为了提高巡线质量，就买了一台无人机。此前，其他单位也租用过无人机巡线，但费用偏高。

杜猛肯学，喜欢捣鼓电子设备，作业区就派他到一家长期用无人机的公司学习。现在，他已经能操作无人机到天上。杜猛戏称，以后工种是否会改为无人机驾驶员。

杜猛巡线的范围是天高线 A 段，全程 29 千米，在整个作业区，也算是最难的一段。从大猫坪潜伏构造到万州净化厂那段，管道压力高达 7 兆帕，在整个西南油气田的原料气管道中都算高的，而且还是高含硫。

对此，从西南油气田公司到重庆气矿和万州作业区，每一级单位都在管理制度、管理规定、管理方案上形成了一套行之有效的措施和应急预案。作业区在这段多次和万州区安监局、经信委、消防队、乡镇政府、村民等举办大型防泄漏演练，甚至精细到一旦发生泄漏，点火方式都有明确规定。

在天高线B段铁峰山，管道经过海拔1143米的垭口，形成坡度近乎垂直上升又垂直下降的V形管段，徒步巡线往往需要整整一天。

无人机用在这段，效果就显示出来了。

每年冬天，由于高含硫管道容易冰堵，天高线通球、清管必须每天进行。万州作业区每年通球、清管的工作量占整个重庆气矿的一半以上。巡管班还有一项重要职责，就是协助技术干部在现场收发球。每天天不亮就起床，自带干粮，一壶水、两个馒头。其实，杜猛管辖的三镇12个村，沿途有几十户人家，到哪家吃饭都方便。但他不想打扰老百姓，"如果要去他们家吃饭，人家杀鸡炖膀煮腊肉，像待贵客一样待我们石油工人，太扰民了。"杜猛说。

但这条路真的是险途。杜猛告诉记者："我们的一个弟兄，巡线的时候，被山民捕野猪的夹子夹住了，所幸工鞋牢实。还有一个弟兄，被狗咬了，打了五支狂犬疫苗……"

熊秉友断喝阴沉木

熊秉友，1977出生。负责龙忠线，管线里程36千米/次，全年巡检1728千米。2009年开始巡线，1997年入党。

2017年9月的一天，熊秉友得到消息，说有人在龙忠线梁平龙门段管道附近，拿着神秘的家伙探测，估计是挖乌木的。

龙忠线起于梁平县龙门镇，止于忠县，全长80多千米，唯有龙门至梁山段是一马平川。然而，这坝子下面却埋藏着乌木。这是熊秉友的地盘。

乌木，又叫硅化木、阴沉木。被炒作后价格奇高，挖到一根，几百万上千万元，一夜暴富的神话一直在上演。2013年开始，就有神秘的外地人入驻龙门镇的客栈，带一些家伙，早出晚归，或者昼伏夜出。有人告之，这些神秘的外地人带的家伙叫洛阳铲，民间盗墓者的专用神器。

这伙人是挖乌木的。

按照《管道保护法》规定，管道两边 5 米范围禁止开挖，以免危及管道安全。接到报告，熊秉友赶到现场。

途中，有人骑着摩托拦住他："这事你不能管。"

见是熟人，熊秉友实言相告："你们干啥我不管，但危及管道安全，万一你们整出事故，危及周边乡亲生命财产安全，企业、政府都得担责，你们哪怕跑到天涯海角，我们也会管到底。"他一边向作业区报告，一边在管道线两侧拉警戒线。

挖乌木都是在深夜，白天选好点，深夜开挖。乌木一般埋深 3 米左右，取出乌木，迅速回填，第二天几乎看不出痕迹。熊秉友就住在附近农家，听到有发动机声，就起床到现场查看。但他势单力薄，作业区派副经理陈章文到现场与他并肩战斗。一方面向政府相关部门汇报，一面现场监视。

有天夜里，一百多名不明身份的人赶到龙门镇，多人身藏武器，聚集在一块稻田里。知情人说，他们共有三伙人，都想开挖。这事惊动了镇政府，马上向县公安局报警。接着，由公安、水文、国土、安监各部门组成的联合执法队进入现场，扣下挖机，人员散去。

对此，作业区对熊秉友进行通令嘉奖，一次性奖励 2000 元。熊秉友笑称："能不能把我换到其他线上去回避一段时间？毕竟和那群挖乌木的结下了梁子。"

大池干：不说再见

彭烟霏

忠县，是三峡库区的一座山城。在它背后，是连绵的群山，大池干气田的气井，星罗棋布镶嵌在群山中。2021 年 12 月 31 日上午 10 时，重庆气矿党委书记、副矿长等来到忠县作业区，宣布作业区机构撤销，业务整合到梁平作业区、万州作业区和垫江运销部。

天涯咫尺

作业区党群工作岗、第三党支部书记郑亚东一大早起床，来到办公室，一边处理 OA 文件，一边收拾东西，显得很平静。他已提前得知，自己将调整到梁平作业区，具体岗位工作，要到了梁平作业区才知道。

2009 年前，郑亚东在川东开发公司井站当班长，川东开发公司改革重组后，到忠县作业区，在宝 001-1 井当班长。中国石油这样的改革重组他经历过好几次，算是见过世面。他的外号叫"二锤"，敢想敢干，既受过处分，也得过表彰，是作业区的才子。他曾经有一个班组管理的案例获得西南油气田公司管理成果二等奖。郑亚东在忠县没有房子。忠县的新楼盘，靠近长江边的，每平方米售价在七八千元左右，作业区的房子相对老旧，大概三千元。

作业区办公室主任蔡伟从东观技校仪表专业毕业，分配到当时川东开发公司采气 9 队汝溪站，后来成立采气 14 队，到了丰都，买房。2002 年，忠县作业区成立，他把丰都的房子卖了，又到忠县买房。

从 2019 年开始，重庆气矿加快三项制度改革，按照"油公司"模式的整体规划，大刀阔斧推行新型作业区模式。三年时间，已经相继优化整合了开江作业区、邻水作业区、长寿运销部、渝北运销部，忠县作业区是第五个优化整合的单位。这是一项战略决策，壮士断腕，把最精干的力量投入刀刃，激发更大的活力。

石油人头戴铝盔走天涯。有时候，天涯很近，就在咫尺之间，就是忠县到万州、到梁平、到垫江的距离。

岁月激情

赵宏，1990年参加工作。他是招工出来的，通过上岗培训后，就到池22井当采气工。在大池干气田，他是扎根最久的元老级人物。那时池22井日产量有20多万立方米，在整个气田不算高。7个月后，又有新井投产，赵宏就到新井开井。因为技术好，又肯干，不久赵宏就当上了班长。1993年，调到当时的队部当电焊工、维修班长，后来又在调度室从事生产调度、工会干事等工作，到2021年，岗位是物资采购。

赵宏说："作业区96口生产井，还有其他观察井我全部都跑遍了。"

1975年，池1井开钻，1978年成立大池干气田会战指挥所，这个区块拉开了勘探开发帷幕。近半个世纪来，大池干气田累计产气181亿立方米。

按照2012年不变价计算，一方天然气可拉动GDP8.6元，合计超过1500亿元。大池干气田作为川东地区首个高陡构造勘探开发区块，有其特殊的地位。

在后来陆续发现的大天池、七里峡、云安厂等高陡构造，让石炭系勘探开发进入第二个高峰期。随着勘探的深入，在大池干气田，万顺场、老湾、麦南、吊钟坝等区块相继发现，红红火火几十年。最高时，忠县作业区年产气8.9亿立方米。

这期间，作业区培养出了一个全国劳动模范、一个全国技术能手。

在2021年集团公司采输气技能大赛中，忠县作业区派出4名选手，代表西南油气田公司参赛，一战"封神"，全部获奖，金银铜牌样样不落。其厚重的技术实力和技能水平在集团公司引发轰动。

人文忠义

在宣布大会上，作业区每一个领导在做表态发言时，都提到"发扬大池干精神""坚守大池干文化"。历史上，忠州出了巴蔓子割头留城，也出了《让子弹飞》的原作者马识途先生。忠山义水，石油人已经完全融入了这片土地。

但在历史上，忠州属于蛮荒之地，唐朝诗人白居易在忠州写下"蛮儿巴女齐歌唱，愁煞忠州病刺史"的诗句。一个被贬的官员到了此地，还在怀念长安城的丝竹，可见当年的艰苦和不受待见。

而忠县作业区的井站，都分布在海拔 500 米到 900 米的群山中，是重庆气矿最艰苦的作业区之一。每年冬季保供，重庆气矿都会邀请社会媒体到生产一线采访。那些年轻的记者，看见这群采气工、巡管工的坚守，总是感动得一塌糊涂。"你在山里大雪纷飞，我在城里温暖如春"。

在重庆气矿 2021 年的综合绩效考核中，忠县作业区在生产单位排名第一。虽然早在三个月前，作业区已经知道优化整合的事，但没有一个人懈怠。12 月 28 日 8 时，作业区管理的工作界面顺利完成移交。目前，生产与设备安全，队伍稳定。

"宝哥"名叫魏洪光，是作业区的巡管工。还有 7 天，他就该退休了。"宝哥"巡管，和当地村民打成一片，沿途有很多"线人"，日子过得轻松愉快。在巡管的路上，他吊着嗓门唱着走，只要听见这歌声，村民就知道是"宝哥"来了。他唱歌有个特点，即使最温柔的江南小调，也会在歌尾加上一句"呀拉索！"原来"宝哥"曾在西藏当兵。

31 日下午，作业区的工作人员陆续奔赴新的岗位，投入新的征程。此时，库区突然云开雾散。这片山水，那些井站，在金色阳光的照耀下，熠熠生辉。

川东石油坐标，风雨 80 年，家国春秋，不息的信念。不忘初心，行稳致远，大道至简，风正一帆悬。一部川东气田史，风雨勘探，听党话，跟党走，强理论，重实践。石油沟风雨如晦，一滴石油一滴血，激励全民焦土抗战；卧龙河集气总站，党建引领，大气磅礴，奉献树标杆；大池干峰回路转，寻背斜，找高点，抢滩登陆飞仙关；大天池整装开发，管道纵横，开启智慧气田。

　　文明之光，星河璀璨，文明之花，照耀心田。用一生的热爱，践行诺言，硬朗与忠诚，让石油精神，代代流传。

自信之源

初心之地

绿色能源点亮文明之光

许建华　丁　会　严　丹

　　盆地以东，川江之北，巴山之南，巫山以西，在3.54万平方千米勘探领域里，中国石油西南油气田公司重庆气矿积极践行国家能源发展战略，大力发展清洁能源。2020年11月在重庆气矿成立21周年之际，荣膺"全国文明单位"殊荣，这既是重庆气矿人的骄傲与自豪，也是重庆气矿倡导文明风尚，践行社会责任的又一荣光。

　　自1937年巴县开钻巴1井，点亮川东气田文明之光，石油天然气作为战略物资，为赢得世界反法西斯胜利提供了坚强的保障。近年来，重庆气矿全体员工共建文明和谐企业，为区域经济社会发展提供了清洁的能源保障。

美丽的绿色画卷

稳产保供　担责赋能助发展 保民生

重庆成为川渝两地气化率最高的城市之一，重庆气矿起到了至关重要的作用，为川渝地区 41 个区市、百余家企业、2000 余万居民提供燃气保障。截至 2020 年，重庆气矿历年累产天然气逾 1910 亿立方米。2010—2020 年间，以重庆市场 70% 的占比率，有力地保障和促进了西南地区经济建设与发展。

作为一个开发已逾 40 年、年产量约鼎盛时期三分之一的生产单位，近年来，重庆气矿为克服替代资源不足、老气田稳产难等现状困难，一边向老井精准挖潜实现"颗粒归仓"，一边以"人才强企"战略推进渝西深层页岩气效益开发，支持地方经济建设服务百姓民生。

为此，重庆气矿科研团队不断突破资源瓶颈，围绕老井做足挖潜增产"大文章"，制定了一系列提气蓄力精细开发"一井一策"方案，增强稳产保供"底气"。担负起国家能源战略储备的使命，投身地下储气库建设和管理，开展重庆相国寺储气库扩容达产，铜锣峡、黄草峡等储气库先导试验工程，建成

为保供坚守

后重庆市 6 座储气库库容量约达到 352 亿立方米，足够重庆市民生活用气 56 个月。

努力发挥产运销一体化优势，通过加大资源组织、优化生产运行、协调工业用户调峰、制定应急调峰预案等举措，全力保障民生用气需求。

2020 年疫情期间，重庆气矿全体员工心系百姓冷暖，情系地方经济复苏，持续提升绿色能源保障的"硬核"服务举措，树立良好的社会形象的同时，也奏响了创建"全国文明单位"最强音。

《为一座城"蓄能"为千万人暖心》《西南油气田重庆气矿"疫期供气"月增 2 亿》……2020 年疫情期间，重庆气矿 4 千余名党员群众为保障居家隔离百姓燃气供给，助力地方经济复苏，全力以赴、众志成城"保生产、稳输供"的近 600 篇抗疫保供新闻，被人民网、新华网和中工网等 20 余家主流媒体全方位报道，成为激励重庆气矿人关键时刻为百姓生活蓄能、寒冬添暖的最好见证。

同时，努力践行绿色发展理念，深入开展高含硫气田地面集输技术研究、增压站降噪治理、推进场站标准化和植绿护绿工程等绿色矿山创建工作，100%实现了钻井废弃泥浆不落地处理。气田建到哪里，就把绿色延伸到哪里，气田绿化覆盖率达到 92%。走出了一条生产环境、人居环境和人文环境和谐共荣的生态发展之路，绘就了一幅"地下流金地上淌绿"的绿色画卷。这只是重庆气矿创建"全国文明单位"工作开展以来的一个缩影。

行业新风　内外兼修树形象　创一流

荣耀加持，源于对实力的认可。

始建于 1987 年，曾有亚洲陆上第二大集气站之称的卧龙河集气总站，被评为集团公司企业精神教育基地。

抗战文化的杰出代表、为特定时期工业生产提供能源支撑和保障的巴 1 井，其旧址作为近现代重要史迹，被正式列入重庆市第三批文物保护单位。

近年来，获"全国五一劳动奖状""中央企业先进集体"称号，先后获得"全国精神文明建设工作先进单位""重庆市五一劳动奖状""四川省五一劳动奖状"等系列荣誉加持的重庆气矿，2020 年 1 月，双喜临门，再添重庆市"民主管理""职工之家"示范单位荣誉称号。

一直以来，重庆气矿始终坚持物质文明、精神文明"两手抓"，把精神文明建设和各项生产经营业务同研究、同部署、同落实，明确创建目标、健全组织机制，努力弘扬石油精神传承石油文化。

2019 年年末，《石油沟记忆》《石炭系步履》《大天池传奇》三个员工讲述作品刷爆朋友圈，现场员工纷纷表示：原创作品再现了川东地区石油前辈"为祖国加油、为民族争气"的光荣梦想和拼搏担当，值得被铭记。

为推动"全国文明单位"创建活动深入开展，重庆气矿以文明标兵、文明单位、青年文明号、道德模范、五好科室、文明家庭为载体，采取专家受邀讲、领导带头讲和员工主动讲相结合的方式，广泛宣传 24 字社会主义核心价值观基本内容，以及"我为祖国献石油"的企业核心价值观，建立企业核心价值体系，搭建重庆气矿文明大讲堂。

期间，开展的运动、摄影、主题演讲、文艺汇演等活动，强化警企治安联抓、矛盾联调等"五联"机制，为重庆气矿先后荣获了全国"企业文化创新优秀单位"、全国"企业文化顶层设计与基层践行优秀单位"等荣誉称号提供有力支撑。

员工姜婷婷，荣获第十二届全国"职业道德先进个人"荣誉称号；谢利平，荣获"全国技术能手""全国五一劳动奖章""全国最美青工"荣誉称号；许新，"精准扶贫"的 80 后驻村干部，荣获四川省最美石油人称号；刘辉，集团公司采气技能专家，集团公司"石油名匠"重点培养对象……

一批批道德先进模范在引导员工崇德向善、见贤思齐的同时，不断向员工传递向善向美的正能量，让员工真正成为文明、道德的传播者、践行者和受益者。

践行石油人的担当

回馈社会　公益服务惠百姓　守初心

　　114天、86间（套）住宿房间、685名隔离观察人员、38名驻点工作人员……这一连串的数字背后，是重庆气矿在疫情防控阻击战中，践行的央企担当。

　　疫情期间，重庆市石油山庄被征用作为重庆市江北区集中隔离医学观察点，用于隔离观察与新冠感染者密切接触人员。

　　在接到任务的114天征用时间里，提供86间（套）住宿房间，为685名隔离观察人员和38名驻点工作人员提供了客房准备、警戒设置、公共区域消杀和餐饮保障后勤保障服务，全部隔离人员零发病、零投诉，获得地方政府高度评价。

　　面对长江重庆段百年一遇的洪灾，重庆气矿再次践行社会责任，组织消防大队于8月23日火速驰援南岸重灾区，积极配合重庆南滨路管委会开展清淤重建工作，帮助受灾群众尽快恢复正常生产生活秩序，得到了社会各界广泛赞誉。

　　而这只是重庆气矿在急难险重关头，用责任和实干践行央企担当的具体

赴色达开展托底帮扶志愿服务

缩影。

　　重庆气矿输出的每一立方米天然气都凝聚着石油人奉献社会的正能量，与重庆市慈善总会共同发起的"中国石油·重庆市慈善总会社区阳光基金"项目，参与"中华慈善日"捐赠活动，对口支援重庆市开州区扶贫工作，先后委派多名挂职干部到开州任职脱贫攻坚。

　　为助力地方脱贫，重庆气矿各部门、单位上下联动精准发力，合力抓好永川区松溉镇打鱼头村、吉安镇石松村的脱贫攻坚与乡村振兴衔接项目的落实；结合"爱心进农家"文明单位扶志扶智助力脱贫攻坚行动要求，及时开展与酉阳县浪坪乡浪水坝村的对口扶贫工作……

　　不仅如此，重庆气矿近年组织员工为受灾群众、贫穷学子、贫困母亲共捐款 96.55 万元，为贫困山区学校捐赠电脑、书籍、文具价值 100 余万元，将精准扶贫及结对共建活动持续开展，长期资助贫困山区学生上学，使 32 名学子重返校园。历年来，公司共投入慈善资金近亿元，切实践行了"奉献能源创造和谐"的企业宗旨。

　　"十三五"以来，重庆气矿在重庆境内投资约 42 亿元，缴纳税费逾 11 亿元，销售天然气 300 亿立方米，营业收入 479 亿元，拉动重庆市工业经济增长近 3300 亿元，为重庆市实现低碳可持续发展构建了更为健全的能源体系，为实现国家战略储备、保障川渝地区天然气供应、服务区域经济发展提供了绿色的能源保障，展现当代石油人爱岗敬业、担当作为、奉献社会的文明形象。

自信　从握手开始

刘渝强　温志怀

一双手伸向另外一双手，握在一起。温暖，有力。胡建已记不清多少次在交接班的时候，和同事们这样握手，从过去一本正经的仪式感，到彼此能细腻地感受到体温和信任的传递，胡建脑海里总会跳跃出一个很励志的名字"团队的力量"。胡建说，汇入这样的人群，你还会觉得孤单吗？每次郑重其事地把自己的工作和岗位进行一次交接，你难道不会为自己从事的事业而自豪吗？胡建用很重的鼻音强调，是事业不仅仅是职业！

胡建是西南油气田公司重庆气矿垫江作业区卧南增压站的一名普通工人。施行倒班制度的增压站，每天都面临着工作的交接。从 2015 年年初开始，垫江作业区在所属井站推行握手文化，郑重的握手交接，简短的叮咛嘱托。这小小的仪式不仅让人感到亲切又温暖，而且让每天的上班庄重而神圣。

传递着交流和尊重，更多的是信任和理解。握手文化只是重庆气矿基层服务型党组织建设的一个缩影。近年来，重庆气矿积极创新党建管理模式，既上"接天线"又下"接地气"，既从大处着眼，又从小处着手，推动党建工作不断创新发展。

中国石油西南油气田公司重庆气矿主要负责川东气田天然气勘探、开发和销售。所辖气田横跨川渝两省市 24 个县（区市），年生产天然气 35 亿立方米，销售天然气 50 亿立方米，为川渝百余家企业、500 万户居民家庭提供原料、燃料和生活用气。重庆气矿先后荣获"全国五一劳动奖状"、全国"模范职工之家"、全国"企业文化建设先进单位""重庆市五一劳动奖状"、重庆市"文明单位标兵"等称号。

行稳致远 "二次创业"驱动转型发展

在掌声的簇拥中，吴兵捧着鲜花，披着绶带，从重庆气矿领导手里接过"劳动模范"的荣誉证书。吴兵说，那一刻，所有的苦累都化成了神采飞扬和自信满怀。作为梁平采输气作业区七桥中心站的站长，吴兵和重庆气矿4200名兄弟姐妹们一起奋力拼搏、攻坚克难，成功地经受住了2015年的严峻考验，圆满完成生产任务目标。

在市场"气荒"向"荒气"的转变中，在天然气需求放缓导致产能供应过剩的形势下，在新能源、页岩气等替代作用日益凸显的情况下，气田发展面临着前所未有的困难和挑战！

"处于逆境之中，困难之时，信心是从低谷反弹的基本动力。越是在困难时候，越是在奋力推进'二次创业'的关键时刻，更离不开信心的支撑和文化的引领。"坐拥川渝气田盆地的"聚宝盆"，俯瞰着绵延5500千米的天然气集输管道，重庆气矿擂响了"二次创业"的前进战鼓！

尽管，非常规技术释放了大量沉睡的产能，降低了油气生产成本；尽管，风电、生物质新能源技术进步，对油气资源形成了强大的替代压力；尽管，气价跌入新低、利润大幅下降甚至面临亏损，但是，重庆气矿清晰地知道，挑战错综复杂，正是推进改革发展，转型升级、提质增效的良好机遇！

重庆气矿深度调整气田开发策略，加快推进立体勘探，全面打响二三叠系滚动勘探及石炭系深化勘探、低渗区勘探、老区扩边勘探"四大战役"，做深做细老气田挖潜稳产，让主营业务的发展稳步推进；重庆气矿深知，能源产业的竞争归根结底就是技术的竞争，结合行业特点和发展形势，持续深化"数字化气田"建设，启动"智慧气田"先导性试验研究，加强数据综合应用，推动"互联网+"、大数据、云计算技术与勘探开发，科技信息、安全环保、经营管理、"三基"工作等传统业务的深度融合，实现传统业务深度转型和管理提档升级。在"十二五"期间，重庆气矿先后完成了高峰场气田信息化示范工程、11个气田生产信息化工程、7个光通信工程、SCADA系统、NGN融合平台等21个信息化项目建设，建成自动化生产站场 499 座，自建光缆 977.5 千米，生产网覆盖所有信息化井站，办公网覆盖矿属各单位及中心站。重庆气矿还着力提升终端业务创效能力，在重庆市主城区快速建设并安全投运龙头寺等 LNG 加注站 4 座，LNG 清洁能源在长江中上游航运、重庆水泥行业等领域的应用取得了实质性进展。

见微知著　细胞管理激活阵地建设

尽管讨论的只是一位预备党员转正的具体流程，作为重庆气矿渝北运销部第一党支部书记，周晓红把另外两位支委请到办公室，讨论得一丝不苟。虽然做党支部书记的时间只有半年，但周晓红熟稔自信的状态让人意外。原来，一本重庆气矿新制定下发的《党务工作质量标准》，成为她迅速掌握党务工作方法的"法宝"。

这本手册创新编制了涵盖党群系统各业务的"工作流程与关键节点图""工作质量与考核评价表"，汇编了"一图一表"党务工作质量标准 87 个。把抽象的党务工作具体化，把"软任务"转化为"硬指标"，体现了质量管理理念，使党务工作目标更加明确，责任更加明晰，要求更加明了，形成了党务工作程序化控制、标准化考核。

和周晓红一样，满盈着这样的自信和成就感的是长寿运销部卧龙河集气总站，经过公推直选出来的第一党支部书记程艳燕。从井站班组长到党支部书记的角色转变，让程艳燕在短短几个月的时间里，除了意外收获和惊喜，也对党支部书记的工作职责有了更深的理解与认识。卧龙河集气总站是中国石油天然气集团公司的老牌"标杆"站，标杆就意味着先进的管理。怎样用管理去强化考核激励？怎样用管理去优化工作效率？怎样用管理去实现效益提升？程艳燕用太多赶不走的问号来修正着自己的管理经。

程艳燕开始有了答案。

程艳燕说，"我要管"，每月通过站务公开栏形式及时将业绩考核、管理举措等情况公布，定期召开站务会，征集员工对总站建设的意见和建议，增强全站员工事务管理的主人翁意识和责任；"我敢管"，实行员工之间的互动考核，相互对工作业绩、业务技能、工作表现进行评分，进一步提高工作效率和质量；"我会管"，针对不同时期的管理要求，结合总站自身实际及时修订总站管理细则，做到工作开展年有目标、月有计划、周有安排、天有落实、时有控制，确保工作的有序开展。

正是通过对58个非直属基层党支部书记的公推直选、培养任用，重庆气矿党委找准党务工作的原动力，把党支部建在一线井站，将明晰党支部书记的责权利作为支部建设的重点，使党员服务员工更便捷，党支部推动企业发展更具体。

新思路带来了新风貌。一系列行之有效的特色党建工作，有效激发了重庆气矿基层党务工作者的工作责任心和主动性，而员工对企业的认同感，对职业的敬畏感，对党组织的信赖感，也同样被激活。

革故鼎新　信息技术巧解思想难题

曾湧笑得一脸灿烂。这个一度消沉低迷、满身抵触情绪的员工竟然眉飞色舞地和江河拉着家常。

曾湧是重庆气矿大竹作业区云和中心站的员工，江河是重庆气矿大竹作业区的党委书记。曾湧曾经是让江河最放心不下的员工之一，而现在的曾湧却让江河欣慰不已。

江河发现曾湧"不对劲"是在2014年，是在作业区网络信息平台中的问卷调查中以及思想动态曲线图查看到的。作业区有个"三基"工作信息网络平台，一线井站的党员、普通员工们只需要通过信息平台的员工思想状况调查题库，完成答题之后，系统自动生成一组数据，并绘制完成专属每一位员工的思想动态曲线图。

正当江河思考着怎么进一步与曾湧沟通时，意外发生了。曾湧因突发脑梗晕倒在工作岗位，作业区党委立即想方设法联系最近的救护车将曾湧送往医院紧急救治。曾湧转危为安，当看见作业区的领导和同事在第一时间风尘仆仆地出现在自己的面前时，曾湧说："那一瞬间，我一辈子都忘不了，我确信，我找到了家。"

一度年轻气盛、对企业缺乏归属感的曾湧，虽然是井站的普通员工，历经了人生中的变故之后，重新找回了对企业、对党组织的信赖。如今，为了照顾像曾湧这样的重症及体弱的员工，作业区党委还专门出台了相关的规定给予照顾。

随着信息技术的发展，重庆气矿的基层党建工作已经率先进入"互联网+党建"的新模式，用先进的信息化技术，打破了党建工作在时间、空间的界限，不仅丰富了党组织服务员工群众的形式，更提升了重庆气矿服务型党组织建设的工作水平。而党建工作与"互联网+"的温情牵手，正是重庆气矿全体党务工作者与党员群众真诚沟通、用心关怀最直观的体现。

凝心聚气 衣食住行感知精准服务

一举一动见真心，一点一滴总关情。中午 12 点，重庆气矿工艺研究所的员工们再也不用为午饭到哪儿去吃犯愁了。看着员工们轻松惬意地进餐，工艺研究所副所长苟文安感慨不已。

就餐问题一直都困扰着工艺研究所的员工们。2014 年年底，当员工们提出希望在单位内部设立食堂的诉求时，重庆气矿党委第一时间予以立项解决。

如今，可以容纳近 80 人进餐的员工食堂宽敞明亮，饭菜香味扑面而来，真正成为绿色环保健康的职工家园。"以往一到 11 点半，大家就心慌中午饭怎么解决。"杨颖说，"现在不着急了，而且还可以根据自己的口味，向食堂建议改换菜品，真的就像家里一样。"

坚持有利于员工的事情必须多做、有利于员工身心健康的事情必须多做、有利于气矿和谐发展的事情必须多做、有利于气矿良好形象的事情必须多做，是重庆气矿党委开展特色党建工作的一贯做法。

为了让员工深切地感受到企业的关怀和家园氛围，重庆气矿党委把解决好员工的衣食住行作为重要的"民心工程"。重庆气矿加快推进"1+1+5"员工食堂标准化建设，100% 实现中心站食堂标准化建设，实现食品卫生安全化、菜品种类多变化、营养搭配多样化，确保员工吃得健康、舒心。

重庆气矿党委还倡导员工充分利用井站闲置土地及房屋资源，利用工余时间开展"种好一块绿色菜地、栽植一片品质果树、饲养一群生态家禽"的"三个一"绿色家园建设活动。让员工在休息时间既锻炼身体、调剂情趣，同时又绿化环境、改善生活品质。

开会不发任何纪念品，是重庆气矿长寿运销部一贯坚持的做法。2015 年 2 月 18 日召开的工作会，运销部却打破了惯例，给每个参会部门和一线班组，发了一份特殊的"纪念品"——蜂蜜柚子茶。

其实，柚子全都来自运销部双 4 井的"小果园"，是全体党员亲手种植，亲手采摘，并亲手熬制的，把它作为一份特殊的"纪念品"送给与会代表。

重庆气矿党委推行的"三个一"绿色家园建设活动，率先在长寿运销部开花结果。

风清气正　党员操守增强组织威信

从重庆梁平县长途汽车站到重庆龙头寺汽车站，然后，转乘 2 次公共汽车到达西南医院。重庆气矿开县作业区天东 21 井采气工谢盛文面色如常，丝毫看不出这是一个经历 1 次直肠癌手术、2 次肝癌切除、11 次化疗、4 次血管介入、2 次海扶刀、3 次射频、1 次生物 CIK 治疗、1 次伽马刀……左肝切除只剩个蒂，右肝切除大部分的患有转移性肝癌、直肠癌晚期的病人。9 年多时间，谢胜文利用轮休做手术，从来没有耽误上班。谢胜文说，"只有在医院，病号服穿上，我才当自己是癌症病人。工作中该干什么照样干。"

像谢盛文一样，阳光的气田照耀着职工们的阳光心态。如何帮助职工形成高尚的职业操守和阳光心态，如何找回"我当个石油工人多荣耀"的自信，如何在重庆气矿"二次创业"中成就老气田"重返青春"的梦想？重庆气矿党委抓典型、树样板，让职工身边可亲可感可佩的先进人物"脱颖而出"，让员工们学有榜样，赶有目标。媒体宣传，报告演讲，让先进典型"响"起来；命名表彰，培训深造，让先进典型"香"起来；重要岗位，关键时刻，让先进典型"亮"起来！全国"五一劳动奖章"获得者庞宇来、中国石油最美青工谢利平、"重庆五一劳动奖章"获得者程艳燕……一大批站得住、叫得响、过得硬的先进模范人物让重庆气矿群英荟萃，群星璀璨，引领员工队伍始终保持团结和谐、蓬勃向上的良好精神状态。

"拨亮一盏灯，照亮一大片"。重庆气矿的劳模创新工作室名声遐迩。从劳模单打独斗到组团出击，劳模创新工作室呈现出"1+1群"放大效应，不仅成为创新人才的孵化器，还有效激发了广大职工群众的创新热情和创造活力。不仅如此，重庆气矿党委还在工作室中首创增加了党建课题的"价值管理"研究团队，让党建工作实实在在做到了从内容到质量的提升。

党员身份亮出来，党员风采展出来，组织威信树起来。从《党务工作质量标准》的编制使用，到劳模创新工作室的党建课题首创研究。从编制出台"气矿党员领导干部守纪律讲规矩八项守则"，赋予非直属党支部书记的党风党纪督查权，到深入开展"弘扬光荣传统、重塑良好形象"大讨论活动和党建工作"精准服务"的定位，重庆气矿在开拓创新中找到党建工作的落脚点，在与时俱进中延展党建工作的服务方式，不断提高党建工作科学化水平，为重庆气矿稳健发展发挥强有力的政治核心作用。

2015年，重庆气矿党建工作经验被国家级杂志《经济》刊载，重庆气矿建立的党务工作质量标准荣获西南油气田公司党建工作优秀案例一等奖。重庆气矿还荣获全国企业文化创新"优秀单位"，班子荣获油气田公司"四好"领导班子称号。

正是以这样的"自信"，重庆气矿以特有的方式解读着大气田流光溢彩的"二次创业"。

纵横巴山渝水天然气管线嘶嘶作响，在"自信"激越的鼓点中，在"自信"明媚的号角中，汇聚成天籁之音。

"消失"的井站

吴 平 彭龙英 李 伟 刘家慧

作为国有重要骨干企业和国有能源产业的重要支柱，中国石油切实履行政治、经济、社会"三大责任"，推动社会整体有效发展。其中，为保护生态环境及支持地方经济建设，西南油气田公司重庆气矿近年来"消失"了一口口井站，这是中国石油忠诚履行国有企业政治、经济和社会"三大责任"的一个个例证。

共建碧水蓝天 "消失"的大天5井

在西南油气田公司重庆气矿梁平采输气作业区，有一口位于风景名胜区的井站——大天5井，曾为大天池气田肖家沟区块石炭系气藏唯一一口生产井，于2015年6月18日关停。

这是一口为支持生态环境保护，共建碧水蓝天而"消失"的井站！

重庆市梁平区"百里竹海"景区，有14万亩的成片竹林，为巴渝第一大竹海。明月湖是一座集防洪、灌溉、供水、发电为一体的中型水利工程，担负着下游7个区镇工农业和生活用水重任。

2013年，重庆市梁平区打造"百里竹海"景区，由于大天5井的气田水管线和天然气管线穿越了生态环境敏感区域，重庆气矿为支持地方政府生态旅游建设，经过多方协调，于2015年6月18日，大天5井关停，至今未开井。2015年10月，"百里竹海"风景名胜区被评为"首批中国森林氧吧"。

如今，大天5井虽然关停，但站上的设施设备仍然需要维护保养。2018年4月18日，梁平采输气作业区巡检人员胡纯华来到该站，进行每周一次的例行巡检。

像这样的阀门，站上大大小小约 200 多个，胡纯华会合理利用巡检时间对每一个阀门进行正常维护："这次做这一片，下次做另一片，给阀门上密封脂，以确保阀门操作灵活。"遇上有锈蚀的阀门，胡纯华会用铁刷仔细刷掉铁锈，常常要一个多小时才能保养好一个阀门。

仔细保养阀门

为 T3 航站楼让路 "消失"的环山 4 井

2018 年 4 月 29 日，正值已封井的环山 4 井第二季度的例行巡检，重庆气矿渝北运销部两路中心站副站长何杨旭从 8 千米开外的两路中心站赶到了环山 4 井。

环山 4 井位于重庆江北机场附近一座孤零零的山顶上，在机场建设之初，井口还未封井时，井站员工需要穿越施工工地才能进入井站正常上班。

这是一口为支持重庆江北机场建设而"消失"的井站！

2013 年，重庆市备受关注的江北机场东航站区及第三跑道工程（T3 航站楼）建设进入施工阶段。

与之毗邻的环山 4 井在规划图纸中恰好处于国际机场 T3 航站楼与机场第二快速路交会处，在井站外围不到 500 米就是中国航油的油库选址地。机场建成后，井站将被机场南联环道和 T3 航道的快速公路及中国航油的 4 个巨型储油罐环绕，不仅会影响飞机起飞降落，也会影响该站的正常安全生产。

为积极支持地方政府建设，重庆气矿与重庆市政府主动协调，反复沟通，根据该井实际生产气量已不足以支撑机场周围生产单位用气，已无工业开采价值，遂决定对该井进行永久封堵。2017 年 7 月，环山 4 井设施设备全部拆除。

2017 年 8 月 29 日 6 时 20 分，随着山东航空 SC8880 航班从第三跑道滑行

远处即将降落的飞机飞过井站上空

起飞，重庆江北国际机场 T3 航站楼及第三跑道正式投用。重庆市则成为全国第四个拥有三条跑道同时运行的大型机场。

如今，这里只留下了光秃秃的井站场地和孤零零的采气树，虽然封井后井口压力显示为 0，但按照《重庆气矿气井及井口装置运行维护管理细则（修订）》管理办法，巡检人员仍然一个季度来查看一次压力，以确保井底压力在安全可控范围。

为满足对美好生活需要 "消失"的松树桥配气站

2018 年 4 月 23 日，连绵的春雨让重庆气矿渝北运销部巡检组组长李壮有点担心松树桥配气站的围墙出现垮塌，这个月本已完成了对该站的例行巡检，但李壮还是再次来到该站，沿着井站围墙反反复复走了几圈，仔细查看有无垮塌危险。

这是一口为避免日益突出的城市保供与安全生产矛盾而"消失"的井站！

近年来，随着城市建设快速发展，在松树桥场站周边修建了大量违章建筑物，仅支线 5 米范围内就建有松树桥中学、龙溪小学、幼儿园和农贸市场等，

曾经的卧渝线，为重庆燃气集团和凯源公司以及 CNG 加气站输气

场站及其支线处于城市中心人口密集区。由于地处人群聚集区，管道运行安全成为极大的安全隐患。2014 年 7 月，重庆气矿主城区管道安全隐患整改和卧渝线降压运行正式启动，经过实地调研和帮助解决停运后居民、工业及 CNG 用户的供气问题后，松树桥配气站及其 T 接卧渝线支线安全停运于 2014 年 11 月 1 日正式停运。

时间定格在 2014 年 11 月 1 日，在安全平稳运行 40 余年，累计输送天然气近 37 亿立方米后，场站所有设施设备拆除。目前保持每个月例行巡检一次。

巡检完毕，李壮关上井站大门。曾经为重庆市经济建设和地方发展作出了重大贡献的松树桥配气站，如今已淹没在闹市区里。

石油人四海为家，在广袤大地上修建了一个个井站。随着城市化建设不断加快，为不断满足人民日益增长的美好生活需要，一个个曾经辉煌的井站也渐渐消失在历史长河中。

重庆气矿坚持人与自然和谐共生，坚持把人类对美好生活的向往当作企业发展的方向，坚持履行企业社会责任，并致力于提供更先进的技术、更优质的产品和更周到的服务，为社会发展助力加油，绘就一幅大美石油的壮丽画卷。

将实事办到员工群众心坎上

蒋 剑

急员工群众之所急，解员工群众之所困。党史学习教育开展以来，西南油气田公司重庆气矿党委坚持把"我为员工群众办实事"实践活动作为党史学习教育的重要内容，把学习党史同措施增效、总结经验、推动工作结合起来，同解决实际问题结合起来，积极组织、统筹规划、节点考核、贯穿始终，从最困难的员工群众入手，从最突出的问题抓起，从最现实的利益出发，坚持边学习、边实践、边落实，用心用情用力解决基层的困难事、员工群众的烦心事，增强员工群众的获得感幸福感安全感，扎实推进"我为员工群众办实事"实践活动。

组成"劳模工匠服务队"为基层解难题

明确"我"是定位　以我为主争当表率

为推动"办实事"层层落实、落地见效，聚焦深化制度建设、简化办事流程、优化服务水平，重庆气矿第一时间组织机关近 20 个相关科（部）室召开专题会议，专题讨论"办实事"的重点推进措施；聚焦民生热点、重点、难点，结合实际，分类施策，结合实际研究制定实施方案，强调以"我"的主体定位引领为民办实事工作方向，要求各级党组织和党员干部以高度的使命感、责任感，将自己摆进去、将工作摆进去，实现从"要我办"向"我要办"的转变。

相关科（部）室党支部召开支部会，针对项目清单内容，研究制定具体落实措施，明确项目责任人，限定时间节点，确立成效目标，每名党员干部立足本职岗位，为"我为员工群众办实事"的实施建言献策，主动担当作为。"我为员工群众办实事"活动开展以来，全矿上下呈现出人人争先、主动作为的良好态势，越是面对问题复杂、困难多的情况，越是做到不回避、不逃避，在为民办实事中彰显出党员干部的责任和力量。

坚持"办"是前提　迅速行动环环紧扣

为切实推动在发展中保障和提高民生水平，让员工群众更多分享企业高质量发展成果、更好共享高品质幸福生活，重庆气矿党委将为员工群众办实事分为调查收集、研究措施、限时督办、跟踪落实、动态更新等五个具体步骤，编制出台《重庆气党委"我为员工群众办实事"实践活动工作方案》。《方案》积极贯彻落实中央"五个着力"和集团公司党组"出台一批有利于推动高质量发展的制度举措，推出一批为民惠民便民的实招硬招，实施一批关爱员工的项目工程"要求，开出了 4 个方面 21 项重点任务清单，细化了 77 条推进措施，明确了责任部门、单位和时间进度。21 项重点任务清单中，保障基本民生需求和关心关爱员工群众两大方面共有 12 项，占了整个清单一半。通过清单式管理，实现"人人头上有任务，个个肩上有担子"。

重庆气矿党委成立了"我为员工群众办实事"实践活动领导小组，具体负责统筹协调推进各项重点任务。重庆气矿领导组织相关科（部）室，前往基层单位开展送清凉慰问，并带着关心和决心去，带着方法和效果回，务必将实事办到员工群众的心坎上。

树立"实"是标准　实事求是不务虚功

"为员工群众办实事"，重庆气矿始终将工作落在"实"上，找准与各项工作的契合点、切入点、发力点，在力所能及范围内办好为民实事，不搞贪大求全、不做表面文章。

务实是此次活动的标准，重庆气矿在改善员工生产工作及值班休息条件方面，要求完成首批14家基层员工食堂标准化建设，对6个基层单位食堂进行适应性改造；在推进"三大关爱行动"上，要求开展片区职工"幸福讲堂"、组织偏远站点职工现场心理体验、团体辅导及一对一健康咨询服务等；通过10项具

大力打造"健康小屋"提高员工健康意识

体举措加大对离退休人员、海外员工的关爱力度。

2021年以来，重庆气矿开展重大节日送温暖慰问困难人员2076人，发放慰问金428.6万元；慰问职工138人次，发放慰问金14.75万元；开展大病帮扶活动68人次，发放慰问金107.8万元；为67名退休职工和4名结婚员工发放了慰问品；开展全员夏送清凉活动，为全体职工发放100余万元的慰问品。

为了进一步丰富了员工的业务生活，重庆气矿建立了篮球、足球、摄影等11个活动兴趣小组，并认真落实劳动模范权益，开展了省部级以上劳动模范节日慰问和年度体检，加强了对困难劳模的走访。经多方沟通协调，帮助解决了1名退休省部级劳模应享受的待遇，为7名70岁劳模发放慰问金7000元。

抓住"事"是关键　创新方法善作善成

群众事，无小事。重庆气矿以解决问题为导向，组织党员干部围绕中心工作、聚焦突出问题开展调研，广泛听取意见、了解群众需求，通过实地走访、

推广协同办公平台，让基层少跑路

集体座谈、调查问卷、网络征求意见等方式，找准查实基层和员工群众的操心事、烦心事、揪心事，更加精准地对接发展所需、基层所盼、民心所向，从一个个细节处着眼从一件件小事情做起，创新方式方法，直面问题、解决问题。

面对重庆气矿员工日益增大各方面压力，重庆气矿为疏导员工压力，精心挑选了博闻强记、善于言辞、性格开朗、正面阳光同时具有丰富人生阅历的一线班长、劳模组成"情感沟通流动站"，分析员工负面情绪产生的根源，找到情绪疏导切入点，用自己的人生经历和自己解决同一问题的成功经验，增强员工克服不良情绪、走出精神困扰的信心，为员工建立起依靠自己智慧解决问题的自信。

为恢复黄202井正常生产，重庆气矿积极组织实施排水采气工艺，通过技术会诊、实施泡沫排水采气、实施柱塞气举，使该井于4月16日顺利投运，日增产1万余立方米，日排水量达到投用前的2到3倍。

为解决基层单位干部员工到机关办事距离远、耗时长，甚至存在"跑多趟"现象，重庆气矿以"业务数字化、表单无纸化、工作协同化"为导向，按照"先试点、后推广"的工作思路，全面开展协同办公平台推广，从首批15张业务表单上线到"办事预约"上线，让"服务不见面、时刻都在线"成为最流行的一句话。

重庆气矿不断创新方法，深入基层一线和员工群众中，找准员工群众急难愁盼问题，真正做到设身处地地为群众解难事、办实事、做好事，并将实践活动中形成的好经验好做法固化下来，形成长效机制并将坚持好、运用好。

走进开州　喜看古镇换新颜

孙梦宇　丁　会

公元 216 年，三国时期，刘备划朐忍县（今重庆市云阳县西）西部地置汉丰县，寓意"汉土丰盛"。而后，汉丰县几经易名，于明初定名开县。

2012 年，三峡工程中的开县水位调节坝建成。开县老城被因此形成的汉丰湖所淹没，同时开县移民新城滨湖而立，构成"城在湖中，湖在山中"的美丽画卷。虽然三峡工程为其开通了水路，但这样一座拥有 1800 多年历史的古镇，仍因区位封闭、自然条件差、基础设施薄弱而长期贫困。

从 2012 年起，中国石油开始对口支援开县。2016 年，开县撤县建区，成为开州区。2018 年，开州实现脱贫摘帽。2019 年，开州人均可支配收入较 5 年前增长两倍。

昔日的贫困县逐步走向繁荣，在此过程中，中国石油精准扶贫不搞大水漫灌，以"小资金"撬动"大产业"，为开州的可持续发展贡献着石油力量。

打造产业链条　小李子结出致富果

"这清脆李，酸甜可口，北方没有！"果农大姐廖世琼背着竹筐，刚刚采摘了一大筐清脆李，抓了一大把说，"没有农药，绿色有机，放心吃！"

从开州驱车一个小时，到达海拔 800 多米、与万州仅一山之隔的市级贫困村东阳村。山里水汽环绕山间，朦朦胧胧，不一会儿就下起雨来。

"因为湿度温度适中，这里适合种植一种晚熟的清脆李。不过以前这里只有一片果园，位置偏僻，销量有限。"南门镇东阳村党支部书记左文开说，"开发成农家乐后效果不错，之前想都没想过。感谢中国石油啊！"

在重庆开州区白鹤街道沃柑种植基地，果园技术员邵光炎自豪地介绍着柑橘

　　东阳村坐落在开州南部片区铁峰山脉旅游开发的重要组成板块，具备优越的地理位置和发展条件。2017年，中国石油调研考察后，立项投资300万元援建东阳村观光果园，带动当地旅游经济，将天鹅池、马尾曹连线，与大垭口、万州桐槽成片，形成旅游开发合力，源源不断地吸引着来观光的游客。

　　"我们2018年铺设了采摘道路，有了垂钓台、观景台、接待中心、停车场、路灯，建成了配套齐全的农家乐，人气越来越旺，一年能接待2万人。"农家乐经理马建光说，"从这往山上走还有越野摩托车等配套娱乐场所。一到周末，附近的房间就都住满了。"

　　农家乐吸纳了周边46位员工，其中有20多个人是贫困户。留在村里的老弱妇孺在果园摘摘果、除除草、施施肥，轻轻松松就把钱挣了。

　　"以前靠种地养鸡没什么收入的，住在黏土房里。现在搬到了砖房小洋楼，每个月增收近3000元钱，生活有盼头啊！"果农黎远青，50多岁，丈夫在外打零工，有个30多岁、智力发育缓慢的儿子。这样一份工作，为她的家庭减轻了些许生活压力。

"果园辐射周边 300 亩土地，每年每亩地能增收土地流转费 300 元，有效利用了闲散土地。清脆李广受市场欢迎，年销量达到 30 多万公斤，按 8 元 / 公斤算，年销售额可达 240 万元。"左文开说。

项目打通了南门镇与万州区之间的旅游通道，助推了当地旅游开发，拓宽了乡村发展思路。目前，东阳村已发展李子 1400 亩、樱桃 50 亩，配合已规划的油茶园、冬桃园等乡村振兴项目，通过精品水果采摘、果园观光、休闲避暑等农旅多元化结合思路，增加村集体经济和贫困户收入渠道。

绿水青山就是金山银山。如今，东阳村已由重庆市级贫困村蝶变为开州区乡村振兴示范村。

带动社会消费　双渠道打通滞销点

消费扶贫一头连着贫困地区的"钱袋子"，一头连着城市的"菜篮子""米袋子""果盒子"，是社会参与脱贫攻坚的重要途径。

紫水乡位于开州区西北部，距离城区 57 千米，是一个典型的边远山区农业乡镇，经济社会发展严重滞后。

为更好地拉动紫水乡经济发展，由乡村集体经济联合社、商会、社会资金投资建成的紫水印象电商服务中心应运而生，为紫水乡本地和周边乡镇的农户特别是建档立卡贫困户提供代卖服务，使农户的优质农产品与消费市场的需求有效对接，切实增加贫困群体收入。

在脱贫攻坚决战决胜之年，开州突然遭遇疫情和洪涝双重挑战。2020 年 1 月，刚组建的紫水电商服务中心遭遇农副产品滞销，产品积压成了农户们的心头大事。

"没办法啊，东西虽然好吃，但没销路、没需求一样卖不出去，全部压在手里了。"紫水乡农颜合作社的农户们都在为手头的货发愁。

面对农副产品滞销问题，石油人迅速加入了线上线下双渠道的消费扶贫大军。中国石油挂职干部、时任重庆市开州区政府办公室党组成员、副主任的张晓冬，积极协调中国石油，直接为开州拉出 80 多种农副产品消费清单，线上线

中国石油积极帮助销售农副产品

下一起帮助农户销售农副产品。

"刚出了一批西南油气田重庆气矿川东作业区订的货。中国石油是我们的第一大客户！"2020年8月24日，电商服务中心店长谭红霞说。

截至2020年年底，电商服务中心销售额已近400万元，其中中国石油帮销就达到199万元。

销量喜人，农户种植规模也越来越大。

"以前田坎豆年产量就几吨，其他品种也不敢种，种多了怕卖不出去。一是紫水交通不便，大家都不愿来，运输成本高；二是销路不广，也就靠亲戚朋友介绍，拉来些零售小生意。"紫水乡农颜合作社负责人梁能彬说，"现在这些都不用担心，我们又承包了一片大土地，田坎豆今年产量预计有20多吨吧！"

紫水乡基础设施较为薄弱，特别是市级贫困村天元村地处偏远高寒山区，交通闭塞、道路通行能力差，严重制约了地方经济发展。2019年，中国石油投资120万元硬化紫水乡天元村公路近4千米。"路好走了，货好送了，极大地缓解了我们的运输成本压力。"谭红霞说。

"感谢中国石油，去年一个镇靠消费扶贫就增收 100 万元！"紫水乡党委书记周昌说。

支持社区发展　便民服务托起百姓安康

走进开州区文峰街道木桥村，一栋栋楼房映入眼帘，村内路面干净，村容村貌整洁，很难想象木桥村原来是开州的市级贫困村。

"这是中国石油投资建设的木桥村集体物流仓储中心，刚刚建成验收，目前已经出租，所得将由木桥村集体共享。"文峰街道办事处主任张立夫指着一栋 400 多平方米大的二层小楼说。

长期以来，中国石油通过加强产业支撑、盘活土地资源、强化社区建设等途径，激发农村集体经济发展活力，集中力量攻坚消除集体经济收入"空白村"，增强村级组织的"造血"功能。

2019 年，张晓冬带领相关人员实地调研考察，中国石油在每年投入 300 万元的基础上，追加了 100 万元用于支持物流中心和社区便民中心的建设，切实让老百姓受益。

距离物流仓储中心 10 分钟车程的地方，中国石油投资完善的文峰街道便民中心也刚刚竣工验收，将于短期内投入使用。

文峰街道人口众多，社区管理压力大。疫情期间，文峰街道社区 9 名管理人员，要对上万人进行走访、排查、安排隔离、记录数据，平均一个人对应 1000 多人。

"那时候，他们的嗓子都哑了，很辛苦。"张晓冬说。

便民中心集居民办事大厅、养老中心、留守儿童托管所、党建活动中心、居民调解室等功能于一体，不仅方便了街道办事员的工作，而且无论老人小孩还是年轻人，都可以找到属于自己的活动场所。百姓的幸福感、获得感得到进一步增强。

"拳头要打得出去，投资要用在刀刃上。"张晓冬说，"没有党建活动，就无法凝聚人心。没有养老中心，那么开州如此庞大的退休群体在交给社区管理后，

支持乡村社区建设

压力会很大，所以对地方社区管理的支持一定要加强。"

"感谢中国石油全心全意支援我们开州，将党中央的关怀、将中国石油的关心传达到我们库区。通过项目的支持、资金的支持、人才的支持和技术的支持，多年重复覆盖，为我们开州经济社会发展作出了巨大贡献！"开州区水利局副局长张德明说。

开州虽已脱贫摘帽，但中国石油始终坚持摘帽不摘责任，持续发力，久久为功，不断以造福人民为目标，振兴乡村巩固提升脱贫成效。

背景链接

中国石油对口支援时间：2012年。

开州区脱贫时间：2018年8月。

代表项目：东阳村扶贫观光果园配套设施建设、白鹤街道沃柑种植基地山地果园单轨运输建设项目、南门龙王乡村旅游示范区配套设施建设生产生活用水改造工程、冷水鱼养殖扶贫基地配套设施建设。

1997年，中国石油投资250万元建设开县东城片区天然气供气主干线及配套设施，使广大搬迁居民用上天然气。2012 年，在国务院原三峡办的统一安排下，中国石油与重庆市开县（现开州区）建立对口支援关系。援建项目主要包括乡镇公路硬化、饮水工程、中小学校舍修建等基础设施。2015 年后，实施精准扶贫，每年投入 300 万元，完成 3 个援建项目。

除了项目和资金对口支援外，还开展知识扶贫，每年协助开州区开展电商经营与管理扶贫专题培训，从"输血"向"造血"迈出坚实的一步。

2018 年 8 月，重庆市开州区整体脱贫。按照国务院脱贫不脱政策的要求，中国石油继续对重庆市开州区实施对口支援。

各方声音

开州区政府办公室副主任周云：中国石油作出了很大的努力，不仅帮助我们招商引资，还将我们的扶贫产品推上中国石油内部的消费扶贫网站，把我们开州老百姓的扶贫产品推出去、卖出去。尤其是作为我们开州消费扶贫主体的西南油气田，组织员工购买开州扶贫产品，帮助解决贫困户农产品销售难题。总之，我们非常感谢中国石油为开州经济社会发展作出的贡献。

开州区水利局副局长张德明：不管是西南油气田公司还是历任扶贫干部，都对开州经济社会发展作出了巨大贡献。讲政治，讲大局，讲奉献，讲担当，全心全意支援开州，将党中央的关怀和中国石油的关心传达到我们三峡库区，通过项目的支持、资金的支持、人才的支持和技术的支持，多年重复覆盖，为我们开州发展作出了巨大贡献。特别是带动本地村民就业，为老百姓在家门口就业提供了平台，非常值得肯定。

开州沃柑种植基地经理郭伟：中国石油支援的这 100 万元单轨运输项目，极大地缓解了我们生产遇到的困难。这个项目一是提高了土地的利用率，二是降低了劳动强度，三是扩大了当地群众就业面，四是提高了劳动效率，五是起到了引领示范作用。我们作为直接受益企业，非常感谢中国石油。我们也保证会爱惜爱护设施设备，充分发挥其功能和作用，为产业的发展特别是为贫困户脱贫助力。

开州紫水印象店店长谭红霞：2020 年受疫情影响，我们产品销售特别不好。中国石油大量采购了我们的农产品，用"以购代捐""以购代扶""以买代帮"

的模式,仅紫水印象这一个店就帮我们扶贫消费了199万元,占消费总额近一半。非常感谢中国石油帮助我们紫水贫困百姓,解决疫情带来的农副产品滞销问题。

开州区南门镇东阳村民委员会主任万启兵:我从出生到现在,第一次看见到我们那个弯弯(地方)来采摘果子的有这么多人、这么多车。如果中国石油没有对口支援这个项目,没来投入到我们地方,我们就没有产业,就发展不起来,东阳村就还是老样子。

项目介绍

1997年6月,中国石油开始帮扶重庆开县(现开州区)。截至2020年,中国石油累计投入8338万元,建设实施了包括基础设施、民生、文化、教育、卫生、旅游等在内的36个对口支援项目。

高桥镇应急保障服务中心建设项目:项目所在区域为高含硫勘探开发核心区。该项目旨在切实提高辖区应急指挥和救援能力,快速高效处置突发事件。项目投入资金150万元,主体为砖混结构,占地约240平方米,高4层,建筑面积约950平方米。项目建成后能提升突发事件应急处置能力和指挥调度能力,保障辖区4万余人的生命财产安全。

援建紫水乡天元村2019年深化脱贫攻坚农村公路建设项目:由于地处鲤鱼塘库区核心,同时也是天然气、煤矿独立工矿区,紫水乡发展严重滞后。中国石油向紫水乡天元村投资120万元用于深化脱贫攻坚农村公路建设项目(大屋基—砖屋),硬化道路全长3933.33米。项目实施完成后,彻底解决了天元村500余名群众出行难的问题,降低农产品运输成本,促进村集体主导产业(黄豆)的发展。

新建谭家镇南垭村基础设施建设项目:南垭村地处谭家镇东北部,距镇政府35千米,海拔900~2270米,山高坡陡,属典型的喀斯特地貌,自然条件较为恶劣。中国石油援建了面积约450平方米的公共文化服务广场,新建一条人行便道,约1500米,彻底解决了全村出行需多绕行5千米的现状,惠及本村及锦竹村村民约900人、沿途群众300人。

定点扶贫大事记

1. 东阳村扶贫观光果园配套设施建设（2017 年）

就近常年解决贫困户劳动力 5 人，为贫困户增收 10 万元。

2. 白鹤街道沃柑种植基地山地果园单轨运输建设项目（2018 年）

带动建卡贫困户 20 户 51 人，并已脱贫，帮助贫困人口实现转移就业 40 人。

3. 南门龙王头乡村旅游示范区配套设施建设生产生活用水改造工程（2018 年）

解决南门镇龙王头乡村旅游示范区及周边地区生产生活用水问题，涉及 200 人，促进龙王头村乡村旅游业发展。

4. 高桥镇应急保障服务中心（2019 年）

保障辖区 4 万余人的生命财产安全。

5. 紫水乡天元村公路硬化工程项目（2019 年）

彻底解决天元村 500 余名群众出行难问题，降低农产品运输成本，促进村集体主导产业（黄豆）的发展。

6. 谭家镇南丫村基础设施建设项目（2019 年）

丰富了全村 750 人的文化娱乐生活，人行便道的修建降低了农产品运输成本，方便群众生产生活出行。

7. 麻柳乡农庄等村人畜饮用水升级改造（2020 年）

对农庄等村 20 处人饮工程进行修复，促使麻柳乡 9 个村居民的供水设施升级，保障 2640 名居民生产生活用水。

8. 高桥镇双胜村人畜饮用水升级改造（2020 年）

蓄（饮）水设施、水处理设施、输配水设施的建成，受益总人口 888 人，其中贫困户 79 人。

9. 持续开展对口支援（2018 年至 2020 年）

在开州区累计投入资金 8338 万元，建设了 36 个对口支援项目。2016 年开始派出挂职干部到开州区政府工作，具体开展对口支援和地企协调工作。利用扶贫消费网点渠道优势，组织上百种扶贫产品进入。

一线石油工人的年三十

吴 平 蒋 剑 柳 庆

  爆竹声中一岁除，春风送暖入屠苏。大年三十，是中国辞旧迎新的传统节日。这一天，家家户户都要贴春联、放烟花、大团圆。为了保障春节期间老百姓的炉火更旺、饺子更香，中国石油西南油气田公司重庆气矿所属的沙罐坪中心站的职工们在坚持安全生产、平稳输供气之余，一起度过了一个别开生面的年三十。

  中国石油西南油气田公司重庆气矿开江采输气作业区沙罐坪中心站，位于四川省达州市开江县境内，距重庆市区 300 多千米，是重庆气矿最偏远中心站之一。沙罐坪中心站主要负责片区内井站的天然气安全生产、生产数据采集、设备维护保养、天然气增压脱水、气田水密闭回注等工作，共有员工 41 人，日产天然气 21 万余立方米，2017 年产气 7000 余万立方米，可供 15 万余户家庭使用一年。

  2018 年 2 月 15 日，大年三十，山里刚下了一场小雨，薄雾弥漫。早上 8 时，和以往一样，石油女工李沁妍和同事穿上整洁的工装、背上工具，伴着清晨的雨雾前往距中心站 20 千米的无人值守站罐 7 井进行重点巡检。近年来，随着气田生产信息化水平不断提高，中国石油西南油气田公司以中心站为单位，把片区内的有人值守井、无人值守井均纳入中心站管理，由中心站统一配备巡检、维修等人员，优化了人力资源配置，提高了劳动效率。

  由李沁妍、王帅、柳庆、陈胜、滕维组成的巡检班是沙罐坪采输气中心站38 口天然气井的"安全卫士"。2016 年竞聘为沙罐坪采输气中心站巡检班班长的李沁妍，是重庆气矿劳动模范，也是开江采输气作业区唯一的一名女巡检班长。春节期间，他们的任务是巡检片区内的 38 口无人值守井，做好气井的设备

查看禁止燃放烟花爆竹标语

保养、资料录入工作，确保节气期间气井的安全平稳生产。

通往井场的机耕道不知道走了多少回，坑坑洼洼，下雨后路面更显泥泞湿滑。这些无人值守井对他们来说已经像自己的孩子一样，需要精心呵护，过年也不例外。

在检查完罐7井机泵运行情况、供电设施的运行后，他们又仔细检查了一遍半个多月前在井站外墙上悬挂的标语，看到"井站周边100米范围内禁止燃放烟花爆竹"的红色标语完好方才离开。"山野里对燃放烟花爆竹完全没有管制，虽然站外都悬挂了禁止燃放烟花爆竹的标语，但约束力实在有限。只有加密巡检时间和力度，和周围老乡拉拉家常，给他们宣传安全燃放和保护油气设施的常识，把他们当朋友一样才能换取老乡的信任。"不远处传来阵阵爆竹声，李沁妍不无担心地说。

11时，回到中心站的巡检班顾不上休息，和大家伙一起欢欢喜喜贴春联。"贴上火红的春联，就有过年的气氛了，祝愿大家在新的一年红红火火，旺上加旺！"中心站站长王林小心翼翼地把春联贴在墙上，细心地一一抹平。准备在3

新年快乐，以茶代酒干一杯

月举办婚礼的小两口杨俐、滕维也在自己寝室房门前贴上了春联，悄悄许下心愿：争取今年生个小宝贝，明年我们一家三口团团圆圆过新年！

年，在火红的红工衣和爽朗的笑声中来到了。在这远离城区的山野间，浓浓的乡土味、浓浓的喜庆、浓浓的笑意，抹去了石油游子远离家乡远离亲人的遗憾。

小站厨房里一片忙碌，大家"八仙过海、各显神通"，唱响了厨房奏鸣曲。有的从家乡带了土特产，还有香肠腊肉、鸡鸭鱼等各色美食，"这是我老婆亲手灌制的香肠，用的是老家的土猪肉，还有秘制香辣拌酱，味道绝对和外面卖的香肠不一样。"采气工蔡爽忙着摆盘，顺手丢了一片香肠喂给流浪狗"元元"，"元元"是在 2015 年的元旦节来到井站的，已经成了站上的一员，是大家的爱宠。

中心站大厨吴玉飞厨艺精湛，被员工们戏称为"李大嘴"，芋儿鸡、麻辣水煮鱼、凉拌三丝让大家伙赞不绝口。而李沁妍和丈夫王帅早早就做好了准备，用金针菇和豆芽做了一道文艺十足的"金针银牙"。为了这道菜，小两口在家里就练习了很久，终于可以在年夜饭上大显身手。

"开饭啰，开饭啰！"本应是晚上的年夜饭，因山里夜晚温度低，改在了中午。三个大圆桌坐得满满当当，他们还邀请了附近的老乡一起享受饕餮盛宴。满载着欢乐与深情，浓浓的年味从舌尖上生发，喜庆的春联、飘香的腊肉香肠、亲朋好友的祝福短信、大家在一起过年的朗朗笑声，顿时让偏僻的沙罐坪中心站年味十足，处处洋溢着喜庆的节日气氛。

看着丈夫王帅吃得香甜，李沁妍心里别提多高兴了。回想两人自 2012 年结婚后，一直分居两地。王帅患腮腺癌后，经历了手术和 30 余次放疗，在单位的关心和照顾下，王帅调动到重庆气矿开江采输气作业区沙罐坪采输气中心站；分在妻子管理的巡检班。而今，王帅病情趋于稳定，多年分居，这也是小两口第一次在井站相聚过年。李沁妍深知这份相聚来之不易，那是她对丈夫大病初愈的满足，是小两口不离不弃的幸福。

夜晚降临，电视里播放着春节联欢晚会，入冬寒夜更凉，细心的李沁妍为丈夫王帅添加了一件外套，小两口打开微信，和父母视频聊天，"爸，妈，新年快乐！祝二老身体健康，快乐开心每一天！"

远处鞭炮声齐鸣，夜空中烟花绚烂，李沁妍心里泛起一丝隐忧：不知道井站周边燃放烟花情况怎么样？看来明天的巡检时间还要再提前一些了。

而在不远处的生产区里，为了保障除夕夜家家户户放心用上天然气，还在值夜班的员工王志平仍然在增压脱水区内不停巡检："冬季保供，让老百姓用上稳定的天然气，是我们石油工人的职责，也是我最大的心愿！"

石油人的年味，是在岗位坚守工作时，父母的牵挂和期盼，是儿女与父母的浓浓亲情，是游子的乡心和乡愁。

创新之火　可以燎原

——重庆气矿劳模创新工作室纪实

刘渝强

输入密码，厚重的玻璃门被轻轻推开。

掩隐在照母山植物园的山脚下，沐浴着初夏的阳光，重庆气矿地质研究所的小院落显得生机勃勃。

当齐刷刷的灯光一下把小院落右侧的一个房间轰然点亮时，一直沉默寡言的庞宇来眼睛里开始闪耀光芒。

这是一个让梦想生根，吹响资源勘探集结号，进军神奇地宫的"巨大桥梁"；这是一个超越极限，打响挖潜稳产大战役，呵护气井生命的"最强大脑"；这是一个敬畏科学，唱响采输工艺主旋律，守望气田脉动的"强大引擎"；这是一个矢志不渝，奏响价值管理新乐章，激发创造潜能的"筑梦平台"。

这就是重庆气矿劳模创新工作室。

个头不高、平头圆脸、扔进人海堆就无踪无影的庞宇来领衔着这个闻名遐迩的工作室。这个"全国五一劳动奖章"获得者、重庆市劳动模范、47岁的重庆气矿地质研究所副所长，以主任劳模的"头衔"带领着以劳模为主体的48个"小伙伴"组成的重庆气矿创新攻关团队，从2010年开始，成为这间工作室的主人。

"全国十佳最美地质队员"、四川省五一劳动奖章获得者李爽，"全国技术能手""全国五一劳动奖章获得者"谢利平，——48个"小伙伴"都是行业里的佼佼者，技术上的带头人。4个省部级劳动模范，5个地市级劳动模范，16个气矿级劳动模范16人，5个高级工程师，1个高级技师，2个全国技术能手。这样的团队无论放到哪里，都会璀璨着整个天空。

长剑在手，铸剑为犁。重庆气矿劳模创新工作室近年来实施重大攻关项目49项，21项成果获各级奖励，其中2项成果分别获重庆市职工创新成果一等奖和四川省职工创新成果二等奖。

2014年，重庆气矿劳模创新工作室被全国总工会命名为"全国示范性劳模创新工作室"、被重庆市总工会命名为"重庆市劳模创新示范工作室"。

创工作之最，展全员之智，挖技术之潜，显科技之力。重庆气矿劳模工作室从成立之初，就注定开始了不平凡的征程！

能源产业的竞争归根结底就是技术的竞争。加快从"资源驱动"向"创新驱动"转变，加快从"资源为王"向"技术为王"过渡，在聚力开启"二次创业"新征程的集结下，重庆气矿深知，唯有创新，才是老气田"回春"的良药！

匠心筑梦：寻找老气田"回春"良方

四川东部，气龙盘旋。川东大气田是我国重要的天然气生产基地，重庆气矿为了祖国天然气工业的发展，在这块土地上艰苦创业，孜孜以求，创造了一个又一个天然气勘探开发奇迹。

石炭系、嘉陵江、飞仙关……6个含气层系被相继发现，相国寺、卧龙河、张家场、大池干、大天池等49个气田和含气构造被相继探明。呼啸而出的气流涌动交织着、缠绕着、凝结成大气田和自然之间巨大的情结。

置身在这样的创业时代，以敬业、精益、专注、创新为主旨的劳模创新工作室应运而生。

2010年，在重庆气矿党政的大力支持下，重庆气矿劳模创新工作室正式成立。有先进人物领衔，由劳模担任工作室负责人；有固定工作场所，具备创新活动所需的设备设施；有完善的管理制度，约束和规范创新工作；有创新团队，吸收各级专业技术人才；有创新成果，定期开展技术攻关、课题研究，每年至少有1项得到上级单位奖励的成果。

劳模创新工作室一经问世，便让一丝不苟、精益求精的"工匠精神"成为集结号，并以这样的责任理性向重庆气矿输送和释放这样的创新能量。

"工欲善其事，必先利其器"，但仅有好的器具还是远远不够的。要想成就一项工程，必须用心、用力、用技术、用智慧、用精神。作为领衔者，作为工作室的主任劳模，庞宇来深感责任重大、任重道远。

为确保劳模创新工作室有序推进，庞宇来和他的"小伙伴"们制定了严格工作程序。确立创新课题，根据重庆气矿勘探开发、安全环保、节能减排、管理提升的需求，以解决重庆气矿各项工作的难点和短板为主要目的，每年3月份之前各攻关团队确立劳模工作室的研究课题；制定创新目标，在明确主攻方向的基础上，确立符合实际的、有利于促进气矿勘探开发、安全环保、节能减排、管理提升的研究目标，使探索和创新工作具有更加明确的指向；组建攻关团队，成立由劳模为主体、科研骨干、专业能手等组成创新工作室各个项目的攻关人员，形成3～5支精干高效的创新工作小组；开展攻关活动，各攻关团队制定切实可行的创新工作方案，沿着既定的创新工作目标，开展坚持不懈的探索和研究活动，并及时反馈研究活动进程和效果；提交创新成果，根据科研项目的管理规定和验收程序，接受西南油气田分公司或重庆气矿明确的权威机构的考核验收和成效评估，形成创新成果，向重庆气矿科学技术委员会或相关职能部门提交；成果推广运用，通过会议、培训、现场观摩等各种方式，发布、推广创新成果，指导相关单位、人员在实践中运用创新成果，将创新成果转化为生产力。

一切都是为了转换，一切都是为了产出。一切都是为了"榨干吃尽"已发现的储量！

最大限度提高矿产资源的采收率，是劳模创新工作室面临的永恒课题。天然气不仅是清洁优质能源，而且是国家重要的战略资源。为实现资源的科学开发，做到"颗粒归仓"，汇聚"最强大脑"的劳模创新工作室不断探索和寻求丰富的理论支撑和实践经验，力求对资源充分采收技术的形成作出可贵的贡献。

关键在思路，成败在工作。

如何破解影响重庆气矿持续发展和科学管理的难题，如何突破极限，超越极限，把"有限"变成"无限"？劳模创新工作室找准突破方向，锁定寻找老气田"回春"的良方。

实现硬指标，需要软着陆。"硬"是坚定的信心，突破的勇气，出手的力度；"软"是理性的认识，科学的谋划，从容的脚步。

劳模创新工作室给自己定下大目标。实现"3"个突破：突破勘探开发的技术瓶颈，推进增储上产；突破设备防腐的技术瓶颈，确保储运设施完整，突破重庆气矿发展的管理瓶颈，提高质量效益。创新"8"大技术：形成川东气田"高陡构造圈闭评价与储层精细刻画配套技术""礁滩气藏气水识别配套技术""中深井排水采气配套技术""井筒和地面集输设施完整性管理配套技术""数字化智能化气田建设管理配套技术""高含硫气田安全高效开发配套技术""低压深井、水平井钻井完井配套技术""储气库建设管理配套技术"等8类标志性配套技术。培养"1"批骨干：培养一支具有较强创新意识和创新能力的员工团队，实现重庆气矿软实力和核心竞争力的提升。

目标已成，排兵布阵。攻坚克难，穷尽心血。针对大目标，重庆气矿劳模创新工作室成立四个骨干攻关团队。建立资源勘探攻关团队，展开攻关，提高资源勘探工作的质量和效率，努力增加气矿天然气三级储量；建立采输工艺攻关团队，展开攻关，大力创新管道防腐技术，提升气矿在用管道的完整性；建立挖潜稳产攻关团队，展开攻关，积极探索具有川东气田特色的挖潜稳产技术，延长气田气井的生命周期，提高气田气井采收率；建立价值管理攻关团队，展开攻关，深入开展企业管理机制、管理模式和企业文化建设的探索与实践，提升重庆气矿软实力。

一个人走得很快，一群人才能走得更远。

劳模创新工作室为"创新梦"的枝叶打开了茂密生长的平台，让劳模精神如大树一般，托举起薪火相传的力量。

思路的创新，来自不断实践与不断学习所带来的动力，劳模创新工作室的成立，很大程度地激发了广大职工认同和接受劳动模范的新思想品格、价值取向和道德目标，将劳模先进个人的力量加以整合，将全体职工凝聚到一个团队中，使得一个人的力量变成一群人的力量，一个人的智慧变得一群人的智慧。

气田重器：于无声处降"惊雷"

石炭系、飞仙关、相国寺、卧龙河、大天池。这些不仅是一个个跃然纸上的天然气含气构造名词，而且是串联我国天然气工业快速发展的生命足迹。

与亿万年的地质对话，科学和创新是愉悦交流的唯一途径。近几年来，重庆气矿创造了二维宽线地震采集、川东气田"高陡构造圈闭评价与储层精细刻画配套技术"等8类标志性开发技术和以泡排与气举复合进行超深井排水采气等五项配套开发技术。通过新技术新工艺应用，试验实施的个性化PDC快速钻进技术使钻井速度提高了1.29倍，刷新了川东气田钻井工程技术的3项历史纪录。为充分发挥科技在天然气勘探开发中的重要作用，几年来，重庆气矿共投入科研经费数千万元，开展了二三叠系滚动勘探研究、气田防腐技术研究、地面集输技术研究和排水、增压、脱水、计量、修井、信息技术的开发和推广应用，形成了滚动扩边勘探技术、低渗储量动用技术、排水采气技术、挖潜稳产技术等4个技术体系。

在这样方兴未艾的科技和创新大潮中，重庆气矿劳模工作室一经启动，便开始释放出强大的"磁场效应"。

由重庆气矿劳动模范、高级工程师周敏牵头完成的《卧龙河气田二次开发》，通过项目研究，提高采收率5.73%。

由全国五一劳动奖章获得者、高级工程师庞宇来组织完成的《川东石炭系气藏整体开发潜力评价》，搞清了石炭系三级储量，对各气藏的潜力进行了评价。通过该项目的研究，已在五百梯、沙罐坪、苟西、冯家湾等实施多口井，均已获气，整个项目实施后可望使川东石炭系采收率提高4.81%。

由四川省五一劳动奖章获得者、高级工程师李爽牵头开展的《川东石炭系深化勘探研究及目标评选》获2012年度西油分公司科技进步一等奖，《川东地区开江一梁平海槽台缘带生物礁勘探技术研究》获重庆气矿科技进步特等奖。通过一系列研究建议井位40口，其中24口获得实施，获测试产量480万立方米/天。

抢占一个个制高点、攻克一道道难题，科技和创新的力量让激情澎湃的重庆劳模创新工作室增添了与地层"叫板"的胆识！众"智"成城的劳模们把本职工作中的创业激情与干劲、技术经验与优势投入到创新创效当中。劳模创新工作室从项目策划、资料收集、实施验收等环节都实行标准化流程运作，两者相互补充，互相作用，给予了川东气田"创新梦"光合作用、茁壮成长的重要养分。

一枝独秀到满目芳华；单兵作战到团队协作。劳模创新工作室焕发巨大的能量。资源勘探团队进军神奇地宫，寻找资源宝藏；挖潜稳产团队呵护气井生命，确保颗粒归仓；采输工艺攻关团队优化工艺流程、创新防腐技术、守望气田脉动；价值管理攻关团队开展管理科学攻关，激发气矿创新活力和创造潜能。

几年来，重庆气矿劳模创新工作室实施重大攻关项目 27 项，节约成本 6000 余万元，1 项技术填补国内空白，17 项成果获各级奖励，19 项成果获得国家实用新技术专利。"整体式天然气压缩机发动机喷射阀气门专用拆装工具"参加第十届海峡两岸职工成果展，受到一致好评；"泡沫排水采气智能化加注"一年创造价值 500 余万元；"气田数字化技术"在全矿中心站推广应用，一年节约成本 300 余万元，并荣获重庆市职工创新成果一等奖；"二维码巡检技术"，实现巡检工作的定时、定点、定任务以及巡检工作和检维修作业的实时过程监控和同步考核，提升了过程受控管理水平；"谢利平工作法"在全矿范围内推广，提升了重庆气矿班组建设水平。

一条条天然气输气管线延伸着采气树下的生命活力和创业梦想。在这样的岁月中，以劳模为代表的重庆气矿人奉献给共和国的不仅仅是喷涌喷薄的能源，还有比能源更珍贵更炽热的忠诚和情感！

科学之举、工艺之法、管理之策、责任之感让以劳模创新工作室为缩影的重庆气矿以超乎寻常的智慧和毅力层层"镇守"，节节"阻击"，力挽狂澜，迎难而上！

劳模是民族的精英、国家的栋梁、社会的中坚、人民的楷模。如何让"工匠精神"变成"全矿气质"，重庆气矿劳模创新工作室深深思考，劳模称号不仅是"个人光环"，而是照亮身边的人，让身边的人也开始发光，从"亮点"到"亮片"。只有照亮一大片，才能使劳模技能和劳模精神得到更加有效的传承。

薪火相传：聚成一团火，散作满天星

在重庆气矿梁平作业区，有一个叫天东 29 井的地方。这是一个管理着 12 个生产井站的采气中心站。

置身在山野环抱中的井站就像绿色中的孤岛。谢利平每次回到这里，就像回到魂牵梦绕的家。站在采气树下，谢利平静静地还原成 19 年前那个面对密密麻麻的管线、错综复杂的流程、高大先进的设备茫然无措的小姑娘。

作为重庆气矿劳模创新工作室的主要成员，谢利平和以她名字命名的"谢利平工作法"成为重庆气矿一道耀眼的彩虹。

从亚洲最大的脱水站——讲治站的实习女工"小谢"到"全国青年安全生产示范岗"、重庆市"工人先锋号""全国女职工建功立业标兵岗"的天东 29 井的"谢班长"；从集团公司采气工职业技能大赛的第一名、"全国技术能手""全国五一劳动奖章"的"谢劳模"到以自己名字命名的"谢利平技能专家工作室"和"谢利平工作法"的"谢专家"。

谢利平一步步地蝶变人生。

聚在一起，谢利平和庞宇来、李爽、郝春雷、龚伟、宋伟、温志怀、雷念、龙俨丽等劳模一起成为推动川东大气田科技创新管理创新的重要力量。集思广益、勇于创新，最大限度地发挥出了重庆气矿劳模创新工作室潜能和智慧。

散开而去，谢利平扎根生产现场，带领作业区的技师和技能骨干解决作业区生产现场疑难杂症、开展技改创新和传技带徒等工作成为生活常态。"谢利平技能专家工作室"自成立至 2017 年，申请实用新型专利发明 1 项、完成科研项目 1 项、技改创新成果 16 项、提交合理化建议 76 项、完成重庆气矿操作卡修订试点工作和创新培训模式 5 种、打造移动式练兵场 2 座、完成技术比赛集训 7 次、开展各项培训工作 1300 多课时、参与检维修工作 126 次、整理典型检维修案例汇编 3 册 37 项、汇编作业区论文集 3 册等，为作业区完成各项工作任务提供了技术支撑。

"谢专家"不再是一个虚无缥缈的称号，而成为一个实实在在的技能品牌。

因为都是女孩的缘故，在重庆气矿劳模工作室里，李爽和谢利平碰到一起，也会亲亲热热地腻在一堆，叽叽喳喳地聊衣服聊鞋子聊育儿经。走在大街上，谁也看不出打扮得"美美哒"的两姐妹一个是大名鼎鼎的"谢专家"，一个是赫赫有名的"李劳模"。不久前才摘取"全国十佳最美地质队员"的李爽每天穿行在地质研究所的小院落里，猛扎在资料堆里，一如平常。

作为重庆气矿劳模创新工作室的元老，李爽担任了"重庆气矿劳模创新工作室资源勘探攻关团队"负责人和重庆气矿"李爽女职工创新工作室"负责人。

日趋复杂的勘探对象和紧迫的资源发展形势，像块沉甸甸的石头搁在年轻要强的资源勘探攻关团队的"队长"心上。

要想有的放矢地攻克科技难关，必须瞄准资源需求资源勘探攻关。李爽认真梳理制约油气勘探关键技术的基础上，查阅大量文献，请教众多专家，反复商讨推敲，制定了详细的年度攻关措施及攻关目标。

经过精挑细选，李爽拉起了一支精锐部队，发起对资源勘探的总攻战！

从2013年开始，她带领的团队提炼形成了一套包含4大技术系列、9大特色技术的长兴组生物礁勘探特色配套技术。并利用该技术，部署了11口生物礁专层井，经实施全部成功钻遇储层，测试日产量达200多万立方米。

资源勘探的战斗愈演愈烈！隆起幅度约2万平方千米的桐湾期"宣汉—开江"古隆起被率先发现；"两隆一缘一带"勘探有利区被首次提出；2017年，李爽带领"资源勘探攻关团队"大举进攻礁滩成像、精细刻画等技术攻关，对环开江梁平海槽台缘带生物礁分布进行了重新刻画，提出"海槽东侧发育二排礁""龙门区块生物礁具有成藏条件"等新认识，部署天东012-X18井、天东110井井位目标。天东012-X8井成功钻遇二排礁并获气，打响了海槽多排生物礁滚探第一仗；天东110井测试获气，打开了西侧生物礁勘探的新局面。

人人是创新之源！时时是创新之机！处处是创新之地！劳模效益被迅速复制和裂变。星星之火，已成燎原之势！

李爽创新工作室、谢利平创新工作室、周敏创新工作室，郝春雷创新工作室、张荣义创新工作室、刘正雄创新工作室。涵盖1名集团公司技能专家、2名西南油气田公司技能专家、1名高级技师、13名技师的"技师工作室"在长寿运销部挂牌成立；垫江作业区、开江作业区、万州作业区、渝北运销部、大竹作业区纷纷成立以重量级劳模领衔的"技师工作室""创新工作室"。

创新之梦，如雨后春笋，洒向川东气田广袤大地。

我们聚在一起的时候，犹如熊熊烈火，浴火重生百炼成钢，生成无穷的力量；而当我们分开，就像满天繁星熠熠生辉，就像涓涓细流润泽九曲十八弯的川东气田，就像缕缕阳光渗透每一块亿万年沉默不语的古老岩石，为重庆气矿"二次创业"催生源源不绝的动力。

庞宇来说，求实奉献，爱岗敬业；李爽说，勘探路漫漫，上下而求索；攻坚攀险峰，克难探地宫；唐楷说，面对困难不气馁，面对成绩不自满，攻坚克难作贡献，其乐融融；郝春雷说，依靠精细化管理力促川东老气田挖潜稳产；温志怀说，二次创业再出发，不待扬鞭自奋蹄！

没有炫彩华丽没有惊天动地，只有敦厚质朴的"劳模心语"。

庞宇来和他的劳模"小伙伴"们深知，只有不断学习借鉴世界油气开采新理论和新技术，才能始终站在石油天然气开采学科的前沿，才能真正提高攻关和创新能力。

壳牌、雪佛龙、斯伦贝谢、加拿大能源公司等国内外同行专家、科研机构与劳模创新工作室开展合作交流；西南石油大学、长江大学等高等院校的教授专家应邀为项目中的许多问题释疑解惑；川庆钻探、长庆油田等兄弟单位之间的交流学习来往频繁；全方位、多角度、深层次地碰撞火花，持之以恒、精益求精地开启"头脑风暴"。

梦想照亮现实，重庆气矿劳模创新工作室收获春天！"生产过程受控管理"获全国石油系统（行业部级）现代化管理创新成果一等奖、国家级创新成果二等奖；"相国寺地下储气库建设与运行关键技术研究"获西南油气田公司科技进步特等奖；"川东地区石炭系深化勘探研究及目标评选"获得西南油气田公司一等奖；"川东地区开江—梁平海槽台缘带生物礁勘探技术研究"获重庆气矿科技进步特等奖；"重庆气矿数字化管理信息系统研究与应用"获重庆市职工创新成果一等奖。

和所有人一样，庞宇来满是期待，重庆气矿劳模创新工作室掀起的创新热潮不仅是对科学的崇尚，更是传递一种责任一种使命一种担当甚至是一种情怀。

创新沉淀了岁月，升华了追求。不论世界多么喧嚣，庞宇来和他的劳模"小伙伴"们坚持着自己的信仰，独守内心的安宁，用心演绎沉淀之美。

不负过往　不惧未来

——重庆气矿卧龙河集气总站中心站精神文明建设纪实

严　丹

西南油气田公司重庆气矿卧龙河集气总站地处垫江县大雷村，位于卧龙河气田的南端。1987年投产，一站鼎立，调输川东气田"过境"天然气。贯通南北干道，成川渝两地集输"枢纽"。

2012年，卧龙河集气总站被集团公司授予"企业精神教育基地"，2019年更名为"石油精神教育基地"。同年，被西南油气田公司授予"党员教育基地"称号。

一路走来，卧龙河集气总站成绩斐然，满载荣誉，班组先后获得了全国五一劳动奖状、全国工人先锋号、中国石油"标杆"班组等多项荣誉。涌现出全国"三八红旗手"、集团公司优秀党务工作者程艳燕；集团公司特等劳模张敏

卧龙河集气总站文化室

等一批先进人物典型，铸就了一支责任心强、技术扎实、敢打能胜的"铁军"。

34 年来，员工不断更换，卧龙河集气总站换班换人不换作风，优良传统在卧龙河集气总站代代相传。"思想交流不放松、学习要求不降低、基础工作不走样、风险管控不变调、创新发展不停步"，"五不"精神成为今天重庆气矿人大步迈向"十四五"的真实写照，是石油精神在血脉中传承！

沐着初夏的阳光，"集团公司石油精神教育基地"这块金灿灿的招牌，格外引人注目。它诉说着 20 世纪七八十年代，卧龙河畔那场如火如荼的气田开发大会战。

探寻初心　历史的回响步履铿锵

60 多年前，大巴山深处一片静谧的山乡，迎来了勤劳的石油人，开启了深藏的大气田宝藏，在偏僻山乡上演了中国整装气田高效开发史诗般的经典——77 座生产单井站、5 座集输站、5 座增压站、2 座气田水回注站、243.09 千米原料气管线逐一铺展。

随着大池干、大天池等气田成组、连片开发，南、北干道等集输气都要汇聚至卧龙河气田，1987 年 9 月，卧龙河集气总站应需而生，成为川渝天然气集输管网的重要枢纽。

透过玻璃展示柜，布满锈迹的水壶、收音机、饭盒、闹钟，斑驳笔记本，简易的藤帽，笨重的棉衣……一一映入眼帘，向我们还原了 30 多年前，建站初期肩挑背扛，苦干实干的艰苦创业景象。

建站之初，站场设备设施简陋，科技含量低，技术力量薄弱，井站员工工作强度是一般采气井站的数倍。听老工人讲，当时没条件做设备外防腐，他们就戴上自制的棉布脸罩，除锈刷漆，一天下来，除了眼睛全身都是油漆。沾了油漆的衣服跟"盔甲"一样，硬邦邦的；没有清洗液，就用香蕉水洗脸，熏得人眼泪直流、皮肤浮肿，但没人觉得苦。党员同志还带头开玩笑，互称"盔甲侠"。正是有了党员干部这种以苦为乐、以苦为荣，甘当"盔甲侠"的乐观精神，才支撑着总站员工克服种种困难。

精心为参观人员解说

在那段激情燃烧的岁月里，员工特别能吃苦、特别能战斗，苦干实干、以站为家，卧龙河气田的壮美轮廓逐渐清晰——卧58井、卧66井等石炭系高产气井陆续投产，一个个采气站、增压站、净化厂渐渐立了起来。

见证荣光　辉煌的成就耀眼闪亮

汇集川东地区9条干线来气；日集输气量高达1450万立方米；年集输气量达到50亿立方米，占西南油气田公司当年"半壁江山"，成为当时全国陆上第二大集气站。墙上一串向上的红色箭头展示了卧龙河集气总站的辉煌业绩。

历经数年发展和数次重大技术改造，卧龙河集气总站从最初的单纯集输，发展到集输、分输、气田水处理等多种功能为一体，集输能力从建站时的每日600万立方米，增加到每日1450万立方米，成为川渝天然气集输管网的重要枢纽，被称为川渝工业发展的"输血库"。

紧紧围绕"精心操作、平稳集输"的班组宗旨，员工努力拼搏、无私奉献，总站发生了从无到有、从小到大、从弱到强的变化。

备维护保养

　　管理立站，率先将党支部建在站上。一个支部一团火，一名党员一面旗。集气总站将党建融入中心工作；坚持"三会一课""主题党日＋"活动，提升党支部组织力；开展党员突击队、党员志愿者服务；组织党员"三高三岗""五大员"等创先争优活动。在产量高，责任大的关键时期，在党支部的带领下，集气总站开创了凝心聚力的发展之路，着力发挥了党组织的战斗堡垒作用，为企业发展注入了源源不竭的新动力。

　　安全建站，在岗一分钟安全60秒。推行安全"严细实"管理，开展安全管理"八多"理念，探索建立从发现上报到处理完毕的隐患"闭环管理"体系，确保本质安全。每年开展戴空气呼吸器、新工艺新技术现场操作、异常情况分析处理等安全技能比赛，以及各类事故演练，切实将安全管理的"规定动作"变为员工的日常习惯。

　　素质强站，强化人才素质夯实发展实力。站上技能培训室随时可见员工训练的身影。每年开展近50次工艺流程绘图、熟记站场技术参数等练兵竞赛，将员工培养成了流程"活地图"，人人都熟悉全站近600只（台）大小设备、阀门的型号、材质和原理，遇到突发情况都能正确应对。通过打造一个样板，示范引领班组设备管理，HSE培训"六步法"、培训项目"星级管理""互动式"岗位练兵……丰富多彩的"充电"项目，让总站变身成"职业大学"。

　　和谐育站，爱站如家守站守家。坚持以人为本，员工爱站如家、守站守家，培育了"聚人、聚气、聚神、聚心"的班站"聚文化"。班组着力解决困难员工最关心最现实的各种急难问题。在员工生日、子女生病时，送上祝福或慰问……党支部用有情感、有温度的帮扶机制，打造了最温馨的集体。

墙上大红色的铁军荣誉榜铭刻着辉煌，40项各级荣誉记录着这支责任心强、技术扎实、敢打能胜的"铁军"奋斗历程。他们，用杰出与精湛、用执着与奉献，让卧龙河集气总站乘风破浪，铸就辉煌！

传承薪火　奋进的脚步准备远航

传承是最好的致敬。在党旗的引领下，卧龙河集气总站员工将石油精神融入工作，落到岗位，化为行为。员工不断更换，但是全站员工的信心不降、热情不减，铆足干劲，接续奋斗，换班换人不换作风，艰苦奋斗、无私奉献的优良传统代代相传，全员做好五个"不"，以崭新的姿态迎接新挑战。

思想交流不放松。领导干部、党支部书记、党员骨干与员工深入开展交心谈心。"有事找组织"已成为员工的共识。员工刘宏说道："在这个温暖的集体，我感觉很踏实，有组织作坚强的后盾，遇上什么样的坎儿都不怕，工作特别有冲劲儿。"

学习要求不降低。定期开展各类培训，鼓励结对互学，持续增强全站员工学习热情。员工刘幽逸说："我很感谢这里遇到的每一个师傅，他们教会了我技能，更重要的是，从他们身上，我感受到了持续学习的热情。"

基础工作不走样。信息化建设5个100%内容，"大属地＋小属地"管理模式，"无漏项"管理机制，让总站过程管理更加精细。"1+6"一体化管理考核运行机制、重点工作督办考核机制，让总站考核激励不断规范。站务公开栏每月公布业绩考核、班组管理等情况；定期召开班务会，收集班组建设的意见、建议，让总站管理愈发有序。

风险管控不变调。大力推行"手册＋清单"管理模式、"333"限时办结工作制度，将QHSE管理要求融入业务流程，加强过程把控，不断推动"两个现场"管理提升，切实落实安全管理之举、提质增效之措，为推动企业高质量发展打好了坚实基础。卧龙河集气总站已创下迄今30余年安全生产零伤害、零污染、零缺陷、零事故纪录。

创新发展不停步。推行自主管理，减少外委工作，经营管理放权，提高授权额度，"333"限时办结，全业务过程督促，推进"五新五小"……一系列创新管理措施推陈出新，全站员工争做技术创新"弄潮儿"，许多新点子、新思路、新想法从集气总站产生并试验成功，得到推广运用。

大鹏之动，非一羽之轻也；骐骥之速，非一足之力也。

在卧龙河集气总站石油精神教育室让我们看到无论过去还是现在，员工向上，班组向前。石油精神早已融入血脉，辉煌荣光早已熔炼成力量，滋养着一辈又一辈的川东气田人，初心不改、笃行不怠，奋楫逐浪，筑梦远航！

承初心　启未来　智者兴企

吴　平　邹云波　杨宇为

每一个行业，总有为推动发展砥砺求索的智者；每一个岗位，总有为突破局限精钻细琢的智者。智者，是荣耀，更是责任担当。

西南油气田公司重庆气矿长寿天然气运销部技师工作室有这样一群智者，他们在平凡的岗位上贡献无限智慧，创造出一个又一个振奋人心的创新成果，为企业发展提供技术保障，用专利发明创造可观经济效益，他们用行动阐释大国工匠精神、谱写智慧兴业宏图。

汇聚人才智库　实现聚合效应

一人之智有限，众智合力无穷。2014 年 4 月，重庆气矿长寿天然气运销部成立"技师工作室"，将旗下的 1 名集团公司技能专家、2 名西南油气田公司技能专家、1 名高级技师、13 名技师有机整合，充分发挥专家、技师的合力优势，增强企业自主创新能力。

被聘为集团公司采气技能专家的夏仲华，无疑是技师工作室的领头人。2017年年初，夏仲华带领专家技师们例行巡检，在渡舟站发现计量装置在进行规定清洗时，高孔阀排污油水飞溅，导压管路放空吹扫噪声极大。"技师就像医生，医生是为病人看病治疗，技师就是为一线生产解决各项难题，治好它们的疑难杂症！"经过两个多月的探索实践，夏仲华带领工作室技师们构想、画图、设计、制作，一种便携式"计量装置导压管吹扫排污缓冲器"完美出炉。当员工们在夏仲华的指导下，完成了高孔阀排污口清洗的规定步骤后，现场没有出现油污、碎石飞溅现象，噪声经测试从以前的 80 分贝降为 30 分贝，消除了因计

技能考核现场

量装置放空吹扫可能造成操作人员伤害的安全隐患、环境污染风险。

众人划桨开大船，技师工作室所有成绩的背后是运销部这艘大船扬帆远航齐头并进的聚力结果。"党委主抓、行政考核、工会帮扶、部门协助、自主选题""定向攻关、定期巡诊、定量考核、定效明责"四定工作法等一系列创新措施应运而生，最终成为技师工作室集体成果展现的源源不竭的动力源泉。

党委书记李建川坦言："我们每年都会拨出专项费用用于技师团队的发明创新，这笔钱有可能会打'水漂'，但对于创新创效成果的创立和人才队伍建设，该花的钱必须要花。"自2016年以来，运销部已投入费用计10万余元用于项目创新。

技师工作室的成立激发了员工学习技能、钻研技术的热情。2014年以来，夏仲华获得"全国技术能手"荣誉称号；程艳燕获得重庆市五一劳动奖章称号；胡波、徐思勇、甘建红等分别在西南油气田公司、重庆气矿职业技能竞赛中屡创佳绩；廖勇成功晋级为西南油气田职业技能鉴定中心的汽车驾驶技术的职业技能鉴定考评员，其《防御性驾驶技术》课件被西南油气田公司采纳。

发扬工匠精神　创造行业精品

重庆气矿 5000 余千米的天然气管道，逶迤横亘在川渝 24 区县，天然气管道已成为地方经济不可或缺的"生命线、经济线、效益线"，不仅关系着上游能源安全平稳供应，更牵连着下游地方政府及人民群众的安危。

管道保护工就是维系这条生命线的第一关。唐明志在巡管途中，发现传统测试桩安装效率低，尤其是混凝土测试桩存在笨重转场困难、损坏后不易修复的缺点；而钢制测试桩又因长期置于野外，易被锈蚀和线缆受第三方破坏后致使检测数据失真。"要是有一个能实现'防破坏、全封闭、免维修'的实用新型测试桩就好了。"说干就干，唐明志带领大家在原有专利"测试头"的基础上，不断修改、完善、设计，研究出了密封性能好、多种检测功能均能满足野外采集管道保护参数的测试桩，大大提高了使用效率。目前《一种阴极保护桩》已在分公司内部大力推广，3 年来长寿运销部整改数量 127 套，重庆气矿各作业区运销部整改数量 400 余套。经统计，西南油气田公司内部整改数量达 1000 余套，创经济效益 25 万元。

开展技术比赛

"工匠精神"的核心在于"敬业、精益、专注、创新",众多创新创效成果喷涌而出,让党委书记李建川笑得合不拢嘴:"技师工作室成立后,运销部推行'党支部＋QC活动'方式,充分发挥政治核心作用,实现了党建工作向生产经营工作的有效融入,为专家、技师搭建了有效的成长成才平台"。

一根稻草抛不过墙,一根木头架不起桥,21世纪是专业团队的世纪。技师工作室成立以来创新成绩从零开始,获得国家专利17项,其中职务发明12项技术成果获国家实用新型专利;参与重庆特胜机电设备有限公司国家实用新型专利发明5项;完成技术攻关课题50余项,成绩显著。

不忘智者初心　启迪共学并进

2018年1月12日,当管道保护工王勇得知自己被聘为油气管道保护技师,并如愿加入运销部技师工作室时,作为新晋技师,王勇最想感谢的是师父唐明志。2012年,重庆气矿组织第五届采输气、油气管道保护等工种的技术比赛,作为西南油气田油气管道专家唐明志与王勇和吴鹏签订了"师徒协议"。一纸师徒协议的签订,把三人牢牢捆绑在了一起。平时工作中,唐明志为他俩制定明确的培训计划和目标,把自己的一技之长倾囊相授。同时对他们的学习进展进行检查和考核,定时总结、定时评比,不断完善学习培训内容。2015年,师兄吴鹏被聘为油气管道保护技师,加入技师工作室的专家技师行列。2018年,师弟王勇也迎头赶上,完成夙愿。

而这仅仅是运销部"名师带徒"工作的一个缩影。目前,技师工作室已与22名具有创新思维和技术特长的员工签订师徒协议,着力培养一批高技能人才。他们把"技术课堂"搬到井站,把"练兵台"搬到岗位,让技术课堂"活起来、动起来",实行"一课一考",激励职工向技师"学技术、练绝活、攻难题"。针对不同岗位特点和员工结构开展"点将""点餐""培优""补差"等多种形式授课,大大缩短了员工学习与掌握岗位技能的周期。

"名师带徒"活动的开展在众多创新激励机制中日臻完善结出硕果,多名徒弟在西南油气田公司举办的采气、增压专业比赛中获得"技术能手"称号,在

专家工作室成员于垫江培训基地开展学习研讨

国家职业技能鉴定中 8 名徒弟晋升为技师，2 名晋升为高级技师。

承初心，启未来，智者长兴。

如今，专家技师们为企业的兴盛与发展奉献智慧、探索进取，争创全国一流技师工作室品牌，用实际行动为长寿天然气运销部"敢于拼搏、永争一流"的红旗文化再添浓墨重彩的"智兴"内涵。

党旗猎猎风正劲　火红人生耀气田

李传富　廖云杰

入夏以来，有"火炉"美誉的山城重庆受高温"烤"验，37度、38度、39度……室外温度不断飙升。有这样一群西南油气田公司重庆气矿员工，他们头顶烈日，脚踏热浪，扛起党员突击队旗，在黄瓜山深层页岩气建设"战场"奏响了动人的乐章。

"较真"的"教学官"

崔凯是黄202脱水站脱水班班长、最年长的党员，50多岁依然精神抖擞，作风硬朗、经验丰富、胆大心细是他的标签。

空压机运行中未间歇性停机引起了他的注意，不仅噪声大、能耗高，还加速设备磨损，问题出在哪？与两位站长、技术骨干在烈日下反复调试、讨论、查找，锁定"压力变送器的位置安装不合理"症结，联系厂家整改后，空压机每日运行时间缩短14小时，节约160度工业用电，类似不同问题他已处理36处。

崔凯成为员工技能提升的"教官"，借用"三查四定"契机，在室外平均37度环境下，向"萌新"员工深度剖析设备原理，在查证问题中传授应急处置要点，在错综复杂的问题中理清思路，短期使12名脱水"小白"技能迅速成长。

火红的工衣布满斑白的汗液结晶，"其身暮年，其心依旧"正是他践行使命的真实写照。

"奔跑"的"指挥官"

随渝西页岩气全面上产，管道、场站等施工接踵而至。作为重庆气矿负责页岩气生产现场的"指挥官"、党员突击队队长、40 多岁的永川作业区副经理郝春雷把现场当成了"家"。

来凤站场站改造是打通页岩气外输工程最后的节点，是关键控制性工程，需同步开展流程优化和隐患整改。工程量大、作业空间狭窄、多个工程交叉作业，如何控风险，是他考虑最多的事。其间永川、璧山、江津区 13 家燃气用户近 10 万人用气，需停气 72 小时，焊接 60 余处，曾被认为是不可能完成的任务。

他多次组织优化调整施工方案，敲定分三阶段连续施工，协调用户停气得到重庆市经信委支持。

2021 年 6 月 6 日至 9 日，强降雨增加了施工难度。"开弓没有回头箭"，唯与时间赛跑。他与技术干部两班倒，24 小时监控施工现场，轮休便躺在床上小憩，值班电话响起立即起床赶到现场，工程提前 4 小时完成。

为打通黄瓜山页岩气外输管线，作为现场总负责的他与当地政府协调 8 次，7 月 5 日对马永线、工业园区站实施停气碰口，时间轴记录了他的轨迹：6 时赶到工业园区站检验氮气置换是否合格，7 时 33 分前往 20 千米外施工点部署焊接作业，9 时 22 分赶往工业园区站处理新换阀门垫片变形问题……23 时 50 分马永线试压合格。18 小时鏖战，雨下个不停，在回程路上他已经睡着。

10 余年党龄、苦活脏活冲在前的他坚守"我为祖国献石油"的初心，带领团队破解页岩气上产难题一直在路上。

"沉稳"的"执行官"

沉稳干练的脱水工程师余茂楠，黄 202 脱水站投产中起早贪黑，夙兴夜寐，是公认的脱水站场建设"首席执行官"。

黄 202 脱水站作为重庆气矿首个页岩气自营区块的重点站场，建设和投产任务繁重，投产临近，"三查四定"和投产发现问题仍需加速消项，他看在眼里，急在心上。凭多年积累的脱水技术与经验，调整作息，白天冒高温与班组员工现场验证问题整改，中午员工休息，他依然在统计目视化标牌，每日 18 时召集各方开投产例会，晚上编写两册一图至凌晨，加班成家常便饭。

他组织脱水装置水运联调时发现站场部分区域功能位号与仪控系统电缆位号存在冲突，追溯问题根源发现设计思路不统一，亲自协调各方完成问题整改，消除站场仪控系统检维修存在的风险。40 余天清查各类问题 434 项，整改率 96%。

如火如荼的投产建设场面，3 名党员仅是渝西页岩气上产中的缩影，重庆气矿人正肩扛旗帜为梦想而拼搏，建设团队交出了黄 202 脱水站投产准备合格的答卷，黄瓜山深层页岩气从地宫呼啸而出指日可待。

众擎易举　路在脚下梦不远

丁　会　李　羽　张　虎　杨旭东　游泓梦

作为西南油气田公司重庆气矿2020年扶志扶智助力脱贫帮扶对象的浪坪乡，曾是重庆市18个深度贫困乡镇之一，位于重庆市酉阳、彭水、黔江两县一区交界处，人口1.1万人。距酉阳县城107千米、黔江城区81千米、彭水县城61千米，四周被大山阻隔，"深度贫困"一度成为浪坪人无处安放的"乡愁"。

扶志扶智　助力脱贫安"乡愁"

汇八方之力，助脱贫圆梦。

2012年以来，浪坪乡在经历了场镇、交通和产业等数次突围后，这个偏远小乡的街道长了宽了，人口也多了。再不是突围之初那个集镇街道长不足300米、宽只有两三米，人口仅有500多人，环境卫生差，没有银行、派出所、邮局等现代设施的模样。

通过乡村振兴规划，合理利用资源，因地制宜激活特色产业发展动力，结对帮扶，在信息网络、道路交通、文化教育、医疗保障等方面取得成绩的同时，也为百姓闯出了一条脱贫致富路子。

昔日的贫困乡村正在蜕变，在此过程中，重庆气矿"青年志愿者"爱心进农家、捐助暖儿童、让希望"落地生根"的产业扶贫等扶志扶智结对帮扶行动，如涓涓细流汇入各方磅礴力量，为浪坪乡脱贫攻坚振兴发展贡献着石油力量。

2020年，重庆气矿在对酉阳土家族苗族自治县浪坪乡浪水坝村对口扶贫时，提前了解了浪水坝村贫困状况，分析致贫原因，摸清帮扶需求，明确帮扶主体，落实帮扶措施，并制定扶志扶智助力脱贫攻坚行动方案，确保对口扶贫落地见效。

10 月 27 日，重庆气矿"青年志愿者"一行从重庆驱车 6 个小时，到达平均海拔 750 米、酉阳西北门户的市级深度贫困乡浪坪乡时，天已静墨。

乡镇街道干净整洁，有微光闪烁的交错霓虹，却没有喧闹和嘈杂，乡村夜晚独有的静谧，在夜色中被无限放大。

随行而来的志愿者中，有谋划长远扶贫协作战略的重庆气矿党委副书记，也有曾任重庆市开州区政府办公室党组成员、副主任的中国石油挂职干部，带着对口支援广度拓展、深度挖掘和力度强化上的丰富经验，及扶贫物资走进偏远小乡，为浪坪百姓脱贫致富略尽绵薄之力。

对于重庆气矿带来的长远谋划、致富建议和扶贫物资，酉阳县浪坪乡党委书记说："感谢中国石油对浪坪乡贫困百姓的关心支持。"

产业扶贫　唱响致富"向天歌"

"我们的白鹅全是生态养殖，肉质鲜美，营养价值也高。"浪坪乡浪水坝村白鹅养殖农户石玉仙，指着养殖场里目前存栏的上万只白鹅说："我们刚刚出栏了 3000 只白鹅，都是销往重庆和荣昌各地，根本不愁卖。"

对于重庆气矿对养殖场的产业扶贫，石玉仙的老公付强说："养殖场目前面临的困难还很多，由衷感谢中国石油对养殖场的帮扶。"

年近 50 岁的付强是执业多年的全科医生，有私立医院工作经验，曾远赴河北学习了一年的白鹅养殖经验。疫情前，付强在浪坪乡开了 3 年诊所，服务周边百姓便捷就医，疫情后，诊所经营日渐艰难，面对一家老小的生活压力，另辟蹊径突围脱贫迫在眉睫。

付强说浪水坝村的村民经济收入来源单一微薄，尤其是留守村里的剩余劳动力，大多是老弱病残，但如果大家拧成一股绳，有人带有人帮，说不定真能在家门口摆脱困境。

2020 年 4 月，有着 1 年白鹅养殖经验的付强，压上全部家当，带着村里的 7 户贫困户以劳动力入股的形式，干起了白鹅生态养殖。

白鹅养殖周期是 75 天至 80 天左右，要想每月有成鹅循环出栏，就必须每月购鹅苗，由于前期资金不够充裕，养殖棚建设、工人工资、鹅苗采买、饲料购置等费用不菲，每一笔都是养殖场持续经营的压力所在。

了解到养殖场的帮扶需求，重庆气矿为养殖场扩建了一个 12000 只白鹅的养殖棚，捐赠了 7500 只鹅苗，5 吨豆粕和 5 吨玉米，其中 4000 只鹅苗已进棚饲养，极大地缓解了养殖场当前困境。

"带领 10 户贫困户致富脱贫。"是付强近期梦想。付强说重庆气矿为鹅场扩建养殖棚、扩大养殖规模等帮扶措施，犹如雪中送炭，让他的梦想有望提前实现，也让浪水坝村白鹅特色养殖产业，在脱贫的道路上越走越宽敞。

接受采访时，今年 60 多岁、在养殖场工作的"元老"股东杨光群说："能在家门口挣钱，还不耽误种田、养猪，照顾老伴，这样的事以前想都不敢想。"

年轻时在沿海城市建筑工地轧钢筋多年的杨光群，随着年纪增长，劳动力下降，早已不能从事重体力活，老伴谢从英又身有残疾无法外出务工，还未成家的两个儿子在外打工，杨光群说自己和村里其他留守老人一样，都想靠勤劳来致富摆脱贫困。

如今，和另外几户贫困户一样，杨光群和老伴一起在养殖场工作，每人每月包吃包住月薪 3000 元，加上年底分红，一年下来，老两口将有一笔远超过去的可观收入。

采访最后，脸上洋溢着幸福笑容的杨光群说："勤劳致富，不仅要政策好，还有人带有人帮，感谢中国石油对我们鹅场的帮助！"

捐书筑梦　爱与知识伴成长

让阅读成为习惯，让书香飘满校园。

10 月 28 日，当志愿者一行带着 360 册学生课外阅读书籍，和羽毛球、篮球、足球、乒乓球、长短跳绳等一大批体育用品，来到浪坪乡中心小学，看望这里的孩子们时，被学校的环境和独特的教学氛围深深震撼。

这里虽然地处偏远山区，但对教育的重视不亚于发达城市。出发前，志愿者提前了解了孩子们的学习生活及需求情况，也知道书籍和文体用品是山里孩子目前最大的需求。

负责接待志愿者的音乐老师郎冬梅说，在各方的大力支持下，学校的环境最近两年得到了很大改善。浪坪乡中心小学有 15 个班级、700 多名小学生，这些学生 80% 是土家族，15% 是苗族，剩下的 5% 是其他民族，汉族在这里反而成了"少数民族"。

由于这里地理位置偏远闭塞、交通不便，在很大程度上制约了乡村经济的发展，乡里的青壮年大都外出打工，留守的都是妇女、儿童和上了年纪的老人。

所以，学校常年有 300 多名学生住校，从低年级到高年级不等，占了学生总数近一半。因此，除了学校和老师的倾心付出，外界的关心帮助、爱心注入，对孩子们的身心健康都有很大助益。

大课间的时候，随着土家民歌《木叶情歌》的响起，志愿者随 700 多名学生一起舞动，将挖地、撒种、插秧、种苞谷、挑担、纺棉花、织布、扫地、打粑粑等一系列生活化的舞蹈动作，生动地再现了土家人生产生活的场景。

和孩子们互动时，唱歌接龙、和声重唱、独舞伴唱……一首接一首的歌声溢满整个校园，也感染着在场的每一个志愿者。此次活动发起人、江北运销部团委书记王灵感慨道："能歌善舞的土家人，在孩子们身上得到了最好的诠释。"

随着社会发展，各种文化相互交流，导致许多优秀的民族民间文化濒临消失，保护和传承民族民间文化，浪坪乡中心小学在民族文化传承路上，显然已经迈开了步子，现已"土"味十足。

重庆气矿志愿者此行酉阳浪坪，带去的是一丝温情、一份关爱，带回的是一个深度贫困乡镇的变化，希望能让更多的人关注扶贫，关注"三农"，为贫困地区脱贫攻坚和振兴发展"出一份力"，也为深度贫困乡镇实现"畜牧兴旺、群众增收、乡村振兴"的美好愿景再"添一把火"，便不枉此行。

群团合力闪耀奋进光芒

连　俊

　　"十四五"开局，重庆气矿吹响"四大攻坚战"号角，在实践探索的基础上加强顶层设计和战略安排，攻坚"施工图"恢宏展开。围绕中心，服务大局，重庆气矿党委部署"严肃、巩固、完善、创新、激活、做实、提升、问责"八项重点工作，领航新征程，筑牢发展路。

　　党旗所指，群团所向。重庆气矿工会、女工委、团委发挥各自组织优势，爆发强大合力，从工匠引领到巾帼赞歌，从突击队攻坚到志愿者服务，纽带五彩斑斓，梁桥星罗棋布，党群组织用特有的气质和禀赋，合力闪耀奋进光芒。

润物有情　　蹚出创新之路

　　2022年6月23日，重庆气矿党委书记来到老八路武恩家中，一边和武恩翻看纪念册，一边听武恩讲述自己的故事。纪念册中收集了武恩不同革命时期的珍贵相片，并整理收录了他的革命事迹，有着近80年党龄的武恩激动万分，热泪盈眶地感谢着组织的关怀。

　　"让老兵精神永照气田。"这是重庆气矿开展红色记忆宣传活动的初衷，100套《武恩》《老兵》纪念册，记录的不仅仅是历史，更装载着浓郁的精神情怀。

　　心语无声，润物有情。作为员工的娘家人，重庆气矿工会扎扎实实为员工群众办实事。2022年上半年，重庆气矿工会为近2000困难人员建立完善了困难档案，为扶贫帮困送温暖活动的识别和管理提供了翔实准确的资料和依据。坚持开展生病住院有探视、传统节日有慰问、退休离职有欢送、结婚生育有祝福、炎热夏季有清凉、寒冷冬季有温暖等"六个有"关爱活动。上半年，重大节日

慰问"西南油气田公司五一巾帼标兵岗"

慰问困难人员 2076 人，发放慰问金 428.6 万元；大病帮扶 29 人次，发放慰问金
18.9 万元。

一直以来，重庆气矿工会着力精神培育，在助推高质量发展的征程中融入精神血脉，形塑精神气质，引领全矿员工在精神之旅中坚定信心、鼓足勇气，凝聚起一往无前的磅礴伟力。

连续一周，刘辉霸屏重庆气矿员工的朋友圈，全矿员工为刘辉"疯狂打call"。入围中国石油 2021 年度"石油名匠"技能领军人才评选活动，刘辉承载着荣光，托举着梦想，更见证着精神的蕴润。

这是重庆气矿焕发精神光芒的生动写实。劳模创新工作室的成立，就是引领高质量发展，赓续奋进强音的有力体现。

与刘辉一样，谢利平也是劳模工作室的一员。作为技能培训"达人"和创新创效"领军者"，谢利平把高质量对标查改作为党史学习教育的生动实践。上半年，会同"劳模工匠服务队"成员奔赴一线，开展了劳模送精神、工匠送技术活动。服务队行程 2000 千米，深入 7 个基层单位和 11 个井站班组，在对标查改过程中，勇挑"硬担子"、专啃"硬骨头"，解决"页岩气甘醇脱水装置再生系统内甘醇疑似油类污染""分体式增压机组盘车效率低"等20余个"老大难"技术难题。

点亮一盏灯，照亮一大片。高质量发展不但要提高精神生产力，更要提高创新生产力。重庆气矿群众性创新创效活动接续而进，风起云涌。"五新五小"、合理化建议蓬勃开展，新型管道阴极保护桩帽及管道保护桩、喷射阀气门拆卸工具等成果在重庆气矿范围内广泛使用，创造经济价值 3000 余万元，为实现重庆气矿高质量发展提供强大的创新动力。

星星之火，可以燎原。重庆气矿以精神光芒汇聚创新动力，让高质量发展之路更加繁盛绚丽、蓬勃向上。

巾帼向党　不忘初心之路

5月31日，重庆乐一融合特殊学校里爱意浓浓，温情涌动。

当天，重庆气矿女工委为乐一融合特殊学校两个校区的孩子们送去了6000余元急需的生活用品和教具，并精心准备了节日礼物。"穿红工衣的小姐姐真漂亮。"这是孩子们最纯净的心语。温暖的微笑、呵护的拥抱、美好的祝福，重庆气矿女工彰显了心系公益、救助扶贫的大爱情怀。

"爱心进校园"青年志愿者活动

点滴爱，汇成海。重庆气矿女工委一直致力慈善帮扶活动，让一个全心全意彰显社会责任的能源企业呈现在公众面前。2020年10月28日，"爱心进农家，捐助暖儿童"扶志扶智助力脱贫攻坚行动走进酉阳土家族苗族自治县浪坪乡浪水坝村，为养殖户捐赠了7500只鹅苗、5吨豆粕和5吨玉米，为浪坪乡中心小学捐赠了360册书籍和羽毛球、篮球等一大批体育用品。

履行社会责任，践行央企担当，不忘初心之路，这是重庆气矿人的无限荣光。

6月16日，"我的初心故事"女职工岗位讲述决赛如火如荼。来自重庆气矿各岗位的女将们，声情并茂地讲述着石油人初心不改的感人故事，这是女工委开展"巾帼心向党，初心绽芳华"系列活动之一。

"团结带领广大女职工肩负责任使命，在新征程中建功立业，做新时代新女性。"女工委负责人道出活动初衷。

党史知识竞答、爱党爱国歌曲联唱、参观"双教"基地、重走长征路、共绘巾帼巨幅蓝图……在脉脉温情与高昂激情中，广大女工用赤诚之心为共产党百年华诞献上巾帼贺礼。

明初心、知使命、展风采。重庆气矿积极搭建女职工成长成才平台，女职工专业技能、特长技能得以全面实现。仅2021年，在全国"书香三八"读书活动中，重庆气矿女职工荣获摄影阅读书画一等奖1个、二等奖4个、优秀奖1个。在西南油气田公司"巾帼风采"输气工岗位练兵活动擂台赛中，4人均获得奖牌。在油气田公司"我的班长我的班"展示活动中，作品音诗画《行进在繁华似锦的春天》荣获表演一等奖，情景剧《青春华章》荣获创作二等奖。

铿锵玫瑰，无惧风雨。那些灿若星河的巾帼风姿，无论光彩夺目，还是平凡普通，汇聚成涓涓细流，充盈着无尽热度，释放出向善情怀，温暖千家万户。

青春力量　绘就筑梦之路

6月24日，重庆气矿团委举办"传承红色基因、献礼建党百年"主题演讲比赛，50余名青年代表重温党的光辉历程，讴歌党的伟大成就，表达听党话、

技能专家服务

感党恩、跟党走的信心和决心。

"这是我们在党史学习教育中的自选动作，作为青年一代，我们也应该出智出力，为建党 100 周年贡献青春力量。"重庆气矿团委负责人如此介绍。

"坚定理想信念，练就过硬本领，在激扬青春、奉献油气的实践中书写无愧于时代的壮丽篇章。"活动现场，优秀青年代表向广大团员青年发出倡议，矢志艰苦奋斗，勇于开拓创新，用青春之力托举发展梦想。

做优青年论坛品牌，这仅仅是重庆气矿团委打造"青春品牌"的举措之一。除此之外，重庆气矿团委持续做细青年安全生产品牌。

每年 3 月，重庆气矿团委都会联合管道管理部，定期开展"志愿行——天然气管道保护宣传"专项行动，活动累计发放管道宣传资料 30000 余份，现场一对一咨询服务 5000 余人次，8000 余人接受了现场宣传教育。

为切实保障高含硫气田安全生产，重庆气矿青年技术精准服务直通车进驻站大猫坪中心站，"望闻问切"切实解决高含硫气田管理问题。

围绕老区稳产挖潜、科研瓶颈攻关、安全隐患整改工程等工作，开展铜锣

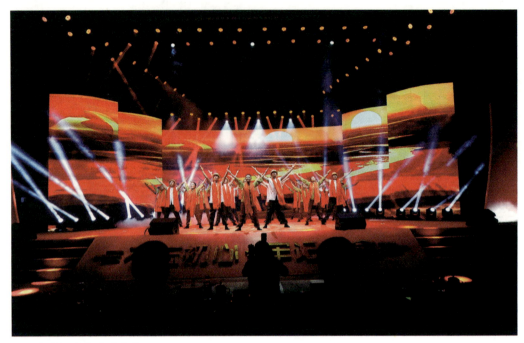

职工文艺汇演获广泛认同

峡储气库先导试验沙坪场增压站机组搬迁停气碰口工程、"低老坏"现象整治专项活动、相国寺储气库集注站及所属注采站周围火灾隐患清查等 30 余次突击队活动。

在做大青年志愿服务品牌方面，以雷锋纪念日为契机，围绕"关爱老人""温暖留守儿童""义务清扫""义务植树""法规知识宣传"等主题，开展"学雷锋树新风，学铁人立新功"志愿服务活动。

与此同时，在各专业职业技能大赛、岗位练兵活动擂台赛、应急处置技能竞赛等大型比赛现场，都有青年志愿者的身影。协调配合、车辆调派、秩序维护……红工装，小黄帽，展现了石油青年良好形象。

唯奋斗，正青春。在重庆气矿高质量发展新征程上，广大团员青年用奋斗着墨"四大攻坚战"新色调，展现责任担当新风尚，绘就筑梦未来新图景。

班和万事兴

金 瑛 吴 平 陈翔宇

　　走进西南油气田公司重庆气矿大竹中心站，首先映入眼帘的是悬挂在院墙上的几块字牌，上书"我爱大竹站"几个大字。2021年4月退休的大竹作业区第二党支部书记周晓容，站在站牌前留下了她工作生涯中最后一张与中心站的合影。

　　"中心站多年来一直坚持'制度＋情感'两条线的管理方式，以制度'管'人，以情感'暖'人。说到管理，我认为不在'管'，而在于'和'。其中，我们的党员起到了先锋模范带头作用和桥梁作用。"

　　和，首在"和睦"。大竹中心站所属作业区第二党支部，实行"党支部书记＋站长"管理模式，共有党员16名。

"党员示范岗"扎根井站

员工思想拧成一股绳，劲才能往一处使。要做好员工的思想工作，找准切入点、支撑点和落脚点非常必要。"爱心档案""三单服务"等多项实实在在措施的实施，精细梳理员工需求，着力解决员工反映的热点难点问题，大到项目建设，小到宿舍灯具安装，员工有需则"点单"，党员、支部"接单"，党员主动干，支部牵头办。

"员工最关心什么、最需要什么，我们能帮助到他们什么？是我这个党支部书记最重要的任务！"周晓容说道。解决马家站员工提出的培训硫化氢检测仪使用规范及范围、更换凉1井分离器排污阀轴承、疫情期间防疫物资配备、大竹中心站厨房灶具更换调试等有关生产、生活保障等方面的问题，中心站通过"一对一""多对一"的方式，为员工群众提供人性化、个性化、精细化服务。

由此，属地员工对党支部的工作认可度越来越高，向心力越来越强。

"今年作业区'双选'后，站上大部分都是新进成员，刚进入陌生环境大家都有些拘谨，但周书记和夏站长还有党员代表们给大家开展了'一对一'的技术帮扶和思想交流，我们很快就融入了班集体。"双选新进员工邹辉琼说道。

和，次在"合力"。站长夏忠友通过作业区双选机制竞聘中心站站长一职。他认为党员的先进性，体现在自觉将困难转化为具体任务、措施和行动上。

夏忠友虽是新站长，但干起工作绝不含糊。带头学、带头做，细化班组工作职责，抓安全环保管理制度、操作规程执行，开展设备结构、工艺流程的培训，将理论运用在现场每个施工点严管严控，带领全站员工一项项开展工作，一个个节点往前推进，大家在夏站长引领下，"知道干什么、知道怎么干、知道干到什么质量"，边学习边实践，"比学赶超"氛围愈发浓厚。

传承"铁人奖状"的至上荣耀，中心站"党员示范岗""党员先锋队"树起了一面面鲜艳的旗帜。在疫情期间，刘翠芳、李敬等党员率先发出"若有战，召必回""我报名"的请战要求，带头"请愿抗疫"；在抗洪抢险的最前线，党员昝政权的老丈人家就在受灾最严重的庙坝镇，但他一直坚守岗位，积极抢救单位物资；在解决技术难题创新创效道路上，党员武川提出的《放空火炬适应性改造》已申请国家专利。

把党员组织起来、把人才凝聚起来、把员工群众联动起来。重庆气矿大竹作业区以"支部引领、党员带头,班和万事兴、党建促生产"模式,构筑起坚强的党建堡垒,为重庆气矿高质量发展上产 50 亿作出积极贡献。

井站员工主动解决生产难题

举好旗帜　方能行稳致远

蒋　剑

面对企业持续深化改革的大趋势，近年来，西南油气田公司重庆气矿党委将党建工作与生产经营管理、中心工作深度融合，从深化改革的铿锵步履中一路走来，经受住了重组、整合、变革和廉政、维稳、作风的考验，逐步找准推动重庆气矿发展的新思路、新方向和新目标。在企业转型发展进入"深水区"之际，重庆气矿始终擎举党的旗帜，站在思想引领的潮头浪尖，精准掌控员工的思想动态，建立日趋完善的"大党建"工作格局，掌好领航之舵，开启行稳致远新征程。

提高政治站位　高举鲜明旗帜

要举好旗帜，必须要政治鲜明。重庆气矿党委全面贯彻"第一议题"制度，始终把中心组学习作为加强党的政治建设和思想建设的重要举措，在不断夯实每年 12 次的中心组学习基础上，积极抓好系统学与重点学相结合、理论学习与业务工作相结合、自学与集中学习研讨相结合、专题辅导与集中交流相结合、转变工作作风与解决实际问题相结合的政治理论学习。仅 2020 年，重庆气矿组织 12 天党委中心组学习和围绕"疫情防控""战严冬、转观念、勇担当、上台阶"主题教育活动、规划投资建设等方面开展 6 次专题研讨，全年安排专题讲座 1 期，累计交流发言或研讨发言 37 人次，形成调研报告 12 篇。

重庆气矿充分利用部门例会、轮班交接、宣传手册、"三会一课"、展板橱窗等方式和载体，将各级会议精神、当前面临的机遇和挑战等向广大员工层层进行宣贯。近两年来，重庆气矿形势任务主题教育巡回宣讲活动共计开展 62 场次，近 5000 人次接受了主题教育。

深化党建融合　筑牢战斗堡垒

重庆气矿党委以编好"一指南"、建好"一阵地"、分片"一推进"、组织"一回头"的"四个一"举措，推动基层党建质量提升，做实党建工作的谋篇布局。同时，以党务工作质量标准、党建工作"一图一表"、基层党支部工作指南等务实创新之举，融入 1 个站长 +1 个党支部书记的"1+1"班组管理模式，将管理前移、重心下移，打通基层党建"最后一公里"。

重庆气矿党支部建设不断向纵深推进，随着将前线党支部建在站上、将机关党支部连到点上、优化党支部阵地建设等系列基层党建新举措的相继推出，涌现了许多"结对共建"的先进基层党组织。

一系列党建工作重点任务的落实落地，从顶层设计"源头"推动了基层党建工作质效提升，筑牢了基层党建这片战斗堡垒。

加强队伍建设　汇聚攻坚合力

重庆气矿党委通过搭平台、建机制、抓落实等举措，注重领导班子建设、鲜明选人用人导向、拓宽人才成长空间，不断构建员工队伍建设"微循环"，建强战斗堡垒，为激活员工发展"潜能"汇聚攻坚合力

为全面提升党员队伍整体素质，重庆气矿党委一边着力党员教育培训计划，一边从培训内容、方式和实效上拓展延伸，落实安排部署、平台搭建、取得实效、分类侧重等"四个注重"举措，全面提升各层级党员培训的针对性和实效性。同时，在深化"油公司"改革模式进程中，重庆气矿在建立各层级采气技能专家工作室及轮值制度的同时，以竞赛为抓手，按照"分层次、有重点、重实效"的原则开展针对性培训，全方位加速人才培养。

仅 2020 年，重庆气矿通过技能人才优先立项，获得集团公司创新大赛、全国创新方法大赛地区赛等 7 个高奖项目。

全面从严治党　营造良好环境

重庆气矿狠抓廉政建设，强化对权力运行的制约和监督，一体推进"三不"机制，要求党员干部守纪律、讲规矩，通过落实全面从严治党要求、丰富监督执纪手段、深化廉政警示教育等各项有力举措，建设高素质专业化纪检干部队伍，以务实的作风、严的纪律，切实筑牢良好的政治生态防线。

重庆气矿始终坚持把落实中央八项规定精神、纠治"四风"作为长期政治任务，通过构建长效机制、强化制度刚性执行、深化监督检查等举措，持之以恒纠治"四风"，打好作风建设持久战，不断深化反腐败斗争，一体推进"不敢腐、不能腐、不想腐"思想建设，高质量推进巡察全覆盖，发挥党内监督利剑作用，营造风清气正的良好环境。

坚定理想信念　展现立体成效

面对点多、线长、面广、人员分散、管理难度大等现状，重庆气矿坚持"沉下去"的原则，通过座谈会、问卷调查、交心谈心、QQ 群、书记信箱等方式，积极搭建员工思想交流平台，实现对员工思想动态的有效收集。

重庆气矿定期开展员工思想动态分析，建立健全"班组—党支部—党委"三级分析处理机制，逐级开展"一人一事"的思想政治工作，实现员工思想动态预警和受控管理。近年来，重庆气矿 1000 余人听取了心理健康知识讲座，800 多名员工接受了心理咨询和辅导，为近 1000 名员工建立了心理健康档案。

重庆气矿积极应对思想领域日趋复杂的新挑战、掌握意识形态工作主动权，创新工作机制，科学引领、顶层设计，打造以网络、报刊、公众号、抖音等为平台的全方位、多角度、立体宣传矩阵。重庆气矿积极创新宣传管理机制，构建立体式、全覆盖的宣传网络。截至 2021 年 7 月，公众号《气聚巴渝》先后推送各类新闻专题报道 391 期 415 条推文，策划了 39 个新闻专题，推出抖音 94 期。

重庆气矿不断加强党员干部思想的正向引领，坚定了理想信念，彰显了宣传思想文化工作的立体成效。

发挥纽带作用　构建和谐矿区

为构建安全稳定的发展环境，重庆气矿党委积极探索深化民生工程，通过提升员工幸福指数、发挥群团组织优势、靠实维稳综治工作等举措，持续抓好"落实政策、改善民生"十八条措施落实，提升矿区服务和离退休管理质量，持续提高生产生活条件，关心关爱员工身心健康，不断提升员工满意度、幸福感。

2021年以来，气矿全面完成气矿家属小区功能配套及隐患治理工程，恢复公共区域缺失功能，有效提升小区住户幸福满意度。抓实各项政策落实和新政策宣讲解读，做好特殊群体管理，2021年上半年已发放困补金2338万元、物业补贴343万元，惠及有解人员2200余人。全力推进"送温暖"活动，深入开展重大节日扶贫帮困、"金秋助学""夏送清凉、冬送温暖"等活动，及时把重庆气矿党委、工会对员工的关爱和慰问送达到每位员工，鼓舞队伍士气，增强企业凝聚力，为重庆气矿高质量发展营造和谐氛围。

重庆气矿党委着力生产经营管理，围绕"严肃、巩固、完善、创新、激活、做实、提升、问责"八个关键词，抓实新时代党建工作，坚持党委工作一体化机制，突出"精准服务"理念，积极打造党建精品工程，提升党务工作精准服务新水平，书写重庆气矿稳健发展新篇章。

"气" 势磅礴

——重庆气矿争创"全国五一劳动奖状"纪实

刘渝强　何华春　温志怀　姚　兵

2016 年 4 月 29 日，重庆气矿卧龙河集气总站集输天然气 400 万立方米，安全生产 10701 天；这一天，重庆气矿召开一季度 HSE 地面建设专业委员会议，重点讨论地面建设信息系统数据录入需求；同样这一天，重庆气矿聘任了科技攻关团队项目长，下达了两批科研项目实施计划；也是这一天，重庆气矿时任矿长文明从重庆市委副书记手里接过"全国五一劳动奖状"！这是重庆气矿所属 3 个班组荣获"全国五一劳动奖状"，4 个集体荣获"全国工人先锋号"后，重庆气矿再一次问鼎全国最高荣誉！

壮阔风景，大美气田！

四川盆地，虎踞龙盘，巴山蜀水，秀美瑰丽。川东大气田劈山切谷，奔腾而至，气吞山岳，滚滚东来。石油人择气而居，在千里沃土万顷良田上播种、耕耘、收获，精耕细作每一口井，精采每一方气，颗粒归仓，让一条条天然气输气管线延伸活力和梦想。

纵横巴蜀膏腴之地，千里气田沧桑富丽。历经数十年的开采，川东气田仍以每天 800 多万立方米的产量、1500 多万立方米的销量，源源不断地向重庆、四川以

重庆气矿荣获"全国五一劳动奖状"

及整个大西南输送能源，不竭的动力成就不老的传奇！

是什么让一个"老气横秋"的气田如此健硕又志在千里？是什么让一个突围稳产困局的老气田风光无限波澜不惊？

辐射川渝 33 个县、区、市，勘探开发面积达到 2.67 万平方千米，延伸 5000 多千米管道，肩负川渝 24 个县（区、市）百余家企业、500 万户居民供气保障任务以及为海外项目提供有力支撑的重庆气矿告诉你，答案就在这里——

石炭系、飞仙关、相国寺、卧龙河、大天池——这些不仅是一个个跃然纸上的天然气含气构造名词，而且是串联我国天然气工业快速发展的生命足迹。

向前，向前，向前！速度与激情演绎勘探奇迹

四川东部，气龙盘旋。川东大气田是我国重要的天然气生产基地，重庆气矿为了祖国天然气工业的发展，在这块土地上艰苦创业，孜孜以求，创造了一个又一个天然气勘探开发奇迹。

石炭系、嘉陵江、飞仙关……6 个含气层系被相继发现，相国寺、卧龙河、张家场、大池干、大天池等 49 个气田和含气构造被相继探明。呼啸而出的气流涌动交织着、缠绕着、凝结成大气田和自然之间巨大的情结。

重庆气矿累计获得探明储量超过 3000 亿立方米！

长剑在手，铸剑为犁。重庆气矿沸腾的不仅仅是勘探激情，还有敢于挑战极限的勇气。向前，向前，向前！重庆气矿大力推进石炭系的深化勘探、环"开江—梁平"海槽礁滩气藏勘探、二三叠系滚动勘探和老区石炭系扩边勘探，勘探目标逐步从腹地向盆周二三叠系、下古生界纵深发展，先后在环"开江—梁平"海槽东侧、石炭系低渗区、老湾、观音桥、高都铺、巫山坎、大方城等领域和区块取得重要突破，在环"开江－梁平"海槽西侧、凉水井主体等区块获得重大发现。

2000 年开始，重庆气矿天然气产量连续 6 年刷新历史纪录。

2005 年，重庆气矿净增产量 10 亿立方米、净增产能 10 亿立方米，天然气

产量突破 70 亿立方米大关，创造了年产天然气 75.08 亿立方米的历史纪录，在川东气田发展史上写下浓墨重彩的一笔。

2006 年到 2011 年，重庆气矿连续 6 年"稳产 60 亿"以上！

十年间，重庆气矿累计生产天然气 873 亿立方米，为 2000 年石油企业重组改制之前川东气田天然气总产量的 20 倍。其间，重庆气矿成为全国最大的天然气气田，天然气年产量约占全国天然气总产量的 25%，占西南油气田的 65% 以上。重庆气矿所辖的沙坪场、五百梯等十大气田被评为"全国高效开发气田"。

重庆气矿创造和积累了一批具有我国天然气工业特色的勘探技术、开发技术，丰富了我国天然气勘探开发理论，形成系统的天然气勘探开发工作质量标准，有力地指导了我国大庆油田、长庆油田、新疆油田天然气开发工作，大庆油田、长庆油田、塔里木油田等全国多个油田先后有 40 余批次到重庆气矿参观学习，并委托重庆气矿培训天然气勘探开发人才。重庆气矿为我国天然气工业的稳步快速发展作出了重大贡献。

"气荒"或许开始渐行渐远。但是，伴随着共和国最年轻直辖市的飞速发展，川东大气田中流砥柱，不可撼动！

坚守，坚守，坚守！责任和担当展示央企形象

"CSR"，企业社会责任的国际简称。

看似简简单单的六个字蕴含着无尽的责任和担当！尤其是中央企业，尤其是被誉为共和国第一长子的中国石油！

重庆气矿秉承"奉献能源、创造和谐"的企业宗旨，在川渝这块炽热的土地上，奋发图强，锐意进取，创造了骄人的业绩和巨大的价值，为重庆市经济社会发展作出了突出贡献。"十二五"期间，重庆气矿在重庆境内投资约 200 亿元，缴纳税费 50 亿元，销售 277 亿立方米，营业收入 700 亿元，天然气供应量占重庆市场消费总量的 75.8%，城市燃气占比达 98.8%，拉动重庆工业经济增长近 5000 亿元。2010—2015 年，在天然气资源十分紧缺，供求矛盾十分突出的

情况下，重庆气矿殚精竭虑，千方百计确保重庆市工业、商业和民用天然气不受影响，共通过自产天然气、国外引进天然气、国内其他省市引进天然气等方式向重庆100多家大中型企业和数百万户居民家庭供气227亿立方米，2015年为重庆市供气53亿立方米，保障了重庆经济社会突飞猛进发展对天然气的强大需求。

为解决用气高峰时段重庆市工业、居民生活用气压力不足的问题和两江新区天然气供应工作，重庆气矿积极争取中华人民共和国财政部和集团公司支持，在两江新区区域内建设了西南地区首座储气库——相国寺储气库，专门为重庆市进行季节调峰、事故应急和两江新区建设提供保障。2015年年底，全国各地气温持续走低，相国寺储气库调峰采气的重要作用凸显，储气库单日最大采气调峰气量达1424万立方米，每日最多向重庆市调峰供气568万立方米，为重庆市冬季供气保障及污染防治提供坚实的保障。作为一项重大的民生工程，相国寺储气库工程为重庆市经济的可持续发展和和谐社会建设提供可靠的能源保障，为重庆市经济建设作出了重大贡献。

针对重庆城区车辆急剧增加，车辆尾气严重影响空气质量和居民生存环境的问题，重庆气矿积极探索建立各级政府、地方企业、中国石油内部"多元"合作、共同发展LNG（液化天然气）业务的模式。截至2016年4月底，共建成投运LNG加注站4座、LNG船舶1艘，发展LNG车辆1307辆，销售LNG燃气2427.32万立方米，LNG业务在重庆发展实现了良好开局，为重庆市实现低碳可持续发展构建了更为健全的能源体系，满足了重庆市民生需求，造福了人民群众。

为满足祖国经济发展对天然气的巨大需求，保障国家能源安全，重庆气矿远征海外，全面担负土库曼斯坦阿姆河气田天然气开发任务。重庆气矿克服高含硫化氢、高含二氧化碳、高矿化度，高温、高压、高产，具有世界级开采难度等种种困难，取得了不凡业绩，阿姆河气田日产量达4849万立方米，超过了国内西南油气田当前的日产量，截至2016年4月底已累计采气477.69亿立方米，土库曼斯坦天然气沿着古丝绸之路源源不断输入国内。

"伴虎而眠""坐在火山口上"。这些让人望而生畏的词句是对高风险行业的真实写照。如何看住这只睡觉的"老虎"？在重庆气矿，人人都会计算小概率和大风险。安全，只能用"一万"来对付"万一"！

安全，安全，安全！习惯和规范浇筑管理红线

进入重庆气矿卧龙河集气总站，首先要观看入站安全告知 VCR，然后填写安全教育卡，还要仔细了解安全防护用品的穿戴。这些操作细节都会不厌其烦地在每个来访者中一丝不苟地重现。

石油石化是高压高危高风险和事故多发行业，重庆气矿牢固树立"安全为天"的理念，不断创新和完善安全生产和环境保护体系，探索了能源企业安全环保的系列长效机制，创造了系列可资借鉴的安全清洁生产的宝贵经验，形成了特色安全文化，受到了国家安监总局和重庆市安监局的高度评价，称赞重庆气矿为能源企业特别是石油石化和煤炭采掘企业的安全清洁生产探索出了一条成功的路子。

重庆气矿大力推行 HSE 管理体系、工作过程受控管理体系、安全行为记分管理体系和安全环保风险防控体系四大体系，建立了 HSE 制度系统、HSE 培训系统、HSE 绩效系统三大系统，制定和完善了涉及重庆气矿业务的程序文件 104 个，制度文件 80 个，形成了系统的健康安全环保管理流程、规程、制度和规范，成立了经过国家认证的安全培训师队伍，建立了全员和承包商 HSE 培训矩阵，全面开展员工和承包商 HSE 能力评估和培训。仅 2015 年就举办培训班 38 期，培训员工和承包商 2859 人，人均培训 8 小时；健全科学规范的 HSE 绩效考核机制，2015 年开展 HSE 检查考核 419 次，保证了各项制度的高效执行。创造和运用了安全经验分享、安全观察与沟通、工作循环分析、工作前安全分析、启动前安全检查等先进的安全环保管理方法，促进了全员安全环保能力的有效提升。

截至 2016 年 4 月底，重庆气矿连续九年实现安全生产无事故，连续 3400 天实现"质量零缺陷、安全零事故、环境零污染"和"生态零破坏"目标，连续五年获得了全国"'安康杯'竞赛优胜企业"。2010—2015 年，先后有 30 多个

国内外单位、企业和同行专家来矿考察和参观，对重庆气矿安全环保管理水平给予高度评价和赞赏。

与亿万年的地质对话，科学和创新是愉悦交流的唯一途径。能源产业的竞争归根结蒂就是技术的竞争。加快从"资源驱动"向"创新驱动"转变！加快从"资源为王"向"技术为王"过渡！重庆气矿深知，唯有创新，才是老气田"回春"的良药！

创新，创新，创新！探索和寻求焕发智慧光芒

最大限度提高矿产资源的采收率，是每一个资源开采企业面临的永恒课题。天然气不仅是清洁优质能源，而且是国家重要的战略资源。为实现资源的科学开发，做到"颗粒归仓"，重庆气矿始终坚持技术创新和人才战略，不断加强科技攻关和领军人才培养，挖潜增产工作成效卓著，使一大批气田延长了生命周期，有效降低了气田递减率，在天然气资源的充分采收方面取得了可喜成就，为我国处于开采后期的天然气田气井的技术稳产和措施增产提供了理论支撑和实践经验，对资源充分采收技术的形成作出可贵的贡献。

2010—2015年，重庆气矿依靠科技攻关，增产天然气46.63亿立方米。同时，创造了二维宽线地震采集、川东气田"高陡构造圈闭评价与储层精细刻画配套技术"等8类标志性开发技术和"以泡排与气举复合进行超深井排水采气"等5项配套开发技术。重庆气矿通过新技术新工艺应用试验实施的个性化PDC快速钻进技术使钻井速度提高了1.29倍，刷新了川东气田钻井工程技术的三项历史纪录。2010—2015年，为充分发挥科技在天然气勘探开发中的重要作用，重庆气矿共投入科研经费4000多万元，开展了二三叠系滚动勘探研究、气田防腐技术研究、地面集输技术研究和排水、增压、脱水、计量、修井、信息技术的开发和推广应用，形成了滚动扩边勘探技术、低渗储量动用技术、排水采气技术、挖潜稳产技术四大技术体系。为充分激发劳模创新团队在天然气勘探开发中理论和实践的巨大潜能，重庆气矿建立了"劳模创新工作室"，深入开展科

技攻关，获得了一大批创新成果，培养了一大批拔尖人才，荣获了"全国示范性劳模创新工作室"和"重庆市劳模创新示范工作室"称号。2014—2015年以来，重庆气矿劳模创新工作室实施重大攻关项目21项，新增天然气控制储量34.76亿立方米，获日产量95.55万立方米，节约成本4000余万元，1项技术填补国内空白，15项成果获各级奖励，其中1项成果获得重庆市职工创新成果一等奖。

2010—2015年，重庆气矿共实施科研项目134个，科研成果优良率达到98%，获得各级科技进步奖31项，获得重大级科技成果特等奖1个、重大科技成果奖6个，科技创新一等奖7个、二等奖14个、三等奖13个，4项科研成果获得国家专利，3项技术"填补国内空白"。

生产因精巧而增产，管理因精细而增效，服务以精准而增色。管不厌"精"，理不厌"细"，把握重点，推陈出新，见微知著，聚沙成塔。精细管理，在重庆气矿催生的是"风光无限"。

细致，细致，细致！制度和体系构建管理矩阵

基础管理，耳熟能详；精细管理，有口皆碑。但是，怎么基础？怎么精细？管理不是一个筐，不是什么东西都可以往里面装。

重庆气矿积极建立和实践现代企业管理机制，切实加强以"基层建设、基础管理、基本素质"为主要内容的"三基"工作，在"提升企业管理、实现长期效益最大化"的探索方面取得十分可喜的成绩，为实现国有企业有质量有效益可持续发展积累了大量经验。

完善了领导干部选拔任用制度，建立了全员绩效合同机制、员工业绩考核的激励机制，有效盘活了人力资源；完善了内部市场管理办法，建立了工程项目和物资采购的招投标制度，有效杜绝了暗箱操作和徇私舞弊现象；完善了资金使用的内部监控程序，建立了财经管理和责任追究制度，有效解决了财经监管不力和资金使用无序的问题；完善了生产成本管理制度，建立了成本写实和标准成本管理体系，有效地提高了资金使用效率；制定了《天然气供销监控管

理办法》，汇编《天然气营销管理实施细则》，实现了营销管理的制度化、规范化、精细化。针对天然气款被长期巨额拖欠的问题，创造性推行先款后气制度，成功追回了3.2亿元的欠款，避免了巨额国有资产的流失。

重庆气矿大胆推出"中心站"管理模式、工作质量标准体系、技术与经济相结合等系列管理举措，体现了鲜明的管理特色，进一步丰富了重庆气矿内控体系和管理思想。其中，《生产过程受控管理》荣获全国石油系统现代化管理创新成果一等奖、国家级创新成果二等奖。"中心井站"管理模式已在西南油气田公司大力推广。

重庆气矿牢固树立"精准服务"理念，建立了党务工作质量标准、党支部工作考核标准，推行了党务公开，开展了党组织书记工作写实和党建工作专项述职，确保了党支部工作规范有效开展；"三严三实"专题教育，"弘扬优良传统，重塑良好形象"主题实践活动，争当"四优"共产党员，争当"五心"党支部书记等特色活动，让重庆气矿党组织和党员的作用得到充分发挥。重庆气矿荣获了中国石油"先进基层党组织"和"创先争优"活动先进集体等称号。

重庆气矿还制定了领导干部交叉任职和公开竞聘制度、民主推荐后备干部和后备干部能力培养制度、领导干部选拔任用机制和新提拔领导干部试用期制度、领导干部年度述职述廉和接受职工代表民主评议、民主测评制度；大力推行领导干部井站带班制度、领导干部安全生产"三深入三结合"制度，促进了领导干部作风转变，密切了干群关系。

如何帮助职工形成高尚的职业操守和阳光心态，如何找回"我当个石油工人多荣耀"的自信，如何在重庆气矿"二次创业"中成就老气田"重返青春"的梦想？重庆气矿在"自信文化"的引领下，吹响"二次创业"集结号！

自信，自信，自信！忠诚和奉献熔铸气田风采

从重庆梁平县长途汽车站到重庆龙头寺汽车站，然后，转乘2次公共汽车到达西南医院。重庆气矿开县作业区天东21井采气工谢盛文面色如常，丝毫看

不出这是一个患有转移性肝癌、直肠癌晚期的病人。9 年多时间，谢胜文利用轮休做手术，从来没有耽误上班。谢胜文说，"身体虚弱，但工作和技术不能弱。"

像谢盛文一样，阳光的气田照耀着员工们的阳光心态。如何帮助员工形成高尚的职业操守和阳光心态，如何找回"我当个石油工人多荣耀"的自信，如何在气矿"二次创业"中成就老气田"重返青春"的梦想？重庆气矿党委抓典型、树样板，让员工身边可亲可感可佩的先进人物"脱颖而出"，让员工们学有榜样，赶有目标。媒体宣传，报告演讲，让先进典型"响"起来；命名表彰，培训深造，让先进典型"香"起来；重要岗位，关键时刻，让先进典型"亮"起来！全国"五一劳动奖章"获得者庞宇来、中国石油最美青工谢利平、"重庆五一劳动奖章"获得者程艳燕……一大批站得住、叫得响、过得硬的先进模范人物让重庆气矿群英荟萃，群星璀璨，引领员工队伍始终保持团结和谐、蓬勃向上的良好精神状态。

"拨亮一盏灯，照亮一大片"。重庆气矿的劳模创新工作室名声遐迩。从劳模单打独斗到组团出击，劳模创新工作室呈现出"1+1 群"放大效应，不仅成为创新人才的孵化器，还有效激发了广大员工群众的创新热情和创造活力。不仅如此，重庆气矿党委还在工作室中首创增加了党建课题的"价值管理"研究团队，让党建工作实实在在地做到了从内容到质量的提升。

2015 年，重庆气矿党建工作经验被国家级杂志《经济》刊载，气矿建立的党务工作质量标准荣获油气田公司党建工作优秀案例一等奖。重庆气矿还荣获全国企业文化创新"优秀单位"，重庆气矿班子荣获西南油气田公司"四好"领导班子称号。

为了把蕴藏在员工中的强大智慧转化为推动企业发展的动力，重庆气矿建立了技术革新、技术发明和员工合理化建议奖励机制，促进群众性技术革新和合理化建议活动的蓬勃开展。近年来，征集合理化建议 1538 条，采用了 817 条，年创效益近亿元。有 8 条合理化建议被西南油气田公司评为"推动企业加快发展的金点子"，9 条员工合理化建议和"五小"成果获得全国能源工会表彰。一线员工发明的"管路切换阀""远程控制起泡剂智能加注装置""天然气含水含尘检测装置"等获得国家知识产权局颁发的"实用新型专利证书"，其中"天然气含水含尘检测装置",为高含硫气田的开发提供了可靠的技术支撑,一年创造经济效益5000万元。

重庆气矿员工参加全国石油行业技能比赛多次囊括个人成绩第一和团体成绩第一。2009年,重庆气矿派出15名选手参加全国采气工职业技能竞赛,获得了2金、5银、5铜,包揽了全部奖牌的40%,员工谢利平荣获个人第一名,被人事部授予"全国技术能手"称号。

近年来,重庆气矿多次荣获"中央企业先进集体"称号,并先后荣获"全国模范职工之家""中国质量万里行全国先进单位""全国青年安全生产示范岗""全国亿万职工健身月先进单位"、重庆市"文明单位标兵"和"五一劳动奖状"、集团公司"先进集体""先进基层党组织"和"思想政治工作先进集体"等荣誉称号;有3个班组荣获"全国五一劳动奖状",有4个集体荣获"全国工人先锋号";有30余人(次)荣获"全国劳动模范""全国五一劳动奖章""全国技术能手""中国石油技能专家"等荣誉称号。

正是以这样的"自信",重庆气矿以特有的方式解读着大气田流光溢彩的"二次创业"。

天道酬勤,凤凰重生!

每一次成功都是一次征服,每一次收获都是一次跨越!在沸腾的川东大气田,精细管理盈满温情,立体勘探镌刻奉献,系统挖潜畅通血脉,创新向前昭示变革!重庆气矿在岁月的磨砺中,依然绚丽绽放!

万象更新,春回气田!

严治筑"清廉" 担当铸"忠诚"

许建华　丁　会

治国必先治党，治党务必从严。

近年来，西南油气田重庆气矿全速推进高质量发展、挺进改革"深水区"之际，重庆气矿党委"重拳"出击党建"短板"，一边抓实廉洁从业教育，一边严肃查处违纪违规问题，辟党建严治厚爱之路，切实发挥各级党组织"把方向、管大局、保落实"重要作用，聚力打造"忠诚、清廉"党建品牌。

充电加压 "学用相长"守初心

思想上松一寸，行动上就会散一尺。

2021年，针对部分党员干部被动应付党建工作；思想守旧、能力不足、作风漂浮现象有所抬头；党支部"三会一课"规定动作不到位，自选动作走过场等问题，重庆气矿党委以问题导向开展针对性培训，并给出解困思路和方法。

同时，邀请国学专业讲师围绕"社会主义核心价值观与传统文化"主题，为重庆气矿员工线上线下同步开设"道德大讲堂"，让德育浸润千里气田。

这是重庆气矿聚焦主题、瞄准弱项，采取集中学、调研思、请进教、自学悟等多种形式，定期为党员干部"充电加压"的缩影。

2019年以来，重庆气矿以两次主题教育为契机，组织专题宣讲、党支部"三会一课"方式宣讲，以及各基层单位开展其他各类宣讲会近1300次。

尤其2021年，在落实"战严冬、转观念、勇担当、上台阶"主题教育活动方案时，重庆气矿党委多次召开专题研讨会议，确定"一增两控三确保"攻坚目标，做实30个提质增效措施目标增收1.4亿元。

为此，各专业板块党员干部使出浑身解数，拿出"硬核"举措，拼出重庆气矿人提质增效"加速度"。

截至 2021 年 9 月底已实现增收 1.3747 亿元，完成年度奋斗目标的 94%，提前完成年度务目标指日可待，进一步凝聚发展共识、坚定发展信心，激发干部员工干事创业激情。

顶层设计　"清风劲吹"扬正气

担当作为方能聚势赋能。

2021 年，面对疫情和市场严峻形势，重庆气矿一边加强党员干部思想建设，强化党内政治生活制度的约束力和执行力；一边加速提升其履职尽责能力，并提出一系列新的任务、目标和具体措施，防止党员干部"不作为、虚作为、慢作为和乱作为"，营造风清气正的干事创业环境。

为持续提升两级机关工作效能和服务水平，10 月 15 日，一个涉及学习教育、工作方式、考核评价等 20 项机关作风建设，针对作风顽疾沉疴的行动方案在重庆气矿"重拳"推出。

专项问卷调查、不记名收集意见和建议、抽样开展调研访谈等真招实举，直指机关作风问题，为推进重庆气矿低成本高质量发展提供坚强的作风保障。

其间，组织党员干部到重庆市廉政教育基地、红岩魂陈列馆等精神教育基地，开展警示教育活动和革命传统教育，举办党支部书记培训班，组织党建内训师专题授课，开展爱国主义教育电影观影活动等方式，进一步强化学习教育成效。

定标冲刺 26 亿立方米新年产任务、加码冲刺 75.7 亿新销售目标……这是2021 年重庆气矿在疫情防控和提质增效工作取得阶段性成果后，从顶层设计出发，自我加压的又一有力行动，号召党员干部全面发力，让"软"管理成护航改革发展的"硬"功夫。

强化监督 "执纪问责"保忠诚

精准问责才能担当尽责。

"批评教育谈话 3 人次、对基层班子集体提醒谈话 8 人次……" 10 月中旬,重庆气矿不遮掩问题、不回避矛盾的执纪问责公示,为党员干部持续敲响纪律警钟。

2021 年,重庆气矿党委一体推进"三不腐"机制,将"四种形态"贯穿到监督执纪问责全过程,加大监督检查的频次和力度,通过有效处置化解存量、强化监督遏制增量,促进重庆气矿信访案件"双下降",持续强化纪律规矩的刚性约束。

其间,压紧压实党委主体责任及党委书记第一责任、分管领导直接责任和其他党员干部"一岗双责"履行情况,以强有力的监督问责推进"两个责任"落实落地。

面对疫情,重庆气矿领导班子成员靠前指挥,凝心聚力发挥抗疫战线指挥官作用,竭尽全力守住每一道疫情防控、生产复工的风险关口,按下全矿提质增效"快捷键"。

在重庆气矿领导班子成员敢担当善作为的影响下,党员干部紧跟其后,真拼实干的事例不胜枚举。

开州作业区借助"主题党日"活动完善气井"全生命周期管理"对策,累计开展措施 57 井次,优化调整运行制度 35 次,增产气量 566 万立方米。

忠县作业区领导干部率"党员突击队"深入现场,破解现场生产难题,累计创造经济价值 480 万元;大竹作业区全力推进 13 项提质增效专项行动,实现措施增产 6000 余万立方米……

在重庆气矿忠诚担当、廉洁干事环境下,面对当前复杂严峻形势,领导干部充分发挥"主心骨"作用,在一次次急难险重任务中磨砺担当之刃。

截至 2021 年 10 月,重庆气矿各级党员干部带领全矿员工实现全框架计划内压减投资规模 2.96 亿元,超额完成年度投资规模压减 30% 以上目标,降本 2461 万元,进一步凝聚发展共识、坚定发展信心,为加快推动高质量发展蓄势增能。

奋斗青春　筑梦同行

——重庆气矿"庆祝建团百年、践行青春力量"纪实

丁　会　谭　军

青年是时代的奋进者，也是时代的追梦人。

在中国共产主义青年团成立 100 周年之际，西南油气田重庆气矿 1600 余名青年员工，用奋斗擦亮青春底色，以实干担当时代重任，在生产、安全、科研、营销领域发挥生力军作用，为公司"上产 500 亿、奋斗 800 亿"筑梦起航贡献青春力量。

服务发展　青年建功大气田

一切朝气与希望都赋予青春力量。

1922 年 5 月，在党的直接关怀和领导下，全国统一的"中国社会主义青年团"组织在广州正式成立，后更名为"中国共产主义青年团"。100 年栉风沐雨，共青团始终坚定不移跟党走，团结带领共青团员和广大青年前赴后继、勇当先锋，书写了中国青年运动的华章。

今天，以爱国、进步、民主、科学为内涵的"五四"精神，早已融入社会主义核心价值观和中华民族的血液。

作为新时代的生力军，重庆气矿团委以"建功大气田"为主线，聚焦"服务中心、服务青年"主业，激励青年员工接好气矿"加快上产 50 亿"接力棒，集中打好老区稳产、新领域上产、储气库建设、创新提效"四大攻坚战"，紧盯目标精准发力，凝心聚力主动作为，努力在新时代建功立业。

2022 年 3 月 10 日，重庆气矿江北作业区 10 余名青年志愿者，深入华能重庆两江燃机发电有限责任公司的资产现场，对重庆气矿代管的西山坪阀室设备进行检查、维护保养和清洁，用实际行动助力平稳输供气，也为 2021 年作业区向该客户平稳输供天然气超 5 亿立方米贡献了青春力量。

3 月以来，重庆市永川区出现多个新冠确诊病例，面对突如其来的疫情，永川作业区宝石花青年志愿服务队闻"疫"而动，9 名青年志愿者联合作业区"党员志愿者服务队"深入社区开展疫情防控志愿服务工作，走家进户排查疫情近 1000 户，协助社区对 2000 余人开展核酸检测，发放抗疫物资 5000 余件，搬运抗疫物资 6000 余件，用实际行动彰显了石油青年的责任与担当，构筑起了一道疫情防控的"红色堡垒"。

在重庆气矿这样围绕中心工作、彰显青春活力的主题活动已是常态。近年来，重庆气矿团委聚力"思想领航"工程，始终把青年思想政治工作放在首位，利用网络学习、专题研讨、专题团课等形式，依托各种宣传舆论阵地和新媒体，加强广大团员青年思想政治学习。

同时，广泛开展形势任务目标教育，引导青年认清形势，抢抓机遇，迎接挑战，通过"线上 + 线下、集中 + 自主"结合模式，将重庆气矿发展新目标、新要求等内容融入青年大讲堂、主题团课中，搭建满足广大青年员工学习需求

重庆气矿团委开展主题团日活动

的教育平台。

2021年，气矿各级团青组织举办青年大讲堂、交流座谈、专题学习117场次，全方位、分层次、多渠道地让"苦干实干""三老四严"的石油精神成为团员青年成长内生动力，进一步统一全员思想、凝聚智慧力量，激发广大青年员工干事创业的热情，全身心投入到本职岗位工作中，唱响与企业共同成长的主旋律。

青春逐梦　弘扬青春正能量

奋斗路上，青年永不孤单。

2022年当选集团公司"感动石油·巾帼风采"人物的"80后"青年员工谢利平，从一名普通的采气工快速成长为独当一面的高技能人才。不仅在集团公司采气工技能大赛中过关斩将勇夺金牌，还牵头筹建"谢利平技能专家工作室"，培养了一大批"技能好、有特长、善创新、敢啃硬"的青年骨干，也因此荣获全国技术能手、全国五一劳动奖章、全国"最美青工"等荣誉，用磨砺和蜕变践行初心，最终交上了一份不负青春的傲人"成绩单"。

在重庆气矿像谢利平这样快速成长成才的青年员工不胜枚举。

开展"奋进新征程 思辨正青春"青年思辨活动

"90后"青年员工弋小东，首次走出深山代表中国石油参加2020年全国行业职业技能竞赛，从海选挺进决赛一举夺金，有人称他是最强"黑马"，但弋小东却说前进的每一步都走得踏实而艰辛。

在他们看来，个人成绩的取得，得益于重庆气矿共青团对青年员工思想观念和价值取向不同程度的冲击和影响，更离不开企业搭建的平台和机遇，以及对青年员工职业生涯规划指导。

为健全青工岗位技能提升体系，近年来，重庆气矿团委分技术、技能、管理三大类，启动青年阶段提素体系建设，弘扬"工匠"精神，强化青年职业能力，依托青年练兵阵地，建立青工导师带徒、青工岗位讲述、青工技能比武等长效机制，加大青年典型的培养选树力度，用榜样的力量激励青年、带动青年担当强企使命。

同时，鼓励团员青年发扬"青创"精神，结合创新攻关、"五新五小"的特点，广泛组织开展提质增效、降本挖潜系列活动，让创新智慧和创造活力在青年员工中竞相涌现。并利用各种文化阵地，开展青年素质拓展、体育竞技、书画摄影等活动，活跃重庆气矿团员青年精神文化生活。

近年来，重庆气矿各级团青组织开展各类技术比武、岗位练兵等活动400余次，惠及青年员工3800余人次。

青年演讲比赛

擦亮品牌　唱响青春主旋律

青春由磨砺而出彩，人生因奋斗而升华。

近年来，随着一场场"青春智慧献气田""绿色矿山"等"青年论坛"的启动，近百篇涵盖重庆气矿勘探开发、集输增压、经营管理、党群工作等方面，涉及工艺创新、改造发明、典型经验和先进管理模式的优秀论文被提炼出炉。其中更是不乏斩获全国石油经济学术年会一等奖等含金量极高的精品力作，既为青年员工搭建了成长成才的阶梯，又激荡出青春奋斗的时代共鸣。

"青年论坛"是重庆气矿"青"字号品牌打造的一个缩影。

近年来，在"青年志愿服务""青年突击队"等"青"字号品牌活动中，重庆气矿涌现了一大批彰显青春蓬勃力量的先进青年和模范群体。

荣获西南油气田公司"脱贫攻坚突出贡献个人"称号的重庆气矿两路中心站站长万军，工作之余致力于爱心公益，带头参与并组织了"两路助学团"。十多年来，先后带领助学团"青年志愿者"奔赴重庆綦江、石柱、城口等8个偏远山区学校开展爱心助学活动。累计捐赠助学款 12.91 万元，文体用品 4.8 万余元，受益学生达 150 余人次。

荣获集团公司"青年文明号"的开州作业区增压西站中心站，承担着两台 ZTY630 增压机组和 20 口气井的日常管理工作，日生产天然气 70 余万立方米。近年来，这支以青年为主体的年轻队伍，通过"导师带徒""老带新""结对子"等方式开展一对一、一对多培训，有针对性地提升青工技能水平，把创建"青年文明号"活动作为凝聚青年、团结青年、带领青年建功立业的有效途径。

该站因此荣获西南油气田分公司红旗班组、金牌班组、工人先锋号、绿色站队等系列团体荣誉，更涌现了集团公司采输气技能大赛银牌选手、四川省"五一劳动奖章"喻体卫，全国油气田开发专业采气工竞赛银牌选手钟均灵等一批优秀青年。

长期以来，重庆气矿团委找准企业关注、社会急需、青年能力的结合点，紧扣青年需求，聚力"青春建功"工程，做优青年建功气田品牌，提升共青团

打造青年文明号

工作引导力。

为丰富青年安全生产岗、青年岗位能手、青年突击队等"青"字号品牌工程内涵，重庆气矿团委组织开展创新攻关、"五新五小"等创新创效活动，做细青年安全生产品牌，以基层团支部、青年班组为基本单元，开展覆盖全体青年的应急演练、隐患排查、安全理念宣传等活动，进一步强化青年安全意识、提高安全技能。

同时，做大青年志愿服务品牌，有计划有组织地开展扶贫帮困、捐资助学、管道保护、服务保障等志愿服务品牌工作，推动青年志愿服务的项目化、品牌化，进一步巩固和提升文明单位创建成果。

近年来，重庆气矿各级团青组织围绕"青"字品牌建设，开展各类主题活动 120 余次，先后有 16 个集体和 40 余名个人获得表彰，涌现出"最美川油人"、公司"十佳杰出青年"等一大批优秀青年代表。

"十四五"期间，重庆气矿团委将牢记青春使命，激荡青春梦想，再创青春辉煌，勇做攻坚克难的突击队和改革发展的生力军，为重庆气矿高质量发展、西南油气田公司上产 500 亿新会战和打造"双标杆"企业贡献"青春力量"。

为气田立言，为石油立传。坚守深山，苦其心志，修炼秘籍，一战封神，锋芒初显；赤子之心，我为祖国献石油，我为人民谋幸福，远赴边地，脱贫攻坚；老八路百年沧桑，历久弥新，忠心赤胆；新时代劳模，踏上梦想的征途，多次走进人民大会堂，志存高远。志愿者义薄云天，守护家园，抱薪者远走老少边穷，把贫困学子梦想点燃。

　　英雄不问出处，只因站在时代前沿。烟火人间，石油人融入社会，饮水思源。爱国、创业、求实、奉献，只为使命在身，责任在肩。

初心
之地

百岁战地记者的故事

吴 平 金 瑛

国内目前健在的，经历过抗日战争、解放战争的百岁战地记者。他的遗憾：很多战友临到牺牲都没一张单人照……

与党同龄—百岁战地记者武恩

偶尔，当望着墙上的一张张老照片，武恩依然会怀念那段举起相机，在炮火中按下快门的峥嵘岁月。

中国石油西南油气田分公司重庆气矿离休干部武恩是一名老八路战士，参加过抗日战争和解放战争。他还曾是一名"半路出家"的战地摄影师，2020年整整100岁了。

相机成为他的"武器"

1944 年，武恩在晋察冀抗日根据地的重要组成部分，平西军分区任新闻宣传干事，他所在连队从日军手上缴获了一台相机。指导员找到了高小文化水平的武恩，将这台珍贵的相机交给他，要求尽快学会、用好，为部队服务。指导员特别强调：只允许拍摄战斗相关照片，不准拍私人活动！

此前，部队里几乎没有人见过相机，更别说知晓怎么使用了。不久后，部队行进到河北的一个县城，武恩赶紧找到当地一家相馆，向老板请教如何拍照、冲洗。在这里，他学会了按快门、调焦距，还学会了在暗房里冲洗胶卷。

这部相机，就像是武恩的另一件"武器"，他开始拍摄各种重要事件、战斗、集体活动。"刚学会照相,看到什么都想拍!"然而,每次按下快门时都小心翼翼,不敢拍多——当时要买到一个胶卷非常困难,甚至需要从北京、天津等地托人带来。有时没控制好,曝光过度,洗出来的照片不能用,他都要心疼好久。

武恩拍摄的照片在一份不定期发送的报纸上刊发,每次只印一百多份,印刷质量也不太好,但依然深受大家喜爱。

他从抗日战争拍到解放战争。1945 年,"水上游击队"出征;村代表慰问八路军;1946 年 4 月,出席国共和谈的中共代表团成员,王若飞、叶挺乘国民党飞机遇难后,解放区各地开展了"停止内战、要和平、要统一"的抗议活动,张家口及宣化市纪念"四·八"烈士活动现场,武恩都在,带着他的相机,留下了珍贵影像。

离敌机近在咫尺　拍下敌人轰炸大桥罪证

在所有照片中,尤为珍贵的是他冒着生命危险拍下的国民党飞机轰炸张家口的一组照片。

1946 年,国共双方签下《双十协定》不久,蒋介石下令大举向解放区进攻。10 月 7 日,部队获悉敌人要炸毁张家口,派武恩出去拍照,保留国民党军挑动内战的罪证。武恩心想,敌人肯定会炸交通要道,如火车站或大桥。于是,10 月 8 日,他守候在张家口解放大桥附近。

为了离现场更近,他趴在一处斜坡低洼的地带隐蔽起来,距离大桥仅 50 多米。两个小时后,天边传来轰隆隆的声音,越来越响,不一会儿就看见敌机朝这边飞来。

武恩赶紧端起相机。飞机很快飞到他隐身附近,朝大桥丢下几串炸弹,接连响起巨大的爆炸声,升起一团团黑色浓烟。"大桥被炸断了,桥头的房子也塌了……"一枚炸弹就在距离他数十米处爆炸,武恩看准时机迅速按下快门,一连拍了十多张。轰炸刚停,他又迅速跑去火车站,记录下被炸后的惨状。

这组照片很快刊登在《察哈尔日报》上,揭露了国民党反动派的罪行。

武恩因冒着生命危险拍摄了珍贵照片而荣立三等功。

"当时敌人飞机就在眼前盘旋，炸弹爆炸飞溅起来的小石块砸在身上。"武恩回忆说，后来回想起有些后怕，但在现场，根本就不知道怕，只知拿起相机这件"武器"，拍完后才发现，身上已被弹片划得伤痕累累。

遗憾没能为战友留下单人照

1945 年到 1947 年，在察哈尔军区的战斗生活中，武恩又拍下了跟他生死与共的战友的系列照片："这是一支革命的队伍！积极乐观、坚强不屈的队伍！"

武恩想起他的战友们，眼眶有些湿润。

当时部队挺进东北，进入山海关，行军节奏相当紧张，走累了就躺在草地上休息，一有时间就抓紧补补瞌睡。偶尔大家坐在一起开心地聊天，畅想着战争结束后，都想干什么工作——这已经是最好的消遣。

这个时候，武恩也没闲着，在古北口的山上，他抓拍了一些战友们在行军

风华正茂的游击队员们（前排右二为武恩）

途中休闲的照片。照片上面的年轻小伙子们，年纪大概也就二十出头，虽然身上的衣衫已很旧了，但脸上都带着笃定的笑容，英气十足。"虽然行军很苦，但大家都非常乐观！"

每当武恩举起相机对准他们，战友们都非常高兴，很多人此前从未见过相机。曾经一个小战友用羡慕的语气说："多想也有张自己的照片啊，可以寄一张回家给妈妈看看我当兵的样子……"

对于这样的期冀，武恩无法满足——通常只能拍合照，而且冲洗出来只有一张，得交给报社。

当年照片上的那些年轻人，武恩和他们已失去联系。"有的留在河北，有的已战死疆场。"老人不无遗憾地说，"那些牺牲的战友们啊，到死都没有得到一张属于自己的照片，他们的父母也没能留有一张孩子的照片作念想……"

晚年继续用相机记录流金岁月

差不多在拥有相机的两年中，武恩只要看到有意义的事情，就会拿出来拍照。这台相机放在他的行军包里随身携带，小心爱护。

然而后来，在一次紧急行军渡河时，水流湍急。为保住性命，武恩抓住战马的尾巴，艰难渡河。但背在身后的照相机不慎进了水，再也用不了。"可惜了、可惜了，不然还可以多拍点照片……"说到这里，武恩有些遗憾地摇摇头。

北京、天津、河北等地解放后，武恩从聂荣臻领导的晋察冀部队被分配到刘伯承领导的第二野战军，一路南下，随着二野渡江作战打到西南，解放重庆。

新中国成立后，武恩又在第二野战军后勤部《后勤导报》报社任总编、副社长等职务。这时，党的政策、部队为老百姓服务成了宣传重点。他又指导年轻的一批记者们拿

在第二野战军后勤部《后勤导报》报社任总编、副社长等职务

每天都要看看报纸

起相机，拍摄、采访部队运输、供应物资，以及参与新中国的各项建设。

　　退伍后，武恩被分配到中国石油原四川石油管理局石油沟气矿供应科，后又到重庆办事处工作，成为一名光荣的石油工人。

　　虽然放下了相机，但武恩对拍照一直有特殊的情感。结婚后，1950年，他和爱人贺萍到汉口拍了第一张结婚照。以后每隔几年，他们也都会去相馆拍一张合照。离休后，武恩自己购买了一台相机，更多的是记录幸福的家庭生活。他担当起孙子和孙女们的辅导和教育任务，培养起他们坚持看新闻联播的习惯，孩子们从小一听到国歌奏响，就会起立一起唱。他的几个孙子孙女分别毕业于清华大学、南开大学、哈尔滨大学和重庆大学，有的也已入了党。说起这些，武恩都非常骄傲。

　　怎样才能当好一名战地摄影师？ 100岁的武恩收起了笑容，认真地说，其实真正在拍摄时，构图、曝光等都没有太多考究，及时抓住重要的瞬间是最关键的。

　　"必须深入现场，深入老百姓，到最危险的地方去！"

与党同龄的百岁老八路

蒋　剑

百岁功绩永世存，为民谋福率当先，勇创佳绩迎新春。

——武恩

2020年8月中旬，一封信寄往了四川石油报社。信中的一首短诗，简单却又直接表达了对党的真挚情感。署名，却让所有人感到意外和惊叹。

武恩，跃然纸上。纸短情长，字字真切，句句真情，字里行间，充满着对党的忠诚和信仰。五页信纸，浓缩了武恩激荡的革命生涯。朴实而又热烈的文字，诉说着时代的积淀，镌刻下信念的印记。

带着对武恩老人的崇敬和期待，笔者来到了信封上的地址：重庆市和平路156号。

"我就是武恩！"随着铿锵有力、略带地方口音的普通话，武恩老人迎接出来。慈祥、硬朗的老人慢慢坐下，清晰、准确的思绪渐渐打开，百年、党员、革命、信仰、忠诚——武恩老人的形象逐渐立体和生动起来。

不当亡国奴　信念贯穿革命生涯

武恩，1920年1月出生于山西汾阳市一个殷实的家庭。20世纪30年代末期，因为家里亲戚在天津经营生意，武恩也从山西老家来到天津读书。

日寇占领天津后，规定学校的第一堂课第一句话必须喊"天皇万岁"。"把我们当奴隶，侮辱我们。年纪再大的中国老人都要给年仅几岁的日本小孩让路。如果不让路，日本人就骂、打、杀咱们中国人。"武恩回忆起当时的情景，眼里依然充满愤恨。"我们很难受，就给老师讲。老师告诉我们，我们要'打倒日本

武恩妻子无微不至的照顾

武恩闲暇时练习书法

帝国主义''不做亡国奴'！"在这样的爱国主义教育下，武恩和同学们征求了老师的意见，给家里留下一张纸条"我不做亡国奴，打日本鬼子去了"，就前往唐山，参加大罢工。

幸运的他，在两眼一抹黑的情况下，遇见了在巷尾演讲的八路军。一句"我想打日本鬼子"，让他参加了115师冀东游击队。

正是这次相遇，让武恩遇到了信中提及的"领路人"。"小鬼，大胆跟着我，就在我的身后，不要怕死，我死了你也死不了。"这名"领路人"一直带着他、鼓励他。"他是一名老红军战士，也是我的班长，后来才知道他就是共产党。"那句"我死了你也死不了"成了武恩的座右铭。

正是这句话，让武恩铭记责任和信念，不论以后是在军队，还是在新的岗位，"我是共产党员，我在你们就在"贯穿整个革命生涯。

1943年，河北晋察冀抗日根据地。"那个时候大旱，老百姓没有吃的，部队里的粮食也紧缺。有一次，我们截获情报，日本鬼子的一列火车运送粮食，部队提前行动，截下了粮食。"武恩回忆，将粮食运送到根据地后，分给了地方政府和老百姓，解了老百姓的燃眉之急，部队留下一部分。

也就是在这个过程当中，武恩开始注意到，部队里有一群人不管做什么事都特别积极：积极服从命令，从不抱怨；作战积极，总是冲锋在前；比赛积极，发挥带头作用，让更多战士参与到训练当中来……这是一群什么人？"他们都是共产党员。打仗、困难他们都冲在前面，是真正的革命战士，是我们的榜样。"

班长的一席话解答了武恩心中的困惑，也坚定了加入中国共产党的信念。"我要跟着他们，也要加入共产党。"

1943年7月武恩经班长介绍，在一次秘密支部大会中，通过指导员谈话，正式加入中国共产党。随后，在南征北战的军旅生涯中，他用共产党员的品质影响着更多的战士，经他介绍入党的战士不下10人。

在与日本鬼子战斗中，武恩的胸前留下了一道伤疤。他骄傲地称之为"纪念品"。依然是在河北晋察冀抗日根据地，一份情报详细描述了日寇在平山县李各庄欺压、糟蹋老百姓。武恩随着部队，立即前往指定地点，看见日本鬼子将老百姓赤身装在麻袋里，逼着转圈。连长一声号令，子弹上膛。所有人就将子弹推上去，冲向日寇。这时，武恩还没有来得及扣动扳机，敌人的刺刀就划了过来，胸口瞬间拉出一大条伤口，鲜血喷涌染红军装。霎时，他扣动扳机，敌人方才倒在了他的面前。从此，胸前的那道疤时刻提醒他不忘家仇、不忘国恨。

我就是党员　红色基因深入血脉

"后来，我的叔父告诉我，我的父亲也是一名共产党员。"武恩的思绪回到父亲身上。武恩的父亲名叫武子程，1933年任山西汾阳特区第一任党支部书记，1937年随晋军抗战，战死疆场。也许，正是这份融入血脉的红色基因，让武恩一直坚定信念。

在武恩的军装照里，佩戴着华北解放纪念章、解放西南胜利纪念章、全国人民慰问解放军纪念章等，而大儿子武兵兵，和这些徽章一样，记录了武恩的军旅生涯。

华北解放以后，已经担任指导员的武恩跟随部队南下。

"当时部队有规定，营级以上干部可以回家解决终身大事。我就申请回到了老家，在家里人介绍下，认识了贺萍。"武恩说，婚后，作为军属，贺萍也随着部队一起转移，也就是转移途中，生下了大儿子，于是取名"兵兵"。

1958年，武恩从部队转业，来到了石油管理局，到烟坡基地成为一名石油工人。艰苦的劳动一直磨砺着武恩的意志，不懂技术，武恩就踏踏实实在烟坡支持基地建设，扛钻杆、下水泥、运石粉，日复一日，年复一年，只有一股信念坚守在心田。"苦是真苦，大家都在拼命找油找气，我能做的就是踏实做好本职工作。"武恩想起自己一砖一瓦建成的基地，依然充满怀念。

1961年，武恩调离烟坡基地，来到石油沟气矿，担任供应科科长。"因为我是共产党员，在供应科的那几年，我坚持发挥共产党员的带头作用。"说起这段记忆，武恩很是自豪。

曾经在部队一直担任文化教员，一直从事政治工作，来到石油单位，由于不懂业务，武恩一开始有点力不从心。"一开始，大家都看不起我。"于是，武恩用实际行动证明了自己。

供应科就是对石油用品进行物资采购和供应。虽然不懂石油业务，但武恩心里一直有着属于共产党员独有的觉悟。"我要尽快适应石油单位的情况和环境，不能用部队上的方法来工作。"于是，他开始做调查，到采气队、到钻井队、到气矿，到每一个需要物资的地方。怎样保证物资供应？怎样货比三家，采购更好的货品？怎样用最低的成本保证物资的质量？经过调查、学习，武恩迅速成长，只要一开井、一钻井，需要什么物资，需要多少数量，需要用在什么地方，他都能对答如流。于是，武恩用勤奋、努力、执着让精于业务的下属叹服。

"我就是一名共产党员，带好头，才能干好事。"武恩对这段记忆总是津津乐道，因为心中坚守着那道引以为傲的信念。

老也要坚守　传承讲好革命故事

时光荏苒，转瞬便来到了1983年，62岁的武恩正式退休，却踏上了另外一种高光的人生道路。

或许是几十年的军旅生涯，让他发自内心地停不下来。武恩一退休就找到了一项非常喜欢的运动——门球。这一打就是15年，他不但组建了第一支石油渝办门球队，还连续多年荣获了四川石油管理局、重庆市渝中区门协前三名。由于热爱，武恩还将技术转化成成果，写过多篇文章刊登在全国门球杂志上，因此被评为二级门球教练，聘为渝中区门协教练委员会副主任。

武恩充实的晚年生活，得益于他富足的精神世界。"我是党员，老了也是。"正是这句话，让他在退休后担任了石油渝办七年离退休中心党支部书记，被四川石油管理局评为"优秀共产党员"。

2011年，91岁高龄的武恩收到一份来自重庆市老干局的邀请，想请他参加一次题为"永不褪色的党旗"的演讲，讲讲自己如何坚定共产主义信念，讲讲革命年代，讲讲那段历史。武恩接受了此次演讲任务，穿着军装、佩戴军章的他准时出现在演讲台。台下，全是重庆大学的学生，一张张稚气未退的脸，听着武恩娓娓道来的革命故事，眼神中星光闪闪，似是回忆，更似坚定信念。

从1950年开始至今，每一年武恩和家人都要照一张全家福，从最初的小两口，到后来的五口之家，到现在的四世同堂。整整一墙壁的全家福，映照出一个老共产党员对家人的关心和承诺。直至现在，一到周末，全家就会团聚在武恩与老伴周围。"偶尔，我也会给孙子孙女们讲讲革命故事。"武恩谈及此事，眼神充满慈祥和宠爱。一面锦旗挂在照片墙旁，那是2011年5月武恩被评为"五好家庭"时颁发的。

只有充满爱和责任的家庭，才能共同历经风雨；只有信念如磐的共产党员，才能几十年如一日地坚守；只有坚持初心不改的那一句承诺，才能将这份精神传承和延续。

从1920年到2021年，一个世纪弹指一挥间，曾经令人心潮澎湃的信仰故事，却从未变得平淡；曾经光芒闪耀的信仰真谛，却始终成为不改初衷的精神家园。

与党同心、伴党同行的武恩觉得这一生能与党结缘，是如此的不同，是如此的荣耀！

1977年武恩（后排左一）全家合影

为国"争气加油"三十三载

李 国 丁 会

多年来，方进带领团队在巴山蜀地间，披荆斩棘，践行"多产能源'粮食'，端牢能源'饭碗'"的职责使命。

方进在生产现场检查管线设备的运行参数

在方进办公室的墙上，挂着三幅标有川渝地区气田、气井位置的地图。多年来，他的脚步不仅踏遍了地图上繁华的都市和宁静的乡村，更深深地烙印在了崇山峻岭之间，见证并参与了众多"藏"在这些巍峨山脉中的气田、气井从无到有的辉煌历程。

2024 年"全国五一劳动奖章"获得者方进是西南油气田公司重庆气矿的矿长、高级工程师。至今已在为国"争气加油"路上砥砺耕耘 33 年的他，多次扛起重大职责使命，从建设管理天然气"地下粮仓"，到带领川西北气矿实现历史超越，再到实现公司唯一"油气并举"的生产基地"再上千万吨"；而今扛起重庆气矿天然气产量筑底反弹，再创新辉煌的重任……方进深知，"多产能源'粮食'，端牢能源'饭碗'"不仅要成为行动指南，更要用实干担当、守正创新的精神去践行。

在挑战中　发现风景

方进，作为地道的重庆人，自小便在巴渝大地的熏陶下形成了豪爽直率的性格。

1991 年，方进从西南石油学院采油工程专业毕业后，加入了中国石油西南油气田川东开发公司（现重庆气矿），成为采气三队的实习工程技术员。

"当时，我的工作地点位于深山之中的兴隆站。"方进回忆，初入职场，他对这个行业充满了好奇与憧憬，也做好了迎接挑战的准备。然而，高强度、艰苦且孤独的工作环境，以及学校所学与实际工作需求之间的明显差距，仍然给他带来了前所未有的挑战和考验。

方进清楚地记得，步入岗位前，父母叮嘱他"要用'不怕苦、不怕累、不畏困难'的精神去对待每一项工作"。这句话成了方进职业生涯的一盏"明灯"，指引他领悟"在挑战中，发现新风景"的真谛。

在父母叮嘱的激励和良师益友的精心指导下，1992年，方进便崭露头角。他参与的一项关于采气地面工艺革新的QC课题成功获奖，这也预示着他职业生涯有个良好的开端。

2003年，方进通过竞聘上岗的方式，先后担任重庆气矿地面工艺大修工程项目部主任工程师、气田开发部副部长等职，成为重庆气矿的技术带头人，带领团队攻克了一个又一个技术难题，推动了采气工艺的革新和优化，还为公司带来了多项具有自主知识产权的技术成果，提升了公司的核心竞争力。

2005年，方进被调至规划计划科。面对新的工作环境和挑战，他内心虽有忐忑，但很快就适应了新的角色。技术岗位与规划岗位虽有所不同，但都需要他发挥专业能力和创新思维。方进表示，规划岗位不仅要解决技术问题，更要考虑经济效益，寻求解决问题的最优解，"在规划岗工作的几年，我养成了从全局考虑问题的习惯"。

从实习技术员到主任工程师再到规划计划科长，在基层一线的工作过程中，每当遇到难题，"在挑战中，发现风景"成为激励方进"翻山越岭"的力量源泉，也激发了他的创造力和创新思维。

建好"气粮仓" 做足"储文章"

2011 年，西南地区首座地下储气库——相国寺储气库正式开工建设。如何建好天然气"地下粮仓"的重担又落到了时任重庆气矿副矿长的方进身上。

面对施工战线长、交叉作业多、安全管控严等多重挑战，方进展现出了非凡的毅力和决心。在项目建设的关键阶段，白天，他和团队分别下沉到各个施工现场，发现问题，确保工程质量、安全和进度；夜晚，他召集团队对照设计、标准及时处理现场发现的问题。这种"白加黑""5+2"的工作模式，使他成为同事们眼中的"拼命三郎"。

参与储气库建设的重庆气矿基建工程部高级工程师张傲说，方进对每一个管理细节都力求完美，面对无前例可循的挑战，他带领团队"摸着石头过河"，精准制定时间表，严格把控关键节点和工程质量。面对重大抉择，他总能果断担当，带领团队勇往直前。

2013 年 6 月 29 日，储气库首次试注成功，标志着方进和他的团队取得了阶段性的胜利。然而，新的挑战也随之而来——如何做足"储文章"，建好"气粮仓"。

彼时，有着多年多岗位、多领域现场管理、统筹部署经验的方进被任命为相国寺储气库管理处负责人。"储气库作为天然气'地下银行'，既要在关键时刻用得上，也要把各种风险管控住。"上任后，方进结合储气库管理处实际提出打造"中国石油标杆储气库"目标；打造一支素质过硬、团结和谐的储气库专业团队；围绕安全环保和效益运行两条主线；突出"转观念、强基础、提素质、重细节"四个抓手的工作方针。

方进任职期间，储气库管理处全体员工齐心协力，共同为实现目标而努力。他们通过电力直接交易、加强清管作业、合理利用压缩机余隙等措施，实现了显著的节能减排效果，每年为储气库节约电费高达 600 余万元。同时，通过优化操作流程，提高运行效率，实现了最高注气量 1274 万立方米、最高采气量 2197 万立方米 / 天的历史新高。同时，相国寺储气库工程也荣获国家优质工程银奖，创下了一项项令人瞩目的业绩和里程碑。

持续奏响为国"争气加油"进行曲

2018年，方进再次肩负起新的使命，出任西南油气田分公司川西北气矿矿长。面对新的挑战，他带领团队立下了"4251"的目标，即，加快四大区块的勘探开发，实现储量与产量的双重历史超越，力争"十四五"期间探明5000亿资源、建设百亿气区。

方进告诉记者，西南油气田公司提出到2020年，要建成300亿天然气战略大气区，而当时川西北气矿的历史最高产气量为14.23亿立方米。"要与公司目标同频共振，产气量必须要有突破式发展。"

在他看来，解决企业发展问题必须解放思想、大胆创新。在方进的推动下，川西北气矿不仅设立了基层单位奖励基金，打破了"平均主义"，还推出了增效精准奖励政策，激发了员工的工作热情。此外，他还提出了一系列创新措施，如设置"受控管理岗位"、推广应用新技术新工艺、优化合同立项审批流程等，为川西北气矿的高效运行提供了有力保障。

2020年，川西北气矿迎来历史性突破，天然气年产量达到19.32亿方，利润突破10亿元。

随着职业生涯的不断拓展，方进愈发认识到"解放思想、大胆创新、勇于担当"的重要性。

2021年，方进接任川中油气矿矿长一职后，迅速聚焦"再上千万吨"工作目标，提出"龙王庙里治龙王，致密油气掘真金，蓬莱气区展党旗，培育未来迎大庆"的工作思路。成功解决了龙王庙组气藏治水排水难题，形成了可复制、可推广的致密气川中建产新模式。同时，还将蓬莱气区丰富的地下资源转化为实际产量，并构建起具有核心竞争力的人才开发与管理体系。

2023年，川中油气矿传来喜讯：油气产量当量再次跨越1000万吨大关，油气产量再创历史新高。面对这一成就，方进也难掩激动之情，眼神中闪烁着自豪与坚定。

如今，方进在重庆气矿上产30亿的关键时期，再度扛起大旗。他用无比坚定的语气说道："无论任务如何艰巨，我们为国'争气加油'的信念、决心始终坚如磐石，毫不动摇。"

梦想的征途

——5年两次走进人民大会堂的采气女工

丁 会 刘 亚

2022年10月，42岁的谢利平以基层党员代表的身份，参加中国共产党第二十次全国代表大会，这是她自2018年参加中国工会第十七次全国代表大会以来，第二次走进人民大会堂，再次踏上超越自我的新征程。

谢利平，西南油气田公司重庆气矿梁平采输气作业区采气女工，扎根气田23年，从一名普通的一线工人成长为全国技术能手、全国最美青工、全国五一劳动奖章获得者……荣誉背后是一次次突破自我的坚持，是朝梦想坚定而行的执着，在这个充满机遇与挑战的时代，谢利平用拼搏实干寻找到属于自己的社会坐标，在时代的星河中璀璨闪耀。

"不放过每一次学习的机会"

9月21日凌晨，谢利平连夜筹备"重庆市创新方法大赛"的初选工作，这是她首次以项目领衔人的身份组队参赛，格外珍视。

过去两年，谢利平都是以队员身份随集团公司技能专家、全国能源化学地质系统大国工匠等一众企业顶尖高技能人才，征战集团公司、重庆市以及全国的创新方法大赛，一路过关斩将，夺金摘银揽铜，实现了能力、荣誉双丰收。

换作别人，这样的成绩已然满意，但谢利平却在比赛结束后，便立下自己领衔项目的目标。她说："跟着大师参赛虽然能轻松获益，但我不能一直躲在舒

谢利平在全国二十大党代会现场

适圈停滞不前。"

于是，谢利平将 2021 年认领且已解决的"含硫气田水对转水泵腐蚀"的企业级难题作为今年参赛项目，召集队员研究解决方案、写报告书、做 PPT 全力备战。她说："从前的难题，现在用创新方法产生了 31 种解决方案，去掉理想化、不计成本、加工难度高等方案，综合众多选项，一定能优选出 1 至 2 种可行方法。"

这样主动走出舒适区，定目标实现自我突破的事，几乎贯穿了谢利平整个职业生涯。

1999 年参加工作的谢利平，刚进入川东气田就被分到当时亚洲最大的脱水站讲治站，目力所及尽是上天入地的设备和管线，陌生复杂的工艺流程和生产参数，让她陷入对未知的恐惧，她说那种茫然无措的感觉铭心刻骨："什么时候才学得会啊？"

为缓解能力焦虑，谢利平给自己职业生涯定下了第一个目标：独立顶岗。意味着要了解站上流程、熟悉设备构造、掌握阀门原理、熟知生产参数等，对于讲治站这样的大站而言，难度可想而知。

两个月后，作业区组织兄弟井站班组长和员工，到讲治站参观学习，谢利平以实习生的身份担起了讲治站迎检"解说员"，从容不迫完成"首秀"，惊艳了同期入职的新工和站上的师傅，背后的勤奋和努力可见一斑。

这次看似寻常的解说，让谢利平找到了应对挫折和困难的不二诀窍：定标学习。

2000 年，天东 29 井 100 万立方米脱水装置投产，工作强度大，员工素质要求高，谢利平因在讲治站的突出表现，被调入该站参与前期投运工作。每天像海绵一样吸收一切有用的知识，连夜将所学知识消化吸收，隔天便运用到工作实践中，那段时间，所有人都目睹了她能力的飞速进步。

为了理清天东 29 井流程，一遍遍手绘流程图，直到完全掌握；在站上设备大修期间，谢利平克服恐高心理，从 10 米高的吸收塔顶部的人孔钻进吸收塔内，查看、取照，只为弄清吸收塔内部结构；拆装阀门、检维修设备、排除故障、整改隐患时冲在最前面，不放过每一次动手操作学习的机会。

"不愿在舒适区久待的人"

3 年后，谢利平早已实现最初"独立顶岗"的目标，对地面设备流程、工艺如数家珍，能轻松完成班长安排的各项工作。她说那时函授也读了，恋爱也谈了，突然觉得工作生活过于舒适安逸，而自己才 24 岁，若不进步，这将是自己的职业"天花板"。

为此，谢利平给自己定下了第二个目标：竞聘班长。她说："作为一名采气工，当时我能想到的进步就是成为一名班组长。"

2003 年与老班长同台竞聘天东 29 井班长失败，2004 年目标达成。24 岁接过天东 29 井"班长大印"的谢利平，将近年工作学习经验，总结成以"五零五力"为核心的"谢利平工作法"在中心井站推广运用，成为班组管理工作的行动指南。她说工作中遇到的很多问题，都可以用针对性的学习来解决，且屡试不爽。

为更好地管理班组，提高自身能力素质，谢利平主动报名参加井站涉及的采气、输气、脱水等专业的技术比赛，逼着自己快速提高综合能力。

2005 年第一次参加技术比赛时，谢利平因能力差、经验少、力气小而屡屡受挫，她晚上学习到凌晨，白天在三四十度的高温下练实操，汗水反复湿透在衣服上析出一圈一圈白色盐渍，手指被管件锋利的切口划破是常事，练习用的生料带能堆成一座小山，不懂就问，不会就练，抓住一切机会，向教练和其他选手请教。

不服输的劲头和永不放弃的信念让她闯过道道难关，实训中每一秒的进步都是谢利平追求的目标。她说那时心中只有一个信念：要想拿金牌，就得先按金牌的标准来要求自己。

2009 年，谢利平带领班组获得全国女职工建功立业标兵示范岗和全国青年安全文明示范岗。同时，她也将自己从最初的候补选手，逆袭成了集团公司采气工职业技能竞赛金牌选手。

工作再次进入"舒适区"的谢利平，从不给人生设限，按需求不断给自己定目标：为提升班组整体素质学习员工培训，成为企业高级培训师，并获得集团公司首届实训师大赛团体赛一等奖；为解决生产难题致力技改创新，获得中国石油首届一线生产创新大赛勘探与生产专业比赛一等奖，中国创新方法大赛全国总决赛二等奖……

"我是一个不愿在舒适区久待的人，那样容易产生惰性，热情和兴趣也会逐渐降温，平台的提高或领域的突破，反而会激起自己更大的斗志。"随着一个个目标的实现，谢利平在进步的路上一骑绝尘。她说："我喜欢根据需求制定短期目标，通常不会想得太远，只想把眼前的目标一个个做好就行。"

"人生中另一个起点"

2015 年，谢利平在取得多项技改创新成果后，发现身边很多工作年限稍长的一线员工，因为对本领域的工作比较熟悉，擅长从反复的工作中总结经验，进行技术创新，但这些高技能人才都分散在各个岗位，大多只顾埋头苦干，即便有了很多创新成绩，却很少有申请专利的意识。

"这样一来，从某种程度上来说，影响了他们的创新积极性。"谢利平说：

"一线员工创新的出发点很多是为了在不影响效率的情况下减小劳动强度，在不知不觉间完成了一项小发明，或者有大发明却不自知，如此一来，操作员工有了创新成绩却因为没有申请专利的意识，而得不到较大范围的肯定和奖励，后续创新工作多半就停止了。"

2015 年，深思过后，谢利平牵头筹建了一个以自己名字命名的工作室——"谢利平技能专家工作室"，尝试把分散在各个岗位的高技能人才的力量和智慧集合起来，也因此迎来了她人生中另一个起点。

谢利平坦言成立工作室的初衷，是希望能充分发挥技能人才在技术革新、工艺改造、解决现场生产疑难杂症和带徒传技等方面的积极作用，带领作业区的技术排头兵以专业技能和创新智慧服务生产、服务一线，给分散在各岗位的高技能人才，提供交流共享、创新攻关和成果转化的平台，让"专家工作室"成为可推广的一种模式。

多年来，无论是参加技术比赛还是外出培训，谢利平都会将吸收到的知识内化成能力，让知识和问题互相靠。她说："每学到一个知识点，就习惯去思考这个知识点可以用来解决什么问题，而每遇到一个问题，也第一时间思索有哪些解决方法。"

针对作业区 LKT 全封闸板锁环拆卸安装困难的问题，谢利平带领工作室成员讨论制作出"LKT 全封闸板锁环安装工具"；带领工作室成员"头脑风暴"出过滤分离器变形滤芯拉取设备，解决了困扰已久的过滤分离器变形后的滤芯拉取耗时耗力的问题……

随着"谢利平技能专家工作室"各项创新攻关成果在生产实践中的广泛运用，工作室的攻关目标已不再局限于作业区、重庆气矿，而是把目光聚焦到了西南油气田公司和集团公司等企业级难题。

工作室自成立以来，解决集团公司级、企业级、厂处级生产难题 130 余项、产生技改成果 32 项，其中 10 项技改成果成功申报国家实用新型专利；2 项技改成果获公司一线创新成果三等奖；3 项技改项目获得公司合理化建议成果奖。提交合理化建议 240 余项；其中 19 项技改成果获得重庆气矿的合理化建议成果一、二、三等奖、优秀奖等；完成了"谢利平工作法"等科研项目 9 项，其中 2 项

谢利平在现场开展培训

获得重庆气矿科技进步奖，发表论文 30 多篇。

近两年，谢利平更是带领工作室解决一线生产技术难题百余项，实现降本增效 300 余万元，助推老气田增产 1.16 亿立方米。"谢利平技能专家工作室"在基层单位首开先河的做法，为此后公司各基层单位落地开花的技能技师工作室提供了经验借鉴。

如今，"谢专家"不再是一个虚无缥缈的称号，而成为一个实实在在的技能人才品牌。

作为创新创效的领跑者，谢利平在自我成长的路上并不孤独，一批批骨干力量与她并肩前行。工作室成立至今，培养企业技能专家 4 人、首席技师 2 人，还有一大批如万戈、徐学进等在各级技能竞赛中摘金夺银的员工正快速成长，为解决企业生产现场疑难杂症、开展技改创新和传技带徒培养后备人才。

"赶上了一个最好的时代"

2022 年 7 月初，西南油气田公司"示范党支部"名单出炉，梁平作业区第一党支部再次入选，这是该党支部荣自 2019 年获集团公司"先进基层党组织"后的又一殊荣。

兼具技能专家和梁平作业区第一党支部书记双重身份的谢利平，2016 年上任党支部书记之初，便与党支部委员协商协作，依托以其名字命名的"谢利平技能专家工作室"为平台，共联共建、共建共享"党支部 + 专家工作室"，深度推进党业融合，有效发挥党支部战斗堡垒作用、专家工作室服务保障职能。

从普通采气工成长起来的谢利平，深知党建工作不能只图表面"热闹"，而是要结合实际发挥自身优势，为一线生产服务。

担任党支部书记后，谢利平一边探索创新支部工作的途径和方法；一边定期组织党员到站开展志愿服务，专解急难愁盼，专挑"疑难杂症"。同时将解决生产现场疑难问题作为党支部工作的"必答题"，努力为安全生产、老井挖潜交出合格"答卷"。

为此成立"检维修突击队"和"难题攻关队"两支党员志愿服务队，前者专攻对安全生产影响较大的设备设施故障问题，后者着力解决制约安全生产的老大难问题。

天东 29 井罗茨流量计超转速故障、沙坪场增压站 RTY1490 天然气压缩机缸盖漏液、故障停机率高等"高系数"难题被逐一攻克。而每年集党支部全员之力编印的《检维修典型案例汇编》，将处理的典型案例从故障判断、原因分析、解决措施等方面进行详细分析，成为指导员工解决故障的"活字典"。

一系列围绕基础管理、难题攻坚、示范引领等工作的创新举措，在该党支部应势出炉，现实难题迎刃而解，进一步推进了生产班组与党小组"两组融合"的同时，也充分发挥党支部技能人才优势，以党建引领打通服务生产"最后一公里"。

23 年，8000 多个日夜，以乡村为江湖，逐油气而居，从职场"小透明"一路成长为技能人才品牌"大专家"。

有人说看似清秀的谢利平，会在除夕夜和班组成员疏通井站堵塞的下水道；会在危急关头孤身前往检修设备，即便内心充满胆怯；会在荒凉野外，面对蛇虫鼠蚁进屋仍处变不惊。而对年迈父母尽孝和稚嫩孩子成长陪伴的缺失，谢利平说这原本就是一线石油人的工作常态，谁都不例外，既然选择了这份职业就得设法自己克服。

有人坦言谢利平的经历让其他身处一线的操作员工备受鼓舞，在解决技术难题、革新工艺等方面，大家已经有创新的意识，并能将其付诸实践，在一定程度上推动了技能人才的进步和企业的发展。

参加工作至今，见证了生产环境不断改善、设备流程更新换代、工艺技术改革创新的历程，谢利平也从青春走到了"不惑"。她说："以为参加工代会已经是人生的高光时刻了，没想到能被选为党的二十大代表，能有今天的际遇，是自己赶上了一个最好的时代。"

野百合也有春天

——一位劳模采气女工的自述

刘渝强　温志怀　李　佳

打开一张四川石油天然气勘探建设的分布图，你几乎找不到一个叫天东 29 井的地方。

这个地方很小，掩映在大片大片金黄的油菜花田中。仔细倾听，就会听见一种嘶嘶作响的天籁之音。这就是涌动着气流的天然气输气管线。顺着管线，溯流而上，九曲十八弯，就会来到天东 29 井，来到 32 名采气工人魂牵梦绕的家。

我叫谢利平，是一名采气女工，一名来自崇山峻岭的采气井站班长。

我没有战井喷，降"气虎"，赴汤蹈火，舍生忘死的那样壮阔的人生，我拥有的，就是和我的采气工姐妹兄弟们一起，洒热汗、沥心血，平平淡淡、默默无闻。在远离城市的原野中，日复一日、年复一年，无怨无悔。一条条天然气输气管线延伸着我们的青春梦想和城市梦想。在这样的岁月中，我们奉献给共和国的不仅仅是喷涌喷薄的能源，还有比能源更珍贵更炽热的忠诚和情感！

其实，在很多年前，我五彩斑斓的梦想中没有采气树。

当驾驶员的父亲一直希望我圆大学梦。当我从输气技校跨进采气工的队列时，我意外地发现，我没有从父亲眼中读到失望。面对着我即将开启的崭新的人生之旅，父亲只是认真地告诉我，无论做什么都一定要努力做好，当采气工也要当一个优秀的采气工！从此以后，"优秀"这两个字一直成为我不断努力的目标，一直沉甸甸地压在我的肩头！每当我想停歇想放弃的时候，我总会想起父亲的那句语重心长的话，于是我总是从心里问着自己：你今天努力做到优秀

开展管道保护宣传

了吗？我不知道我今天站在这个演讲台上，是否能让父亲感到欣慰，是否为他的女儿不吝惜"优秀"的认定，但是，我知道，父亲对我说这番话时，他就知道，他好强的女儿不会远离"优秀"！至少，她的女儿会永远保持一颗努力进取的"优秀"心态！

带着这样的嘱托，1999 年 8 月，我来到亚洲最大的脱水站——重庆气矿开江讲治脱水站。当密密麻麻的管线，错综复杂的流程，繁多细碎的参数一下映入眼中时，我才品味出"亚洲最大"那无与伦比的独特的魅力和气势。

一张桌子，一支铅笔，一副尺板，一叠 A4 的白纸就这样包围着我所有的休息日子。一个阀门有几种作用？内部结构是什么？太多赶不走的问号陪伴在我的左右。直到今天，我才蓦然发觉，正是这样强烈的求知欲望，深入骨髓植入魂魄，才让我不甘于停留不断地探索。

三个月下来，我熟知了站上所有的工艺流程，背熟了数百个生产参数！当我以实习生的身份破天荒地担当起脱水站迎接上级检查的解说员时，我心里涌满了难以言述的成就感。

这次意义非凡的解说开启了我的梦想之旅。我第一次发觉这个平凡的岗位一样可以传递人生的荣誉！也许，大学校园的琅琅书声是另外一种花开，而穿着橘红色的工衣置身在纵横交错的输气管线中，也会享受到平淡散发出来的芬芳，让每一分钟都不会无聊。

2000 年，新的纪元，我来到新的工作岗位——天东 29 井。

这是一个管理着 12 个生产井站的采气中心站。熟悉的大型脱水装置，91.1 千米的输气管线透满了摄人魂魄的魅力。10 多年过去了，直到今天，我仍然忘不了第一眼看见这个以天东 29 井命名的地方带给我的震撼。这个置身在大片大片山野环抱中的井站就像绿色中的孤岛。四周是平缓起伏的林地，溪流缓慢地流淌，微风习习，阳光灿烂，仿佛可以聆听到它心脏的跳动。我被这个即将开始我漫长人生的地方所弥漫的平静和安宁所深深打动，那是一种历经时间磨砺而荣辱不惊的从容，是承载太多太多期望的身心释放。那一刻，我分明感受到它平静外表下面蕴藏的力量。我就是为这个力量而来！

天东 29 井的班长是和我年龄差不多的女孩。她让我看到，原来女生也可以这样能干！一尺见方，却重达几十斤的真重仪，女班长自己从工具房搬到井口；离操作台平面两米高的井口油压表，压力高达三十多个兆帕，班长自己爬上去接测压管。

我现在都还清晰地记得，班长在迎接我们的班务会上说了这样一句话：在天东 29 井，没有性别之分，只有能力之分；在这里，没有男人和女人，只有干事的人和不干事的人。

我一直有恐高的毛病。第一次爬上采气树时，脑海里总是幻想着自己一脚踩滑，从采气树上摔下去的样子。站在采气树旁，自己给自己鼓劲，又深呼吸了数次，才战战兢兢地爬了上去，由于怕摔倒，我的手紧紧地抓着能抓到的任何东西，眼睛不敢往下看，手不敢乱动，根本做不了任何事情，等从采气树上下来，手和脚都僵硬了。这个样子，又怎么能开展好工作呢？人最大的敌人就是自己，我告诉自己，必须克服自己的恐惧，战胜自己，才能成为优秀的采气工。经过一次次的锻炼，渐渐地，曾经觉得高不可攀的采气树早已不在话下，如今，连 10 米高的吸收塔我也如履平地。

2004 年，我也成为天东 29 井的班长。这一年我 24 岁。

如果您到天东 29 井，会看见红色信号服包裹着一个采气女工，在井站门口肃然提醒每一个到访的客人：请出示有效证件，请做好有关资料的登记，请把随身携带的打火机、火柴等火源放在工作人员处妥善保管，请把所乘的车辆停放在指定位置，请不要占压占用紧急出口和消防通道；请关闭您的手机——这就是我。

在进入作业区显眼的位置，存列着一个整容镜。镜子旁边有一个"安全模特"的图形指示，教您怎么正确穿戴安全防护用品进入作业现场。从安全头盔上的岗位标志，到怎样佩戴工作牌，每一个环节每一个细微的地方都一丝不苟。这个意气风发的"安全模特"也是我。

其实竞聘班长是送给自己 24 岁生日的礼物。真的成功了，心里才感到几许的惶恐。一个 24 岁的"小丫头片子"，凭什么去管理几十个班员。其中，有的同志资历比自己高，经验比自己足。把班长的担子挑在肩上的时候，才知道这个"兵头将尾"不仅仅需要信心、勇气、意志，还有责任，承担，甚至承受和委屈。

从老班长手里接过的"班长大印"是那样的举轻若重。7 个人的一轮班，能单独顶岗的同志，加上自己只有 3 个；由电脑控制的许多复杂工艺流程，但是班里的一些同志连电脑鼠标都没有碰过。最要命的是"发号施令"的时候，居然不搭理你。安排清洗阀门，不去；安排管线检修，不去！我使劲咬着自己的嘴皮，不把自己的怨气和愤怒爆发出来！没有人去的累活，我去！没有人干的脏活，我去！动动嘴皮子，真的不如甩开膀子！一个月下来，我又黑又瘦，但是，班里开始出现了奇迹：所有的活都有人抢着干！

要成为一个"优秀"的班长，必须拥有一个"优秀"的团队。优秀班组必须要有优秀的管理。怎样用管理去强化工作效率？怎样用管理去优化员工的民主渠道？怎样用管理去提升考核激励机制？太多赶不走的问号修正着自己的管理经。利用每次到作业区开会的时候，我都虚心向其他井站的班长学习管理。结合天东 29 井的管理实际，我提出了"班长要管、班长敢管，班长会管"的理念。"班长要管"：每月通过班务公开栏形式及时将业绩考核、管理举措等情况进行公布，定期召开班务会，征集员工对班组建设的意见和建议，增强班组员工班组事务管理的主人翁意识；"班长敢管"：实行班长与班员互动考核，相互对工作业绩、业务技能、工作表现进

研究玻璃钢管线修复技术

行评分，进一步提高了工作效果和质量；"班长会管"，针对不同时期上级管理要求，结合班组自身实际及时修订班组管理、交接班、班次任务分配等各项制度规定，做到工作开展年有目标、月有计划、周有安排、天有落实、时有控制，确保了工作的有序开展。

在天东29井，"画工艺流程图的比赛"率先被打响；清洗孔板阀、事故应急救援预案演练等集中式的实作演练活动在天东29井成为家常便饭；局部事故演练、综合性预案演练遍地开花；你问我答、班组讨论等小型、多样、实用的岗位互动式练兵活动如燎原之势，如火如荼地展开。2006年，带着天东29井全站兄弟姐妹的梦想，我参加了重庆气矿首届脱水专业技术比赛，一举获得第二名的好成绩；2007年，我参加了重庆气矿输气技术比赛，又获得"优秀选手"称号，进入参加当年西南油气田分公司输气技术比赛的选拔名单。

创新提升着竞争的"含金量"，竞争推动着创新不断迈入制高点。

"梦之队"在创新的旗帜下显山露水！几年来，天东29井的员工先后夺得股份公司采气工职业技能竞赛第一名、西南油气田公司输气比赛铜牌、重庆气矿脱水技术比赛个人第一名、第二名的好成绩，这支平均年龄35岁的队伍，已有技师2名，高级技术工人24人，近半数员工通过自学，取得油气开采、储运等相关专业的大专以上学历。天东29井还被重庆气矿作为大学生实习基地，从2004年起，累计培养和锻炼20多批次数百名大学实习生。

来到天东29井的所有人都会被一个安全标志牌所吸引。天东29井投产11

第一党支部现场研究球阀执行机构盖板内孔改造

年来，脱水处理和输送天然气 65 亿立方米！11 年安全平稳！11 年所有安全事故为 0！11 年所有的环保事故为 0！这是一份至高无上的荣誉！

2010 年，天东 29 井采气中心站被确定为西南油气田分公司 HSE 管理体系推进试点井站，井站积极推行直线责任、属地管理制度，落实属地责任人、职责，创造性开展了工作循环分析、工作前安全分析、启动前安全检查等工作，杜绝了安全环保事故发生。由于井站在推进 HSE 管理体系工作方面取得了显著成绩，西南油气田公司专门在该站召开了 HSE 体系推进工作现场经验交流会，公司 30 多个单位现场参观了井站 HSE 体系建设工作，并给予了高度评价；随后有 20 多个兄弟单位到该站参观学习，国家安监总局、重庆市安监局、集团公司、股份公司、西南油气田公司领导多人次到天东 29 井调研和检查，均对天东 29 井采气中心站推进 HSE 体系工作和取得的成果给予了一致肯定和高度评价！

这样的荣誉像阳光一样照在每一个员工的脸庞和心上！天东 29 井从一个默默无闻的井站跻身令人瞩目的"明星队"！几年来，天东 29 井班组先后荣获全国青年安全生产示范岗、全国女职工建功立业标兵岗等国家级荣誉称号，被多次评为西南油气田公司、重庆气矿优秀"五型"班组。

伴随着班组的成长，我也开始成长。

2009年，我获得集团公司采气工职业技能竞赛金牌、获得了四川省五一劳动奖章。2010年，我又被评为梁平县第二届道德模范、重庆气矿"十大杰出青年"，2011年，我又获得了全国五一劳动奖章。

其实，在这些繁花似锦的荣誉面前，我感到我的卑微。我只是一个普通的采气女工，一个普通的女人。只是一个父亲两次开刀做手术没有陪在他身边的女儿；是一个5岁的儿子摔倒在地上也无法给他拍去身上尘土的母亲；是一个多想和老公花前月下看场能哭湿手绢的妻子。

更多的，我是，天东29井的班长！

能拥有采气树下的人生，是生活对我另外一种褒奖！

采气树飘逸的灵性，输气管线流淌的神韵，是生活中永远的真实，从来都不曾与我远离！真正的寂寞是真正的富有！

我由衷地庆幸——

我生活在这片广袤的土地！

我虔诚地感激——

我工作在这个平凡的岗位！

只要坚持，只要坚韧，野百合会有春天！

一头 "牛" 的初心和匠心

——记集团公司技能专家、重庆气矿劳模和工匠人才创新工作室领衔专家刘辉

蒋　剑

2005 年，西南油气田公司重庆气矿原开县作业区南雅站埋地管线意外破裂，含硫天然气带着巨大压强喷涌而出。

只要关闭关键的阀门，就能控制泄漏。关阀门之人具有强大的心理素质、高超的技术水平，对南雅站的管线位置一清二楚。

面对能见度低、现场危急、年轻员工束手无策的情况，一个名字跳了出来："刘辉！刘辉在哪里？"

刘辉，对阀门了如指掌、公认的 "活图纸"，现场查勘、背空呼、定位摸索、关阀门……不负众望，成功化险为夷。

一战成名！行业里开始流传一种说法：开县有个 "辉牛"，牛的是他的临危不乱，牛的是他的力挽狂澜。

这就是刘辉，正如给他取的绰号，有 "牛" 一样的坚韧，用 "牛" 一样的踏实，靠 "牛" 一样的钻研，怀着 "牛" 一样的初心，成就 "牛" 一样的匠心。

执着钻研，做坚守一线的 "老黄牛"

从参加工作的第一天，刘辉的工作轨迹就与大山息息相关，近 30 年坚守在一线，锻造出执着坚韧的性格。

1993 年，现实粉碎了新报到的刘辉瑰丽的幻想。

环境的确如分配时介绍的花园式井站一样，但充满铁锈的水库水、水里的线型虫、反复调整位置的电视信号、彻夜轰鸣的分离器，撕碎了刘辉仅存的好感。

正是因为长期聆听分离器沉闷的啸鸣声，刘辉突发奇想：是否可以通过分离器的声音判断气井生产是否正常？一周后，刘辉通过"听"，就能准确判断生产情况。

2021年10月9日刘辉荣获"重庆市劳动模范"荣誉称号

这台分离器，就像一个潘多拉魔盒，打开了刘辉的钻研之路。

一次，班长带回一本《输气工》，他如获至宝。年年拿奖学金的他嗜书如命，在那个专业书籍匮乏的年代，一本像样的实际与理论结合的教材更加难得。这本将井站异常情况条清缕析的书他还是第一次见到。从工艺到原理，从细节到全局，从判断到排除……展现在刘辉眼前的犹如一幅天然气集输的立体画卷。

只有唯一一本书，怎么办？看看就算了？抄书！他执拗地用最笨的办法获取知识。一个月后，当他的眼睛疲惫地布满了血丝，几十万字的书被一个字一个字地啃下。

1994年，刘辉担任天东15井班长。爱研究爱思考的他，通过调节天然气的压力和流量，解决了困扰已久的井口节流阀结冰现象。

除了加强理论学习，刘辉还练就了一项绝活——眼算产量。长期反复计算产量的他，不断揣摩曲线和产量值之间的关系，找到气井产量值的可循规律。当同事拿尺子测算曲线时，刘辉一眼就能算出产量。眼睛堪比量尺，只看卡片曲线即可准确读出气井产量，刘辉成了远近闻名的传奇人物。

1997年，刘辉从一百多位采气工中脱颖而出，代表开县作业区参加重庆气矿采气工技能竞赛，获得第二名的好成绩。此后，他又连续两届获得这个比赛的第一名、第三名。

成绩于别人而言是荣耀，于他而言是压力、更是动力。

1998 年，刘辉递交了入党申请书。一名从井队退下来的老党员——张兴权，用行动影响了刘辉。"他总是先干后说，打理井站、维修设备等，从没有给他安排任务，他更没有任何附加要求。"在刘辉管理的井站里，他真正感受到了一名共产党员的觉悟和初心。

"我有任何不懂的技术问题，都可以问他。"刘辉口中的"他"，就是技术员刘东，也是刘辉另外一位"领路人"，"他引导我用技术原理思考每一个生产问题，从采气曲线的绘制理到班组管理，都耐心指导和鼓励。"

两名优秀的党员，塑造了刘辉心中最初的模范形象，并一直指引着刘辉成为一名共产党员。

作为一名共产党员，刘辉深知肩上的责任重大。"担负全站生产和安全责任，务必要敢于担当，敢于正向引领班组，敢于直面错误，这是作为一名党员的自我要求。"

匠心独运，做领航战线的"拓荒牛"

"不服输"是刘辉对工作的态度，还有对创新和研究近乎执拗的偏爱，成就了他"辉牛"的称号。抄书、钻研、勤思、实验，解开了井口节流结冰的谜底，练就了眼睛堪比量尺的绝活，成就了远近闻名的传奇。

2006 年，开县高桥镇出现井漏事故，众多高含硫天然气泄漏点，满山遍野却又不知所终。刘辉率领小分队一个一个地寻找泄漏点，用漏斗倒扣在泄漏点上，点火燃烧掉天然气里致命的硫化氢。36 小时，他挑战了自己的生理极限，发现了 30 多处泄漏点，用顽强的毅力扛起抢险排障的先锋旗帜。

看书是刘辉保持多年的习惯，看书也让刘辉在直观思维和分析判断思维能自由切换，并在实践中将理论运用得淋漓尽致。

2014 年，四川某兄弟厂请他去开一个阀门。两三个月里，对方请过多位维修工，始终打不开阀门。

到了现场，刘辉一看，心里有了数："给我一个专业扳手。"

"靠拧行吗？是冰冻住了阀门吧。"依据这个思路，对方始终行不通。

他不动声色，把后盖拆开，拆开后再轻轻一松。"我明白了，你是想告诉我们，症结在于压力没有平衡。"对方受刘辉动作的启示，恍然大悟。

阀门的上下横截面不一样，受的压力也不一样。当上面压力小于下面压力时，阀门会密封。只需把上面压力升起来，即可打开阀门。

"刘专家，你真是牛！"突破惯性思维的瓶颈，高下立判。

学习、思考、研究、创新，成为刘辉学习生活中不可或缺的环节。

为了既能找准清管球的具体位置，又能保障员工的安全，刘辉想出了一个方法"让球发声"。无数次试验后，一种"控速啸声清管装置"应运而生，成了刘辉的四个国家专利之一。

为有效解决设备维护、现场操作、风险防控等问题，刘辉蹲在现场解决难题，通过"三查四定"，成功解决"净化厂故障实现'零'放空问题""高含硫井压力容器液位失真难题"等企业级难题89项；摸索出"一看、二摸、三平衡"工作法，有效解决了高压低产井和高含硫气井解决冬季井口冻堵的难题；总结的"刘辉阻断式收球作业法"，有效降低清管作业的风险，集中优化试验泡排措施井生产制度。

随着"辉牛"的名号越来越响，重庆气矿成立的专家工作室，将这名"猛将"收入"麾下"。

曾经参与国家级重点项目建设的刘辉，有着丰富的实战经验，不论是大天池项目五百梯气田内部集输管网建设，还是五百梯气田30余口新井产能建设，不论是五百梯气田增压工程建设，还是讲治站400万脱水装置投运等重大施工项目配合，都为他的研究工作累积了大量的素材和依据。

2009年5月，作为西南油气田公司专家支撑组成员，刘辉参加了龙岗气田投产的前期准备工作，在近一个月的工作中，配合完成部分新井、新设备的投运，有效保证了龙岗气田的安全投产。

作为集团公司的采气技能专家，他先后于2009年10月、2010年两次奔赴土库曼斯坦萨曼杰佩气田，参与指导2座集气站、24口单井站的新井产能建设，总结了一套适合萨曼杰佩气田高压、高含硫，伴生凝析油的生产管理经验，确保了萨曼杰佩集气站以 1000 万立方米的日产量按期向处理厂、中亚管线安全平稳输气，出色安全地完成了既定目标。

在各种急难险重任工作中，他也总是冲锋在前，先后参加了罗家寨"12.23"事故抢险、"3.25"井漏事故抢险、南雅站"11.25"天然气泄漏事故抢险。

面对科技迅速发展的形势，追求新科技、新领域的原力在刘辉心底蓬勃萌发。2014 年，刘辉开始自主研发无人机，先后采购了飞控、机架、无刷电机及电调、编码器等，组装出了 3 台旋翼无人机。通过近一年的飞行试验，先后完成了五百梯气田 29 个井站的周边地形地貌的摄像和拍照工作，全年节约人工巡检成本 47 万元。

每一分付出都让刘辉身上的责任加重一分，每一分收获都让刘辉坚定一份对党的信念。正是因为不断的努力和付出，2006 年刘辉荣获了集团公司"优秀党员"称号。

"我是一名党员，发现问题解决问题是我的本分啊！"正是这句根植于心的话，让刘辉不断拓展自身知识领域，成为名声在外的"拓荒牛"。

刘辉劳模创新工作室"金"字号天团

初心传承，做反哺基层的"孺子牛"

年复一年，刘辉的专业水平攀登上一个高峰。荣誉加身的他，却始终保持着那份"初心"。

在大山里坚守，刘辉想要走出去，因为只有走出去才能学会更多知识。刘辉走了出去，却又走了回来，因为他要学到的知识应用于成就他的基层一线。

"对于荣誉，我的理解是珍惜、珍重。因为企业对我信任，我才有机会参与各项工作，才能提高自身能力。"刘辉的心里充满感恩和希望，"我现在能做的就是尽自己最大努力，回报企业。"

2014年，开县巫山镇门西八井因丧失产气能力，被切断输气管道准备回注。刘辉在调试泵准备回注井时，意外发现井底压力又涨了上去。

他当机立断，自费花了一百元，在当地做了高压软管，再用两个转换器接在井口上。这一举措让气井起死回生。该井每天产气一万立方米，连续两月后，经过标准工艺改造成了活井。

面对高昂的进口设备阀口盖，刘辉不愿"被宰"。于是，他用几元钱的国产垫成功做了替代品。他推行的进口设备配件国产化做法，每年为企业创造效益近200万元。

他着力措施挖潜，优化10余口泡排措施井生产制度，仅2011年就实现挖潜增产1.47亿立方米天然气，同时节约泡排剂材料费用近10万元；提出《天东017-X3井气举气源改造的合理化建议》，该项技术措施日均节约燃料气1700立方米，油料16升，每年节约费用约54.4万元。着眼技术革新，推行进口设备配件国产化做法，自制加工FISHER调压阀的膜片、阀瓣等配件，有效缩短了设备维护周期、降低了维修成本，提高了设备使用率，每年为企业创造效益近100万元。

将技术转化成推动发展的"硬"支持，同时，刘辉积极发挥技能专家的"传、帮、带、促"的作用，将知识用遍地"桃李"转化为"软"动力。

在龙岗气田、土库曼斯坦工作期间，先后组织4次统一授课和29次的现场交流，将重庆气矿高含硫气井的管理经验和操作方法进行了推广，得到了广大员工尤其是土库曼斯坦员工的认可和信任。

2009年，刘辉担任集团公司采气工技能大赛培训组教练，其辅导的西南油气田公司的参赛选手获得了4金、9银、10铜的好成绩，荣获比赛团体第一名。3人荣获"全国技术能手"称号，1人荣获"集团公司技术能手"称号。

在西南油气田公司采气技能培训基地工作期间，刘辉设计制作了采气专业的7个实操项目和6个模拟项目的视频教学教案，组织参与轮班培训教学4次，采气工职业技能鉴定8次，鉴定初、中、高级采气工500余人次。师承刘辉的"高徒"王川洪等5人被聘为西南油气田公司采气技师，成长为企业发展的中坚力量。

刘辉，即使已成为技能专家、即使一身荣誉、即使桃李遍布，依然怀着一份初心和匠心。正如他所说："实事求是、认真做事、真诚做人、立足本职、尽职担当，这本就是一名共产党员的职责所在。"

曾经年少的坚守锻造了刘辉坚韧的品格，曾经好学勤思的品质成为推动他不断研究的最大助力，曾经对党许下的承诺成为他根植于心的信仰，曾经难忍的机器轰鸣声成为他生命不可割舍的一部分，曾经陌生的大山成为他心底最炽热的牵挂。

牛人，刘辉，秉承初心，恪尽匠心，终于使着这股"牛"劲儿，闯出属于一名共产党员的广阔天地。

刘辉为劳模创新工作室团队授课

因为热爱，永守初心

——刘辉自述

我是刘辉，一名 20 余年党龄的普通共产党员。

回顾自己的成长历程，从一名普通采气工到一名技能专家，从一名懵懂少年到工作室负责人，从偏远井站到工艺研究所，当过班长，参加过技能竞赛，亲历大天池工程建设，参加西气东输国家重点工程投产，所有的经历都是一个助推器，助我提升、促我成长。

我是幸运的，赶上了这个最好的时代。我也是渺小的，正是因为党的谆谆教诲、企业的精心培养，才能成就现在的我。正是因为党，才能让我在迷茫的时候，不会迷失方向。

抄书钻研、思考创新、蹲现场解难题、勤学习创新技，每一次实验、每一项专利、每一项荣誉，都离不开企业的支持、团队的协作、所有人的付出和努力。

从递交入党申请书的那一刻起，我就认定：只能努力，才能回报，因为热爱，永守初心。

28 年的工作经历，让我更加清醒认识肩上的责任，怀揣着那份热爱，我从大山走了出来，也用知识感恩这片土地。

党员的信仰让我时刻铭记：感恩与回报。于是，我不断学习、不断成长，优化泡排措施井生产制度，仅 2011 年就实现挖潜增产 1.47 亿立方米天然气；提出《天东 017-X3 井气举气源改造的合理化建议》，该项技术措施日均节约燃料气 1700 立方米，每年节约费用约 54.4 万元；自制加工 FISHER 调压阀的膜片、阀瓣等配件，每年为企业创造效益近 100 万元。

28 项各级荣誉，30 项国家专利，40 余项一线技能攻关项目、17 项创新成果、3 本标准及教材的编著……将我这名扎根基层的技术员，打造成为石油一线的"硬核"担当，也让我有机会为我所许下的热爱，尽一份匠心慷慨。

匠心筑梦，择一事、终一生

——记"全国五一劳动奖章"获得者、中国石油集团公司技能专家王川洪

丁 会

王川洪

从一线工人到行业专家，西南油气田公司重庆气矿采气工、全国技术能手、集团公司技能专家、享受国务院政府特殊津贴专家的王川洪，深耕生产一线24年，先后解决气田生产技术难题80余项，多项革新成果在行业内普遍推广，创造直接经济效益2000余万元。

王川洪，"全国五一劳动奖章"获得者、重庆气矿首席技师、一级技能专家，带着"择一事、终一生"的坚持，走上技能成才、技能报国之路，为保障能源供应贡献自己的力量。

"这一敲，敲开的不仅是一个阀门"

1999年，19岁的王川洪技校毕业走进五百梯气田，立志在这个当时距离重庆最远、自动化程度最高、工艺设备齐全的新开发区块干出一番事业。

和所有新员工一样，王川洪告别亲人故友，在天东7井重复枯燥的单井生

活，让他对未来既憧憬又迷茫。不久后，一个让王川洪频繁倒气都无法解决的生产用气调压阀故障，被维修人员简单清洗安装后就恢复正常，让一心想做大事、却解决不了小问题的王川洪十分汗颜。

重新审视自己的工作后，王川洪决定从"小事"做起，遇到场站检修主动干，不会就学、不懂就问，直到弄懂为止，不断提高自己的知识技能储备。

一天，站内自用气脱硫塔再生倒换过程中，进气阀传动装置因雨水进入锈蚀损坏，造成卡阻无法开关。当时阀腔内有压力，阀门不全开拆卸不了轴承，一旦停气，水套炉无法保温将面临关井停产。

凭着对阀门结构的了解，王川洪找来榔头，对着阀杆边敲边活动，很快将阀门打开，顺利更换了传动轴承。

这是王川洪第一次将平时的积累和学习派上用场，他说："这一敲，敲开的不仅是一个阀门，更是敲掉了我的纠结，敲出了我的自信，敲明了前进的方向。"

在随后几年担任天东 65 井、天东 2 井班组长，以及南雅站站长期间，王川洪一边阅读大量理论书籍，广泛涉猎各方面的知识，一边在工作中与同事互相交流提高技能，及时运用到工作实践中。

为补充专业理论知识，他先后进修了中国石油大学石油工程专业的专科、本科课程；为提升创新能力，他系统学习创新理论，取得 MATRIZ 创新二级工程师、集团公司创新培训师认证；为提高难题攻关效率，他自学三维建模、软件编程等软件应用。积沙成塔，不断地学习和积累让他逐渐成为专业技能精湛、综合能力突出的新一代复合型技术工人。

"在适度压力下的自我成长"

2006 年，在担任管辖各类气井 52 口，日产气量 260 余万立方米的南雅站站长一职之初，王川洪仅用一周就熟悉了站内近 500 只 (台) 大小设备、阀门的型号、材质原理、管线设计参数和生产情况，以及各井周边环境、到中心站时间等数据。

王川洪

王川洪说，这得益于两年前为学习计算机软件应用购买的一台笔记本电脑，为他打开了自我成长的崭新窗口。气井动态分析、CAD制图、三维建模、软件编程……不断解锁新知识新技能，让王川洪在高技能人才成长途中一路领跑，也为他后续解决生产难题和创新创效工作打下坚实基础。

无论是参加职业技能竞赛，还是担任采气技能培训基地实操教师及竞赛教练期间，王川洪从未放缓过学习成长步伐。不仅个人在公司采气技能竞赛和采气工全国大赛斩金夺银，还为企业培养出一大批高技能人才。

尤其是担任实际操作教师期间，王川洪率先提出分级分类培训方式、利用报废和闲置设备开发阀门维护课程、自学绘图软件、制作 SolidWorks 软件操作视频课件并通过"油道 APP"供大家学习，进一步引领高技能人才创新创效，提升教学资源的使用效能。

通过技能竞赛选树和培养优秀技能骨干，王川洪不断拓展培训项目，完善培训设施，先后开发培训项目二十余项，培训课件 50 余个，培训学员 6000 余人次。他主编的《采气工技师》教材获得集团公司一等奖，个人获集团公司实训师专业赛第一名，被评为集团公司优秀兼职培训师。他先后 8 次担任竞赛教练，培养选手中 16 人获得国家级、集团公司级技能竞赛奖牌，23 人在企业级技能竞赛中获奖，另有 32 名选手在公司各级技能竞赛中获奖。

"解决问题就是最好的创新"

2023 年 1 月 6 日，集团公司第二届创新大赛生产创新勘探开发专业赛在华北油田圆满落幕，重庆气矿参赛项目《天然气场站阀门内漏检测及碳减排技术研究》获得大赛一等奖。

王川洪作为该项目负责人，已连续两届率队参赛获得一等奖。唯一不同的是，今年身兼两职，既是选手又是教练，不仅要对自己的项目负责，还要为公司其他生产创新的 10 支队伍在问题解决过程中创新和理论的应用，以及在项目展示过程中提供帮助。

这样的创新成果是王川洪近年来的工作常态。2014 年，西南油气田分公司首批技能专家工作室成立，作为采气技能专家工作室的成员，王川洪充分发挥团队优势，致力于解决生产中的疑难问题。

为寻求高含硫气田水合物冻堵的行业难题解决措施，王川洪收集整理了近十万个不同含硫条件下温度与水合物关系数据，形成了基于地温的水合物预防和防冻剂加注方式，降低冻堵机率 90% 以上。

针对页岩气井开井初期蒸汽换热效率低、管线设备低温风险的问题，王川洪带领团队研发的"蒸汽换热装置"，在公司页岩气及常规气田推广应用后，年节约费用近 500 万元。期间，他有多项创新成果在全国和集团公司的一线创新方法大赛上斩金夺银。

伴随经验的不断积累，王川洪的技能等级也一步步提升，38 岁聘为集团公司技能专家，用 19 年走完采气工从初级工到集团公司技能专家的"路程"，先后获得国家专利 12 项，发表论文 20 余篇，参与编写的《采气工》等 2 部教材成为行业培训和鉴定标准，为技能人才畅通职业发展渠道做出表率。

"一直觉得自己很幸运，我赶上了一个能够让普通劳动者施展才华的好时代。"作为新时代的"工匠"王川洪说："新时代的产业工人既要磨炼技能，也要锐意创新，努力干好每一个工作细节，才能为推进新时代能源事业高质量发展贡献自己全部的光和热。"

脑海中永远赶不走的问号

吴 平 彭龙英

他在 35 年的采气工作中，从一名普通的一线工人，逐渐成长为一名集集团公司采气技能专家、命题专家，国家职业技能鉴定高级考评员等多项头衔于一身的采气技能专家。在他手中，创造发明了众多能解决生产实际问题的各项专利技术，在西南油气田分公司重庆气矿，"夏专家"的名头赫赫有名，他就是夏仲华。

老天爷赏的雨水 要能利用起来多好啊

2017 年 11 月 7 日上午 9:30，记者一行驱车赶到长寿运销部专家技师工作室，却被告知，夏专家一早就去新 8 井巡检了。原来，今年初西南油气田分公司重庆气矿 QC 创新项目活动实施，夏仲华提出的《天然雨水资源的利用新技术》引起了矿区领导的高度重视，并立即安排他着手进行这一创新创效成果研发。近 10 个月的时间，他几乎一直在一线，寻找最合适开展这个项目的井站，最终选在了离运销部 50 千米开外的新 8 井。而今天，就是这个创新项目最后实地验收的日子。

从运销部到新 8 井，一路田园风光虽好，路况却有点糟糕，特别是从新市镇到井场还有十多千米的乡村机耕道。颠簸着来到井场大门处，远远就看见井场内一个身着红工衣的身影，蹲在那里，手上拿着红漆在刷着什么。"夏专家、夏专家，开一下门。""哪个来了？我忙得很，等到。"应声而来的夏仲华，身材较为瘦弱，戴着一副金丝眼镜显得更加文质彬彬，沧桑的面容却遮掩不住眼神里熠熠的光。

走进有点荒凉的井场，经夏仲华介绍得知，新 8 井是一口无人值守井，由于每日产出气量较少，已失去驻守的必要。但是，这里的现有设备却仍需维护，运销部巡管班的职工每周例行巡检一次，除了查看井口装置及添加泡排剂，还要对设备进行维护保养。保养就需要水源，新8井地处偏僻，周围无可使用的自然水源，因此，每次的设备保养就成了大难题。

夏仲华的"随身宝"样样俱全

巡管班的职工在交接班会议时总要发发牢骚，希望尽快解决井站的用水问题。听到同事们反映的情况，夏仲华又联想到近几年，在雨水季节频发洪涝灾害，而在炎热的夏季，却又有很多地方因缺水而影响了正常的生产生活。"如果能把老天爷赏的雨水收集起来，放在干旱的夏季时使用那该多好啊。"这一想法虽然有了雏形，却因手上烦琐的事务性工作一直搁浅。

而现在机会来了。2017年1月，重庆气矿下发文件，要求各单位在9月30日以前必须要上报一项该单位的QC创新项目，并以实际完成成果及取得的实效为最终审核。

机会来临时，有准备的人总能抢先捕捉住那一缕光芒。说干就干，夏仲华上网查阅国内外合理利用雨水的各项资料，实地勘察适用这个新技术的井场，画设计草图，"光是这一个新项目，我画的草图垒起来差不多就有半人高了。"

在这个创新项目的施工途中，因夏仲华"过于"认真严谨，还一度发生了施工方两次停工的罢工事件。夏仲华说来也委屈："因为这个项目我们也是一个尝试，最初的设计图纸有可能在施工时不一定会有想象中的效果，那怎么办？只有不断调试来弥补，工人们就不干了，说一会儿这样改、一会儿那样改，耽误了他们的工期，就闹着不想做了。"夏仲华又是赔笑脸又是递烟递茶，把工人捧着哄着地做完了整个项目。谁曾想工期结束后，大家反而成了朋友，包工头老王还笑说："夏专家，以后有这种活路再找我哈！"

雨水收集池长宽高皆为1米，分为左右两个水池，中间有一过滤层，布有再次过滤的滤网，雨水从房顶流经到池里，经过沉淀，清澈见底。现在，这个

"天然雨水资源的利用新技术"将在其他井站陆续实施改造。

茶杯变成高科技　扫除安全隐患大难题

创新来自不断探索和对事物精益求精的追求。一个普通的保温杯，在夏仲华手中却演变成为能解决生产问题的安全利器。

说到这里，不得不提到重庆气矿设立的"专家技师工作室"。2014年，重庆气矿为加强技能人才管理，充分发挥专家、技师的骨干作用和引领作用，引领大家创新创效，各个基层单位的"专家技师工作室"应运而生。专家技师的工作之一就是长期性开展各个井站巡检，把巡检过程中发现的各类问题收集整理，并形成整改意见或建议，再传达至井站员工整改实施。

2017年年初，夏仲华带领专家技师们例行巡检，来到渡舟站时，看见刚刚完成计量装置清洗的站长甘建红一身的油污，问道："这是怎么了？一身咋个整得这么脏？""哎哟，夏专家你来了正好，你看能不能给我们解决一下这个问题？"甘建红拉着夏仲华就滔滔不绝。原来，每周他们要对井站上的各个计量装置进行常规操作后的规定清洗动作，而每次清洗时，因高孔阀排污造成油水飞溅，常常喷得一脸一身，而导压管路在放空吹扫时，不仅噪声极大，且井场上铺垫的碎石也会因巨大的冲击力四处飞溅，极易伤人。

夏仲华听完后，在高孔阀排污口处左看右看，又拿出随身的卷尺东量西量，在笔记本上记下各种数据后，拍拍甘建红的肩膀说："这个问题我来想办法解决，你们先做好各自的工作，不要着急。"

嘴上说着让大家伙不要着急，着急的却是夏仲华自己。怎么解决？想到一线员工们面临不确定的安全风险，夏仲华也找不到思绪，急得一筹莫展。一天傍晚，夏仲华饭后准备出去散散步，随手拿起了一个平时喝水用的保温杯，突然灵光一闪："这个保温杯既然可以保温，说明它的杯壁厚度很厚，是否可以起到隔绝声音的作用呢？"夏仲华马上倒掉杯子里的水，把杯口贴在耳朵上，果然耳朵里有嗡嗡的回响声。保温杯虽然能解决隔绝噪声的问题，但如何能让它同时具有"过滤、吸附、除尘、缓冲"等问题呢？一天，在家里拆换净水器滤芯时，拆卸下来的过滤器让他又有了新思路："在保温杯里安一个这样的滤芯，是不是可以起到过滤和缓冲的作用？"

按照这样的想法和思路，夏仲华开始了每天雷打不动的"逛街"。长寿区大大小小的商场、五金店都走遍了，为的就是寻找到合适的保温杯和过滤器。商场里没有，那就上网查，最终在网上淘到了合适的双层不锈钢保温杯和过滤器。怎么加工？夏仲华找到长期合作的五金店主姜波，讲明了思路和方法，两个人开始了共同创作"艺术品"的过程。做了一个不合适又做第二个，具有十年机床加工经验的姜波也提出了一些改造建议，经过三个多月的构想、设计、制作加工，一种便携式"计量装置导压管吹扫排污缓冲器"完美出炉。

10 月 27 日，这个便携式排污缓冲器在渡舟站正式推广应用。当甘建红在夏仲华的指导下，完成了高孔清洗的规定步骤后，现场没有出现油污、碎石飞溅现象，噪声经测试从以前的 80 分贝降为 30 分贝。

"出土文物"变身大专家　脑壳里装的都是精华

在周围人看来，夏仲华就像个"出土文物"一样稀奇。工作之余最大的爱好就是上网，"别人上网是看电视、打游戏，我上网是查资料，为了找到一个相关资料，长期熬夜不说，有时候连上班时间都忘记了，常常是单位领导打电话来问我在哪里，才想起来还在家的。"

最初提出解决高孔阀排污问题的渡舟站副站长李善斌对夏专家赞不绝口，"我们最初在想到要解决高孔阀排污问题时，只能想到的是在排污孔下面安装地砖，可以基本规避碎石的风险。但却不能一次性解决油污、噪声和缓冲的难题。专家就是专家啊，我们的脑壳装的是豆腐渣，他的脑壳（脑袋里）装的都是精华。"

打开夏仲华的挎包，笔记本、相机、手电筒、卷尺、螺纹规等工具长期随身携带。"笔记本上要做好各种记录，用相机把现场发现的问题照下来，卷尺和螺纹规是测量时必备的，一样都不能少。"夏仲华的随身宝成为长寿运销部所有专家技师的标配。

夏仲华指导一线井站员工

　　作为重庆气矿目前为数不多的集团公司采气技能专家成员之一，夏仲华深感责任重大："我已经 55 岁了，我不是为了突出自己，只想带一批我们的新工人、新专家，年轻的专家出来，我也希望能发挥一个引领作用，引导年轻的专家、技师、敬业、创新、钻研、创效。"

　　夏仲华深知"一根稻草抛不过墙，一根木头架不起桥，21 世纪是专业团队的世纪"。在他的引领下，长寿天然气运销部专家工作室自成立以来，51 名技术人员、技能操作人员参加技术创新活动，创新成绩从零开始，2014—2016 年已取得 25 项国家实用新型专利成果，成绩显著。由夏仲华领衔发明的《一种简易伸缩起吊架》《吸附分离罐及天然气分离器排污阀动力供给装置》《一种分离器》等均获得国家实用新型专利证书。

　　"在采输气行业三十几年，一直养成了石油行业的优良传统，爱岗敬业，干一行就要爱一行。作为技师和专家，就应该带头走在前面，帮助大家。"夏仲华说，"我马上就要退休了，但这批年轻人还需要好好磨炼，我希望为大家营造一些环境，把我的技术倾囊相授，起到引领作用，带领他们创造更多的利益国家、集体的发明创造。"

托举薪火相传的力量

刘渝强

从乡村原野到城市街巷，从农耕文明到智慧制造，无论何时何地，都有在奋斗、在拼搏、在奔跑的人。追梦路上，他们有一个共同的名字——劳动者。

无论什么时候，劳动，都会理所当然地成为时代的强音，浩荡深远地响彻在华夏大地上。

向劳动者致敬，一直是所有崇尚劳动的人的"标配姿势"。他们朴实无华，任劳任怨；他创新进取，勇毅担当。他是平凡的工作者，但是，毫无疑问，他们也是这个时代美好生活的缔造者。

褪去厚重的光环，剥离掉形形色色的职业称呼，他们都有着同一个平凡的名字——劳动者。

作为一名石油新闻工作者，采访记录了太多与劳动相关的新闻稿件。在记录热火朝天的劳动场景的同时，也在采访的历程中记录下许许多多难以忘怀的劳动者身影。在不同年代中，劳动呈现的方式虽然不同，但是，劳动者感受的尊严和快乐，充满努力和奋斗的激情，始终是我们这个社会高高扬起的时代旗帜！

在国际五一劳动节即将到来之际，摘选四个不同年代的劳动者形象，以表达对劳动者崇高的敬意——

向劳动的尊严致敬！

向劳动的幸福致敬！

向劳动的强大力量致敬！

向劳动者致敬！

50 年代：杜含林，用劳动加固信仰

杜含林，男，原川东北石油钻探处劳动模范，1967 年作为石油战线上的杰出代表，受到毛泽东、周恩来等党和国家领导人接见。

第一次见到杜含林是在 1996 年，当时 63 岁的他躺在长寿县云台镇川东钻探公司职工医院内科的病床上昏迷不醒。这个新中国第一代的石油工人静静地躺在雪白的被褥上，与"颅脑术后综合征"进行着艰苦的较量！很多年过去了，当我曾经试图寻访着这个当年给我巨大感染和冲击的采访对象时，他却像蒸发了一样，无从得知他的下落和确切音讯。我不知道，他是否依然以他那样特有的坚韧迈过了他人生最艰辛的一个坎，但是我依然相信，他还继续沉浸在过去劳动带给他的辉煌和幸福当中。

杜含林出生在陕西省汉中阳县，在家排行老四。1952 年，中国人民解放军第十九军第五十七师整编为石油工程第一师，18 岁的解放军班长杜含林号啕大哭地摘下帽檐上的红五星，成为新中国第一代石油工人。

1954 年，沿着大巴山开凿出的简易公路，杜含林跟随着满载着钻井设备的大型车队来到四川，开始永远固守着自己的领地。隆 5 井、隆 13 井、隆 14 井、巴 1 井、巴 7 井、巴 9 井——杜含林带着手中的钻井仪器，划破苍穹，穿越林海，不断向群山深处迈进！1957 年，23 岁的杜含林调任四川腹地黄瓜山气矿指挥部采气队队长。面对着黄瓜山绵延起伏的山脉，血气方刚的队长心里涌动着强烈的征服欲，恶狠狠地甩下了他终生难忘的誓言："等着瞧吧，老子要把你肚皮的'气'全部掏空！"层层叠叠的山峦顿时肃然，雄浑的山韵和豪迈的誓言交织成一种极生动的憧憬——

1967 年，杜含林生命沸点的时刻到来。作为川东北石油钻探处连续三年荣获劳动模范称号、有突出贡献的人物，杜含林被选举为石油战线上的杰出代表，受到了敬爱的党和国家领导人毛泽东主席、周恩来总理等的亲切接见。在首都北京的人民大会堂里，有幸站在第一排的杜含林激动得浑身直打战。这个长年风餐露宿、披星戴月、南北征战的石油汉子被巨大的幸福冲击得不能自己！毛主席走来了！人民心中的红太阳走来了！一双将支离破碎、苦难深重的旧中国拯救出来，并且让中华民族屹立于世界之巅的巨人之手握住了石油工人的手！

杜含林泪如泉涌，幸福的泪珠大颗大颗地顺着黝黑的脸庞滑落——打从北京回来的那天起，杜含林足足好长一段时间没有洗过手，白天、黑夜，甚至夜半三更，四面八方赶来的人们争先恐后地握住这一双被毛主席幸福地握过的手！

1993年，杜含林从川东矿区生活服务公司三条沟水厂退休。积攒几十年的病痛让他成为医院的常客。慢慢地，杜含林双目失明；慢慢地，杜含林半身不遂；慢慢地，杜含林昏迷不醒——可是，杜含林始终小心翼翼地保护着自己的双手，也叮嘱自己的家人要照顾好自己的双手，因为这是被毛主席温暖的体温传递过的双手！杜含林知道，这一双普普通通的手因为劳动成就了不平凡的意义，从那一时刻起，劳动赋予了生命最精彩最光彩的瞬间！

记者手记：

很多年过去了，许许多多的采访对象已经在我的脑海中日渐模糊。但是，我始终没有忘记杜含林的那双手。当他炫耀地伸出这双手让我端详时，我始终觉得这只是一双平凡的劳动者的双手：粗糙、质朴、黝黑。我知道这双手曾经注入了伟人的体温，从而温暖着这个普通的劳动者的一生。

我真切地感受到像杜含林一样的新中国第一代石油人那种珍贵炽热的情感和忠诚。狂风粗野，暴雨蛮横，在他们不知疲倦的征程里，流淌出来的爱恨情仇是能源，积攒出来的无尽相思是能源。劳动驱散着他们的儿女情长，在50年代的石油史上，唯有劳动才能重新铸造一个民族昆仑般的自信、自尊和自强！

50年代孕育的石油形象使负重自强，不怕苦不怕累的劳动精髓思想光芒万丈。如同杜含林一样的新中国第一代石油元戎始终不渝地相信：劳动可以驱散一个旧世界的阴霾，同样，劳动可以铸就一个新时代的辉煌！

这劳动的魅力在今天分外耀眼！这高贵的劳动的权利，在今天的天空里更加灿烂！让我们向杜含林以及他所代表的新中国第一代石油人致以最崇高的敬礼！

80年代：李昌全，用劳动染红誓言

李昌全，男，原川东钻探公司总工程师、四川省"推进企业技术进步优秀科技工作者"、原中国石油天然气总公司"铁人科技成就"银奖。

落日并非一种结局。

在万县市茨竹乡的茨竹一井的原址上，满山的野花开遍在翠绿深处，绽放着红艳艳的眸子。一阵风吹过，一朵朵花就像一束束高擎的火焰，将力量的昂奋指向苍天。此时此刻，我听见了阳光在我的血管里汩汩地流动。我知道，茨竹一井和一个人的名字已经魂魄相依，血肉相连，在这里，一个人用生命的句号演绎了劳动最悲壮的境界，让自己的忠诚和奉献终结在劳动的最终时刻！

他是一个领导；他是享誉全国的知名钻井专家；他是原四川石油管理局川东钻探公司总工程师李昌全。

1996 年 4 月 7 日 12 时 10 分，李昌全在指挥万县茨竹一井大型堵漏施工作业中不幸以身殉职，享年 56 岁。

川东这块土地，峰峦叠嶂，江水荡漾，显尽巴山烟雨的神奇。在川东地区进行石油天然气钻探难度之大，世界少见，它与美国落基山脉同属"世界难题"。这里高压、高含硫极具危险；钻进中的"喷漏垮塌斜卡硬"犹如道道鬼门关，生死难卜。李昌全在这里当了 11 年的钻井技术员。11 年间，他主持完成了 11 口深井的钻探技术工作和 2 口深井的试油工作，获气井 5 口，油井 1 口。并首次在卧龙河构造发现了嘉五一、嘉四三、嘉三和雷口坡四个新产层。由他组织完成的蒲 2 井空气钻井试验，在高压气区做了大胆的尝试，填补了国内技术的空白。他在卧 9 井首次现场系统试验了硫化氢对人畜和钢材的影响，为川东地区的防硫防毒奠定了基础。

1988 年，李昌全担任了总工程师。随着勘探领域的扩大和转移，新的钻探技术问题不断出现，他清楚地认识到，钻井是勘探的重要手段，推动钻井技术的发展是提高天然气勘探成效的关键所在。"在科技进步上，我要带个好头！"结合自己组织参加的数百次大型钻井工程作业设计和施工实际，他在钻井井身结构的设计、川东石炭系破碎地层取心等方面发表了数十篇见解独到的学术论文，对川东地区实现优质高效、低耗钻井起到了现实的指导作用。由他组织的"四川深井技术"攻关项目综合配套试验和总公司"十大"配套项目之一的"川东大天池构造带钻探综合配套技术"应用上，在 6 个专业技术领域取得了 10 项技术创新和技术改进成果，形成了一套在复杂地质条件下钻探天然气的综合配套技术体系，创直接经济效益近亿元。他的带头作用调动了公司科技人员攻关的积极性，五年间，公司取得上百项科技成果，近2000人次获得各级科技奖励。公司也先后荣获全国地质勘查功勋单位、四川省推进企业进步奖、原中国石油天然气总公司科技先进集体、全国五一劳动奖状单位等光荣称号。

1996年4月6日，总工程师李昌全一如既往地把他的工作岗位放在勘探一线。万县茨竹一井是中国石油天然气总公司部署的一口重点探井，李昌全赶到了现场。在5号钻井液循环罐观察计量的时间，不幸突然发生，此时因憋泵钻井液回收管线上弹，钻井液将李总冲倒，他的头部重重地撞在药品处理罐底座的耳环上。当晚，医生从他的头颅里取出了180毫升的淤血。4月7日12时10分，心电监护仪的数字最后静止在"0"的位置。这是李昌全生命的句号！

李昌全倒下了。他用生命的最后一滴鲜血染红了自己"求实进取，献身钻探"的誓言。他奋斗的一生为劳动光荣画上了一个沉甸甸的感叹号！

记者手记：

置身在长风浩荡的千里气田，那种热烈而狂放的想象难以用文字和镜头捕捉。假如我们的视野很窄，一定感受不到气田风蚀雷撼的雄壮气魄；假如我们的心境沉静，一定听不到气田亢奋的呼号和奔涌的呐喊！气田以最坦荡的姿态将它的雄奇和壮丽一览无余地展开！

气田的地质构造是李昌全眼中最色彩斑斓的画卷。这幅画是他全部的春天。我们一直无法想象在那些与远古化石有关的字句中，潜心思索是一件多么枯燥乏味的生活，但是我们真的忽略了，在川流不息的人群中，瘦小的李昌全释放了许许多多叹为观止的能量，这就是科技劳动的巨大的价值！

李昌全的名字成为一段记忆，成就了一段传奇。可是他的精神永远传承下来，无论千山之外，无论万水之外，让所有对气田魅力永不停歇地探索时时刻刻闪耀着智慧和思想的光芒！

2010年：张敏，用劳动绽放美丽

张敏，女，中国石油西南油气田重庆气矿江北采输气作业区党委副书记、副经理。曾获集团公司特等劳模，四川省劳动模范，重庆市五一劳动奖章。

卧龙河不是一条河。

当张敏第一次读到这个名字的时候，她的心里奔涌着一种别样的情愫。仿佛注定这个名字在自己的人生旅程中要魂牵梦绕，如影相随。

沧海桑田的卧龙河、气势磅礴的卧龙河。这个中国西南的功勋产气区在不断流逝的岁月中，每一刻都风情万种、光彩夺目！

对于一个刚刚跨出技校大门的女生来说，无疑充满着摄人心魄的魅力！

1998年5月，张敏如愿以偿地来到中国石油西南油气田卧龙河集气总站。这个24岁的采气女工成为全亚洲第二大陆上天然气集输站的一员。

功勋采气区是个什么样子？

置身在纵横交错的输气管线中，看着老班长骄傲的神情，张敏肃然起敬。这里汇聚着川东地区9大气田气源，这里日集输天然气1400万立方米，这里牵系着川渝两地经济发展的命脉！

很多年过去了，作为建站以来的第一个女班长，张敏依然清晰地记得老班长那个骄傲的表情，那样的神情也会经常在张敏脸上浮现，它和卧龙河集气总站星罗棋布的采输网点一起，构筑成了这块神奇土地上令人迷醉，永不乏味的风景线！

很多年过去了，当年那个娇羞的采气姑娘落落大方、笑容可掬地站在集气总站的大门前，安全头盔下的那张秀美的脸庞略施粉黛，提醒每一个到访的客人：请出示有效证件，请做好有关资料的登记，请把随身携带的打火机、火柴等火源存放在工作人员处妥善保管，请关闭您的手机……

很多年过去了，当年那个爱哭鼻子的小姑娘已成长为中国石油西南油气田重庆气矿江北采输气作业区党委副书记、副经理，在讲台上侃侃而谈——

井站文化是什么？

是一座倡导合理膳食，规律生活，形成良好生活习惯的小伙房；

是一栋倡导认真工作、轻松休息，感受温馨家庭幸福的小宿舍；

是一个倡导学习知识，终身受益，树立学习成就未来的小书柜；

是一个倡导关爱身体，定期配送，做到健康融入生活的小药箱；

是一个倡导绿色发展，爱护环境，实现人与自然和谐的小绿地。

此时的张敏，端庄、肃然。

记者手记：

卧龙河气田很小，九曲十八弯，横跨重庆市垫江县、长寿区，在中国石油天然气勘探建设的版图上，小得如同胸前的一枚徽章。但是，这枚小小的徽章竟映亮了百万石油人的胸膛。

卧龙河气田很大，喷涌喷薄，作为中国西南的功勋产气区，大得可以支撑起整个四川和重庆经济发展的速度。

自 1957 年发现至 2019 年，已累计上报探明储量数百亿立方米，投入开发 49 年来，累计生产天然气 362.43 亿立方米。

中国石油选择了卧龙河，卧龙河装点了中国石油，同样，也装点了张敏的花样人生。

20 多年创业岁月，弹指一挥间。这些泛着岁月光泽的输气管线依然常常在张敏的梦中嘶嘶作响，汇聚成一曲曲美妙的天籁之音。

张敏说，我没有战井喷，降"气虎"，赴汤蹈火，舍生忘死的那样壮阔的人生，我拥有的，就是和我的采气工姐妹兄弟们一起，洒热汗，沥心血，平平淡淡，默默无闻。在远离城市的原野中，日复一日，年复一年，无怨无悔。一条条天然气输气管线延伸着我们的青春梦想和城市梦想。在这样的岁月中，我们奉献给共和国的不仅仅是喷涌喷薄的能源，还有比能源更珍贵更炽热的忠诚和情感！

2017 年：喻体卫，用劳动传承梦想

喻体卫，男，中国石油西南油气田重庆气矿永川采输气作业区黄 202 中心站站长，中国石油采输气大工种技能大赛银牌、四川省五一劳动奖章获得者。

原本，喻体卫五彩斑斓的梦想中没有采气树。

2008 年，喻体卫从大学出来的时候，梦想着成为人民教师，甚至梦想着成为摄影家。然而现实照进梦想，喻体卫心不甘情不愿地走进了大山，和采气树朝夕相处。

在离家几百千米，身处人迹稀少的大山，每天面对着一堆堆的冷铁设备，

做着一成不变重复的工作，低头抬头见到的就只有一两个同事，时间久了，连聊天都不知道聊什么。那时的喻体卫，特别苦闷、特别迷茫，想不出这份工作的意义，找不到人生的方向，只好消极消磨着时光。

直到有一天，喻体卫在天东 1 井，遇见了一个采气工人，他是老谢，被西南油气田重庆气矿誉为"抗癌英雄"的谢盛文。喻体卫和老谢见面之前，就听说老谢患有癌症，可当小喻见到老谢的时候，小喻觉得这个人与想象中的完全不同！这哪是癌症病人啊？这明明就是一个比正常人还健康的采气工人，爽朗的笑容、挺拔的身躯，为人热情而且随和。有一次聊天，老谢还解开衣襟给小喻"展示"他那动过十几二十次手术、满是疤痕的肚子，笑着给小喻说："这就是岁月的痕迹啊！"

于是，小喻知道了老谢很多很多故事。知道老谢在 10 多年时间，利用轮休做手术，从来没有耽误上班。"肿瘤嘛，化疗一次只需要四五天，手术一次 20 多天，我们轮休一次是 30 天，时间完全够了。"上班干好工作，轮休时间全用来治病，这就是老谢一直以来的做法。

于是，老谢顺理成章成了小喻的师父。

每天早晨，老谢都会很早起床，拔一拔杂草，把厕所、厨房、学习室、站场坝子打扫一遍，把井口、设备擦一遍，边做边观察生产有没有异常。

很多时候，老谢会把井站周边的碎石头捡出去，挖出下面的土，种植了四季轮换开花的果树和蔬菜，李子树、桃子树、杏子树、葡萄树、西瓜、草莓……

师父老谢悄悄地对徒弟小喻说："其实生活真的很好，我要好好地活着。"

小喻那一晚蒙住头哭了。

2018 年，与病魔抗争了整整 11 年，老谢终于还是走了。

在这 11 年里，老谢几乎是三点一线，医院、井站、家。在老谢过世的前一个月，井站上还出现了他的身影，虽然那时，他已是面黄肌瘦。

而被老谢深深感染的徒弟小喻，仿佛脱胎换骨，一路"开挂"。小喻开始努力学习，奋勇拼搏，成为西南油气田公司重庆气矿南雅中心站站长，黄 202 中心站的站长。2017 年，不仅摘取了西南油气田公司采气技能大赛金牌，还夺取了中国石油采输气大工种技能大赛银牌。2017 年，喻体卫作为一个普通劳动者，登上了四川省五一劳动奖章的领奖台。

过去五颜六色的小梦想偶尔还在喻体卫脑海中盘旋。于是，喻体卫拿起相机，得了很多摄影大赛的大奖；澎湃着心中的激情，喻体卫在各种演讲比赛中一路闯关夺隘，摘取桂冠。

喻体卫说，他一直忘不了那个对他有着巨大影响的身影。回想着刚入职时那个差点辞职的自己，这样的蜕变，正是那个身影用最纯粹方式诠释了对梦想最直观的认知。

记者手记：

讲述自己的蜕变，应该是一种历经时间磨砺的从容，也是承载太多太多故事的身心释放。

面对皮肤黝黑，脸部轮廓分明的喻体卫，这一刻，我分明感受到他平静外表下面蕴藏的巨大的力量。

正是这样的力量，让很多像喻体卫一样的石油工人择气而居，在千里沃土万顷良田上播种、耕耘、收获，精耕细作每一口井，精采每一方气，颗粒归仓，让一条条天然气输气管线延伸活力和梦想！

正是这样的力量，从轰轰烈烈的石油大会战，到气化川渝、川气出川、气通中国，支撑起四川油气田走过艰难曲折、写下产量快速增长、稳健发展的壮丽篇章！

正是这样的力量，让"大国重气"劈山切谷、奔腾而至、气吞山岳、滚滚而来，不竭的动力成就不老的传奇！

伴随着祖国石油工业的风雨兼程，曾经的老谢也是风华正茂的小谢，而神采飞扬的小喻也会成为历经岁月磨砺的老喻。

几十年光阴可以让幼苗长成参天大树；

几十年岁月可以让稚子成为祖国栋梁；

几十年可以完成几代人的辉煌和蜕变！

当小喻会像老谢一样，告诉或许如同过去像小喻一样迷茫的小张、小王、小李——我是一名石油工人啊，这是多么荣耀多么骄傲的称谓！

这就是千千万万的石油人坚毅不屈的精神传承。

头戴铝盔走中亚

吴明嫒　林煜浍

  13年不过是时间长河里的惊鸿一瞥，却是人生的一段重要旅程。他把个人理想与国家的能源事业紧密相连，炙热相融，在海外奋斗中书写了精彩人生。

  "锦绣河山美如画，祖国建设跨骏马。我当个石油工人多荣耀，头戴铝盔走天涯……"这首热情豪迈的石油工人的英雄赞歌，是激励廖松柏十余年来执着坚守卡拉库姆沙漠的精神力量。

逐梦者

作为阿姆河项目 A 区的第四任厂长,廖松柏和海外团队摸爬滚打十多年,遇到的艰难险阻自己也说不清有多少,品尝的酸甜苦辣只有他自己心里清楚。

走出盆地天地宽

2009 年 5 月,刚过不惑之年的廖松柏从重庆出发,远赴土库曼斯坦阿姆河项目。

他万万没有想到,原本是奔着参加"海外会战"的目的而去,结果却在土库曼斯坦阿姆河右岸的荒漠中深深地扎下了根。

去遥远的中亚国家土库曼斯坦开采天然气,环境如何?待遇如何?风险多大?当时,重庆气矿的发展正处于蓬勃向上的时期,抛家舍业,投身海外油气,观望犹豫的人不在少数。

最初动员的时候,领导对他说:"你是搞地质出身的,阿姆河项目需要你这样的人才。做好准备,去那边一定要把肩上的担子挑起来。"

尽管有充足的心理准备,阿姆河项目的艰苦程度还是超出他的想象。廖松柏等首批会战人员在异国他乡遇到的种种困难,比如语言障碍、环境恶劣、医疗条件落后、中土融合等,都是摆在眼前的大山,需要一座一座地去跨越。白天跑现场,晚上编写方案和学习俄语;一人多岗,加班加点是常态;灯火辉煌的夜晚,大家挤在简陋的会议室集中攻克生产瓶颈难题。廖松柏和重庆气矿海外团队以这样的加速度,抢投了一批高产井和重点工程,圆满完成一期工程按期投产并向国内输气的目标。

在荒无人烟的沙漠里搞天然气开采,遇到困难和挑战远不止这些。一次抢险车迷路,凌晨三点的沙漠大雾笼罩,温度降至零度以下,3 千米路程,走错 4 次路,行驶 90 分钟,廖松柏一行通宵达旦解决完 Sam-42 井井安系统异常故障时,已是早上七点。

海外项目在马不停蹄地加速推进。廖松柏先后参与完成阿姆河项目 65 亿扩能改建、80 亿扩能改造,萨曼杰佩 80 亿增压工程的投产。高峰时期,整个阿姆河项目日产量达到 4500 万立方米。如今,年产量超过 140 亿立方米,年供气量

廖松柏（右一）在阿姆河项目生产现场迎检

130亿立方米，阿姆河项目被誉为"中土能源合作典范"。

八千里路云和月，何惧远方冰与雪。这期间，廖松柏凭借个人突出的工作能力，一步步晋升为采气厂采气车间主任、副厂长、厂长。老一辈石油人"头戴铝盔走天涯"，他认为自己是"头戴铝盔走中亚"，是石油精神的一种传承。

中土融合的那些事

中国与土库曼斯坦的天然气合作互利共赢，在两国关系中扮演着重要角色，是两国关系的压舱石与推进器。

廖松柏认为所有的付出都是值得的，在磨砺海外团队成长的同时，他们带出了一支成熟的土方员工队伍，为资源国重建一套完整的油气工业体系，土库曼斯坦的天然气惠及中国5亿人。同时，天然气项目给土库曼斯坦带来了巨大的溢出效益，为土库曼斯坦现代化转型提供了强劲动力。

深耕海外十余年，廖松柏和海外团队获得了资源国的认可。初上项目时，廖松柏操着一口地地道道的重庆话，现在俄语讲得"溜得很"，可以"手舞足蹈"地和土库曼斯坦人交流，是他们信任的"Boss"。他们教土方雇员实际操作和专业技术，互相学习彼此的语言。

　　每当土方雇员家有喜事的时候，他们都会邀请廖松柏带上他们的"中国班长"和"中国师父"去做客。廖松柏和同事们会按照当地的习俗，送上一个红包表示祝福。

　　遇上中亚国家传统节日纳乌鲁斯节，廖松柏等中方代表应邀参加庆祝活动，与当地民众共同欢度节日。

2013 年 3 月 21 日，廖松柏受邀参加当地纳乌鲁斯节，与当地两个小朋友合影

人生总会有遗憾事

　　海外工作看似表面光鲜收入不菲，背后却有着许多不为人知的辛酸。"我们每个人在项目上默默地付出了许多。"廖松柏感慨万千："我连续在海外度过三个春节，那种每逢佳节倍思亲的滋味真不好受。"

　　子欲养而亲不待，人生最大的遗憾莫过于此。廖松柏的母亲病重弥留之际，他远在阿姆河项目，母亲在医院里通过视频和他告别，由于卡拉库姆沙漠腹地网络很差，他根本听不清楚母亲说了什么。廖松柏紧紧盯着停滞卡顿的画面，风沙掠过脸颊，欲哭无泪。这种愧疚对他来说，终身无法弥补。

　　常年驻外，与家人聚少离多，家里大事小情全是他妻子一人操劳。"我们在外边省吃俭用地挣钱，往往又因无法照顾孩子学业，要把不少金钱花在孩子教育身上。"廖松柏说，"海外项目有其特殊性，更多的是讲大局、讲奉献、讲担当。"

　　有人认为，海外工作可以顺带旅游，其实是个误解。花剌子模王朝和虎思斡耳朵遗址近在咫尺，令人神往，廖松柏他们一次也没有去过。项目上有着和军队一样的规定，每个人都必须遵守严禁私自外出的纪律，平常基本上都是营地、现场、食堂三点一线的单调生活。

　　雄关漫道真如铁，而今迈步从头越。他用十余年的奋斗画了一个漂亮的圆圈，如今，他回到重庆气矿，再次踏上新的征程。

星光筑“长城” 守护缙云山

丁　会

高温、限电、山火、疫情，2022 年的八月，对重庆而言，注定是不平静的一个月。

作为一个地道的重庆人，张傲骨子里藏着的耿直，时不时总会冒头，比如重庆山火暴发之初，他便悄悄加入“北碚志愿者群”，随时关注缙云山火势情况，总想找机会去帮忙。

还没出发，满眼全是感动

2022 年 8 月 25 日下午 4 点，野外出差已半个月的张傲，在忙完西南油气田公司重庆气矿工作，准备回家休整时，在志愿者群看到群友说山上 4 号点急缺人手搬运物资，张傲立马报名。

由于报名的人太多，志愿者选拔要求高，张傲一口气把压箱底的货掏出来：“我今年 35 岁，14 年党龄，参加过 2008 年汶川地震抢险，有 10 年野外施工作业经验。”他说，为了上山只能拼了。

这招果然奏效，张傲不仅成功入选，还因此被编进当晚备战的 10 多支志愿者队伍的第 1 组，前方一旦吃紧，他们组将第一个出发支援。

张傲说做这个决定并不是冲动，作为一名在野外从事了 10 年项目建设的石油人，走沟沟坎坎的山路是家常便饭，加上单位每年开展的应急抢险救援演练和急救措施培训，自信比普通志愿者要强。

25 日下午，他打车到北碚区歇马街道的朝阳中学，周围几乎都是从四面八方涌来的志愿者，路边支起了很多西瓜、饮料、冰水等补给摊。

物资传送现场

朝阳中学附近是北碚火场的重要物资转运点，也是志愿者们的集散地。张傲说这是 1 号点，从这里开始往山上走，灭火人员砍出了一条防火隔离带，沿线分布着 2 号、3 号、4 号、5 号物资中转点。这条路坡陡路弯，森林消防人员在前线扑火，物资只能靠摩托车和志愿者接力往上送。

赶到 1 号点报到处，领了头灯、迷彩外套、反光短袖和毛巾。换上装备，立马有人将西瓜、饮料等补给物资递到手上。此时他才晓得，刚刚在路边看到的补给摊不是卖的，而是群众自发送来为上山的志愿者准备的。

还没出发，满眼全是感动。张傲说现场人海一样的志愿者穿好装备，原地等待组织调度上山，在 40 多度的高温下待命达 3 小时的志愿者大有人在，现场秩序井然有序。

各种救援物资应有尽有，但捐赠物资登记处几乎没人留下名字，大部分人把物资放下就走。

眼里写满惊恐，脚下不退半步

张傲被地面高温烤开裂的工鞋和救援后的手套

到过北碚火场隔离带的人都知道，大部分的摩托车都能抵达地势较平缓的 2 号点和 3 号点，但 3 号点到 4 号点斜坡太陡，有的达到 70 度斜角，这时候就需要越野摩托车上场。由 4 号点往上到顶峰 5 号点则只能徒步，几乎没有任何机动车能走。

当天晚上 9 点，终于等来上山指令，为支援前方消防救援人员运送水基灭火器。由于摩托车运力有限，需要首先保障重物资和设备，从 1 号点出发的志愿者只能徒步前行。

上山途中，张傲明显感到温度升高和灰尘加剧，取下口罩就会呛得难受。志愿者可以坐越野摩托上山。为节省运力，降低骑手的工作强度，大多数志愿者选择走路上山，让骑手去拉运灭火器、饮用水等物资。

沿途没有路灯，主要依靠头灯照明前行，路况又窄又陡，坑洼难行，还要不停避让往返运送物资的摩托车，从 1 号点到 3 号点足足走了 40 分钟。

张傲说 3 号点是反向点火战术成功后，复燃最大的一个区域，也是普通摩托和越野摩托的分界处。

到 3 号点后立即有人送上护目镜和手套，开始向复燃点运送物资。刚一上手张傲就觉得有些吃力，平常搬运灭火器最多一手提一个，但在这里大家都是一箱一箱扛着上。

搬运途中，张傲距离复燃点最近距离仅有 30 余米，空气中飘着烧焦的灰烬，混着热浪和汗水让人窒息，刚扯下口罩换气，就被灰尘呛得不停地咳嗽。

对于平常很少做重体力活的人来说，一箱 40 斤重 4 支装的 3 升水基灭火器，扛着走平路还行，爬陡坡就脚打战，几百米的漆黑山林上不时有人跌倒，但大

上山过程中的山火（右边是张傲的影子）

家除了相互鼓励，没有一个人抱怨。

由于复燃突然加剧，搬运灭火器的志愿者立刻转到救火前线，协助消防员灭火。

扑灭明火时，风裹着火星迎面袭来的热浪，张傲感觉汗毛都烧起来了，如果没有护目镜，眼睛根本睁不开。呼吸也特别困难，尤其是戴了口罩，全程都是接不上气的窒息感。

张傲说大部分志愿者都是第一次遭遇山火，眼里写满惊恐害怕，但脚下却不退半步。

临时组队，阻击"间歇性复燃点"

明火扑灭后，为减少复燃，张傲随队继续搬运灭火器帮助消防员浇灭残存火星。途中，发现侧面山林有火星，存在复燃可能，与另一名志愿者组队前往，结果发现有多处复燃迹象，本着减少其他人员负担的想法，两人临时组队阻击间歇性复燃点。

复燃点如木炭点燃后的情况，风一吹就能燃起明火，极难分辨，不处置彻

守在复燃现场的张傲

底就会导致山火复发。

于是，两人采用接力的方式，将灭火器搬到复燃点附近囤着，搬运期间耗费了张傲大量体力，以至于搬到后面只能把整箱的灭火器拆开搬运。

每找到一个火星，就用灭火器砸开，把里面余温未尽的木炭砸碎，再用灭火器喷透。张傲说："一个表面看起来很小的火星，下面都有一大片没有燃尽且随时可能复燃的木炭，需要大半瓶灭火器才能浇透。"

复燃区域地面温度较高，普通鞋底很容易被烫坏，出发前，张傲特意穿了一双工鞋。一晚走下来，鞋底还是被地面的高温烤开裂了。

搜寻到后面，火星受头灯影响很难发现，两个人便先用体感排查，感觉到温度高后再用手一点点在地面摸。张傲说："手触摸到体感滚烫的地方，下面肯定有火星，一砸一个准。"

搜寻火星、搬运灭火器、砸火星这三件事，张傲这些志愿者们从 25 日晚上 11 点一直做到 26 日凌晨 3 点，仅在复燃区，张傲就搬运、喷淋了近五十个灭火器，前后搬运了上百个灭火器。

一次次举起 10 斤重的灭火器往下砸，几个小时下来，张傲感到手臂都不是自己的了。

极度的克制，星光点点筑起"血肉长城"

经过四个小时连续奋战，检查了几遍复燃点，确定再无火星后，张傲准备继续向上支援。

4 号点是志愿者的休息营地，也是关键补给点，送往 5 号点的物资运输全靠人力。在这里，有对伤者进行紧急处理的医务人员，有给大家更换毛巾，送葡萄糖的志愿者，最不可思议的是在这热浪滔天的攻坚一线竟然有瑜伽垫、冰可乐和没化的老冰棍。

在这条 2 米宽的路上，可以看到志愿者一个个争先恐后地卸下摩托骑士搬运的物资，向上看，就是志愿者转运物资的人墙，给 5 号点攻坚顶峰的专业消防人员和志愿者更多的物资保障和精神支持。

灭火的最前线，每个人身上都有不同程度的烧伤和擦伤，由于温度太高，鞋子几乎是一天废一双，骑手和他们的爱车状况更是惨不忍睹，没人叫苦喊累。

张傲说这上面的志愿者除了给家人报平安，很少说话，也没人去拍摄视频上传，大家都想让更多的精神和力气用在灭火上，每次运输的物资一到，就开始争抢卸货，让骑手有更多的时间返程拉运。

其实，大多数人步行到 4 号点，已无力再上了，为了不让人墙断流，前面的人就继续坚持往前走，让体力差的原地休息。

现场虽然人很多，但是有一种莫名的秩序，所有人都对自己保持着极度的克制，每个人都希望把物资和好的条件让给其他人，都想自己多做一点，让别人少做一点。

转运物资的人群里面中青年居多，志愿者一个一个的头灯，形成一条星光点点的光带。张傲说那个场景，很像《铁人》电影里面的场景，所有的物资靠着人拉肩扛，无数个一点一点的力量，积累在一起，组成一道血肉长城。

26 日凌晨 5 点，物资的紧缺得到了缓解，新的志愿者也在相继跟上，之前负责扑余火的志愿者陆陆续续往山下撤，守候在原地的志愿者则在不停地找事情做。

志愿者们再次在负责的复燃区域检查，确定没有火星后，在群里说一句"撤了"，互相给旁边的志愿者道一声"逗嫩个（就这样）"，便各自下山回家了。

天亮后，志愿者自发去现场捡垃圾，打扫山火救援后的战场，还缙云山一片洁净的山林沃土，此时的张傲早已沉沉入睡。

决战夜，上千名志愿者从四面八方赶来支援，山火宣告扑灭后，大家又悄无声息地离开，直到这场缙云山"大决战"结束，很多志愿者的家人朋友都不知道他们也身在其中，也在为缙云山保卫战尽一份微薄之力。

石头沟村的扶贫记忆

口述 / 许　新　　撰写 / 吴明媛　涂熹薇

怀揣着理想信念出发

2015 年 11 月底，我主动请缨赴九龙县乌拉溪乡石头沟村任党支部"第一书记"，开展为期两年的精准脱贫工作。

从西南石油大学石油工程专业毕业后，我一直在西南油气田公司重庆气矿原开江作业区工作，十年没有离开过。2015 年 10 月的一天，一个电话，打破了我原本平静的生活。上级组织鼓励党员干部到贫困山区带领村民精准脱贫，放下电话，我心潮起伏。

那天，我们一家三口从单身宿舍搬入新租公寓刚好满一周。饭桌上，我装作漫不经心地对妻子说："四川还有很多地方的老乡处于贫困线下，日子难过。今天接到上级电话，鼓励党员干部去帮助他们脱贫攻坚。"说完，我不敢看她一眼，闷头扒拉着碗里的米饭。妻子默不作声，一顿饭吃得悄无声息。饭后，妻子开始拾掇碗筷，我起身逗弄躺在婴儿车中的女儿妞妞，凝视着她粉嫩的小脸蛋出神。是啊，妞妞才半岁，妻子也是作业区的技术干部，家里家外都需要人手啊！一面是嗷嗷待哺的孩子，一面是理想信念的召唤，我不禁心下踌躇。妻子仿佛洞悉了我的心思，她说："去吧，家里面有我。"

四川省甘孜州九龙县乌拉溪乡石头沟村，我试图在网络上了解这个村子。我对地方工作一无所知，只知道石头沟村条件非常艰苦，去石头沟村干什么？怎么干？还是一头雾水。

2015 年 11 月初，西南油气田公司组织部派我参加四川省第二期省直单位驻村干部培训班。这一次，我彻底搞懂了，原来从 2012 年 1 月起，西南油气田公

许新（后排左一）和石头沟村村民合影

司就开始对口帮扶九龙县；如今再次响应四川省打赢脱贫攻坚战的号召，精准扶贫石头沟村。我将以"第一书记"的身份到石头沟村去，带领贫困村干部群众齐心协力脱贫致富奔小康。

出发前，西南油气田公司分管定点扶贫工作的办公室领导找我谈话，再三嘱咐，无论此去多远，时间有多久，一定要带着"三老四严""四个一样"的石油精神，在扶贫第一线充分展示我们石油人真帮实干的风采，让宝石花的旗帜高高飘扬在九龙县的上空。

石头沟村山高路险，行车途中意外状况时有发生。正值隆冬，一次走访，我从一位贫困的彝族老奶奶家中出来，司机驾车返程，狭窄的土公路沿陡峭的山体蜿蜒盘旋，汽车小心翼翼地朝山下开。经过一个急转弯，汽车突然在湿滑狭窄的路面上失控，眼看就要冲下悬崖。说时迟那时快，司机立即抢挡减速，一把拉回方向盘，汽车从悬崖边驶过。定睛一看，下面是几百米深渊，我和司机都惊出了一身冷汗。

开弓没有回头箭，扶贫之路没有休止符。

90天中，我两套冲锋衣换着穿，跑遍了村里的边角旮旯，对35户贫困家庭了如指掌。

90 天中，我递交了一张规划蓝图，蓝图上统领了全村的整体脱贫工作，步骤图和时间表一目了然。

90 天中，交通提升、人居环境改善、教育结对帮扶、产业富民，四大项目了然于心。

信仰之光，照亮前路

尽管做好了充分的思想准备，石头沟村的贫困和落后还是远远超出了我的想象。

该村地处攀西平原和青藏高原的结合处，海拔 2500 米至 4200 米，高耸在悬崖之巅，因大雨后石头下边流水成沟而得名。石头沟村是九龙县 19 个贫困村之一，居民以藏、汉、彝等民族为主，全村共 184 户 670 人。村里没有一处硬化路，与外界唯一连通的土路，雨季泥泞不堪，只能人走不能车行；如果遇到塌方基本与外界阻断，村里的人出不去，外面的人进不来。全村没有一个厕所、没有一间厨房，农网尚未改造完成，三天两头停电，一旦停电网络和电话就会"停摆"，小小的村子马上与世隔绝成为"孤岛"。

我捧着手机四处找信号，凉从心底生，有种从现代文明社会穿越而来的恍惚。

一座大山、一条土路，隔断了村民与外界的联系，脱贫之路道阻且长。学石油工程的我对农村建设一窍不通，如何迅速打开工作局面？我迫切地想在黑暗中撕开一道口子，找到破解第一道难题的亮光。

物质上的贫困只会制约一时，精神上的贫困才会影响长远。我决定思想动员打头阵。驻村第一天，我和村"两委"班子成员交心谈心，商讨石头沟村的长远规划和发展愿景；召开干部动员大会，统一思想，树立信心，破解村集体发展难题，确定目标；与西南油气田公司挂职干部任伟一起组织村"两委"成员、群众代表、贫困户召开座谈会，将中央精准脱贫精神和惠民政策解读到位。

看到干部群众的心动了，我趁热打铁，紧接着走村入户搞调研。刚开始走访时，多数群众对我抱着怀疑和不信任的态度，认为我是上级派来的一个"镀金干部"，只会当看客和过客，干不成什么事情。

"石头沟村不脱贫，我就不回去。"此言一出，石破天惊，我自己都吓一跳。

彝族同胞洛伍木卡一家，借住在哥哥的老屋里，房子破旧不堪，家徒四壁。他因小儿麻痹症致残，丧失劳动力，大女儿肢体残疾加智力障碍，老婆几年前就离家出走了。我们走进洛伍木卡的家时，他正举着一个灯泡，摇晃着身体打算将灯泡安在灯头上，一个趔趄，险些摔倒在地。年幼的小儿子躲在门后，探出脏兮兮的脸，瞪着一双清澈而渴望的大眼睛。眼前这个因残一贫如洗的家庭，令我震惊和痛心。

慢慢地，我掌握了走村入户的小窍门：一看房、二看粮、三看劳动力强不强、四看家中有没有读书郎……一路行来，我用小本子密密麻麻地记了一路。石头沟村石多土少，土层瘠薄，村民靠种植玉米和土豆来解决吃饭问题，很多家庭的孩子严重缺乏营养，上不起学。贫困、失学正侵蚀着他们的下一代。

交通环境恶劣、住房条件差、教育跟不上……村民的衣食住行样样令人感到辛酸。我丝毫不敢懈怠，白天访民情，晚上更新完善贫困户信息、草拟帮扶方案，手指冻僵了就在火炉边上烤烤。

听见雷声，更见雨点

"不能光打雷不下雨，我们不光听他说了什么，更要看他做了什么。"质疑声中，我感受到了石头沟村的干部群众对我的殷殷期待。

2016年，我协调落实通村公路建设资金440万元，完成了11千米的村路建设，打通了制约村子发展的交通瓶颈。2017年，我着手解决了4.8千米村内环线路及6千米联户路建设难题，得到了九龙县政府和西南油气田公司的资金支持，彻底解决了群众"行路难"的问题。

利用"地方财政出一点、企业帮扶一点、农户自筹一点"的政策机遇，我协调落实了"彝家新寨"项目资金333.5万元，争取到西南油气田公司帮扶资金30万元，实施完成了包括30户贫困户在内的148户彝家新寨建设项目，同步建设厨房、厕所、院坝、垃圾池等配套设施，全村彻底告别了人畜杂居的历史。

为了从根本上阻断贫困代际传递，经过摸排、筛选、审核，及时将35户贫困户家庭情况上报西南油气田公司，得到了"娘家人"的大力支持，促成了公司员工"一对一"的"小学—大学"全程结对捐资助学计划。

在春节暨藏历新年来临之际，我争取到了西南油气田公司新春慰问资金6.6万元，对全村特别是生活有困难的贫困户和低保户开展了新春走访慰问活动，发放了米、油、毛毯等生活必需品。

"村里来了一个务实的'第一书记'，一下子为我们村做了这么多实事。"以真情换真心，我得到了干部群众的尊重和信任。

有了底气，我干事的劲头更足了。了解到部分村民靠种植核桃、花椒致富，我想，何不将这些经济作物批量种植发展为全村的特色产业？

于是，再出三招"组合拳"，为石头沟村打通了致富之路：建立"种植＋养殖"的复合产业发展机制，结合村情实际和群众意愿，确立了短期以生猪、土鸡养殖，长期以花椒、核桃、苹果等绿色生态经济农业的多渠道产业发展方向；

许新在石头沟村入户走访

建立"支部＋合作社＋农户"的生产模式，牵头成立了"石强生猪养殖合作社"，采取集中养殖和群众散养相结合的方式，整合资金70万元建立规范化养殖基地600平方米，集中养殖生猪200余头、散养土鸡1500余只；打通"农户＋支部＋市场"销售渠道，利用西南油气田公司帮扶资金30万元购置了两辆专用运输车及冷藏车，指导该村在县农贸市场租赁门市，专售本村出产的有机猪肉、土鸡及特色果蔬等。2016年，合作社累计出栏生猪180余头，实现销售额30余万元，35户贫困户户均增收2000余元。

2017年9月，集卫生室、文化室、幼儿园等多种功能为一体的村民活动中心建成投用，村民们笑逐颜开。住上好房子、过上好日子、养成好习惯、形成好风气，石头沟村基本实现了精准脱贫目标。

同乡亲们吃坨坨肉和带壳胡豆的时光，与村干部围坐在火炉旁谈笑风生的夜晚，掬山涧的冰雪融水痛饮解渴的酣畅淋漓，终将成为一段难以忘却的记忆。

如今，回到石油企业，我依旧是最初出发的那个自己。

十年，重新定义我们的人生

吴　平　温志怀

2008 年"5·12"汶川特大地震发生后，为防止受灾群众，特别是受灾儿童创伤后心理应激失调，时任"卫生部震后心理危机干预治疗队"驻华西医院儿童组组长的王洁玉，和丈夫共同创建了全国首个地震伤员病房学校——"绿丝带病房学校"，女儿胡波儿也随即成为病房学校的教师志愿者。

2008 年，胡波儿在西南石油大学石油工程学院读大一，2011 年 6 月毕业后分配到西南油气田公司重庆气矿，工作在万州作业区生产一线。

2018 年 5 月 8 日，胡波儿一家人为汶川特大地震十周年捐赠图书

十年来，胡波儿一家人一直关心和守护着那些孩子们，共同记录着孩子们的成长，先后出版了震后心理援助笔记《灵与肉的守护》和长篇报告文学《爬出废墟的孩子们》《大道之爱》三本书籍。

病房学校里的教师志愿者

2008 年 5 月 12 日晚上 11 点，远在西南石油大学南充校区的胡波儿终于联系上父母，得知：父母亲作为第一批心理危机干预工作者，将立即奔赴灾区对孩子们进行震后心理辅导。听到这个消息，胡波儿更多的是担心，灾区余震不断，形势严峻，害怕父母身体吃不消。但她深知心理危机干预工作的紧迫性，只能叮嘱父母："一定要注意安全、注意身体。"

那段时间，大学还没有放假，胡波儿每天都会和父母通电话，交流着与地震相关的事情。暑假回到成都，刚一放下行李就立即赶到了华西医学院第四教室，找到了正在病房里上课的父母，第一句话就是：我也要当志愿者，我要给孩子们上课。

原来，胡波儿的父母在华西医学院创建了全国首例"绿丝带病房学校"后，由于病房里孩子们众多，流动性大，常常是今天还在学习，明天就会被转到其他医院。且年级不一，学习程度不同，受伤程度也不同，当前面临的最大问题就是教师奇缺。

父亲梳理了病房里孩子们的教育情况，决定让胡波儿辅导一名叫贾佳的女孩子文言文和英语两门课程，并叮嘱她要认真细心地做好教学工作。

推开贾佳的病房，第一次见到当时只有 14 岁的小女孩，背对房门坐在病床上，一头因治疗被剪得参差不齐的头发，左袖管里空空的，瞪着一双笑盈盈的大眼睛，咧着小嘴傻笑。

"嗨，你好吗？今天阳光很温暖哦，想不想出去走走？"沉默的贾佳转头看了看窗外和煦的阳光，轻轻点了点头。胡波儿牵着她的小手，慢慢走在花园里。两个年龄相仿的孩子，渐渐建立起友谊。

整个暑假，胡波儿像上班一样，每天早上不到 7 点赶到医院，帮助贾佳学习解决日常生活难题。曾在废墟下度过那段漫长暗无天日的时间，贾佳特别爱干净，每天都要洗澡。但对已经失去左臂的孩子来讲，生活中的所有事情都变得那么困难。为了让贾佳尽快熟悉自己的身体，突破心理障碍掌握生活技能，胡波儿找到自己的母亲寻求帮助，作为一名心理学专家，母亲王洁玉找到贾佳的父母，合计了一个"残忍"的训练计划。他们让贾佳自己学会穿衣、扣纽扣、系鞋带、梳头、洗澡这些基本技能，贾佳从最初的不情愿、反抗到最后用一只手系鞋带只用三十几秒，甚至还参加了一个舞蹈团学习跳舞，突破自我心理障碍。这个过程，胡波儿对贾佳就像个知心大姐姐一样，成为她最温暖的陪伴。

为了帮助贾佳学习好文言文和英语，胡波儿晚上回到家把初中的相关教材找出来，认真备课，打印学习资料，把自己所学倾囊相授。贾佳上课很认真，不停地扭着大姐姐问这问那，胡波儿在爸爸的指导下，学会了合理安排上课时间，由于截肢伤情较为严重，不能耽误治疗和护理，胡波儿会见缝插针地利用时间为贾佳上课。两个小女孩渐渐熟悉起来，胡波儿会教贾佳唱歌，贾佳最喜欢唱的就是《隐形的翅膀》，反而还安慰大姐姐说：我只是失去了一只手，但我还活着呢。

在胡波儿的影响下，10来位高中、大学里的同学一起到华西医学院病房学校当志愿者，爱的能量波不断泛起涟漪，爱心在传递，影响也在逐渐扩大。截至 2008 年 12 月 31 日，不到半年的时间里，先后有 50 多名儿童伤员在病房学校里学习。

胡波儿（左）为贾佳在病床上上课

十年后，贾佳已是成都高新桃花源文化活动中心的一名社区工作者，2018 年 6 月参加了社区义务工作者的资格考试，她为自己的梦想在不断努力着："我要回报给曾经帮助过我的所有人，我想当一名社区义务工作者，去帮助更多需要帮助的人。"

传承好家风　书写大爱青春

　　胡波儿从小生长在一个诗书之家，外公曾任学校校长，写得一手好书法，父母亲都是 20 世纪 80 年代的大学生。饱读诗书的外公从小教育她：不管社会怎么改变，学习知识文化是第一要事，只有知识才能改变命运。从小，家里随处可见的就是书，三面墙壁全是从地板到天花板的大书柜，各种书籍包罗万象。在这样的环境浸染下，胡波儿从小就饱览群书。全家人在华西医学院当志愿者时，外公成了他们最大的精神支柱："社会需要你们，你们有这个能力，有这方面知识，就去做，不用管我"。

　　通过对孩子们进行的震后心理干预治疗，母亲王洁玉接触到了很多孩子，每一个孩子都有故事，每一个孩子都是独特的个案。地震虽然发生了，但如何让我们真正从中提炼出今后在心理学上值得借鉴和参考的价值？ 2009 年，母亲萌生了写书的想法："我要写本书，写下这些孩子们的故事。"胡波儿又立即加入母亲的事业当中，当时她已经大学毕业，分配到西南油气田公司重庆气矿工作，虽然远在重庆，但在父母亲整个采访和写作过程中，她热切关注、积极参与，不仅为父母写作提出良好建议，更利用业余时间帮忙整理资料，翻译录音，校对稿件，甚至还和父母一起到处寻访当年接受心理治疗的孩子们，进行采访。还建了一个微信群"我们都是向日葵"，波儿姐姐很牵挂弟弟妹妹们，常常对他们嘘寒问暖。

　　不仅如此，她还在生活方面对父母无微不至关心："他们一沉进去写作，常常就会忘记吃饭、睡觉。家里的生活必需品都是我从网上买好直接寄到家里。"知道父母常常熬夜写作，她每天晚上会定时如闹钟般打电话提醒父母：别写了，该睡觉啦！

　　2010 年，第一本书《灵与肉的守护》正式出版。这本完全自费的书籍花掉了老两口大半辈子积蓄，该书分别于 2011 年、2012 年获得"中国西部优秀图书奖"和四川省"五个一"工程优秀图书奖。第一本书出版后，在这几年间，他们一直默默关注这批孩子们的成长与心理健康变化。2018 年 5 月 5 日，在汶川特大地震十周年之际，第二本书《爬出废墟的孩子们》也顺利面世。与第一本书不同的是，第二本书从多维度的视角分析了十年间孩子们的变化原因，如个性特点、自身努力、家教模式、社会捐助、国家援助、后续心理辅导和与外界的信息沟通等，呈现和总结了地震受伤孩子 10 年的成长。

"我的父母常常说，孩子就是国家的未来和希望，多帮助一个孩子，我们的国家又会多一分希望。我也希望能像我的父母那样，用我的爱和行动温暖曾经历过创伤的他们。"

身体力行做公益　科学慈善献爱心

公益并不是随便捐点财物，慈善也不是泛滥的爱心施舍。2008 汶川特大地震过后，胡波儿因这段志愿者的经历，开始身体力行关注公益事业。2018 年 5

胡波儿（左一）陪伴母亲（右二）寻访当年的孩子们

月 6 日，胡波儿和父母驱车来到了离成都市 70 多千米的彭州"和谐新家园福利院"，为他们送上生活必需品以及新出版的第二本书《爬出废墟的孩子们》。

"和谐新家园福利院"是地震后，首家由一批爱心志愿者和社会爱心人士出资，政府支持，共同兴办的民间慈善机构。目前生活着各类孤残人员约 50 名，前后曾有 700 多人次志愿者前来无偿帮助。

4 岁受外公启蒙开始喜欢上书法的胡波儿，利用业余时间攻读中国艺术研究院美术学系研究生。看到福利院还为孩子们开设了书法课，忍不住"指导"起来。

先天性脑瘫患者徐小明，是母亲王洁玉曾经在医学院的学生，与他们一家人结下了深厚的感情。小明热爱写作，胡波儿常常与他交流探讨，鼓励他多看多写。

如今小明在取得了药剂学专业的大学文凭后，来到福利院志愿成为一名义教，并出版了第一本诗集《白鸟集》。"小明虽然身体残疾，但他对生命的热忱和对生活的无限热爱，让人感觉不出来他是一位'残疾人'，在精神上甚至已经超过了很多身体健全的人。"依依不舍告别徐小明，胡波儿很是感慨。

"爱馨家庭"是 2008 年汶川地震中，因温家宝总理为一名刚满 3 岁的小女孩让出"生命通道"得到救助，为帮助这位父母双亡的小女孩宋馨懿健康快乐成长而成立的私人救助机构。胡波儿在父母的影响下，也一直关心这个孩子的成长，成为"爱馨家庭"的一员。

从馨懿 5 岁开始，"爱馨家庭"就在她每年生日时，陪伴她种一棵辛夷花树。"辛夷"和"馨懿"谐音，每年种一棵树，代表和见证了馨懿的茁壮成长。2018 年 4 月 23 日，是宋馨懿的 13 岁生日。22 日，胡波儿和父母陪伴馨懿在成都三岔湖畔种下一棵辛夷花树。

十年来，宋馨懿受到来自国家层面和社会爱心人士的持续关怀和帮助，目前已是成都市棕北中学的一名初一学生："当年我只有 3 岁，完全不知道失去父母和一条腿意味着什么。十年来，我受到了很多人的关怀和帮助，我很感谢'爱馨家庭'的每一位叔叔阿姨、大哥哥大姐姐，我要珍惜生命，好好学习，感恩他们！"

胡波儿在西南石油大学读期间，组织同学们到周边的乡村学校支教。参加工作后，得知西南油气田公司对口扶贫四川省甘孜州九龙县，便自愿结对帮扶九龙高中的一名贫困学生，并资助她顺利完成高中学业，如今她们依然保持联系。

"参加工作 7 年以来，石油人吃苦耐劳和乐于奉献的精神一直感召着我，单位给我们提供了更加强大的后盾和支撑，让我们更有力量去帮助别人。我只想把我获得的这一分力量，转化为爱和动力，用行动把它传递下去，帮助到更多的人。"

十年很长，长到废墟上房屋重新拔地而起，墙角里稚嫩的花朵重新扎根绽放。

十年又很短，短到谈起那场灾难依然心绪起伏。那些心里的伤口还在结痂愈合，那些创伤依然被深深铭记。

十年，有很多改变。改变的不仅仅是一座城市的重生，更是一个国家的重生。十年的时光，足以让我们每个人重新定义我们的人生。

坚守数字化建设阵地的"解甲"勇士

蒋　剑

1995 年，大天池气田在全国首次全工程采用 SCADA 控制系统。自建成以来，"自动化"这个时髦的词语，在川东气田接上了地气。从此，西南油气田公司重庆气矿不断突破和创新，在数字化气田建设上越走越远。

自动化建设虽然应用已久，但"各自为政"的"信息孤岛"，"人、物、时间"的重复消耗，让老气田不堪重负。2014 年 11 月，一个通知将 18 名在不同单位、不同岗位的员工集合起来，正式开启气矿新型数字化建设，号称"十八勇士"。胡德芬就是其中一员。

那一年，胡德芬 48 岁，在原工艺研究所从事天然气采输工艺研究已经 24 年，突然要

胡德芬评为 2021 年度重庆气矿劳动模范

从一个信息化的"门外汉"从头学起：蹲点现场，从零开始学习自控知识、加点组态，建设物联网、数字化平台、设备综合管理系统……直到 2021 年 3 月退休，也不曾"解甲"，依然坚守在数字化建设的一线。

转行，面对全新的起点

"可能是我比较熟悉天然气整个生产流程吧！"对于突如其来的调令，胡德

芬很快调整了心态。

在工艺研究所，胡德芬主要从事天然气采输工艺研究，从排水采气到气井腐蚀与防治，从管线冻堵防治到修井论证，从气田开发调整到应用系统开发与推广。天然气"从井筒采得出来、到地面输得出去"各个关键环节点在哪里？会出现什么问题？如何控制？采取何种措施？……寻找答案的过程给予了她近30年与天然气打交道的宝贵经验，也让她心里有了底气。特别是多年主持和参与各类科研、前期项目，对生产数据极其敏感的她，很快就完成了"业务应用"与"信息化"这个全新领域的"无缝衔接""深度融合"。

信息化建设推进组成立的第二年，为了获取准确的数据，胡德芬花了200多天，蹲在忠县作业区井站，熟悉设备、自学自动化、简单系统加点和组态、处理设备问题、数据对比接入，将自己从一个信息化"小白"打磨成数据管理能手。经过反复学习、理解、操作、测试、修改，她不断完善和规范操作流程，一本近3万字的系统操作手册正式应用于生产现场，800余人次通过对手册的学习，掌握了信息化系统操作。

在信息化建设期间，胡德芬长期周末不回家，吃住在井站成为常态。为攻克老湾中心站新老系统融合，她连续奔波600余千米请求专家解决技术难题，为加快龙头中心站IFIX系统扩容进度，与承包商一道住在井站附近的小镇上，就为了节约回家往返的那点时间。看着不惧辛劳，一心想着信息化建设的胡德芬，只要与她合作过的承包商都不得不竖个大拇指："佩服！"

"挺辛苦，也挺值得！"谈及于此，胡德芬满眼欣慰。正是因为她的那份坚持和执着，推进组成立后的两年，重庆气矿信息化建设实现数据平台切换、实时数据映射两个100%，数据接入率由63%提升至95.6%，位居分公司前列。

治理，接踵而至的难点

2016年，重庆气矿正式成立信管部，胡德芬作为"元老"留了下来。

初见雏形的信息化建设，虽然为员工搭建了一个自动化平台，基本实现了"中心井站＋无人值守管理"模式，但功能配备不完善、无人值守信息化管控能

胡德芬（右二）带领团队蹲点基层开展数字化建设

力不达标、海量数据应用不够充分等问题依然存在。换句话就是：数据多，但各管各。

为了解决数据多头录入、数据处理耗时多，生产实时数据利用率不高、共享性差、海量数据应用价值还未充分挖掘、与数字化转型存在差距的人才素质等问题，2020 年起，重庆气矿开始了新的探索——数据治理、系统整合。

"数据治理、系统整合"是信息化建设、数据深化应用的必由之路，她作为重庆气矿数据治理技术攻关小组的核心成员，带领公关团队按照"数据源头采集、数据可视化配置、数据深化应用"的研发思路，攻克数据自动核准、实时数据函数计算、多系统接口等技术难关，采用现场试点、集中办公、视频研讨等措施，确保了生产数据集成整合与智能分析系统 4 个月研发、2 个月试点、3 个月高效推广，成功解决了中心站生产报表多头录入、核对数据工作量大、数据分析功能欠缺等三大瓶颈问题，实现了数据源统一、报表规范化管理，减轻了井站员工数据录入工作量，每日报表数据录入耗时由原 2 ~ 4 小时降至 30 分钟以内。

主数据治理，是个苦差事儿，工作量大，涉及业务面广，关键是一般人还不敢动，这件事谁来呢？选了一圈，信管部最终推选"胆大、心细、肯吃苦"的胡德芬。

把重庆气矿生产数据从纸质转化成电子、最终信息化的胡德芬，看到刚刚集成整合治理完的动态数据——生产数据，又"摊上"需要治理的静态数据——"主数据"，也犯了难：主数据信息不完整、命名不规范、数据重复多、所属关系不清、具体哪些系统引用了主数据不明确。但是主数据作为重庆气矿主体资产家底必须摸清、作为其他应用系统参照必须唯一、正确、齐全。目标明确，胡德芬心里就一个字："干！"

经过大量的调研，胡德芬提出通过厘清治理思路、编制模板的做法进行主数据治理。于是，她亲自编制模板，组织员工培训，一遍一遍梳理，一条一条规范，线下线上同时开展，功夫不负有心人，硬是在2021年7月前完成了5400余千米管线、900余座场站及阀室阀井主数据治理，修正错误及不规范数据10000余处，数据治理又一次走在了公司前列。

此次数据治理将基础数据夯实和生产数据集成整合与共享应用，为井站一线员工减少数据重复录入、提高了工作效率；为机关及后辅单位管理端迁移、关键生产参数预警预测等提供了强大的数据支撑。重庆气矿自主研发的生产数据集成整合与智能分析系统，得到公司的高度评价。2020年9月24日分公司开发生产数据治理推进会上，一句"推广重庆气矿取得的经验与成果，他们的标准就是分公司的标准"是对重庆气矿数字化建设最大的肯定，该项目并于2021年在分公司进行全面推广应用。

胡德芬为基层员工讲授数字化操作课程

"这是多大的信任和认可！"至今，作为顶层设计者的胡德芬，微笑的脸上还有掩不住的自豪。分公司管理创新一等奖、四川省石油企协三等奖等多项奖项，给予胡德芬数字化建设更大的肯定。

返聘，持续发光的亮点

为打破"信息孤岛"数据壁垒，胡德芬所在的攻关团队从未停歇。

"整合前，一线员工每天要录入4个系统的数据，耗时2～4小时，数据质量也不高。各个自建系统'数据烟囱'林立，彼此间不能共享。"胡德芬说，"问题根源就是这些数据'老死不相往来'，只有打破信息孤岛，才能真正提升气田开发管理效率。"

于是有了"一库一平台"的雏形。但正当"一库一平台"搭建的关键时期，却迎来了另外一个难题，2021年3月底攻关团队"领头羊"胡德芬正式退休。

此时换人，谁能全面掌握关键技术？谁更熟悉气矿生产数据？谁更了解数字化建设的全过程？谁还能有"敢把皇帝拉下马"的坚韧？面对种种问题，重庆气矿经过深思熟虑，决定找胡德芬谈谈。

当胡德芬听到"返聘"二字时，如同放心不下自己的孩子般，放心不下气

胡德芬（右二）到井站指导开展数字化建模

矿的数字化建设，她毅然答应。"可能我这人一向很积极、责任心又强，也喜欢钻研想办法。说实话我也想看到气矿'一库一平台'顺利建成。"正如胡德芬说的那样，她留了下来。

胡德芬退休后的第四个月，完成了主数据治理，2021 年底气矿"一库一平台"完成了雏形。

2022 年 4 月在分公司开发数字化转型推进会上，"重庆气矿要继续推进生产实时数据治理与二次应用开发，力争蹚出一条数据治理的路子"给予了重庆气矿数字化建设更大的肯定，也寄予了厚望。胡德芬再次"披甲挂帅"，主要从事实时数据治理、系统融合集成、人才培养等工作，继续负责组织完成重庆气矿 500 余张的实时数据办公网二次组态，全链路智能诊断系统在全矿的推广，公司范围内常规气、页岩气商品率分析计算等工作。

重庆气矿数字化转型处于关键时期，节奏快、工作量大、时间紧是特点也是常态，虽然很忙碌也很辛苦，但对于退休生活，胡德芬还比较满意："重庆气矿很关心退休职工，关怀、慰问和个人利益都能得到充分保障。辛苦并快乐着！"

"希望重庆气矿的数字化建设成果能够更好得以应用，更多的生产场站实现智能化、智慧化。"朴实而真挚的愿望，来自胡德芬的心底。

胡德芬，以"解甲"之身重披"战甲"，将所有热情投入数字化转型中，让川东气田逐渐实现"老区"自动化管理新模式，正如她的名字：德以躬亲，芬芳馥郁！

一念蜕变　沸腾生长

——记西南油气田公司（十佳）五一巾帼标兵胡荣芳

蒋　剑

2023年3月9日，正在参加西南油气田公司第八届采气工职业技能竞赛决赛集训的胡荣芳接到重庆气矿女工委电话，得知荣获西南油气田公司（十佳）五一巾帼标兵，激动得有些语无伦次，脸上洋溢着灿烂的微笑，笑容中透露着自信、坚定，心中泛起的波澜却把她带回了曾经的时光。这名40岁的劳动模范、巾帼标兵、金牌选手，经历过沉迷、迷茫，迷失过自己，经历过警醒、蜕变，重新找到方向，经历过竞赛、获得过荣誉、担任过站长，享受成长给予的肯定，并带来希望。

胡荣芳（右一）荣获四川省女职工天然气开采工职业技能大赛中一等奖

沉迷，导致迷茫

胡荣芳在现场操作阀门

2008 年，技校毕业的胡荣芳分配到了重庆气矿原开江作业区，端着人人羡慕的"铁饭碗"，跟着师父学习半年后便独立顶岗。每天重复着单调的工作，同事之间鲜有交流，胡荣芳很快便迷上了游戏。游戏里精心设计的人物、豪华的装备、炫酷的技能、充满挑战的任务彻底征服了她。于是，每天除了完成例行工作，胡荣芳所有的时间都与游戏为伴。

因为游戏，胡荣芳工作的那几年，依然只会值班和汇报，站场流程、生产运行一窍不通，更别说异常处理。还曾因玩游戏，差一点让装置停运。

游戏占用了胡荣芳绝大部分时间，与爱人长期用争吵解决问题，最严重的时候双方已经拟好离婚协议书。

这些都没能成为胡荣芳决定改变的理由，直到三年级的孩子成绩严重下滑，还有眯眼的习惯。胡荣芳急了，带着孩子去医院检查，双眼近视，医生的一句话点醒了她："是不是喜欢打游戏呀？"此时，胡荣芳才意识到严重性。因为自己喜欢打游戏，几乎就没有管过孩子的学习，还树立了一个坏的榜样，强烈的愧疚涌上心头。

从来没有像此次这样清醒过的胡荣芳，决定改变，但是怎么改？从哪里改？改成什么样？看着年龄已经不小的自己，胡荣芳很迷茫。

"清醒时做事，糊涂时读书。"胡荣芳现在想起一个朋友的提醒，依然满眼的感动和庆幸。从《活着》到《三观易碎》再到《送你一颗子弹》，是书打开了她的另一个世界。至今，胡荣芳依然会翻看书上的笔记：你是你的机会，你也是你的瓶颈，你就是你的问题，你也是你的解决之道。

警醒，为之蜕变

受读书的启发，胡荣芳开始审视过去的 8 年，思考未来。

为了摆脱困局，33 岁的胡荣芳决定参加重庆高等教育自学考试。走进考场，面对不同年龄、不同层次的同学，他们努力的样子让胡荣芳再一次被感动和影响。即使忘了背、背了又忘，胡荣芳依然决定坚定地走下去。

学习期间，胡荣芳一边陪着孩子做作业一边学习，孩子也越来越亲近她，和爱人之间沟通也多了，关系越来越融洽。

生活有了目标，工作上也变得积极。一次偶然的机会，作业区决定选派胡荣芳参加重庆气矿举办的岗位练兵比赛。虽然没有取得成绩，但经此一役，胡荣芳找到了自己的薄弱环节，没有气馁，反倒激发了斗志。

比赛结束后，胡荣芳拟了一个详细的学习计划，看书、查笔记、请教前辈，不断提高理论和实操各项综合技能。

机会总是留给有准备的人。

作业区再次选派胡荣芳参加重庆气矿第二届输气工职业技能大赛集训。一阶段结束，胡荣芳正式入选参加比赛。随着第二阶段理论的深入、实操的强度加大，胡荣芳感到前所未有的压力。

重度失眠、实操出错、成绩下滑……各种负面情绪向胡荣芳袭来。喝中药、贴穴位，能做的都做了，收效甚微。领导和同事也发现了胡荣芳有些失常，副经理廖剑锋特地跑到培训现场和胡荣芳谈心，同事钟均灵主动给她补习。一句"只要正常发挥就行"让胡荣芳重燃斗志、重树信心。

功夫不负有心人，胡荣芳最终一举夺魁，获得金牌选手称号。"如果没有领导、教练、同事的关心和指导，我真的坚持不到最后。"胡荣芳的心里一直心存感激。正如胡荣芳所说，一路走来，不仅收获了成绩、肯定，更是收获了一群积极向上的朋友。

通过比赛，胡荣芳证明了自己，肯定了自己，也展示了自己，同时让更多人看到了她的努力。

成长，带来希望

回到作业区，领导就找到胡荣芳谈话。"当我听到让我担任金山站站长的那一刻，我挺紧张的。"胡荣芳至今还挺佩服自己的勇气，"领导的那句'有困难我们一起解决'真的给了我最大的信任。"一个充分相信并给予厚望的决定，让胡荣芳既兴奋又犹豫。

担任班长的第一个星期，胡荣芳就遇到紧急情况。刚入睡，被电话吵醒的胡荣芳，一看到值班电话，便一跃而起，边穿工衣边跑。值班室内，工控机上整个脱水装置的运行参数全部失常，短暂的反应之后，胡荣芳叫上同事带好防护用品冲入生产现场，对流程和设备仔细排查，找到了异常原因，最终恢复了脱水装置的运行，保障了上游井站的正常生产。事后，胡荣芳开始总结经验和教训，并养成了习惯。

同时担任井站的施工监督的她，总是调侃自己"官不大但责任大"。一次井站施工试压，胡荣芳发现阀门泄漏，立即通知施工人员整改。施工单位虽然进行了紧固，她依然放心不下，再次检验一遍，依然泄漏，在她的坚持下，施工方重新更换了垫片，消除了隐患。

担任班长以来，胡荣芳实施班长与班员双向考核，建立以正面激励为主的考核机制；带领全员开展"五小"成果金点子技术改革创新，全年节约成本约27.72万元；对施工队伍进行安全培训和施工监督20余次，成功处理各种紧急情况30余次；带领班组荣获重庆气矿2021年"三八红旗集体"称号。

更让胡荣芳欣慰的是，儿子上了初中越来越懂事，给胡荣芳节日问候，在比赛时给胡荣芳加油鼓劲，一切都在向更好的方向发展。

面对未来，胡荣芳也有自己的工作计划：继续全面熟悉并掌握站场流程设备、关键操作、异常情况处置等，技术上更上一个台阶。

"悟已往之不谏，知来者之可追；实迷途其未远，觉今是而昨非。"胡荣芳总是称自己的每一步都没有白走，过往即历练，走好人生每一步就是对当下的自己最好的馈赠和交代，就如同自己一念之间的蜕变，继而沸腾生长。

国赛问鼎，一战成名！

丁 会

2020年10月22日，"2020年全国行业职业技能竞赛——第二届全国油气开发专业采气工竞赛"在西安市落下帷幕，首次走出深山代表中国石油参赛的"90后"小伙弋小东，无疑是本次大赛最大黑马，从海选挺进国赛一举夺金。

预谋"蛰伏"

弋小东，2011年参加工作，西南油气田重庆气矿原忠县作业区吊钟坝中心站员工，在此之前，从未参加过任何技能比赛，参赛经验为零的弋小东，从公司为期5个月、100进7的5轮集训淘汰赛中脱颖而出，惊艳了所有人。

弋小东获奖留影

有人感慨"隐市高手，出世即巅峰"，弋小东却说："从没觉得自己有多强，即便拼尽全力，每一步都走得十分艰难。"

对于30岁才出山、大器晚成的弋小东，很多人不解："早干什么去了？"对此，弋小东却说："之前从能力到心态都不成熟。"

工作10年，弋小东和许多同龄人一样，从喧嚣城市到寂静深山，对未来有憧憬也有迷茫。

弋小东（左二）和队友参赛留影

　　弋小东最大的幸运是身处一个能人辈出的环境，单位每年的培训、竞赛贯穿全年，技师、专家组成的教学团队能覆盖到每一个人，总有人在督促你学习、进步。同时，单位对高技能人才的培养力度和福利待遇也在逐年提升。

　　这种潜移默化的良性竞争氛围，激励人也刺激人。

　　2017年获得中国石油采输气大工种职业技能竞赛银牌选手蓝羽，曾是弋小东同年参加工作的同志，看到别人用7年时间走完初级工到技师的17年"路程"，彻底改变了弋小东"佛系"的被动思维。

　　加上有着26年一线工作经验的采气技师余慧，和曾获中国石油采输气大工种职业技能竞赛银牌的冷聪，这两位师父的倾囊相授和鞭策鼓励，2017年，弋小东便开始了有"预谋"的蛰伏积累。

众人"托举"

　　2020年5月，报名参加气矿选拔赛时，靠前期自学勉强入围的弋小东，信心每天都在残酷的现实中击碎和重组，自我怀疑和否定如影随形。

培训初期，由于身边同学大多是有参赛经验的技师和高级技师，培训节奏、进度、难度都远远超出了弋小东的认知和预期，以至于跟不上、听不懂的情况每天都在发生，让他非常沮丧。

操作差，理论弱，知识储备、技能水平和现场经验的短板到处都是。教练为新人开"小灶"，每天利用饭前、睡前和午休等时间加练，弋小东说仅在线计量装置清洗这项操作，自己就多了 50% 的加练机会，练到过饭点是常事。

为缩小与别人的差距，每天听课培训、理论学习、实操练习，晚上看书到凌晨，压缩一切可以压缩的时间，用于加练操作和"翻新"烂熟于心的基层知识。

由于现场经验不足，知识储备不够，很多理论知识只能熟记，没法理解，让后期培训非常吃力，随时面临淘汰。弋小东说除了加学加练，没有捷径可走，每天刷 1000 多道题是常事。

早上 30 分钟的晨练，成了弋小东复盘前一天学习内容的整块时间。虽然每次测验成绩都居中，偶尔掉尾，但这却成了弋小东每天复盘解析自己不足，整理个人专属错题集的动力所在。

培训时脑袋偶尔放空，会被教练及时揪出；情绪低落，会有队友开导解压；遇到瓶颈，团队成员也会倾其所有地帮助解决，他说自己的每一次进步，都是团队众人的合力"托举"，让他在参加分公司 100 进 7 的 5 轮淘汰赛中成功突围。

贵在"不弃"

"你家小东好久（什么时候）回来？"集训期间，这是弋小东同在吊钟坝中心站工作的老婆黄珊，回答同事、朋友最多的问题，她说："别人看到的是最强黑马，我看到的是使劲飞的笨鸟。"

"爸爸，拿金牌拿第一……"每天晚上，黄珊都会陪弋小东视频，两岁的女儿也会奶声奶气地给他加油，在弋小东进退踌躇间推一把，尤其是最后阶段。

对弋小东来说每一次晋级都是惊喜，一边说着放弃，一边咬牙坚持的事每天都在重复。

弋小东参赛时全神贯注的神情

决赛前最后一轮 9 进 7 淘汰赛，弋小东以第 6 名踩线过的成绩，让他惴惴不安，怕拖团队后腿，怕给单位丢脸，成了他决赛阶段最大的心理负担。

为让自己达到最佳竞技状态，决赛前，在团队帮助下，弋小东找到自己的解压方法，观察高分选手操作细节，每次考试都虚拟一个陪考场景，按照对方最快节奏跟进完成，既能让自己安静又能暗示自己提速，即便中间出现差错，也能及时纠正处理，保证操作的节奏和步骤始终在线。

"此次参赛，学到的东西、认识的人比结果本身更加重要。"弋小东说，"之前在站上每天看 1 小时书，就觉得自己已经很努力了，参赛的时候，每天睁开眼就在拼了命地学，身边每一个比你优秀的人都比你更努力。"

"工作快十年，之前过得太自我，以后会珍惜每一次培训锻炼的机会，让自己变得更好，希望成为女儿的榜样、家人的骄傲。"说这话时，弋小东满脸幸福溢于言表。

斗癌 9 年依然坚守在井站

刘杨英　李　清

谢盛文带出的实习生不久就当了班长，传承他的工作作风。在谢盛文看来，"人这一辈子，能做自己想做的事，看自己把这些事情做好，感觉真的很幸福"。

记者偶然听说了重庆气矿开县作业区天东 21 井采气工谢盛文的故事。他患癌症 9 年多，利用轮休做数次手术，没有耽误上班。记者听后非常吃惊。

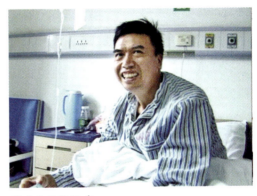

谢盛文住院治疗

2015 年 11 月 26 日，记者走进天东 21 井，见到 52 岁的谢盛文精神饱满，又是非常吃惊。他不像病人，更不像经受 9 年病痛折磨的病人，丝毫没有想象中那份悲情。

老谢这 9 年

2006 年，谢盛文在天东 1 井上班时突然晕倒，当时以为身体没什么问题，只是找来井站附近的医生输了两天液。随着身体消瘦和大便出血，当年 8 月，谢盛文检查出患有转移性肝癌、直肠癌晚期。

自那时起的 9 年间，谢盛文经历 1 次直肠癌手术、2 次肝癌切除、11 次化疗、4 次血管介入、2 次海扶刀、3 次射频、1 次生物 CIK 治疗、1 次伽马刀……左肝切除只剩个蒂，右肝切除大部分。肚子上到处都是动了手术的疤痕，目前不能再做手术，只能保守治疗。

每次治疗，都如同经历一次受刑。

2015年10月22日，轮休的谢盛文再次去西南医院做血管介入治疗。

重庆梁平长途汽车站卷帘门打开的瞬间，一大群人涌进售票厅，谢盛文夫妻俩也在这群人中——他们走了半小时路到这里，要买第一班车的车票。谢盛文去买票，妻子秦明玉提行李去安检。两个人都晕车，到了重庆龙头寺汽车站还要转乘2次公共汽车才能到达西南医院。谢盛文说，坐公共汽车只花8块钱就到了，打的士要几十块钱，他患病以来从来没打过的士。

更受不了的是化疗。常常一次还没恢复，就要开始下一次。

有一次化疗后，从重庆返回梁平的汽车上，妻子秦明玉见谢盛文很久没动静，叫了几声也没反应，吓得哭了起来。隔了好一会儿，谢盛文睁开眼，低沉地说了声："没事，我很累，想休息一会儿。"

几次手术，全身插满管子。上面插胃管，下面套尿管，中间插伤口引流管，手上有输液管，胸口上还有心脏监测仪之类的。谢盛文甚至不想让孩子来看他，

谢盛文介绍天东1井正在修井作业

免得给孩子心中留下阴影。

谢盛文的姐姐是医生，对弟弟的病也无奈。9年来，谢盛文同病房的病友大多离世。国内目前能治疗的方案在谢盛文身上基本上都使用过了。"尽力医治，开开心心地活。"谢盛文很知足。

"只有在医院，病号服穿上，我才当自己是癌症病人。工作中该干什么照样干。"谢盛文谈起治病的经验，"还是得上班，有一个寄托。"

在重庆医学院附属第一医院，医生都把他当成榜样，告诉其他癌症病人："看看他，比你们还严重，活得尚好。"

谢盛文治病的健康心态一传十，十传百。他姑姑的女儿有直肠癌，他鼓励对方快速接受手术，在不用化疗的情况下，至2015年没发作。舅母的女儿患结肠癌，在他的劝慰下做手术并化疗，至2015年快9年没发作。

而谢盛文因为长期吃抗癌药，形成耐药性，目前肾功能只有57%。"走一步算一步，只要有一点希望，就去试试，不放弃。"这是谢盛文的信念。

更要好好地生活

第一次手术，两次下病危通知。"没得钱，儿子又小，怎么办哟？"没有工作的秦明玉感觉天要塌下来。儿子还在读初中，一家三口全靠谢盛文的工资生活。

谢盛文给自己一个信念："好好活下去，把孩子抚养成人。"

2006年，谢盛文患癌症后的第一次大手术，术后接着就是化疗，不得已他请了一段时间假。回到作业区，领导劝他在家好好休养，他却向单位提出申请，要求继续上班。

"上班能让我忘记自己是病人。况且一年要多挣1万多元，老婆孩子都无工作，有这点钱，可以做很多事。"谢盛文道出了实情。

癌症病人自费药多，谢盛文随便拿出一张收费单，就是七八万元。一家三口靠他一个人工资生活，还要支付高昂的药费，但他从没有向组织提任何特殊要求。2007年，班长张平把患病的情况告诉了同事，现场员工自发筹集了7000

多元。2015年10月21日，重庆气矿党委书记把5000元慰问金送到了谢盛文家里。9年来，西南油气田公司、重庆气矿的慰问金和大病救助金有9万元，姐姐资助他近30万元。

井站只有两名员工上班，生活单调，为了让他忘记病魔，秦明玉经常来陪他下跳棋，"经常让他赢，让他开心。"

治病9年，也正是儿子谢朝庭初中、高中学习的关键期。孩子没有考上大学，是夫妻俩最内疚的事。好在孩子技校毕业后，现已在开县作业区工作。

记者从作业区经理李博处得知，谢朝庭身上有他父亲传下来的好品行，工作上随喊随到，从不讲条件。数次抢险，他开车去现场，有时半夜出发，有时值守一个通宵。有人问谢盛文："你儿子是驾驶员，看病怎么不叫娃儿送一下？"他就说："作业区驾驶员少，忙不过来。"

如今，孩子成长为作业区优秀的驾驶员。谢盛文很欣慰："我已经没有了后顾之忧，多活一天都是赚的，更加要好好活。即便哪天走了，老婆也有儿子照顾。"

工作治疗都不耽误

2015年4月15日至5月15日，谢盛文轮休，住院12天，做无水酒精治疗。6月15日至7月15日轮休，三次住院，做生物CIK治疗。

"肿瘤嘛，化疗一次只需要四五天，手术一次20多天，我们轮休一次是30天，时间完全够了。"上班干好工作，轮休时间全用来治病，这是谢盛文一直以来的做法。

记得第一次手术回来上班，由于疼痛，谢盛文通宵睡不着觉。张平知道后，想安慰安慰他，没想到他自己很想得开地说："活一天算一天，活一天就干一天。"

谢盛文每天早晨很早起床，拔一拔杂草，把厕所、厨房、学习室、站场坝子打扫一遍，把井口、设备擦一遍，边做边观察生产有没有异常。有时散步，他就走到离天东1井不远的观察井天东98井去看看。

有一次轮休，张平问他在哪儿。他说："肝上又长了一坨肉，我在医院把它削了。"

那时重庆气矿经常组织考试，谢盛文把知识点写在纸条上带在身上，边治病边背。作业区要求所有井站自行维护设备，在烈日下他同大家一起除锈刷漆，下一轮班来了，他又一起干。2013年，开县作业区成为中国石油天然气集团公司"千队示范"单位，天东1井成了规范化管理的标杆。

到天东1井的井站公路没有硬化。2015年6月，山洪把公路冲断，汽车无法行进，谢盛文只好找当地农用交通工具坐进去。7千米的石子路，一路颠簸，"他的肝都抖疼了……"秦明玉心疼地说。

天东1井是五百梯气田开采的第一口井，也是重庆气矿功勋气井。谢盛文从部队转业后分到采气四厂小招待所当厨师，撤厂后，来到天东1井当采气工，一干就是13年。天东1井是南雅中心站的有人值守井，谢盛文是这里的小组长。

2015年7月，谢盛文调到天东21井。尽管这里离南雅集镇近，买药方便了，但比天东1井管理更复杂。

9月，井组天东53井酸化后重新开井，由于压差太大导致管线冰堵，怎么也开不起来。而那段时间谢盛文感觉肝刺痛，像针扎一样，每次持续1分多钟。他忍着病痛，烧开水去淋设备解冰堵，并与调度室联系，对周边井关井减小压差。三次试验，终于让管线开起来。

边工作边治疗，谢盛文两样都不耽误。

感觉真的很幸福

邹林林调到天东1井时，南雅中心站站长叮嘱他："老谢有病，上去多照顾他。"邹林林一口答应："我一定要让谢叔叔多休息，哪怕我一个人把整个工作扛下来都行。"

接触后邹林林才发现，谢盛文凡事自己解决，尽量不麻烦别人。井站刚搞数字化时，谢盛文不会打字，所有资料都是邹林林上网填，邹林林心想终于帮上忙了。可不久，谢盛文就问邹林林如何打字。听说有写字板可替代，第二天

谢盛文照料的果树丰收了

他就买回来，自己填写资料，还向邹林林请教拼音打字。

邹林林下了班经常睡懒觉，起来吃点方便面凑合，谢盛文见到总是叫他一起吃饭。"反而是谢叔叔照顾我。"邹林林至今想起，仍感温暖。

站上分来实习生，谢盛文带出的实习生不久就当了班长，传承他的工作作风。谈起谢盛义，与他同班的张吉讲："他自己不把自己当病人，我们也觉得他不是病人。但清洗高处的设施，我从来不让他去，还是考虑他是病人。总体算下来，我还是没有他干的事多。井场大，站容站貌和设备维护之类的他上下班都在干。"

走进天东1井，就能感受到谢盛文快乐的工作和生活情趣。用他的话讲："适当锻炼，有好处。"

他把井站周边的碎石头捡出去，挖出下面的土，种植了四季轮换开花的树种、果树和蔬菜，李子树、桃子树、杏子树、葡萄树都有，还种有西瓜、草莓等。9月是南瓜成熟的季节，围墙边牵满藤，黄的青的南瓜到处都是。谢盛文讲起去年的丰收：摘了100多个南瓜，全站人都吃不完，只好把南瓜送给周边村民。夫妻俩还利用井站边农民的闲置土地种起了紫薯。

这片菜园子成了全站人的"福利"，吃小菜不用买，如果走路到南雅镇买菜往返要三四个小时。谢盛文当过厨师，遇上来人、分来实习生，他自己下厨做上一桌菜热情款待。上班一般两个人，他仍保持着两家人炒几个菜在一起吃的传统，其乐融融。

调到天东21井，谢盛文才上两轮班，已经在井站周围种起了萝卜等蔬菜。

因为，在谢盛文看来，"人这一辈子，能做自己想做的事，看自己把这些事情做好，感觉真的很幸福"。

无问西东

彭烟霏   郑钦文

　　"85 后"小姑娘龙俨丽天生是搞科研的料。一旦科研项目开题，她就进入忘我状态，眼中只有项目，不知季节春夏，不问窗外风雨。如今，她是西南油气田公司重庆气矿高级工程师，专家工作室成员、重庆气矿工艺技术所第二党支部书记。

　　2017 年 3 月，春暖花开，天上下着细雨，龙俨丽带着她的科研团队前往天东 90 井安装升降式放空点火装置，刚爬上半山腰，她脚一滑，滚下山坡。幸好土质疏松，没有伤筋动骨。她哈哈大笑，爬起来继续赶路。

龙俨丽（左一）

升降式放空点火装置，是龙俨丽主研完成的第一个科研项目。后来，这个项目获得国家发明专利 1 项、国家新型实用专利 7 项。目前，该装置已经在重庆气矿大竹、万州、梁平、永川等作业区推广 12 套，每座火炬每年节约天然气 60 万立方米，减少二氧化碳排放 1297 吨。

2008 年，龙俨丽大学毕业，分配到西南油气田重庆气矿垫江作业区，成为一名生产技术员。那时，重庆气矿处于巅峰状态，天然气年产量 70 亿立方米，在西南油气田是龙头老大。重庆气矿居安思危，提出经济与技术结合，2010 年，龙俨丽改行，竞聘作业区经营办公室副主任，负责物资采购、预算、经营管理。

那段时间，是龙俨丽的苦闷期。她大学读的是油气储运专业，做经营办公室工作却需要有财会专业的底子。连续两年时间，她每天夜读，终于通过自学考取了会计证和经济师资格。龙俨丽感叹，不是专业出身，虽然能迅速上手，把工作做得得心应手，但无法做得特别出色。她是一个追求极致的人，任何事情都要做到尽善尽美。她终于明白，自己是搞科研的料，更明白自己的科研方向，走经济与技术结合的路。

2014 年，龙俨丽调到重庆气矿工艺技术所，领导考虑到她综合素质比较高，让她到所办公室，在职场上有更快捷的上升通道。而龙俨丽只想做科研项目，在所办待了半年时间，终于如愿以偿，来到开发技术研究室，从此人生"开挂"。

重庆气矿大部分气田属于高含硫气田，几百口气井分布在川东岭谷地带，每口井的放空装置都是长明火，数年不熄。这种长明火不仅浪费天然气，而且一旦熄灭，人工点火相当烦琐。几十米高的放空火炬塔，爬上去不容易，安全隐患更大。还有一种方式就是用魔术弹点火，成功率不高。工艺技术所在这之前做了很多基础资料调查，一直没有找到在技术上如何实现。

龙俨丽接到主研任务后，在分析川东地区 604 座天然气场站放空火炬故障发生原因的基础上，提出设计升降式放空点火装置，解决具体问题，然后立项，开题。她和她的团队花了两年时间，经过 78 次实验室实验和 102 次厂内试验，终于获得成功。

从 2015 年开始，用 7 年时间，龙俨丽主研并完成的项目获得省部级特等奖

1 项、一等奖 2 项、三等奖 2 项、厅局级获奖项目更多，20 余篇论文刊发在核心期刊上。

龙俨丽

龙俨丽兼职工艺技术所第二党支部书记，她所在党支部负责采气、场站和重庆气矿技能专家工作室的党务工作。技能专家工作室挂靠在工艺技术所，集结了重庆气矿最优秀的技能人才，既有集团公司技能大师，又有集团公司技能专家，单打独斗，都是远近闻名的顶级高手。

龙俨丽当上党支部书记后，发挥技能专家在各自领域的特长，发扬团队作战的优势。她和工艺所另外一名资深高工加入该团队后，既指导技能专家工作室研发方向，又与技能专家互相取长补短。当技术理论和实战技能结合的时候，相得益彰，爆发出惊人的创造力。2021 年度的全国创新方法大赛中，由重庆气矿专家工作室组建的代表队一路过关斩将，获得全国创新方法大赛二等奖。

龙俨丽也有"苦大仇深"的时候，就是项目完成后写总结。那些枯燥的文字、烦琐的数据、丝丝入扣的逻辑，远远没有现场和实验室的那种酣畅淋漓。她渴望马上投入新的研发项目，重新找到逆风飞扬、金戈铁马、痛并快乐的感觉。在这项目的空档期，偶尔炒两三素鲜，红烧一份土豆牛肉，她觉得也很美好。

高含硫气田"把关人"

曹 娟

站场清洁维护

赵雷，这位脱下军装换上工装的集团公司采输气大工种职业技能竞赛金牌获得者，带领着班员为大猫坪区块的发展辛勤耕耘，也见证了5年来西南油气田公司重庆气矿爬坡上坎、革故鼎新取得的成就。

2022年隆冬，雪花覆盖山梁，重庆气矿大猫坪中心站生产进入安全难关。对于高含硫天然气生产来说，安全是管理上最大的难点。每日产天然气逾百万立方米，每立方米天然气含硫化氢约80克，防泄漏、防冻堵是日常功课。

"小气得很，稍不注意就会这里那里出点小毛病，这些小毛病不及时处理就会酿成大祸。"赵雷背着空呼带着班员们一次次对生产区域"地毯式"排查、除患，红色的工装是冰天雪地里最美丽的风景。

2018年，万州作业区开展大排患大整改，赵雷带领全班人马忙碌在现场。连着几个月，赵雷没有离开中心站一步，全身心扑在隐患治理中，婚期一推再推。"没办法，整改工作关系着大猫坪安全生产的每一个环节，我放心不下，守着踏实。"后来，作业区领导趁着记者采访时，特意安排他的妻子张黎超与赵雷见面，并拍下珍贵的井站婚纱照。

多年的竞技与生产道路，让赵雷越发成熟。从士兵跨行到采气工至集团公

司的技术能手、公司高级技师的
短短几年间，赵雷学习与工作并
重，撰写的《低压天然气开采技
术分析》刊发在《中国石油和化
工标准与质量》上，同时被全国
总工会评为职工书屋阅读学习成
才职工。

设备维护保养

　　他提出提前加注防冻剂、加
密清管通球频率，减少管线内积
液，提高管输率的合理化建议运
用到输气管线压力上涨初期，及时快速解决含硫管线冻堵问题，筑牢了大猫坪
高含硫生产的风险管控"门"。

　　几年来，赵雷看着自己把关的大猫坪区块建成国家能源高含硫气藏开采研
发中心腐蚀与防护现场试验基地和高酸性气田在线腐蚀监测、缓蚀剂和水合物
抑制剂加注及预膜装置的试验基地，承担了国家示范工程、股份公司项目、分
公司重大专项等 10 余项目现场试验应用的技术支撑，为公司高含硫生产提供
了先进的管理经验和标准规范。也看到重庆气矿在"二次创业"征程、把握稳
中求进工作总基调、破局求变，奋力开创气矿高质量发展新局面等工作中不断
开拓创新，为油气田公司完成 300 亿气区建设、开启上产 500 亿新征程作出新
贡献。

　　"我从部队转业后就分到重庆气矿万州作业区，2017 年竞聘为大猫坪中心站
站长，作为一名普通的采气人，能为大猫坪安全生产出力感到骄傲。"对赵雷来
说，这不是终点，而是所有工作新的起点，他的目标就是继续带领班员们为大
猫坪而战，为建设作业区 10 亿气区、重庆气矿 50 亿气区贡献中坚力量。

　　赵雷，带着他的梦想与目标始终奔驰在平凡而又荣耀的采气路上。

从坚持到热爱

郑元涛　李传富

刘英

第一次认识刘英，是在 2017 年，我接到重庆气矿女工委主任的求助电话，大竹作业区员工刘英被推荐为西南油气田公司"三八"红旗标兵，需要报送工作照，但她休假在家，让她回大竹去照工作照显然来不及，经过多方协调，我在主城内一座配气站为她拍摄了照片。

那时的刘英还留着披肩长发，眉眼清秀，或许是因为陌生的场站和陌生的人，她显得有些腼腆。

再见到刘英已经是 2020 年，在重庆气矿页岩气勘探开发最前线——黄 202 脱水站投产现场，一头炸毛的短发，因长期在户外工作脸被晒得黑里透红，声音极具穿透力，神情完全沉浸在投产前的繁忙中。如果不是看到工牌，我真没认出来。在和其他熟人的闲聊中，才逐渐了解这位可敬的"刘姐"。

1993 年 8 月，刘英从输气技校毕业，带着一口父亲用过的大木箱子，在漫天的尘土中来到了大竹，加入为祖国寻油找气的行列，一干就是 29 年。

刘英先后在云和寨、蒲西气田从事采气工作，2000 年到福成寨脱水站学习新工艺、新技术，第一次接触到了自动化设备，充满好奇，便一头扎了进去。2004 年参与新建文星脱水站的项目，从脱水站的前期建设到建成投产，都从头到尾参与其中，这也为她今后的工作打下了扎实的基础，2009 年被聘为技师。

从参加工作开始，刘英就不断为提高自己的技能水平而努力，第一次参加比赛是在实习才一个月的时候，作为一名实习生，她对自己完全没有信心。班长鼓励她说：去吧，这是锻炼自己的好机会！第一次的结局可想而知，但刘英没有放弃，在后来的工作中，只要有比赛、有培训，都积极参加，全力以赴。

2018年，刘英工作的第25个年头，那一年西南油气田公司举行"巾帼风采"采气工岗位练兵活动，这次活动是在全公司范围内随机抽选，谁也不敢保证不被抽到。身为班长的刘英带领站上几名年龄40多岁的女工，利用空闲时间进行理论学习和实际操作技能训练，5月的艳阳下，汗水打湿了一身又一身工装，衣服上白花花的盐霜，见证了她们的努力。

9月，刘英所在的福城寨中心站被抽中代表重庆气矿参加公司比赛，站内再次抽选时，她没有被抽中。然而距离比赛开始还剩不到四天时，站上一名选手因患病不能参赛，一个电话打到站上，通知她替补参赛，马上到垫江报到。

去还是不去？刘英难以抉择，自己已经四十几岁了，比赛上没有任何优势，而且家里孩子刚上一年级，如果去了就没时间陪孩子。但她知道，作业区当时也面临巨大的困难，越是在这种困难时候，她作为一名党员越要敢于面对困难，展现出大竹作业区的风采。

怀揣着组织的信任，刘英忐忑地来到了垫江参加集训。刚去的第一天晚上，就来了一次测试，仔细地做到最后才交卷，却只考了94分，那天晚上，她辗转反侧。

从第二天早上开始，她拼了。

白天在教练的帮助下练习实操，练习间隙用手机刷题，晚上听老师讲故障和动态分析，下课后继续刷题到凌晨三点。最终，刘英取得了分公司第六名的成绩，这是她工作以来第一次拿到比赛名次。同年，她也领到了"老石油"纪念章。

在比赛中重新找回了自信的刘英，也找回了工作的那份热情。她发现自己对这份工作竟是如此地热爱！之后，她不断地参加比赛，不断地提升自己，获得过西南油气田公司输气工岗位练兵活动银牌、重庆气矿团体一等奖、输气技师大赛铜牌。

刘英

　　"在我一只手就能数清我还有多久退休的时候，我突然有了一种紧迫感。"
刘英说："怎样能在最短的时间内把脱水相关的知识、技能、经验传授给他们，
现在成了我的工作重点。"

　　她想抓住每一分每一秒，去做好这一生唯一的事业，她不想停止学习新知
识、新工艺的脚步，不想退出时代的潮流，不想成为年轻人一说起就瘪嘴的
"老师傅"，她想在退休后，回想起工作时光，是没留下任何遗憾的。

　　2020 年，重庆气矿在渝西片区寻找新领域的突破，作为党员骨干，刘英和
丈夫康挺主动请缨，离开工作了 27 年的大竹，奔赴这片热土，想用自己的一腔
热忱和一身技艺，为重庆气矿产能箭头向上多作贡献，从那时起，工作的每一
天都是风风火火地来去匆匆。

　　清晨，"刘姐，你来看看这个产量呢，感觉有点问题。"上午，"刘姐，帮我
检查一下刚刚画的流程图，有没有漏掉哪个阀门。"对讲机里，"刘姐，快到现
场来一下，燃料气压力有异常波动。"

　　现在，作为黄 202 中心站的"元老"，在这个以年轻人居多的场站，刘英把
自身所学对年轻人倾囊相授，在一声声"刘姐"中，她体会到了一名老石油人
在工作中的价值。

　　她现在常常借用冬奥冠军苏翊鸣的一句话勉励站上的年轻人：希望所有人
可以为热爱的事情付出自己的全部，努力永远不会骗人，总有一天会实现自己
的梦想！

那一口老井的波纹，回响着时光，如梦如幻。川东气田几十年，国泰民安。书写时代，记录变迁，释放热爱，向往明天。总有一片真情，被热烈渲染，总有一些感动，让人泪流满面。千里追书，莫道故人远，在阿姆河看落日，总是怀念，大雪满弓刀，长河落日圆。

这一片热土，永远春暖花开。波澜壮阔的重大事件，史诗般庄严。小桥流水的井站，此生已近桃花源。内心的感动，直抵灵魂深处的缠绵，长歌当哭，低吟浅唱，这是石油人最长情的告白。

星星之树

建功阿姆河

吴明嫒　王丽琴　邱晨雪

引　言

驼铃古道丝绸路，胡马犹闻唐汉风。

岁月悠悠，沧海桑田。丝绸古道仿若一条时光隧道穿越古今，沟通历史与未来，连接中国与世界。

两千多年后，5000千米外的天然气，通过中亚天然气管道，从土库曼斯坦阿姆河气田蜿蜒而出，沿着古丝绸之路欢歌东行，源源不断地输向中华大地。

这是一条使陆上丝绸之路重放异彩的能源大动脉。

中国石油与阿姆河，因天然气而结缘。

号角响起，序幕拉开。

四川盆地广袤大地上，《我为祖国献石油》这一熟悉的旋律响起，激昂高亢、大气磅礴。

钢铁"气龙"绵延向东方

四川油气田积极响应中国石油"走出去"号召，各路精锐之师奔赴阿姆河右岸，一场史无前例的海外天然气勘探开发大会战就此打响！

只有荒凉的沙漠，没有荒凉的人生。川油人以此为信念，披荆斩棘，栉风沐雨，成就辉煌，必将在中国石油海外创业史册上留下浓墨重彩的一笔。

他们，在"沙漠魔窟"攻克一项项世界级难题；

他们，在浩瀚的卡拉库姆沙漠腹地完美地演绎"中国速度"；

他们，用青春和汗水谱写出"丝绸之路经济带"动人心弦的华彩乐章。

第一章　万里国脉

张骞开通西域，开辟丝绸之路。这是一条连接欧亚、融会东西方文明的神奇之路。自汉至唐、宋时期，随着丝绸之路的开通，出现了"丝绸西去、天马东来"的盛况。

古有汗血马，今有天然气。进入 21 世纪，中国与中亚地区建立起更为紧密的合作关系。中国与土库曼斯坦的能源合作，开启了复兴丝绸之路的伟大事业，造福两国人民。

神秘的阿姆河

司马迁的《史记·大宛传》里这样记载："大月氏在大宛西可二三千里，居妫水北。其南则大夏，西则安息，北则康居……大夏在大宛西南二千馀里妫水南。其俗土著，有城屋，与大宛同俗。"

当年的妫水，今天的阿姆河，发源于帕米尔高原和兴都库什山脉的雪域冰川，由喷赤河和瓦赫什河交汇而成，在塔吉克斯坦、阿富汗、乌兹别克斯坦、土库曼斯坦的国界间穿行，最后注入咸海。它的历史，与中国历史水乳交融，除丝绸之路，还有战争、民族迁徙。

资料显示，《史记》中的大宛国，大致是今天的费尔干纳盆地，今天汗血宝马的产地主要在土库曼斯坦及其周边地区，在古代都属于大宛国的范围。

而土库曼斯坦的汗血宝马，在中国的历史长河驰骋两千多年，成为不朽的传说。

美丽的阿姆河

　　"丝绸西去，天马东来"当中的"天马"指的就是"汗血宝马"。土库曼斯坦是汗血宝马的发源地，当地人民历来引以为傲。《史记》中记载，张骞出西域，归来说："西域多善马，马汗血。"故在中国，两千年来这种马一直被神秘地称为"汗血宝马"。

　　土库曼斯坦视汗血宝马为国宝，曾三次作为国礼赠送中国，汗血宝马已经成为中土友谊的使者和两国人民世代友好的见证。

　　作为古"丝绸之路"必经之地，土库曼斯坦是一个非常有魅力的国度。这里不仅有汗血宝马，有极具民族特色的白色大理石之城阿什哈巴德，还有深藏在沙漠之下富集的天然气，更有那白练般流向远方的阿姆河……

　　土库曼斯坦地处中亚腹地，国土面积与我国四川省面积相当，80%的领土被卡拉库姆沙漠覆盖，天然气探明储量世界第四，是名副其实的"蓝金"之国。

　　然而，一个号称"站在大气包上的国家"，却是一个"令人揪心的地方"。土库曼斯坦纳巴特市（旧称查尔朱）所属的阿姆河右岸又被人们称之为"沙漠魔窟"，近几十年来，有数十个国家的勘探开发队伍铩羽而归。这里，长时间被复杂的地质条件和钻井技术瓶颈所困扰；这里，1929年开始钻探，成功率只有

土库曼斯坦的"地狱之门"

40%；这里，因盐水层井喷引起地层塌陷埋没钻机 2 台，因井喷烧毁钻机 1 台。

最著名的遗迹当属"地狱之门"——达尔瓦扎天然气坑洞，燃烧着全球最强的大火，从 1971 年发现至今，昼夜不停地燃烧。外人眼中的独特风景，实际上是钻井过程中发生地质坍塌事故留下的伤痕。距离火坑不远处，还有一个水坑和一个土坑。土库曼斯坦一个小小的村落便存在着三个巨大的坑，这里地质环境薄弱，容易发生崩塌，形成大坑。

不谋而合

"使者相望于道，商旅不绝于途。"中国同土库曼斯坦友谊源远流长，两国人民自古代"丝绸之路"时期就开始友好交往。

中土能源合作构想由来已久。

早在 1992 年，土库曼斯坦首任总统尼亚佐夫首次访问中国前，就提出建设中亚输气管道的构想，向中国出口天然气。

2000 年，中国石油就已开始筹划这一项目。此前，中国石油在帮助土库曼斯坦修复油井、深层钻探、油田改造等项目中，引入成熟技术，并取得不错的成绩。

中土天然气合作在 2002 年以后才打开局面。

2005 年 5 月 9 日，时任国家主席胡锦涛应邀出席在莫斯科举行的卫国战争胜利 60 周年纪念活动，在与土库曼斯坦总统尼亚佐夫双边会晤时，尼亚佐夫再次谈到修建一条天然气管道向中国出口天然气。

在天然气领域，土库曼斯坦和中国合作意愿强烈。一方是资源丰富的天然气大国，亟须多元化出口；一方是潜力巨大的消费市场，渴求清洁能源。在清洁能源的推动下，无论是国家还是石油企业都对天然气抱有极大的兴趣。

共同的梦想，共同的期盼。中土天然气合作项目在两国高层的关怀下，在国家相关部委和驻土库曼斯坦使馆的推动下，在中国石油的积极响应下，这一战略构想逐渐清晰。

2006 年 4 月 3 日，中国和土库曼斯坦两国元首在北京签署了《中华人民共和国政府和土库曼斯坦政府关于实施中土天然气管道项目和土库曼斯坦向中国出售天然气的总协议》，这成为新中国外交史上第一份由国家主席与外国元首共同签署的协议。

中国石油有关负责人表示，中土天然气合作，是中国与中亚国家之间开展天然气互利合作的重要组成部分。中亚天然气管道的规划和建设得到中亚国家的积极支持。

柳暗花明

合作谈判过程可谓"好事多磨"，土库曼斯坦总统尼亚佐夫于 2006 年年底去世，中土天然气合作的前景引起许多人的猜疑。特别是当土库曼斯坦、哈萨克斯坦、俄罗斯于 2007 年 5 月签署关于修建"沿里海天然气管道"的协议后，俄罗斯的许多媒体纷纷预言，中土天然气管道项目可能要被土方"束之高阁"。

众说纷纭之际，土库曼斯坦新任领袖别尔德穆哈梅多夫在 2007 年 7 月中旬访华前的一次国家委员会扩大会议上明确指出："中国不仅是土库曼斯坦对外合作关系史上的一个新伙伴，更是土库曼斯坦实现所有对外经济、政治战略最重要的航标和里程碑。"

2007 年 7 月 17 日，别尔德穆哈梅多夫访华期间，中土双方在北京正式签署《中土天然气购销协议》和《土库曼斯坦阿姆河右岸天然气产品分成合同》，标志着中土天然气合作进入实质阶段。

根据协议，中土天然气管道西起中亚最大河流之一的阿姆河之滨，穿过乌兹别克斯坦和哈萨克斯坦，从霍尔果斯进入中国，主干线总长超过 1 万千米。管道建成后，土库曼斯坦将在 30 年内每年向中国提供 300 亿立方米天然气。

合作能够从梦想走进现实，这背后充盈着强大的中国力量。

担当大任

从协议签订到开工投产，周期只有 18 个月。国务院在物色建设队伍时，把这项世纪工程交给了中国石油。

追溯历史，阿姆河项目是与中亚天然气管道紧密联系在一起的重要国际合作项目，而且是在中土两国领导人联合推动下诞生的。中国石油这个最大的海外天然气合作项目从设想到确定，前前后后近十年之久。十年中，每一个合同的签订，每一次重大的进展，都离不开党和国家的支持。

2007 年 8 月 10 日，中国石油在北京召开中亚天然气合作项目启动会，阿姆河天然气公司筹备组和中亚天然气管道公司筹备组同时成立。会议确定 2009 年年底要实现投产目标，除气田勘探开发外，还需要建设采气厂、天然气处理厂和外输天然气管线，与中亚天然气管道对接。

"我真心地希望，土库曼斯坦至中国的天然气管道能于 2009 年正式通气。"2007 年 8 月 29 日，土库曼斯坦领袖别尔德穆哈梅多夫在中土天然气合作项目开工庆典仪式上这样说。当天，别尔德穆哈梅多夫向中国石油负责人颁发《土库曼斯坦阿姆河右岸勘探开发许可证》等文件，并强调，"将此类文件授予外国公司，在土库曼斯坦历史上尚属首次。"

从这一天起，备受关注的中国石油海外最大规模的天然气勘探开发项目正式启动。

2007 年 9 月，中国石油阿姆河天然气公司成立，组建了以勘探开发研究院、川庆地质研究院、东方物探研究院等为主体的勘探开发研究机构，构建勘探开发一体化发展机制。

好消息一传开，中国石油沸腾了！远在四川盆地的川油人为之兴奋不已，非常渴望参与到这一伟大项目中来。

另辟蹊径

阿姆河项目公开招标的消息一发出，中国石油多家单位跃跃欲试，一场激烈角逐拉开序幕。四川油气田自然不甘示弱，要撸起袖子"大干一场"。

一举中标，绝非偶然。机会总是青睐那些有准备的人。当接到来自阿姆河公司的招标书时，四川油气田组建了以油田建设公司为主，CPE 西南分公司和物资总公司等单位共 140 余名精英参与的标书编写团队，负责土库曼斯坦阿姆河项目 EPCC 的投标。

改革重组，丝毫不影响这支团队的高效运转。

川庆钻探工程公司凭借数十年与天然气打交道的技术积淀，毫无悬念地中标钻修井等工程技术服务项目。关键时刻，四川油气田抓住了机遇。

在中国石油召开的论证会上，川庆油建公司用一套详细的方案、认真的态度打动甲方，获得宝贵的入场券。

为了抢占先机，他们另辟蹊径，一批人马在编写标书的时候，另一批人马已悄悄前往阿联酋迪拜进行市场摸底。

大家都心知肚明，2009 年年底要通气，只有提前干，谁也耽误不起。在投标会上，筹备组亮出"王牌"——一份优秀的市场调研摸底报告。就这样，四川油气田投标团队把其他竞争对手远远地甩在后面。

在阿姆河项目运作中，通过公开、公平的招投标程序和严格的审查，中国石油决定由川庆钻探工程公司为整个项目提供工程技术服务；西南油气田公司承担项目试运行及生产运行，物资公司负责工程物资采购，保证阿姆河项目一期工程按期投产和平稳运行。

从制作标书到投标，从谈判到中标，历时 100 余天。四川油气田勇敢地迈出海外天然气市场勘探开发的第一步。

前方道阻且长。四川油气田的底气从何而来? 能否跳出"地狱之门"的魔咒?

第二章　海外会战

数以千计的川油人，从巴山蜀水出发，关山万里，远赴卡拉库姆沙漠，先后建成三个百亿级大气田，为土库曼斯坦复兴丝绸之路注入强劲动力。

勇打头阵

在阿姆河右岸，四川油气田是以完整的油气田勘探开发一体化服务方式进入的，从地下到地面，几乎所有的业务均有涉及。

2007 年 9 月，中国石油对四川石油管理局作出重要批示："要承担起土库曼斯坦天然气勘探、钻井、工程建设等诸方面的任务，成为涉外天然气业务合作发展的主力军。"

中国石油高层的信任给四川石油人强有力的鼓舞和支持，为能源合作作贡献的使命感油然而生。

在阿姆河项目动员大会上，时任四川石油管理局的局长胥永杰掷地有声："举全局之力奉命奔赴土库曼斯坦，我们的目标是在阿姆河项目施工中，决不报废一口井、不发生一次井喷事故、不发生伤害事故。"

阿姆河项目是中国石油在土库曼斯坦的"第一枪"，能否顺利打响直接影响中土两国的合作。

壮观震撼的集装箱堆场

2007 年起，四川石油管理局开始进驻阿姆河右岸，承担阿姆河右岸钻修井一体化服务、地面工程建设处理厂 EPCC 项目、南约洛坦气田钻井总包服务等项目。这一切，对四川石油管理局来说，是首次，对中国石油来说，也是首次。

2008 年 2 月，中国石油对四川石油管理局的资产和业务实施持续整合，成立川庆钻探工程公司。

2008 年施工高峰期，川庆钻探工程公司所属二级单位有 20 多家参与项目，参建的中方、土方员工总数达 9000 多人。

要让这个庞大的系统运转起来，在最短时间内驶入"快车道"，无时无刻不在考验着管理者的智慧和胆略。

在项目运行中，该公司大胆探索"强强联合"的 EPCC 总承包及劳务分包模式，做到了工程效率最大化。简单地说，这一模式把川庆钻探工程公司旗下所有参与阿姆河右岸开发建设的兄弟单位统统纳入川庆钻探土库曼斯坦分公司的"怀抱"，这个公司就像"母亲"一样，负责所有参战队伍的衣食住行，解决他们的后顾之忧，安排他们的每日行程。

各路人马打破行业边界和壁垒，团结协作、资源共享，目标只有一个，那就是项目必须在 2009 年年底建成投产。

粮草先行

当地物资匮乏的程度超出人的想象，阿姆河右岸和"复兴"气田（南约洛坦项目）是世界上钻井难度最大的地区之一，在土库曼斯坦施工的社会依托又极其贫乏，小到一颗螺丝钉，大到施工机械设备，都要完全依赖进口。

"所有物资都要从外面过去，从国内托运的车皮到了阿拉山口必须换轨，我们的物资都积压在那里，无法动弹。清关量非常大，我们的人在那里几乎是不分昼夜地奔忙。我记忆最深刻的是，前线打来电话问咸菜到没到？说其他东西都可以等一等，一个月一车皮咸菜不能等，兄弟们没菜吃，都受不了啦。"川庆钻探工程公司生产运行处处长无比感慨。

从阿拉山口拉过去的车皮直奔距离土库曼斯坦纳巴特最近的法拉普火车站，"那里也是盛况空前"，西南油气田公司物资分公司总经理说，"等待卸货的车辆排成长龙，全是我们的物资，下货的工人们一人带几个馕饼，一瓶水，一干就是一天。初期人少，全是一个顶几个用，累得人都变形了！"

胥永杰对当时的情景也是记忆犹新："为了快点开工，所有人都不顾一切地忙着下物资，我们的员工都是好样的，不简单不容易！"

经计算，仅项目的物资动迁量就相当于法拉普火车站15年累计卸货量的总和。

他们在国内设立了11个物资堆货发运场，国外依托5个国家的货物中转站，建立"陆海空"运输体系，突破因采购、运输、清关造成的瓶颈，形成货物转关、通关、验货、转运、清关"一条龙"服务。

在这样艰苦的环境下，员工们始终保持着旺盛的斗志和必胜的信念迎接着各种困难和挑战。

重达470吨的吸收塔到达土库曼斯坦现场

一个基层项目经理，第一次上土库曼斯坦时，一个人携带三百多斤重的配件。从成都到乌鲁木齐，从乌鲁木齐到阿什哈巴德，再到土库曼斯坦纳巴特，推着笨重的配件一次又一次转机，他没有一丝怨言，因为他心里只有一个愿望，尽快赶到工地，让机器早一天运转起来。

现场紧缺的还有绿叶蔬菜。在国内司空见惯的寻常之物，在浩瀚无垠的沙漠里却成为遥不可及的"奢侈品"。

土库曼斯坦蔬菜品种单调、产量极低，几乎无绿叶蔬菜。员工们喝着昂贵的矿泉水，啃着干涩的馕饼，嚼着少量的"土菜"充饥。时间长了，不少员工出现头发脱落、指甲翻卷、两腿抽筋等沙漠病症。

"蔬菜，蔬菜，蔬菜嗬！"现场负责人梦里都是一片绿油油的菜园子。

穷则思变。他们居然异想天开地要在沙漠里搞大棚蔬菜。公司租用了苏联修建的具有 30 年历史的玻璃温室，特从国内邀请 4 名农业技术专家负责种植，引进黄金小白菜、莴笋、上海青、无筋四季豆等 18 个国内优良蔬菜品种。

那片梦境里的菜园子在现实的荒漠里成功地萌芽，而后蓬勃生长，直至碧绿成野。大量绿色蔬菜供应给阿姆河天然气公司各驻地和川庆钻探工程公司各堆场、各钻井队，成为员工们餐桌上、饭盒里诱人的绿色菜肴。

征服"钻井禁区"

在阿姆河右岸和"复兴"气田，地质结构复杂，高温、高压、高含硫，地表和气候环境恶劣，给前期勘探直至后期开发带来极大困难。

此前，多家国外钻井公司在项目区域内已经进行过大量钻探工作，但事故频繁，有三分之二的井以报废告终。报废的井中，因盐膏层卡钻、井喷等工程事故报废的占一半，其中井喷造成地层塌陷淹没或烧毁钻机的井有 3 口。已完成的井周期都长，最长达三年。

几十年来，阿姆河右岸，让数十个国家天然气勘探开发者望而却步。

土库曼斯坦钻井的"世界级难题"，检验着西南油气田的技术实力。

2008 年 5 月 20 日，阿姆河巴格德雷合同区域萨曼杰佩气田第一口井萨53-1 井开钻。这是川庆钻探工程公司承担的第一口井，备受各方关注。

川庆钻探工程公司成立攻关技术小组，结合在川渝地区"三高"气田、塔里木油田高压盐膏层钻井中所取得的经验，历经 98 天，第一口井成功完钻，岩心收获率达到 95%，创造阿姆河右岸地区最高取心收获率。

在接下来的钻井中，口口井打得快，最快的一口井 34 天完钻。

一位在外国钻井公司工作过的土库曼斯坦人用"惊叹"二字表达对中国人

沙漠中的钻井队

的敬意:"以前,我所在的钻井队在 6 年时间里打了 5 口井,但有 3 口报废,1 口井喷失控。而你们居然在 7 个月里,就成功打了 3 口井,太令人惊叹了!"

在"复兴"气田区域,川庆钻探工程公司签下的第一单工程"2+10",也就是首先完成土库曼斯坦钻井队没有打完的 2 口井,然后才交给 10 口井的钻探任务。目的明确,就是想看看他们的实力。

为攻克盐膏层段高温、高压、高含硫的钻井难题,工程技术人员干脆把实验室搬到井场,经过 200 多个昼夜细心观察研究,在钻进中总结出一套成功经验,有效地攻克卡、漏、喷难题,他们一举拿下这两口井,并安全顺利完钻,成功获得另外 10 口井总包钻井合同。

接下来的钻井过程并不是一帆风顺。有人形象地把在土库曼斯坦打井形容为"在刀尖上起舞,在烈焰中欢歌"。

2009 年 1 月 12 日夜,CCDC—08 钻井队员工遭遇惊心动魄的 24 小时。当时寒风裹挟着雪花和风沙在沙漠上肆无忌惮地狂扫,南约洛坦 16 井钻进时发生溢流,井下情况异常复杂。危急关头,现场专家作出决定:带钻具抢装封井器。

顿时,所有中方员工都齐刷刷地聚集到井场,平台副经理梁新桥带着第一抢险组冲上去,汹涌的钻井液从井口喷出,洒满了抢险队员的工装,顷刻间工装又变成乌黑的冰盔甲，仅有的几件棉衣轮换不下来，队员的脸冻得青一块、紫一块，但没有人退缩。

由于害怕站不稳，大家不停地活动着僵直的两腿，就这样一小时一轮换，直到第二天深夜，抢装封井器压井成功，参加抢险的队员们都瘫坐在地上。

在世界级、高难度的勘探区域，他们一次次地突破技术瓶颈，形成 7 项钻井工艺配套技术，创造 9 项钻井新纪录。

2007 年伊始，在阿姆河右岸以及"复兴"气田，川庆钻探工程公司手握制服"三高"气田的撒手锏，打破了土库曼斯坦钻井的神秘"禁区"。百分之百的钻井成功率，让土库曼斯坦政府、国际油气公司重新认识了中国石油的钻井技术，川庆钻探工程公司成为现今土库曼斯坦市场难以替代的优秀钻井服务商。

英雄建设者

川庆钻探工程公司跑出钻井"加速度"，勘探的巨大成功，直接拉动了轰轰烈烈的地面建设。

2008 年 4 月，在成都华阳，首批出征的 150 名川庆油建公司将士庄严誓师，背上行囊，义无反顾地踏上前往土库曼斯坦的漫漫征程。

巴格德雷，土库曼斯坦语的意思是"幸福之地"。2008 年 6 月 27 日，这块幸福的土地上到处洋溢着喜庆——阿姆河天然气项目巴格德雷合同区第一天然气

建设中的阿姆河第一天然气处理厂

处理厂建设奠基仪式在此举行，上千名项目建设者和当地群众见证了这一重要时刻。第一天然气处理厂将是中亚天然气管道的起点和主要气源地。

至此，中土天然气合作进入实质性工程建设阶段。

当项目开工时，建设者们面临的险恶自然条件超出他们的想象——"交通基本靠走、通信基本靠吼、交流基本靠手、保障基本没有"——有人如此自嘲。

"一到夏天和冬天，沙漠里就会变得死气沉沉了。夏天，沙漠里酷热难耐，鸟兽们找不到东西吃；冬天，沙漠里却又冷得难以忍受，动物们不得不远走他乡，离开这难以生存的地方。"这是网友对卡拉库姆沙漠的一段描写。

毒蛇、毒蝎、毒蜘蛛、毒蚊时有出没，建设者们经受着严峻的考验。

最大的困难还不止于此。为了保证管道按时通气，阿姆河右岸项目一期工程 28 座井场、90 千米集输干线及第一处理厂等多项系统工程都必须在 18 个月里完成，实现年生产商品天然气 50 亿立方米，该工程建设速度达到同类气田产能建设的极限速度。

2008 年 8 月 28 日，时任国家主席胡锦涛访问土库曼斯坦，在阿什哈巴德机场，亲切慰问了欢迎队列里在土库曼斯坦工作中的 20 余名中国石油员工。

20 天后，别尔德穆哈梅多夫总统来到建设中的第一天然气处理厂查看建设情况，并希望处理厂早日建成投产。

在工程建设攻坚阶段，两国元首的亲切关怀，带给中土两国石油人巨大的鼓舞和奋进的力量。

在土籍司机巴哈眼里，川庆油建公司土库曼斯坦项目经理汪国林是个工作狂，工作上从不分白天黑夜。

在工程最紧张的时期，他经常工作到凌晨两三点，一天只休息几个小时。为解决胺液吸收塔的组对焊接，他和其他技术人员连续奋战几个昼夜，编制出科学的施工方案，实现大型厚壁压力容器在现场的焊接组装，缩短工期 20 天。在他的带领下，参战员工齐心奋战，按约定时间，高效建成阿姆河第一天然气处理厂，在当时国际上同类工程建设至少需要 3 年，创造了工程建设的奇迹。

2008 年 12 月 16 日，有着 25 年光荣历史的川庆钻探工程公司油建公司女子焊工班，参加到阿姆河第一天然气处理厂项目建设中。她们接到的首个重任

2009 年 2 月 27 日，阿姆河第一天然气处理厂经过 17 个月的建设，获得"最终验收合格证书"

是焊接处理厂的 9 个大型储罐，她们每天凌晨五点半起床，晚上工作到八九点才收工。平均每人每天要焊掉 8 千克焊条，焊缝长度超过 120 米，创造人均每日焊掉 15 千克焊条的纪录。在巴格德雷近一年时间里，女子焊工班和储罐制安队共完成 25 座储罐的制安工作，参与 4 座氨液吸收塔、4 座氨液再生塔的焊接，焊口一次合格率达到 98%。她们还成了土籍员工的"洋教练"，全班先后带出 60 多个"洋徒弟"。她们被人们赞誉为阿姆河畔绚丽的"石油焊花"。

第一天然气处理厂在浩瀚的卡拉库姆沙漠腹地拔地而起，将西方石油公司认为不可能实现的目标变为沙漠中的现代工业"美景"，成为象征中土两国友谊、代表中国石油实力的标志性建筑。

这些成绩的取得，是川油人用行动践行"艰苦奋斗、求实创新"的川油精神的结晶。可以说，川油人正是怀揣着"我为祖国献石油"的宏图大志，将"苦干实干""三老四严"为核心的石油精神在异国他乡发扬光大，才能不断创造工程建设的新高度和新速度，被土库曼斯坦总统赞誉为"英雄般的建设者"。

三方合作

紧随其后，西南油气田公司按下试运投产的"快进键"。

2008 年 9 月 20 日，土库曼斯坦巴格德雷合同区天然气生产服务合同在成都正式签署。阿姆河天然气公司总经理、西南油气田公司总经理分别代表合作的甲乙双方在合同上签字。

阿姆河右岸天然气勘探开发项目是中土两国在能源领域合作的重大项目，也是中国石油迄今为止最大规模的境外天然气勘探开发合作项目。阿姆河右岸区块位于土库曼斯坦东部，合同区分为 A、B 两个区块。

阿姆河天然气公司拥有土库曼斯坦阿姆河右岸丰富的天然气资源，与西南油气田公司合作，将在生产、人才、技术上得到大力支持，从而保证公司能够顺利投产并向外输送天然气，成为我国西气东输稳定的气源地，对于改善国家能源结构、减少环境污染具有重要意义。

在签字仪式上，阿姆河天然气公司总经理表示，和西南油气田公司结盟，更好地发挥中国石油整体优势，解决当地相关专业人员短缺问题，充分利用西南油气田公司人才技术优势，更好地服务于海外，共创中国石油一流品牌，完成历史赋予的神圣使命。

不谋全局者，不足谋一域。此次合作，西南油气田公司和川庆钻探工程公司一起成立了四川油气田阿姆河右岸项目联合领导小组，树立"四川油气田一盘棋"思想，创新海外油气开发新机制，保质保量完成任务，争取早日向祖国输气。

根据《阿姆河右岸项目产品分成协议》及中土两国首脑确定的目标：

2009 年年底建成第一天然气处理厂，实现投产供气 30 亿立方米；

2014 年年底建设完成第二天然气处理厂，届时整个项目实现年供气 130 亿立方米。

该项目所生产的天然气和外购气是中国西气东输二线的主供气源，将通过规划实施的中亚天然气管道输向中国。

踏上征程

一个是国内综合配套最齐全、技术最先进的天然气净化厂，一个是四川盆地东部地区专业化天然气生产单位。当仁不让，重庆天然气净化总厂、重庆气矿两家单位成为西南油气田公司派往阿姆河天然气项目负责生产运行的主力军。

要去土库曼斯坦开采天然气的消息，犹如一枚巨石砸进平静的湖面，激荡起澎湃不息的浪花。

到万里之外的荒漠去工作，对重庆气矿绝大多数人来说都是头一遭。那里环境如何？人身安全有保障吗？薪酬待遇多少？这是当时很多人关注的焦点。

有人雄心壮志，有人观望犹豫，有人打退堂鼓……

时任重庆气矿开发科科长李德树被指派为项目筹备负责人，他说："敲定首批 33 名人员，很是下了一番功夫的。重庆气矿领导班子高度重视，人事科大力支持，我们根据项目需求先初步筛选出人员名单，逐一摸排家庭情况，进行宣传和动员。"

有了人力资源保障，李德树心中有了底气，接下来的事情就顺利多了。

2008 年 11 月 10 日，重庆气矿土库曼斯坦阿姆河右岸生产管理项目部成立，对口支持土库曼斯坦天然气投产运行项目，是西南油气田公司二级单位中率先成立机构建制的单位。

15 天后，重庆气矿阿姆河右岸项目工作启动会在垫江采气技能培训基地召开。会后，立即启动俄语及专业技术培训。

垫江培训基地，一群人卷着舌头，憋红着脸，在四川外语学院一位女教师的领读下，一板一眼地学俄语；投产方案集中编制交替进行，场面热火朝天。所有人，都被这个宏伟目标燃烧得热血沸腾。他们开启人生中多个第一次：第一次学习俄语，第一次接触海外天然气开发项目，第一次出国工作……

重庆净化总厂副厂长喻泽汉和新晋重庆气矿副矿长李德树作为各家单位海外项目负责人，开始分头行动起来。

2008 年 12 月，西南油气田公司首次派出 11 名天然气开发和净化专家全面介入阿姆河右岸天然气生产建设和运行管理。彼时，他们刚学会 33 个俄语字母发音，因为工作需要，就急急忙忙赶往土库曼斯坦。

临行前，西南油气田公司主要领导找喻泽汉、李德树进行了一次语重心长的谈话，勉励他们："你们带着队伍好好干，一定要为国争光，为民族争气，公司永远是你们坚强的后盾。"

这句话成为激励喻泽汉、李德树带好队伍打好硬仗的精神法宝。

A 区首战告捷

从巴蜀大地到戈壁大漠，横跨大半个中亚，他们来到异国他乡的阿姆河右岸，追寻着那一抹耀眼的蓝色亮光。

喻泽汉和李德树既是首批上项目人员，又是天然气净化作业、采气领域各自的带头人。他们高擎产业报国的时代大旗，让"我为祖国献石油"的崇高理想在茫茫沙漠里熠熠生辉。

一进入施工场地，热火朝天的劳动场景令他们振奋：辽阔无边的沙漠里，上百辆工程机械正在紧张作业，挖掘机、推土机的轰鸣声震耳欲聋，重型卡车来回穿梭荡起滚滚沙尘。凛冽寒风中，"中土友谊长存"的旗帜猎猎作响，场面极为震撼。

阿姆河右岸A区块包括萨曼杰佩、麦捷让、亚希尔杰佩、根基别克4个气田，萨曼杰佩气田是阿姆河右岸最大的整装气田，也是合同区块内唯一投入开发过的气田。气田于1960年发现，1986年苏联开始投入开发，1993年4月关井封存。

项目难度系数远超预期，面临"五难"：安全风险高、资源国成熟的员工紧缺、资源国生产后勤保障匮乏、气候环境恶劣、资源国政策多变。

投产目标已定，势必达成！喻泽汉和李德树心里都明白，要如期拿下这个"硬指标"，必须"智慧加拼命"。

不以事艰而不为，不以任重而退缩。西南油气田公司海外团队采取"四化"措施积极应对"五难"，即生产工艺数字化、生产组织扁平化、生产管理国际化、员工培训本土化，做到项目在非常规情况下的高速运转，保证了各阶段目标100%实现。

西南油气田公司强大的综合实力为海外团队施展拳脚提供核心支撑，建立人力、技术、培训、后勤四大支撑体系，并反哺到海外业务上，真正体现了中国石油一体化发展的比较优势。

西南油气田公司派出的海外团队，真正践行了听党话，跟党走，用实际行动，践行国家能源安全之盼之忧，体现央企的职责和担当。

项目初期，人手异常紧张，海外员工几乎都是在"跨岗复合、一人多岗、一岗多能"的管理模式下成长起来的，"白加黑""五加二"成为工作常态。

阿姆河第一采气厂的第二任厂长肖启强，最初到项目主要负责中亚天然气管道境外首站净化气外输站的投运工作。站上四台索拉离心式压缩机组，德国现代化大设备，单机吞吐量达 2000 万立方米，以前在国内没有接触过。肖启强带领谢强等 10 多个人，"头顶一片烈日，鼻呼一口黄沙，脚踏一片黄土"，历时 4 个月的刻苦钻研，他们终于掌握压缩机起停操作程序，熟记各种参数，保证外输站一次性安全、顺利投产。

时任阿姆河 A 区采气厂副厂长符兆荣对此深有感悟，他的工作笔记中，清晰地记录着在海外工作期间解决的各类生产疑难问题 50 余项。他主抓项目现场生产和技术管理，组织建立起 A 区采气厂完整的操作管理体系，亲历现场数个险情处置场景。他引以为傲的是，由于投产前的培训及时到位，员工处理突发险情时临危不乱，特别是在"12·31"站控系统失控事件中得到充分检验。

阿姆河第一采气厂厂长的廖松柏，已是一名具有 10 多年海龄的"老海外"。初上项目时，他一口地地道道的四川话，现在俄语讲得"溜得很"，可以"手舞足蹈"地和土方员工交流，是土方员工信任的"Boss"。

天然气研究院的女技术干部夏俊玲，在没有翻译的情况下，带领一帮"土国女工"，撑起一间三个区块共用的现代化化验室，培养出一支土方认可的技术学得最快并引以为豪的土方化验团队。

2009 年 12 月 1 日，阿姆河右岸第一天然气处理厂竣工投产

他们冒着严寒酷暑，奔波于各个井场和建设工地，在高强度的工作压力下连续奋战半年之久，与各参建单位通力协作破困局，实现阿姆河 A 区内输系统、处理厂四列装置全部实现一次性投运成功，保证四国元首庆典万无一失。

终于，他们迎来了这神圣而光荣的日子！

从土库曼斯坦纳巴特到阿姆河第一处理厂的 70 多千米的道路两旁，站满数十万民众，他们挥舞着旗帜，载歌载舞，热烈欢迎四国元首的到来。

2009 年 12 月 14 日，土库曼斯坦阿姆河右岸，四国旗帜飘扬，天空晴朗高远。中国、土库曼斯坦、哈萨克斯坦、乌兹别克斯坦四国元首在土库曼斯坦巴格德雷合同区阿姆河第一天然气处理厂共同转动通气阀门，一期工程顺利投产，正式向中国供气。

四国元首同启投产阀门，在中国石油工业发展史上属于首次。

蓝天丽日之下，"蓝金"涌动。中土员工在通气那一刻热情相拥，他们盼望这一刻已经太久了！

投产仪式上，土库曼斯坦总统别尔德穆哈梅多夫称该项目为"土国对外开放合作的典范"，并盛赞中国石油队伍为"英雄般的建设者"。

作为项目的亲历者，喻泽汉和李德树都在现场见证了这一伟大历史时刻，激动、紧张、幸运，多重情绪交织，更多的则是自豪。

中土建设者们翘首以待四国元首的到来

喻泽汉和李德树带领团队以出色的表现为西南油气田赢得美誉，蜚声土库曼斯坦。

在土库曼斯坦工作长达 7 年的喻泽汉，带领海外员工先后实施第一处理厂改建扩能 65 亿立方米改造、80 亿立方米改造，实现处理能力大幅提升，创造出第一处理厂生产规模突破 80 亿立方米的骄人成绩，他还获得土库曼斯坦总统授予的杰出贡献奖。

2012 年 4 月，李德树调任四川石油管理局土库曼斯坦分公司总经理，负责西南油气田公司设立在土库曼斯坦的商务平台管理。在这个全新的战场上，他带领团队再次打了一个漂亮仗，先后完成阿姆河右岸、南约洛坦的试运投产以及土方人员到中国技能培训项目等 8 个技术服务项目，天然气研究院高效缓蚀剂等 25 个国际贸易项目，各个项目均获得业主好评。

阿姆河项目一期工程首战告捷，具有里程碑意义，证明中国石油有能力和智慧建设和运营世界一流高含硫气田。阿姆河生产运行总承包管理模式，为南约洛坦项目、阿姆河二期工程投产提供了示范和借鉴作用。

B 区快速投产

2014 年 5 月 7 日，随着土库曼斯坦总统别尔德穆哈梅多夫在中控室指挥屏上按下启动键，中国石油土库曼斯坦巴格德雷合同区第二天然气处理厂（阿姆河 B 区）竣工投产，为中亚天然气管道增加又一个新气源。

土库曼斯坦总统别尔德穆哈梅多夫在致辞中给予高度评价：第二处理厂的投产，是土中合作取得成就的具体体现。中国石油在土库曼斯坦实施的这些大型项目广泛应用先进设备和最新科技成果，达到世界一流环保标准。

阿姆河二期工程的成功投产，将中土双边能源安全合作提高到新高度。

2012 年 5 月，时任重庆气矿副矿长、阿姆河 B 区采气厂厂长的张向阳只身前往阿姆河右岸，先期参与 A 区 65 亿立方米扩能改造项目建设，学习借鉴 A 区管理模式。

阿姆河 B 区块气田分布广，开采难度大，风险系数更高。

他一边参与现场投产准备，同时与尚在国内待签的 B 区储备人员形成"空中联动"办公。组织机构策划、土方员工储备和技术培训、投产方案、中方员工动迁等大量前期工作都是在这期间完成的。

2013 年年底，西南油气田公司组织的开工部人员到达现场开展投产工作。

这支特殊的队伍，全部抽调的精兵强将，主要负责新井试运投产工作。投产任务完成后，他们就返回国内，不再上项目。

同时，A区向B区输送18名土方骨干，支持新区的投产建设。

在土库曼斯坦进行天然气勘探开发，困难和挑战无时不在。跨区块去检查、投产、巡查等工作，要通过营地批、边防审好几个关口，手续繁杂且审核严格。不同合同主体，中方人员不能交叉，这一点跟国内搞天然气开发有着本质的不同。西南油气田公司海外团队以"化整为零"方式，力保B区、"复兴"气田一期项目同时开工投产。

2014年3月，阿姆河A区的外输增压站移交B区管理。

阿姆河B区实现最短时间、最少投运人员安全首气成功，创造土库曼斯坦大型天然气处理厂安全平稳投运的新纪录。2014年4月13日，阿姆河右岸B区处理厂第三列装置一次性投运成功；4月30日，第二列、第四列装置进原料气；5月7日举行庆典仪式。

至此，中国石油在土库曼斯坦成功建成阿姆河A区、阿姆河B区、"复兴"气田一期（2013年投产）三大项目。

2016年6月，张向阳离开项目。

投产两年后，阿姆河B区中部大部分气田出现地层水，他的得力干将王明泉接过接力棒，在长期跟气田水处理作斗争的同时，先后开展南霍集气站及5口单井建成投运，东部气田一期、二期共计1座预处理厂4座集气站18口单井建成投运，实现B区持续稳产目标。

复兴气田

土库曼斯坦的小城马雷（旧称梅尔夫），地处戈壁荒漠之中，市东30千米处便是古丝绸之路名城梅尔夫的遗址。

昔日辉煌的梅尔夫，随着古丝绸之路的没落而烟消云散。1968年，马雷州所在的卡拉库姆沙漠发现了天然气储量惊人的南约洛坦气田群，后被统一命名为复兴气田。丝路重镇马雷被赋予了新的历史使命。

复兴气田系南约洛坦—奥斯曼、米拉尔、亚什拉尔气田的合称，最大储量值超过26万亿立方米，是中土天然气合作重要气源地。土库曼斯坦复兴古丝

南约洛坦一期 100 亿立方米天然气处理厂

绸之路的想法与习近平主席出访中亚期间提出的"丝绸之路经济带"不谋而合，两国人民都期盼着复兴。

复兴气田承载着中土两国人民以合作促发展的真诚愿望。

这片沉寂多年的中亚沙漠腹地，因为天然气的勘探开发，重焕勃勃生机。如今，广袤大地成为火热工厂，一座座钻塔巍然耸立、一条条管道蜿蜒伸展。

复兴气田南约洛坦 100 亿立方米项目是川庆钻探工程公司独立承担的中国石油海外油气建设史上最大的 EPC 总承包项目。压力更大的是，在签署合同的同一天，土库曼斯坦政府还向其他两个著名国际石油公司授出两份几乎相似的合同。

复兴气田一期三个年产能 100 亿立方米的建设工程同时开建，与国际石油巨头同台竞技，考验着四川油气田国际化经营能力和综合实力。

2010 年 8 月，项目启动。西南油气田发挥产业链完整的一体化服务优势，运用"六高"（高产、高压、高温、高含硫化氢、高含二氧化碳、高含氯离子）气田勘探开发特色技术，集中精干力量，调集精良设备，全力投入南约洛坦项目，同时聘请国际知名监理公司全面监控施工进度和质量。

经过一万多名中土参建员工三年多的艰苦努力和顽强拼搏，合同中约定的 22 口井全部顺利完钻，口口成功，让人扬眉吐气。土库曼斯坦政府和油气界同行竖起了大拇指："这是真正的世界级水平！"

2013 年 6 月 18 日，地面工程实现机械完工，安全优质高效完成工程建设任务。

西南油气田公司承担一期 100 亿立方米项目 22 口单井、2 座预处理厂、1 座天然气处理厂的试运投产工作。

2012 年 11 月，山城重庆。一支采气队伍，一支净化队伍，齐赴土库曼斯坦。

时任重庆气矿副矿长、南约洛坦生产运行项目部副经理、采气厂厂长胡昌权带着队伍风尘仆仆抵达南约洛坦气田时，实际情况比他想象的更糟糕，"六高"复杂气田和沙漠高温干旱的恶劣气候，给南约洛坦气田天然气开产带来了极大困难。他不由深吸一口凉气："兄弟们，不乐观啊，咱们要啃'硬骨头'了哦。"

"复兴气田项目承载着中土两国的民族复兴梦，我们必须全力以赴。"胡昌权说。在异常紧迫的工期下，要按期投产，各种压力、错综复杂的难题，排山倒海般袭来。

面对井口温度过高引起的管线位移，阀门、设备抬升等棘手问题，他们绞尽脑汁想办法，分而治之，逐个击破。

投产外输管道时，他们和国外一家公司承担的另外一个 100 亿立方米项目同时进行清管作业，对方的清管球找好几天都没有找到，而西南油气田公司海外团队的计算时间与实际收球时间只相差 2 分钟。土方同行非常惊讶，对中国石油人刮目相看，中国企业再一次在海外赢得了尊严和信任。

2013 年 8 月 21 日，复兴气田 3 口单井开井，原料天然气进入第二预处理厂和天然气处理厂第一列装置安全试投运。8 月 22 日，天然气处理厂输出合格产品气，标志着复兴气田首气投运成功。

为确保投产庆典仪式万无一失，他们每一天都在工区忙碌着、奔跑着……

激动人心的时刻来临了！

2013 年 9 月 4 日上午，习近平主席同别尔德穆哈梅多夫总统专程来到这里，共同出席复兴气田一期工程竣工投产仪式。

两国元首依次触摸水晶球，大屏幕上两国地图闪烁，连接两个水晶球的白色导管逐渐变蓝，窗外高耸入云的放空火炬跳跃出红色火焰，象征着中土又一条重要天然气管道正式通气。

"习近平主席一行从马雷州机场到复兴气田 1 个多小时的车程，沿途近 10 万民众身着节日盛装夹道欢迎。"胡昌权绘声绘色地描述了这一场景，"两国元首抵达气田时，中国石油组成的方队格外醒目，我们挥舞着旗帜，呼喊着口号，以最饱满的精神状态接受检阅。"

习近平主席在致辞中指出，从中国—中亚天然气管道建成运营，到阿姆河右岸气田产能不断增大，再到今天复兴气田一期工程成功投产，短短几年内，中土能源合作实现了跨越式发展，取得令世人瞩目的辉煌成就。我衷心祝愿中土关系和两国发展振兴事业能像"复兴"的美好寓意一样，蒸蒸日上，枝繁叶茂，不断取得新成就。

庆典大厅内，不时响起雷鸣般掌声。胡昌权坐在第三排，他怀着无比激动和自豪的心情目睹了这一盛况。

多年后，回忆起这段艰苦的奋斗岁月，他用抑扬顿挫的声调说："这是所有参与复兴 气田项目的川油人的高光时刻。"

第三章　沙海筑梦

大漠孤烟直，长河落日圆。一批又一批川油人以"赛马的速度"，在土库曼斯坦开始了一场漫长的接力跑，一棒接着一棒，前赴后继，矢志不渝。

他们肩负使命，只为温暖祖国的每一座城市；他们拼搏奉献，只为守护祖国的绿水青山。

他的故事

曾任西南油气田公司副总经理钱治家在土库曼斯坦工作的经历，注定成为传奇。

两次由中国国家主席亲自参加的投产庆典仪式，他都在现场，并近距离地目睹了全过程。

第一次是在 A 区投产的中控室，他受到了胡锦涛主席的接见；第二次是在复兴气田投产庆典上，他近距离地聆听了习近平主席的讲话，内心激动不已。

他第一次动迁土库曼斯坦的经历充满戏剧性，见证"让飞机掉头"的神奇。2009 年 12 月 12 日从成都出发，由于乌鲁木齐当天没有航班飞成都，他和川庆钻探工程公司一位同志在成都双流机场候机一通宵。后来经过多方协调，南方航空掉头飞往成都双流机场专程来接他们。经乌鲁木齐出境抵达土库曼斯坦首都阿什哈巴德，再换乘飞机，落地土库曼斯坦纳巴特，一刻不得闲，赶往阿姆河右岸参加投产庆典。

第三天便是中国—中亚天然气管道通气仪式的日子。时任西南油气田公司总经理李鹭光、HSE 总监师春元、总经理助理钱治家被安排在第一天然气处理厂中控室值守。

在天然气管道通气仪式上，四国元首发表致辞。中、土、哈、乌四国的项目负责人通过视频向四国元首报告通气就绪，四国元首在管道通气仪式阀门处启动了阀门。

令钱治家激动万分的是，胡锦涛主席竟然来到了调度室，并与在场的工作人员一一握手表示祝贺。

12 月 15 日，钱治家接到通知，让他马上启程赶回成都参加公司副总经理职位竞聘，12 月 16 日下午做竞聘报告。不到一周时间，相当于飞一个来回。

由于时间仓促，在土库曼斯坦首都飞往北京的飞机上，他在笔记本上一字一句地赶写竞聘报告。16 日 13 时，飞机落地成都，赶到会场时，参会人员全部到齐了，钱治家直接抱着笔记本去台上作竞聘报告。他的文字真挚质朴，时而慷慨陈词，时而娓娓道来，全谈的是这一路来的感受与选择。他说："选择油气没有错，选择正确的事是幸事。"他的报告富有诗情画意，又豪情满怀。这份报告不拘一格，令人耳目一新，引发共鸣，获得经久不息的掌声。

几天后，钱治家又回到阿姆河，开启个人职业生涯中不平凡的五年。

阿姆河 A 区、阿姆河 B 区和复兴气田三个百亿级区块，都留下了他辛勤的汗水和奋斗的足迹。

在他痛风发作期间，正值复兴气田和阿姆河 B 区项目交叉投运的窗口期，他拖着病体，每天乘坐汽车奔波好几百公里去工区，汽车每颠簸一下，他都感到疼痛难忍。很多员工都看到过钱治家头顶烈日在工区一瘸一拐忙碌奔走的身影。

最让钱治家难忘的是，复兴气田一期工程竣工投产结束后，习近平主席接见了中资企业代表和驻外机构。钱治家说："习主席一直站着讲了40多分钟的话，讲的都是党的十八大以来的治国方略。"让钱治家印象十分深刻的还有，习近平主席对中土能源合作高度重视。他认为："中土能源合作项目为'一带一路'打下了坚实的政治、经济和外交基础，这个项目是'一带一路'上最亮的一颗明珠，是中土能源合作的一个伟大缩影。"

钱治家是一个富有亲和力的人，唯独在安全方面，他跟甲方、土方最不讲情面，寸步不让。中土融合中，逐渐与土方形成一个共识，讲安全是对气田负责，更是对土库曼斯坦负责。

土库曼斯坦"沙漠魔窟"之名绝不是虚传，其世界级难度系数，在阿姆河右岸、南约洛坦几个气田得到集中体现。他经常激励海外员工："最大的挑战莫过于此，以后咱走哪儿搞天然气开发都信心百倍的。"

经过多年辛勤耕耘，阿姆河右岸气田运行管理日趋稳定，复兴气田一期项目也于2014年6月安全移交资源国，钱治家时刻悬着的心终于放下，他服从组织安排回国工作，又一次踏上新的征程。

诗和远方

2008年年底，初上海外项目时，李明国不过30出头，风华正茂、意气风发。他和另外两名同事作为重庆气矿海外团队的先遣代表，从重庆启程，横跨大半个中亚，飞机换了三程，最后改乘汽车，一路辗转，马不停蹄奔向神秘的卡拉库姆沙漠。

中土天然气合作项目位于卡拉库姆沙漠腹地，这里除了沙漠，还是沙漠。上百辆大型挖掘机和铲车正在开挖场地，沙尘被深深铲起，又被重重抛洒，一面"中土友谊长存"的旗帜在风中猎猎作响。

语言关、环境关、融合关，是摆在他们眼前的一座座大山，需要一步一步去征服。

李明国和队友们在阿姆河右岸一个废弃的处理厂旧址，白手起家。他白天跑现场，晚上窝在集装箱的宿舍里学习俄语，没有桌椅，身高1.88米的他拿脸盆倒扣当板凳，以床为桌，弓着腰，忘我地学习到深夜，有时通宵达旦，累了就趴一下，亦然乐在其中。

项目早期，净化水厂还没有建立，水中盐碱含量高，长期饮用，很多人出现指甲翻卷、头发脱落、肾结石现象。沙漠里毒蛇、毒蝎、毒蜘蛛时有出没，气候环境复杂恶劣。每次跑现场，他们都要戴上墨镜和口罩，不然该吃一嘴的沙子回来。

在万里之外的异国荒漠，第一阶段要建成年产几十亿立方米天然气的产能，还得高效运作，是摆在这支先遣小分队面前的难题。

从阿姆河项目开发科科长到阿姆河 A 区采气厂副厂长，李明国一门心思都扑在气田的高效开发上。海外工作 7 年间，最让他引以为傲的是创建了阿姆河特色海外天然气生产运行管理模式，这是整个海外团队智慧的结晶，也是项目高效运行的秘籍。一个又一个"首次"，一个又一个奇迹，令国际石油巨头刮目相看，当地员工感谢他们"救活了他们的气田"。

常年海外工作，李明国与家人聚少离多，对儿子成长陪伴的缺失是最大的遗憾。一次儿子突发阑尾炎，妻子张艳玲一个人开车带孩子去医院急救，刚好遇上早高峰，人和车都陷在拥堵的车流里动弹不得。孩子在后排痛得直哭喊，而丈夫远在土库曼斯坦工作，一向坚强的她有种欲哭无泪的绝望。后来，孩子手术痊愈后，李明国才得知这个事情。

生活不止眼前的苟且，还有诗和远方。石油工程专业毕业的他，虽是理工男，却又文艺范十足。沙漠的红柳，河畔的芦苇，沙丘上的骆驼刺，雪夜里冒出来觅食的小沙鼠，被他信手拈来皆成诗行。他在《告别阿姆河》诗中写道："春伴沙暴夏犹长，秋无滴雨冬雪降；不见飒爽来时样，青丝染霜横纹长。"在他看来，学会心灵与逆境共处，才是人生最重要的修行。

他还是个古道热肠、侠义豪迈之人。2010 年，项目部发起"救治白血病小女孩佳佳"活动，他不仅慷慨解囊，还发动身边的朋友募捐善款。当小女孩年迈的爷爷收到这笔漂洋过海的捐款时，不禁老泪纵横，来自陌生人的爱，总是格外温暖。老爷爷表示一定要当面致谢，他却对活动发起人说："帮到就好，何须相见"。

阿姆河又见青草绿，十里春风几度来。他在项目上忙忙碌碌，来来回回奔波于重庆与阿姆河之间，万水千山不觉远。

阿姆河，一批又一批川油人奔涌而来，手握接力棒，留下无悔的奋斗足迹，跑出"一带一路"的中国速度，奏响中土能源合作的最强音。一座座现代化工业企业在荒漠上拔地而起，清洁能源输送回国，惠及 5 亿人。

2015 年年初，37 岁的李明国回到重庆气矿，从满头青丝到渐生华发，他走过了不寻常的青春岁月。

历尽山河万里，归来仍是少年。无论是沙漠戈壁，还是高山峡谷，他用坚实的步伐去丈量理想的高度，向着祖国能源事业的星辰大海，奋勇奔赴。

十年韶华

在杨宇看来，海外项目有"高温高产高压"三高特点，风险非常大，"12·31"异国抢险经历他至今难忘。

2009 年 12 月 31 日，阿姆河 A 区萨曼杰佩集气总站生产现场，杨宇正在办公室内编制操作规程。自控系统厂家人员对刚投产的自控系统进行调试和优化，在阿姆河公司调控中心对该集气总站远程下载过程中，导致站内 6 台分离器背压控制阀瞬间全关，上游压力急剧上升超压。

情况紧急，杨宇和余洋、唐伟、廖松柏一起，把险情当命令，不顾现场随时有超压爆炸的危险，果断处置，遏止一起可能导致站毁人亡的特大事故。

杨宇自诩为"恋家男"，老婆孩子热炕头最为幸福。而这个"恋家男"，除了中途一年在国内工作，近十年均坚守在离家万里的阿姆河。

因为家庭需要照顾，杨宇在 2016 年 9 月申请回国工作。2017 年 9 月，正在国内生产现场忙碌的杨宇被紧急召回，通知他带队赴土库曼斯坦负责萨曼杰佩气田增压工程试运投产项目。萨曼杰佩气田增压工程是中国石油重点建设项目，肩负国内冬春保供的艰巨任务，投产规模在中土两国境内均位于前列。

"组织需要，我就上。"杨宇回答得斩钉截铁，他又一次回到阿姆河。

到了现场，杨宇心里十分忐忑。项目人员少、阶段节点紧、投运规模大、施工和生产深度交叉，任何一个操作失误都可能造成重大事故。他带领 7 名队员踏上艰难的"攻关"之路，"早上 7:00 晨会，7:30 准时去现场，细化投产方案，精确到每个阀门……"杨宇密密麻麻的工作日志，是团队每一次通关的秘籍。

经多方高效协作，杨宇和团队不负众望，工程一期一阶段实现"当年开工，当年投产，当年增供"目标，甲方专门致感谢信高度赞誉。

2018 年 11 月 7 日，该增压工程 13 台压缩机组全部投产运行平稳后正式移交，杨宇和团队成员终于松了一口气。

从 2009 年到 2019 年，春去秋来，十年光阴倏忽而逝。

从 36 亿立方米升至 700 亿立方米，灿烂辉煌，阿姆河右岸向国内输送的累计商品气不断刷新。

杨宇见证了中土能源合作的美好十年。

雁"南"飞

从土库曼斯坦复兴气田南约洛坦 100 亿立方米天然气开产投产项目到阿姆河天然气项目，赵俊超在海外已悄然走过 6 个年头。

2013 年 4 月，正是山城草长莺飞时节，29 岁的赵俊超辞别年迈的父母，奔赴复兴气田执行开产任务。

"现场只有穿红色工衣的员工来回穿梭，一派热火朝天的劳动场面；住的营地类似地震板房，4 人间上下铺，没有互联网，公用厕所和澡堂则是由集装箱改建而成。"赵俊超对最初上项目的印象记忆犹新。

复兴气田一期工程分别由三家国际石油公司同台 PK，世界的目光聚焦在这里，就等着看中国人到底行不行。所有人都憋着一口气，再苦再难也要坚持下去，朝着目标奋进——复兴气田一期工程必须按期投产。

赵俊超和团队紧扣时间节点全速推进，完成了该气田自控系统、通信系统和全系统联合调试等多项重点工作。

营地、食堂、工区，三点一线的生活枯燥乏味，他们把更多的时间用在永远干不完的工作上。经过 60 多天夜以继日的鏖战，项目基本具备了投产条件。期间，因土库曼斯坦劳务签证紧缩，赵俊超和一大批海外人员被紧急动迁回国。

2013 年 9 月 4 日，赵俊超在家里看到新闻联播播出了习近平主席和土库曼斯坦总统共同出席复兴气田一期工程竣工投产仪式的消息，他自豪地指着正在播放的电视画面说："爸妈快看，我参与的就是这个项目。"

选择海外石油事业，就意味着选择漂泊与奉献。

2016 年 2 月，赵俊超再次奉命来到土库曼斯坦，担任阿姆河 A 区采气厂自控高级监督。不久，采气厂负责 HSE 管理的同事轮换回国，赵俊超临危受命接任 HSE 科长。当时，他既要负责维护管理全厂的仪表、自控设备，还要兼管 HSE 管理工作，每天都忙得跟旋转的陀螺一样。他见缝插针地"充电"，学规范、学标准、补俄语，从以前看不懂当地员工记录的问题清单，到如今已能简单翻译和交流。

赵俊超和很多对口支持员工一样，历经磨砺，成为一名独当一面的行家里手。

跨国救援

2016 年 8 月 3 日上午，重庆市中医院传出消息：经过 72 小时的紧急治疗，在海外突发疾病的重庆气矿外派员工聂科，病情得到控制，各项生命体征恢复正常。

从土库曼斯坦阿姆河 B 区营地到重庆，沿途中国石油各个联络点闻讯而动，全面启动应急救援联动机制，成功护送聂科返回重庆就医，上演一场历时 33 小时、跨越 6000 多千米的生死时速大营救。

当地时间 7 月 29 日凌晨 1 时，夜幕下的卡拉库姆沙漠腹地 B 区营地一片宁静。睡梦中的聂科被剧烈的腹痛惊醒，在床上翻滚一阵，疼痛不减。以为是胃病犯了，他大汗淋漓地半蹲在床边等待天亮。

第二天一大早，他感觉疼痛有所缓解，就打开电脑处理几封邮件。但不久，便秘、腹胀伴随着一波腹绞痛再次袭来。

西南油气田公司海外现场负责人派人来照顾聂科，并立即安排营地的土库曼斯坦医生进行诊断和紧急医疗救护。

20 时 30 分，聂科腹痛加剧。西南油气田公司国际合作事业部土库曼斯坦项目部负责人将情况报告给阿姆河天然气公司生产部负责人，并向西南油气田公司国际合作事业部和重庆气矿主要领导汇报。

考虑到当地医疗条件较差，为不延误病情，几位现场领导经协商后决定立即启动应急救援预案，护送聂科回国救治。

归国路线很快确定，阿姆河 B 区营地 - A 区营地 - 土库曼斯坦纳巴特 - 阿

什哈巴德 – 乌鲁木齐 – 重庆，沿途涉及至少 5 个关键联络点，时间、地域跨度大，途中不可预见的风险高。

时间就是生命！

当地时间 7 月 30 日 11 时，在 B 区营地，聂科被救护车护送离开，在 A 区营地短暂停留，然后直奔土库曼斯坦纳巴特机场。

另一边，胡昌权电话协调各个联络点交接护送等事宜，在国际合作事业部余贵军科长的大力支持和土库曼斯坦项目部王晓东副经理的协调沟通下，四川石油管理局土库曼斯坦分公司、新疆办事处、重庆气矿对外合作中心等联络点的同志也都分头行动起来，各点应急救援力量准备就绪。

15 时 15 分，聂科登上飞往阿什哈巴德的飞机。

7 月 30 日 17 时，聂科顺利到达阿什哈巴德，在四川石油管理局土库曼斯坦分公司工作人员的一路护送下，聂科再次登上前往乌鲁木齐的航班。

一路上，飞机颠簸不断，空乘人员贴心地为他提供暖水瓶、热毛巾等，用暖水瓶紧捂腹部，聂科熬过飞机上最难受的时间。

凌晨时分，西南油气田公司新疆办事处的甯辉、孙毅、胡建华接到聂科在乌鲁木齐先行医治的指令。

7 月 31 日 6 时 50 分，飞机平安着陆，孙毅一行人将聂科火速送往兰州军区乌鲁木齐总医院。聂科被确诊为结石性急性胆囊炎，经输液消炎等初步治疗后，病情趋于稳定。在征得医生同意后，聂科再次登上 16 时 15 分飞往重庆的飞机。

7 月 31 日 20 时 19 分，重庆江北机场，重庆气矿对外合作中心两位工作人员接到聂科，汽车一路疾驰驶入机场高速，直奔重庆市中医院，并很快办理入院手续。

值班医生说，若不是处置得当，送诊及时，后果将不堪设想。21 时 49 分，聂科进入病房，接受住院医生的全面检查和治疗。

通过这起应急救援成功案例，西南油气田公司顺利打通了海外员工突发疾病回国救治的生命通道。次年 1 月，再次紧急护送突发急性胰腺炎的郝建明回国治疗，员工的生命得到保障。

疫情大考

庚子新春，新冠疫情突如其来，西南油气田公司和海外 107 名员工一起，天涯咫尺、风雨同担，经受住"疫情大考"，共同上交了一份合格答卷。

从抗击疫情的第一刻起，无论是身处境外现场还是国内休假的海外员工，在做好自身抗疫的同时，都投入为祖国募捐、支援祖国的行动中，在这场特殊的"战疫"里完成一次次力量与温暖的接力。

四川石油管理局土库曼斯坦分公司第一时间到当地市场收购口罩等防疫物资，并安排专人押运回国，有力地支援了国内防疫工作。

西南油气田公司海外人员首批捐款由阿姆河天然气公司统一捐赠助力武汉抗击疫情；一部分海外人员还通过中国红十字基金会、北京韩红爱心慈善基金会直接捐款，驰援武汉。

新冠疫情发生以来，土库曼斯坦国际往来商业航班中断，公司海外 78 名值守员工克服连续超期工作、物资短缺等重重困难，一边抓疫情防控，一边保安全生产，确保了中亚管线主供气源安全平稳供气，真正践行"为国添绿、为民送暖"的责任和担当。

2020 年国庆中秋前夕，重庆气矿开展海外员工"同唱一首歌 共赏一轮月"视频连线慰问活动

疫情期间，涂国川连续在海外项目工作 22 个月，承受着巨大的心理压力。在廖松柏未动迁之前，身为阿姆河 A 区生产部副经理的他，算是 18 名重庆气矿海外值守员工中的"最高行政长官"。他带领海外团队熬过史上最漫长的"寒冬"，经受住疫情考验，保障国内稳定供气。他因为在疫情期间的出色表现，获得中国石油抗疫先进个人称号。

阿姆河 B 区东部气田采气车间主任王旭勃于 2020 年 9 月返回岗位，正好赶上东部气田二期工程投产。受疫情影响，厂家人员和开工队无法上项目，投产任务落在现场值守人员肩上。以前是气田投运成功后交到他们手里管理，自己组织投运，这是王旭勃海外工作经历中的第一次。关键时刻勇挑重担，王旭勃担任副总指挥，他和团队顶风冒雪连续奋战 50 多天，在最偏地带实现"教科书式的投产"，安全平稳投运 6 口单井，新增日产能 310 万立方米。

2019 年 12 月，阿姆河 B 区生产部 HSE 科科长吴毅龙，在母亲病逝不久后回到项目，一直值守生产现场，保障天然气生产供应。他率先在阿姆河公司推行"绿岛"办公模式，实现中土方员工"零感染"目标。2021 年，他被西南油气田公司授予抗疫先进个人称号。

国内疫情紧张阶段，唐晓平一家三口分隔三地，用实际行动支持抗疫。他值守在海外生产一线保障祖国用气，爱人周卫兰在重庆市垫江县中医院战疫前线救治病人，女儿独自一人在家坚持上网课。

……

漫长的坚守，海外员工生理和心理健康都承受着极限考验。西南油气田公司党委高度重视海外员工及家属的关心关爱工作，切实将一系列关爱措施落地落实，积极协调落实海外人员有关福利待遇、员工生病回国治疗、轮休回国等事宜。

2021 年 1 月 20 日，农历腊八，一场穿越万里、跨越山海的视频慰问，从西南油气田公司直达土库曼斯坦阿姆河右岸，公司 107 名海外员工收到来自"娘家人"的亲切问候。

公司党委书记、总经理代表公司党委、公司向海外坚守人员表示深切的关心和真诚的慰问，向默默支持亲人坚守的家属表示衷心的感谢和崇高的敬意。

他说，十余年来，西南油气田公司在全程参与阿姆河气田建设、运维和后期保障过程中，把四川盆地摸爬滚打 60 多年的经验和技术撒播在中亚大地，践行着"我为祖国献石油"的初心使命，传承中国石油精神，树立了川油品牌。祖国是你们强大的后盾，公司是你们坚强的保障……让我们团结一心、同舟共济，为保障国家能源安全作出新的、更大的贡献！

2021 年春节前夕，西南油气田公司党委副书记、工会主席赴重庆，亲切慰问重庆气矿海外员工和家属，三次行"合十"礼表示感谢。

重庆气矿两次视频连线，矿长赵松和书记王世荣"万里连线"，为海外员工鼓劲加油。

暖心慰问，鼓舞人心。西南油气田公司海外值守人员全部选择坚守岗位、履职尽职，无一人要求提前归国，轮休人员无一人提出不到海外。

逆行返岗，支援同伴。按照阿姆河公司安排，国内休假人员多批次动迁，横跨大半个中亚，奔赴土库曼斯坦项目现场，选择与海外现场员工并肩战斗。

第四章　合作故事

历经十余载的艰苦卓绝奋斗，中土天然气合作项目结出累累硕果，实现项目与资源国的共赢，实现中土两国民心相通。

在土库曼斯坦当地人心中，"地狱之门"已经"关上"了，取而代之的是"幸福之地"。当地人津津乐道的"幸福之地"就是中国—中亚天然气管道项目的气源所在地——阿姆河右岸气田。

资源国员工本土化，倒逼中国石油员工能力提升，为土库曼斯坦培养了一支成熟的员工队伍，高峰时中国石油雇佣当地员工超 2 万人。

翻译小分队

在阿姆河现场，由一群年轻人组成的翻译"小分队"分外耀眼，他们利用语言优势，搭建起中土间技术沟通的桥梁。

刚出校门参加工作不久，就上阿姆河项目的年轻人也不在少数。毕业于四川外语学院俄语系的李婕，在西南油气田公司勘探开发研究院工作不到半年，

24 岁的她就有幸进入阿姆河项目做翻译工作。到了现场，她才知道，翻译其实是个"大箩筐"，里面满载如翻译、宣传、文秘、内勤外联、党、工、团等数十项工作。"每个人都很忙，没有人会停下来听你诉苦。"特定的艰苦环境激发了这个年轻姑娘的斗志，多岗跨岗复合锻炼，她都顶上来了。李婕海外工作的五年，有"人在囧途"的趣事，有一个人扛着摄像机跑工区的艰辛，有跟土库曼斯坦同事在文化碰撞中结下的深厚友谊。

吴成是西南石油大学首届俄语专业毕业的学生，他刚好赶上中土能源合作的大好时机，毕业后到重庆净化总厂工作不久，被派往土库曼斯坦。尽管是俄语专业出身，要跟石油行业专业术语结合起来，吴成感觉还有一个消化融合的过程。他喜欢和技术干部们跑现场，一起爬塔、钻罐、进反应器、上火炬，了解阿姆河项目处理厂的所有工艺设备和流程。6 年过去，他从初出茅庐的青涩小伙蜕变成一名国际化复合型人才。

在俄罗斯圣彼得堡国立技术大学留学 7 年的黄暄，2011 年入职西南油气田公司物资分公司。在中土能源紧密合作的背景下，他在实习期就被借用至重庆净化总厂，参与西南油气田公司针对南约洛坦项目举办的为期半年的专业培训。2012 年 9 月，他被派往土库曼斯坦南约洛坦项目参加该项目中公关水源站的建设投产。之后，全程参与南约洛坦项目第一处理厂的建成、开工、投产以及一期保运工作。2014 年 11 月份，黄暄被派往阿姆河 A 区，先后从事综合人事管理、计划经营等工作。黄暄跟中土能源合作同频共振，收获了人生最美好的十年。

王一丞和吴成是西南石油大学同一届同一专业的校友，他非常幸运，在毕业后五年内外派至四川石油管理局土库曼斯坦分公司工作，多岗位的锻炼、极具挑战性的工作让他迅速成长。他带领和配合外方员工，从工程服务的施工管理开始，再到商务投标、国际贸易、项目结算等工作，熟悉土库曼斯坦会计审核、海外税务准则……逐渐成长为海外业务的"多面手"。2019 年，王一丞加入中国石油国际事业有限公司，从事天然气国际贸易工作。

中国师父

由于合同约定的本土化进程时限要求，中、土方员工比例走过"3：7"

"2：8""1：9"这一组不平凡的数据。

据统计，每年培训土库曼斯坦员工近 3000 学时逾 15000 人次。

俗话说："教会徒弟饿死师父"，此话不假。教会一批成熟的土方员工队伍，意味着相应比例的中方员工将离开土库曼斯坦。"游戏规则"早已界定，中国石油人必须具有"大国工匠的风范和气度"。

项目初期阶段，土库曼斯坦成熟员工十分紧缺。土方员工很多是放下羊鞭丢下锄头，直接进入现代化工厂的蓝领白领阶层，而且还从事高含硫天然气开发生产高危行业。西南油气田公司海外团队与土方员工互助共融的进程中，留下很多有趣的故事。

时任阿姆河 A 区处理厂 HSE 科长的李小斌，有一段和土方员工相处的愉快记忆。2011 年 12 月，他带着土方员工查雷干一件苦差事——蹲守在处理厂污水蒸发池人工回收凝析油。天气寒冷、臭气熏天，连飞鸟落在这里也难逃一劫。

回收凝析油完全是"靠天吃饭"，当大风把凝析油吹到污水池的一角时，将泵放到自制的简易铁簸箕中将凝析油抽吸到油罐车中。但风向时有变化，他们只好跟着风不停地"搬家"，在搬的过程中常常被糊得满身油污，一到下午就累得直不起腰。

有一天他们回收 5 车凝析油后，开着电瓶车慢慢地往回走。忽然，李小斌听到查雷那里传来熟悉的旋律，仔细一听是他在哼唱《莫斯科郊外的晚上》。李小斌也情不自禁地跟着哼唱起来，一个用俄语，一个用中文，双语交响，久久回荡在冰天雪地的沙漠里。

令李小斌终生难忘的事情，是他有幸参加由土库曼斯坦总统亲自主持的阿姆河 B 区开工庆典，当地媒体进行了视频报道。参加完庆典回到厂里，几个土方 HSE 人员非常兴奋，原来他们在电视上看到了李小斌的"光辉形象"。

阿姆河 B 区生产部中部有一个叫福尔卡特的土方班长，是采气车间主任徐思勇一手带出来的"得意弟子"。福尔卡特所带领的班组管理走在采气厂前列，表现优异。2018 年 9 月，他被选拔参加阿姆河天然气公司在中国垫江培训基地举办的汉语和采气专业提高班，为期三个月。这次培训，徐思勇管理的车间有 3 名优秀班长参加。在垫江卧龙河集气总站参观期间，看见站史优秀代表栏有徐思勇的照片和简介，他无比激动地给这个站的班长说："徐思勇我认得的，我们一起工作，他是我的领导。"

福尔卡特学成归来后，绘声绘色地描述到中国学习的所见所闻，并给徐思勇说："我去过你工作的地方，非常大，很漂亮，你在那里是 Number One。"

消除语言障碍是第一步。欧海带领净化气外输站 5 名发电工负责电气设备运行及管理。

除 1 名员工从事过几年发电工作之外，其余 4 名均未从事过该工作，未达到高中学历。仅 2010—2011 年两年间，欧海记录在案的主要培训就有 36 次。虽然土方员工的工作积极性很高，但因为掌握不到维护保养操作的要点，经常好心办错事。有一次，更换发动机柴油路的分离器，土方人员在中方人员去库房拿工具的时间自行操作，硬生生将树脂材质的泄放阀拧断。虽未造成严重后果，着实让人捏了一把汗。

土方员工和中国"技术师父"遇上紧急问题时也会因为互相听不懂而抓狂。但随着时间推移，中方员工俄语取得进步，土方员工也记住一些高频汉语词汇。经过 10 来年的文化、语言碰撞和磨合，现在中、土员工在工作期间沟通已基本没有障碍。

三个故事

中国石油充分发挥在特色技术、一体化服务和企业文化方面的优势，帮助资源国建立起一套完整的石油工业体系，发现了更多的储量，带动了当地的石化产业，在促进就业、热心公益、改善民生、保护环境等方面发挥积极作用，中国石油赢得广泛赞誉。

石油工人节

为纪念中国—中亚天然气管道正式投产通气，每年的 12 月 14 日是土库曼斯坦的石油工人节，也就是管道正式通气的这一天。

2009 年 12 月 14 日，阿姆河天然气项目一期工程投产庆典仪式在巴格德雷合同区第一天然气处理厂隆重举行。中、土、乌、哈四国元首共同出席仪式，并亲手启动通气阀门，标志着项目一期工程全面投产，来自土库曼斯坦的天然气从这一天起正式向中国供应。同时，也意味着土库曼斯坦开启除俄罗斯、伊

"土中天然气管道零公里"纪念碑

朗方向外的第三条天然气出口通道,实现真正意义上的出口多元化。

土库曼斯坦原来的石油工人节是在每年 9 月 12 日。这次庆典后,总统下令将石油工人节改为正式向中国供气的日子 12 月 14 日。

米干村"特产水"

米干村是土库曼斯坦靠近巴格德雷合同区的一个集体农庄,人口 5000 余人。由于米干村地处沙漠腹地,常年干旱少雨,村民饮水困难。

2014 年 5 月 7 日,中国石油投资 359 万美元修建的净化水厂投产。水厂经四道工艺过滤杀菌,产出可直接饮用的高质量饮用水,一举解决了困扰村民多年的饮水难问题。这是中国石油在中亚地区投资规模最大的单体公益项目,土库曼斯坦总统亲自宣布水厂投产,并对中国石油表示感谢。

以前由于水质问题,当地居民牙齿不好。如今经过四道工艺过滤杀菌的水厂水成了这里的"特产",其他村镇的亲朋好友过来都要带一桶回去。

中国路

曾一片荒芜的土库曼斯坦巴格德雷合同区,随着中国石油人的到来,一条条公路四通八达,被当地人亲切地称为"中国路"。10 年来,阿姆河公司在合同区修建各类生产用路 1092 千米、各类桥梁 11 座，包括 215 千米高等级沥青路及 860 千米干支线砂石路。这些道路用于生产的同时，也极大地便利了附近村民的出行，当地因下雨、洪水而中断交通的情况一去不复返。

附近一位畜牧农庄经理说："路修好了，交通便利了，非常感谢中国石油！"项目所在列巴普州还专门给阿姆河公司写了感谢信。

携手并进

回顾这段历史，吕功训由衷赞叹："在那段激情燃烧的岁月里，四川油气田和阿姆河公司始终精诚合作，并肩奋斗，共绘中土能源画卷，同奏'蓝金'共赢乐章。"

吕功训担任阿姆河天然气公司总经理期间，他曾经多次赶赴成都，与西南油气田就阿姆河天然气项目进行合作交流。

2014 年 6 月，吕功训出任中国石油天然气股份有限公司副总裁。

回想起阿姆河公司和四川油气田朝夕相处、携手奋进的历程，他感慨万千，挥笔写下：

阿姆河天然气项目经过十余年的建设发展，年供气规模已达 130 亿立方米，截至 2021 年 5 月，累计向国内平稳供气超过 1100 亿立方米，为保障国家能源安全、调节国家能源结构、稳定国家能源价格作出了突出贡献，被土库曼斯坦总统誉为"中土两国互利共赢的典范"。

中土天然气合作的丰硕成果凝结着千千万万中国石油人的技术、智慧与汗水，西南油气田所作出的突出贡献更值得浓墨重彩。

……

"雄关漫道真如铁，而今迈步从头越。"深情回望，在那段激情燃烧的岁月里，西南油气田和阿姆河公司始终精诚合作，并肩奋斗，共绘中土能源画卷，同奏"蓝金"共赢乐章，充分展现"中国石油速度"攻坚克难的风采和"沙漠铁军"建功立业的豪情。

展望未来，我们将倍加珍惜来之不易的成果，全面贯彻落实习近平总书记"加强能源合作，造福中土人民"的批示精神，继续发挥集团公司一体化优势，为建设世界一流的能源公司、建设美丽中国作出应有的贡献！

项目历程

2006 年 4 月 3 日，中土两国签署了《中华人民共和国政府和土库曼斯坦政府关于实施中土天然气管道项目和土库曼斯坦向中国出售天然气的总协议》。

2007 年 7 月 17 日，中土两国签署《产品分成合同》和《天然气购销协议》。

2007 年 8 月 29 日，土库曼斯坦政府向中国石油颁发勘探开发和承包商许可证。

2008 年 6 月 27 日，第一天然气处理厂奠基开工。

2009 年 12 月 14 日，中国石油阿姆河右岸项目正式向中国供气。

2010 年，土库曼斯坦累计向中国外输商品气 47 亿立方米。阿姆河天然气项目开始对合同区东部进行大面积勘探，储量基础大幅提升。

2011 年 11 月 24 日，土库曼斯坦天然气抵达深圳、广州。

2011 年 12 月 13 日，第二天然气处理厂开工庆典举行。

2012 年 6 月 6 日，土库曼斯坦与中国石油签订增供 250 亿立方米商品气的企业间框架协议。

2013 年 7 月 20 日，阿姆河右岸 A 区 65 亿立方米扩能改造工程竣工投产。

2013 年 9 月 3 日，中国石油与土库曼斯坦天然气康采恩签署年增供 250 亿立方米天然气的购销协议。9 月 4 日，中土两国元首共同出席复兴气田一期 100 亿立方米项目投产仪式；该项目于 2014 年 6 月 30 日全部安全移交资源国独立管理。

2014 年 5 月 7 日，第二天然气处理厂成功投产。

2015 年 10 月 25 日，阿姆河右岸 A 区 80 亿立方米扩能建设工程竣工投产。

2016 年 9 月 15 日，阿姆河天然气项目累计向中国供气超 500 亿立方米。

2017 年 9 月至 2018 年 11 月，萨曼杰佩气田增压工程 13 台压缩机组分四阶段完成投运。

2019 年 1 月 10 日、2019 年 8 月 22 日，阿姆河 B 区东部气田一期工程两套装置先后投产。

2020 年 7 月，阿姆河天然气项目累计向中国供气突破 1000 亿立方米。

2020 年 11 月至 12 月，阿姆河 B 区东部气田二期工程投产。东部气田日产量达到 1200 万立方米，年生产能力 40 亿立方米。

2021 年 5 月，阿姆河天然气项目累计向中国供气超过 1100 亿立方米，助力中土两国天然气贸易量突破 3000 亿立方米，为我国加快能源转型贡献了绿色力量。

结束语

看大漠孤烟，看落日正圆。

万里黄沙，一路向西，一路向前，直到阿姆河右岸，直抵天边。是忠诚，是肝胆，是热血浇灌信念。

不畏路途遥远，不管天高云淡，沿丝绸之故道，建功立业，奉献能源。

十六年，弹指一挥间。

卡拉库姆月冷，阿姆河水寒，"一带一路"，能源当先。

一骑绝尘，像夸父一样追赶。

中亚管道，过草原，翻天山，"蓝金"滚滚，中华大地星河灿烂。

忆往昔峥嵘岁月，展未来任重道远。

中土能源合作，四川油气田依然在奋进的路上，初心如磐，笃行致远。

在阿姆河看日落

彭烟霏

就是那辉煌而炫目的一瞬，黄昏的太阳，释放着巨大的醉意，摇摇晃晃地看了一眼卡拉库姆沙漠，呼啸着，带着强烈的冲击力，坠入阿姆河，溅起一片金色。我呆呆地站在岸边，目睹这自然的壮丽与神奇。

一个小时前，我在阿姆河右岸 A 区处理厂工地拍摄 110 米高的放空火炬安装，吊车司机是师徒二人，分别操作 350 吨和 400 吨的大吊车，身心合一又心领神会。他们像神一样存在，穿着沿口布鞋，清瘦，沉默寡言，如同"荒原杀手"。其中的师父告诉我："整个四川省，持 400 吨吊车执照的只有 5 人。我们以前还去过二滩电站起吊涡轮。"

在采访的全过程，老刘一直看着我手里的相机，突然神秘地对我说："我知道在哪里能看到阿姆河落日。"老刘是 A 区处理厂项目部的机运队长，管理着工地几百台车辆和机具，也包括那两台大吊车。我抬头望天，太阳已经偏西，"离这里有多远？"

"40 千米左右，带上护照，要过边防检查站。"老刘一边说一边发动皮卡车，我跑回宿舍拿护照。

汽车离开工地，偏离公路，直接冲入浩瀚的沙漠。"以前取土带着车队来过一次，有印象。"老刘到阿姆河右岸已经一年多了，对周边地貌、环境和道路比较熟悉。所谓中亚荒原，没有想象中那么荒凉，除了黄沙，沙漠中还有骆驼刺和其他叫不出名字的植物，偶尔还能看见一群野驴从车窗一闪而过。

我们爬上一座土堆。此时，已经能看到阿姆河被太阳照得血红的波光，这里刚好是一个大拐角，宽阔的河面，江水日夜奔流。太阳斜倚在远处，闪烁着光焰与云霞，开始缓慢西沉。惊叹，老刘还真会找地方。

举起相机，对准取景框。出问题了，相机显示马上没电了。此时，太阳像一个巨大的火球，在天边的阿姆河跳动。因为卡片机是定焦，我冲着老刘喊："快跑！快朝河边跑！像夸父追日一样跑！"

就在他跑的那一瞬间，我的快门按动，好像连拍到两张，然后真的没电了。

此时，天似穹庐，笼盖四野。我们重新坐在那座土堆上，这里是荒原几百公里的一个制高点。老刘说，如果天晴的话，能看见下游查尔朱城的灯火，也能看见与邻国乌兹别克斯坦边境。但即使是夜色下，也能看见阿姆河对岸的棉花地。

几天前，采访土库曼斯坦员工优素福，他告诉我"左岸是现实，右岸是理想。"当时，一个19岁的小伙子小高给我当翻译。优素福到工地之前，是查尔朱市某中学的历史老师，在当地，算是见多识广。他的父亲在苏联时期担任过集体农庄的苏维埃主席。

阿姆河发源于帕米尔高原，流经塔吉克斯坦、阿富汗、乌兹别克斯坦和土库曼斯坦，是中亚最大的河流。采访优素福是在一间有空调和纯净水的板房里，依靠翻译，我们有一句无一句地闲聊。我一直怀疑小高是否把我们双方的意思表达清楚，很有可能是我们在一本正经采访，他按照自己的理解在天马行空地翻译。

优素福告诉我，他一直很困惑的是：阿姆河在中游河面宽广，越往下游流淌，水量越小，快到咸海的时候，居然断流了。

我告诉他，那水被夸父喝干了。

我盯着小高，一本正经地说："中国古代有一本天书，叫《山海经》。其中《海外北经》里面记载着夸父与日逐走，入日；渴，欲饮，饮与河、渭；河、渭不足，北饮大泽。未至，道渴而死。"

小高一脸"蒙圈"："我咋翻译？"

我说，中国古代有很多通假字，渭水，其实有可能就是沩水，阿姆河古称，北饮大泽，应该是咸海。

我看到优素福的表情惊讶。

回到工地，灯火璀璨，正是下班的时候。卡拉库姆沙漠像一张巨大的羊皮卷，被轻轻擦去古老的字符，重新书写当代神话。广播里正在播放《喀什噶尔胡杨》。在A区处理厂工地，每天早晨出工，大喇叭播放《我为祖国献石油》，晚上收工，就播放《喀什噶尔胡杨》，苍凉中带着忧郁。以前在重庆听这首歌时，总是想到遥不可及的边疆。此时听到，突然有了一股回到故乡的温暖。

我在北纬 30 度等你

彭烟霏

从四川成都乘高铁取道湖北利川，沿 318 国道，进入重庆万州，已是黄昏。翻过七曜山，一条干涸的溪流始终伴随左右，满眼苍翠中偶尔夹着黄叶。

一直以为，318 国道是中国最美的国道，从上海到西藏聂拉木，皆沿着北纬 30 度地带逶迤。在大四川境内，从东部沟壑纵横的群山，穿越烂熟于心的盆地，穿越人间烟火和灯红酒绿，直抵白烟缭绕的康巴藏地。向东，是远方，向西，也是远方。

1984 年冬天，我当上石油工人，到川中矿区 6036 钻井队当了一名地质采集员。单位用一辆解放牌货车，把我们从遂宁拉到广安县马坝乡广参 2 井，一直沿着 318 国道跑。

那是一口参数井，以取资为主，从表层的白垩系一直打到 5000 米深的奥陶系。最后几米，全队高度紧张，地质技术员是我师父，他在班前会上说："再钻，就要把地壳钻穿了，不知道会冒出什么鬼。"对一个新参加工作的学工，很兴奋，也很好奇，就问师父："地壳到底是啥模样？"师父嘿嘿一笑，说我也没见过，估计这地球上谁也没见过。

那我们就一直打下去，直到看见为止。师父就骂，你个"二货"。

结果，还是没钻穿。因为井太深，上级要求原钻机试油。地质室就开始整理资料，在坐标纸上画钻井曲线，做岩性描述，也用蘸水笔写仿宋字填观察记录，几十上百万个数据，横轻直重，写得像印刷体。

试油期间，相对清闲。师父嫌我们技术进步慢，就带我们去华蓥山实地看地质剖面，也顺便在渠县看火车。那时，川中没有铁路，一个钻井队上百号人，看过火车的也就一二十个人。那群钻工听说我们去看剖面，还要横穿襄渝铁路，就开骂："好事咋个（怎么）都轮上你们。"去华蓥山，也是沿318 国道走，从广安悦来到大竹城西段。一上山，漫山遍野的杜鹃花，开得心花怒放。

后来，那口井的钻井地质资料，被评为石油部第一名。因川中矿区当年还没成立专业的录井大队，降级授予同工种社会主义劳动竞赛银牌。那银牌有碗口大，银牌背后，有用毛笔字写的获奖人员名单，我排名最后。

前年四月，到广安采访，特地到那口井去看了看。那口老井无人值守，被围墙围着，一道铁门下有个洞，可以钻进去一条土狗。我直接从洞中爬进去，齐腰的野草长在井口周围，像墓地。出来，如虚脱，坐在井场外的田埂上，与干活的农民聊天，希望能认出一两个熟人。结果，一个都不认识，他们也没认出我。

也是那年，我的师弟让我加入6036 钻井队微信群。一进去，就问那台钻机现在哪？有人说在磨深2 井的废料场堆着，估计生锈多年了。也有人说可能当废铁卖了，突然感到巨大的宿命。磨深2 井是这部钻机打的第一口井，出了点事故，无工业气流。那部钻机打的所有井，大多都是干眼井，或者事故井。直到后来换钻机，换编号，成了金牌队，那是我离开这个队以后的事。

我师父后来当了领导，放弃专业，在我们队里当指导员。说实话，他真的不是那块料，磕磕碰碰干了几年，又回到老本行搞地质。退休前十多年，一直在矿区研究所当油藏研究室主任，在磨溪第二次会战中，作出大贡献，被评为公司劳模。但2014 年磨溪龙王庙组对外发布找到国内最大海相整装气藏时，他已经退休三年。

那年采访龙王庙气藏对外发布会，找到时任总地质师，也是我的师叔。以前，他在另外一个钻井队当地质技术员，并不认识我。当我自报家门时，他欣然接受了独家专访。对地质专业的采访，他们一直把我当成自己人。

一部四川油气田的历史，就是一部勘探会战史。是几代川油人、数十万川油人与古老的四川盆地互相征服、互相妥协，最后山呼海啸大发现的过程。而这一切，全部发生在北纬30 度区域。

这条位于北纬30 度狭长地带的油气区，从乐山—龙女寺古隆起，到长宁—威远页岩气区块，到罗家寨高含硫区块，一直到下川东石炭系，全部在318 国道两侧的区域。它也和全球其他北纬 30 度区块一样，充满诡异、神秘和变数，勘探、失败、再勘探、再失败，直到石破天惊。几代川油人在这里演绎着自己的命和运。

　　一条能承载记忆与梦想的国道，总值得牵挂。曾经的杜鹃花，年年岁岁在山崖自生自灭；曾经的夜归人，披星戴月也披满风雪，曾经的曾经……盆地就是一个大轮盘，下再大的赌注，它都能承受。既能承受荣誉，同样也能承受苦难。

　　进入万州城，已是夜色阑珊，醉里挑灯。有人建议：再过两月，利川段当是满山红叶，再过来看看吧。独自斟满一杯白酒，苦笑：常年颠沛，像一条野狗一样到处流窜，彼时，哥如川江长流水，流到哪道湾，碰到哪个滩也未知。

　　但我知道，我一直在北纬 30 度等你。

竹风赋

连　俊

四川东部，平行岭谷，翠竹叠层峦，苎麻染田隰。唐武则天久视元年始置县，曰大竹县。地理壮丽，地质深邃，气田纵横，气流涌动，1985 年，于城中腹地，逢山辟路，架管安阀，始建大竹站。

一线两端，上下两极，集气小站串起达卧干线，调配互输，独享静逸，见证伊始。竹节攀升，磨砺俱进，双竹线、云竹线、胡竹线、铁竹线……阡陌管线，伴站而建，接续而来。优化改扩建，提升新功能，南北之间，一站鼎立，成干线之枢纽，汇气聚源，集输转配，气龙汹涌，奔腾长啸，600 万流量定格，镌刻辉煌光芒。

历风雨，十三载，脱水工程跃跃欲出。老树绽花，新竹吐芽，新装置，新技术，新任务，吸收塔高耸入云，重沸器焰火跳跃，涓涓干气，傲然不息，饮马卧龙河，直宕渠县站，不竭绿色能源，输供成渝双城。

新纪元，强履社会责任，新担配气使命，精准计量，精细描述。擎双手，守护工业园区，聚火光，温暖竹城万家，昔之匮乏，今之盛祥，兴城富民，家国情怀。时值，集、输、脱、配相融一体，气壮东湖，彪炳青史。

忆往昔，看今朝。两化融合作示范，工作标准率执行，提质增效深挖潜，自主建设强推进，管理机制成规范，经验输出共提升。传承历程，整合扩站，竹风接续，迸发并进，探地府之奥秘，建气田之锦城。

东湖水映蓝天，石油人展画卷。竹城铁军，着红工装，为蓝火焰，披肝沥胆，克难攻坚，如添翼之猛虎，似驭海之蛟龙，筑奋进之前程。佼佼专家，首席技师，先进女工，优秀党员，扛红旗，夺金牌，熠熠生辉，魅丽丹心。

高竹当风，不惧寒暑。正心修身，笃志践行，以之风骨，展我风姿，以之风发，塑我风尚。

是为记。

石炭系的玛尼堆

蒋　剑

一切为了大气田，那片山野，见证了一段历史，那堆石头，改变了一个定论，那群糙汉子，创造了一个奇迹……

1977 年的春天，相国寺一派欢腾。相 8 井、相 18 井井场上，钻塔挺立，钻机轰鸣；成排的大解放装满了钻杆，正在卸货；成吨的钻机，整齐摆放，随着一声声的号子，被一个一个安装好；操着不同口音的人，抬钻机、安钻杆、接电线，好不热闹。

"赶快点儿，起来上工了！"一声破锣嗓，划破麻麻亮的天空。"嘿，瞧我这被子，都快拧出水来了。"钻工老王穿着黢黑发臭的工衣，抱着被子，看了一眼刚够刷牙、洗脸的半盆清水，转身走出了篾席围成的宿舍。

"小赵，你们 6 个上钻台，小郑配泥浆，剩下几个女同志去扛水包。"任务一下达，钻井队迅速忙碌、热闹，又安静了下来。清晰可见 1 千米外的相 18 井钻塔，钻机的轰鸣召唤着新一班钻井工人。

八千米外的山下，不当班的工人除了刚下班的全在镇上。两人一组抬着废钻杆，"嘿哟、嘿哟、嘿哟"整齐的号子从一张张胡子拉碴的嘴里蹦出，在山间回荡。他们穿着怎么洗也洗不干净的工作服，蹬着已经裂口的翻毛皮鞋，踩着永远干不透的黄泥巴、来回穿梭在镇上泵房和田坝头。"这味道儿巴适（舒服）哦，臭得连虫都不得来咬。"一声哄笑打破了山里的宁静，接钻杆的、扛钻杆的你一言我一语，笑声蔓延了整个相国寺。一米、一米、又一米……这群"大老粗"硬生生接出了八千米的水管线。

"啥子，又掉钻了？"山顶，钻机轰然停了下来，一声咆哮，从队长办公室传了出来。眼见赵代禄冲了出来，一个趔趄，差点栽倒在钻井液池。"现在好多

（多少）米？啥子（什么）层位？""快2000米了，还是砂岩。队长，这口井真没法打了，又是井漏，又是卡钻的，我们的水全用来钻井了，还是不够。还经常掉钻，好久（什么时候）才打得完？""青沟子娃儿（小年轻），废话多，矿里都说了'不行就换队'，怕啥子（什么），只要有水就有进尺——打、打、继续打。"直到现在，赵代禄还常说："哎呀，我现在都老是梦见，咋个（怎么）又掉进去了嘛！"

在不断反复堵漏、掉钻、捞井的过程中，终于钻到了设计层位2000多米。没油、没气、没发现。地质专家、领导们争论了半天，没有结论。川东矿区矿长边铁军也是焦头烂额，眉心皱成一个"川"字，到底是继续钻进还是重新布井，所有人都眼巴巴地望着他，等待着一个决定。

"继续加深！"边铁军猛一拍桌子，杯子里的水溅了一地。边铁军这一句可不是一时的意气用事，没有人瞧见他在办公室里踱了一宿的步、抽了一盒的烟，对着一张枯燥的井深设计图相面了一个晚上。他带着几分执拗地说：我就是要看看里面到底是个什么玩意儿，就算死在这里，我也要把你钻出来。加深相18井，这事儿已经板上钉钉了，可是时间不等人，困难并不少，箭在弦上，不得不发。"边矿长，您，打算怎么办？"

"没问题，顶多一个月，敢立军令状。"赵代禄拍着胸脯对着边铁军表了态。可是，老天爷也偏偏跟边铁军、赵代禄较上了劲儿。一个星期内，井下就掉了八次牙轮。赵代禄是个牛脾气，不信这个邪，撸着袖子亲自扶着刹把带着工人打捞，把井底清理得那是一个干干净净。"继续钻进！"

赵代禄顶着那张拧成麻花儿的脸，一宿一宿守在平台上。

"出气了！出气了！"一阵高呼，沿着一公里的小路奔向宿舍。全队，从值班室、配电房、泵房、宿舍、厨房，四面八方冲了出来，大家奔向井场，欢呼、拥抱、落泪。1977年10月27日，相18井获气76万立方米每天。

"化验、化验，一周内，必须拿出结果！"边铁军那大炮嗓一吼，化验室经历了没日没夜的7天。1米20个样品，光相18井的12米岩屑就做了314个样品，白云岩、白云岩、还是白云岩！"就剩最后一米了！"磨片技术员刘云鹤的心里犯起了嘀咕。"这是个啥？"在第5个样品中，刘云鹤发现了一个虫：一粒球瓣虫化石。"快，送去鉴定！"

等待，焦急的等待，一天、两天、三天……一阵急促的电话响彻边铁军办公室："可能是中石炭系"。边铁军缓缓放下话筒，泪流满面，嘴里不停地呢喃着：石炭系、石炭系、石炭系……

一个果敢的决定，加深 200 米，成就了石炭系，一次较真儿的研究，发现球瓣虫化石，最终成就了川东气田。

相 18 井的获气揭开了川东地区石炭系气藏的开发序幕，改变了四川盆地川东地区无石炭系的历史定论，迎来了四川油气田天然气储量、产量快速增长的高峰期。

多少石油人将青春献给了石炭系。边铁军，"边大炮"，在世时向组织提出了唯一请求："等我死后，就把我的骨灰埋在相国寺。"

石炭系，多少石油人坚信它的存在，多少石油人为之奋斗，边铁军、赵代禄、刘云鹤、老王、老张、小赵……这些充满血性、信念坚定的石油人，砂岩、灰岩、白云岩，这一块块个性鲜明、石油人为之欢喜、忧愁的石头，就是一颗颗玛尼石。是他们，堆成了川东石炭系的玛尼堆，堆成了西南油气田的玛尼堆，堆成了石油人心中，那座永不磨灭的丰碑。

石炭系黄龙，再见珍重

蔡家兰

石炭系，一直以来作为川东地区最主要的产层，向来备受各界人士的关注，作为和石炭系地层打了多年交道的我们来说，在理论上、我们有着丰富的知识；我们熟知它的岩性、了解它是一套由低水位沉积体系域的潮缘萨布哈沉积→海侵沉积体系域→高水位沉积体系域的开阔海台地沉积；我们可以从测井曲线上，划分出它明显的三分特征；也可以从其岩石成分上，判别出它不同的沉积亚相；还可以根据其地层之间的关系，了解其是否遭受过风化剥蚀，或者经历过什么样的构造运动。千百万年来，它所经历过的种种变故，我们都可以从那些岩心样本中看出来。

但是，我们看到的，都只是局部，都只是从理论上和感观上，去认识它、了解它、分析它、解剖它。作为一个川东地区的石油工作者，我们和它的距离是这样近，和它的关系是这样密切，我们天天和它打交道，日夜都在思考着与它有关的问题。

可是，作为一个川东地区的石油工作者，我们和它的距离，又是这样远，这样遥不可及：我们从来没有看到过它整体的样子，它从来都是藏在地底的最深处，让我们对它产生无尽的构思与遐想，却从来没有机会真正地靠近它，触摸它。

听说在巫山的山峦深处，有石炭系地层的出露，这对于一群天天在脑子里想着它的名字，却始终不曾见过它面的科研工作者来说，无疑是一个天大的喜讯。想要与之见面的渴望，沸腾着我们那颗急切的心。

经过了一天的颠簸，车终于行进在了巫山深处的山峦之上，前面！就在前面！

经过了大半天的寻觅，终于知道了它的大概方向，可是还有一段的距离，我们的引路人在向司机师傅指点着路标。

其实好像根本就没有路的，一条窄窄的土公路，像一条卷曲的蛇，蜿蜒在山腰之上。左边是深深的悬崖，下面就是急流的长江，右边是直立的峭壁，可谓险山峭岭，可是，这些，我们都已无心观看。车内近二十双眼直直地望着前方，因为那里有我们可爱的石炭系剖面姑娘！

前面，再前面，就在前面，可是前面已经没有了路，我们可爱的石炭系剖面，你究竟藏在何方？

心，开始变得急切起来，车却突然停了下来！

感觉有一些不对劲，我看到了坐在我右边的人面部表情突然变得有些僵硬，不用侧耳，我就听到了一阵不寻常的喘息。随着他们的视线，我转眼看了一眼我紧挨的窗外，一股寒气，从心底直冲脑门，酷热的车内，我开始一阵阵地冒起了冷汗。

滚滚江水，就在我的脚下，我们所乘坐的汽车车轮，紧挨着悬崖在一点一点地往前挪动。

"都下车吧"，同行的领导终于发了话，轻轻地从座位上下来，依次下车，心才终于放下。

二十双眼睛，注视着司机师傅，二十颗心，担心着、忐忑着，看着车子一点一点地移动，终于越过了这最让人触目惊心的地方。

走吧走吧，目的地就在前方。

我们决定弃车而行，虽然路途还远，但是劳累强过担惊受怕！

半小时后，我们听到前面的人在欢呼。高高举起的榔头告诉我们：他们找到了可以挖掘出"金子"的地方：石炭系地层！我们的渴望！

脚步开始变得轻松，泥土和荆棘，已阻挡不了我们前行的方向。

拿出卷尺，我们开始丈量：出露的地层，厚度的变化情况！

倒出盐酸，我们开始滴定：这里的岩性，灰岩或是白云岩，白云化的程度，是否也像别的地区的石炭系一样！

有的人开始趴在岩石上，仔细地观察岩石的结构，孔、洞、缝的发育情况！

有的人开始从上到下，一点一点地敲打，再用盐酸在崭新的断面上滴定：他想搞清楚本套石炭系地层的三分情况，是完整的吗，是否有缺失，是否遭受过剥蚀风化？

近看完毕，又有人开始不顾劳累地跑到了剖面对面的山坡之上，展开的笔记本，平放在膝头之上，铅笔一点一点地勾绘，目的只是想要把石炭系的素描，带回家！

时间过得很快，太阳开始西下，虽然对石炭系剖面的地层，总有一种看不够的留恋，可是，渐渐暗起来的天空告诉我们：分别的时刻到啦！

我们是要归去的，而你，石炭系地层，这里是你的归属，我们又无法把你带走。唯有在笔记本上，记下你的坐标，在心底，留下你那坚固的身影，记下前来与你相会的途中及相会时的点点滴滴，也只有这样，或许才能表达出我对你真切的思念以及恒久的爱慕之情！

日落西山，人在归途，石炭系黄龙，再见珍重！

石油沟记忆

蒋 剑

> 巴县圣灯山下，旧有油泉，随水涌出，居民取以供灯。
>
> ——清·嘉庆《巴县志》

清光绪二十六年（1900年），巴县人杨俊清将油泉凿开成池，深四五尺，油泉自砂岩裂缝中随水涌入池内，十天采一次，每次五六十斤，供村民燃灯之用……

很久以前，在一个名叫水口庙的路边，从一个小水凼里面，经常飘出油花。当地老百姓就把它取了拿去点灯。

翻开中国石油工业的发展历史，目光停落在西南巍巍起伏的群山之间，这里有秀美荡漾的长江，有盘亘延绵的大巴山脉。钟灵毓秀的灵山秀水造化了川东石油的起始源头，这就是石油沟。

1939年11月25日，巴1井在人拉肩扛中终获1.5万立方米每天的工业气流。抗战期间，巴1井每天生产150瓶天然气，供公共汽车和轮渡使用，为战争封锁的"陪都"提供了新的接替能源。

新中国成立初期，重庆解放，百废待兴，石油勘探，势在必行。

1955年5月，新中国成立后第一口气井巴4井剪彩开钻。此后展开了川东气田波澜壮阔的宏伟画卷。

次年，钻探大队在綦江新盛成立区队，陆续开采出了巴9井、巴22井、巴38井等多口高产井。

巴9井，是苏联专家技术支援钻探的一口井。1957年春节，巴9井井喷并发生大火，仅几分钟后，井架被烧塌陷。这场大火惊动了石油工业部，苏联专家团提出了空中爆破灭火方案，经过5次爆破试验和一次失败，最终使用8个

1937 年 10 月 28 日，国民政府资源委员会四川油矿探勘处承钻的巴 1 井开钻，为中国第一口旋转钻天然气井，也是当时中国最深的第一口天然气井

炸药包爆破扑灭了历时 78 天的大火。一场大火烧出了顽强的工作作风，烧出了有效预防井喷、化解险情的宝贵经验。

巴 9 井自投产到关停整整经历半个世纪，累计产气逾 16 亿立方米。

面对不断扩大的勘探区域，石油沟气矿进行了第一次迁徙。烟坡基地，修建于 20 世纪 50 年代，天然气大开发吸引了大批勘探生产工作者。然而当时的烟坡正和她的名字一样，就是一个了无人烟的坡坡。石油工人搭起了一个个四面透风的茅草房。这茅草房，冬冷夏热，一遇到下雨就漏水，工人们就拿盆接水，天气一晴赶快爬到房顶补漏。建设需要的材料，车上不来，就由人来拉，没有吊车，就用肩来扛。就这样，石油工人一边勘探、一边钻井、一边生产、一边种地养猪、一边建设基地，一手一脚一砖一瓦建设成了具有基建队、钻井队、机修车间、供应站、医务所、警卫班的石油沟矿区。

难，依然艰难，但是石油人扛过了这份难。苦，的确很苦，但石油人吞下了苦，酿出了甜。从最初的三四支井队，到后来的 40 台钻机，从开始的不到 20% 的获气成功率，到发现了东溪、相国寺、卧龙河这些气田，都是石油人不断摸索、加深认识、顽强奋斗出来的。

此时的天然气除了用于汽车、轮渡，重庆市更是借着天然气发展的东风，建成了炭黑厂，尤其是重钢使用天然气后，炼钢质量得到大幅提高，新建了重钢五厂，利用天然气生产中板，主要用于船板、原子能破冰船等国防军用钢材。

在此，我们不得不提到这条长输管线——巴渝线。正是因为有了这条管线，重庆市的经济有了极大的提升。

巴渝线，这条全程 54.4 千米、历时两年建成的中国第一条大口径长输管线。茄子溪过江管线，这条南北两岸塔架各高 74 米，1000 多米长的管线飞越长江，被称为当时亚洲第一高过江管线，也是万里长江上天然气管道的第一次跨越。

石油沟——记录了四川石油工业艰苦创业的奋斗历程，载入中国石油的发展史册。2019 年 3 月，巴 1 井旧址作为近现代工业重要史迹被正式列入重庆市第三批文物保护单位。

烟坡——繁华与寂静并存的石油大院，是那代石油人心中最深的记忆。

巴渝线——在石油沟的传奇地标中风姿绰约、风骨傲然。

我们是光荣的石油人，百年时光刻度不长，岁月更迭，日月交辉；百年奋斗历史不短，人拉肩扛，号角铿锵。石油沟，至今仍汩汩流淌的清泉，浅吟低唱，是无数石油人心中的天地，是它用顽强、拼搏凝结成的精神符号，激励、影响着一代又一代石油人。

1955 年 5 月 22 日，新中国在川东的第一口井——巴 4 井开钻，开创了川东气田的新纪元

1957 年 4 月 21 日，巴 9 井灭火后的井喷场景

一场大雪一片火红

曹 娟

季节走马灯似的沿着时间轨道，半面浓妆半面清新地不停秀场。在辞旧迎新的时刻，人们总是一边盘点旧事，一边配合着季节准备计算新的路途。

"年"迈着固有的脚步催着银杏黄、催着梅花香，院里的邻居们在阳台上挂起的腊肉香肠证明着雪风的功能。偶有雪米粒附在熏黄的油脂上，刹那间，又被风吹干。天气越来越冷，雪米粒会在某一夜化身成鹅毛，带着点古堡的意味，展现深邃与烟火共存的景象。

一切都无所遁形，皆在手机中。太阳、雾霾、阴雨、雪情，统统都在一个小小的屏幕里提前出现。冬月的巴渝，一天烟雾一霄雨，大街小巷里，门关得越来越早。

这些年开始改造老街，以往破旧不堪的小巷在冬夜里越发萧瑟。如今好了，筑建仿古的巷门还刻上名字，长长而曲折的巷里移步换景，粉墙上举杯的李白，凌寒的老梅，罗列的诗词歌赋令人瞩目。延续国风，每个单元门前挂上了大红的灯笼，一如长安旧居、秦淮晓柳的美丽影像，那些灯散发着温暖的光，照亮每个角落，让回家的人远远就能感受到窝心的陪伴。

光，永远是寒潮里最亮的灯塔。

去年这个时候，一如既往的冷。山坡上的李子树都裸成了瘦瘦的五线谱，唯有橘子、柚子还沉甸甸挂在树上，个个"肚大腰圆"。现在各地水果丰富，交通快捷，人们对眼前的水果也不热衷。

我们大清早就开始忙碌，到农家选猪、过秤、联系车子，再一路向着钻台奔去。风掠过山峰在谷里打旋，冻得晕车的猪嗷嗷直叫。猪是送给钻井兄弟们过年的，他们百十号人，在这山里也干了好几个月，趁着元旦将近，送年猪添喜气。在一群红工衣的围堵下，被陌生环境惊吓了的"二师兄"，最后被套牢在树脚，乖乖地啃红苕。

放喷的火焰带着魔幻的色彩，红艳艳的火光如同一面旗帜招展在天空，如此的高度，预示着明年或有更大收成。百万气井，盼着这片老气田还能书写新的篇章。我们远远对着火光和写着"中国石油"的高大井架开心地笑着，在手机和相机里留影。不知是谁在几百斤的年猪身上喷出"百万"俩红字，大有谷满地粮满仓的气场。

人到中年，对时间的节奏把握得最精准。没有年少可以挥霍的青春，柴米油盐是一本翻开的账簿。泼墨挥毫是自由者的艺术，我们只能小心翼翼写着小楷，希望冬能无恙越过，春会长长久久。总是期待今日的努力能换来明天的收获，这群岗位不同的石油人，向着一个目标前行。

2021年最后几天，冬发起了攻击，朋友圈里展示的主流基本是雪景。他们轻松地打着雪仗、堆着雪人、摆着各种造型。我耳边最响亮的声音却是巡井人一步一步走在满是雪花的山梁上，那些沉重的呼吸声。

"我不希望下雪，高含硫井站在冬天里生产着实辛苦。""雪把树压垮了，车子进不去，只能步行到单井。"他们盼着一场红日击退雪的冰冷，盼着春天重回这片总有一季桃李缤纷的高山田野。

雪莱说，冬天来了，春天还会远吗？看农家小院门口大红的对联，亮闪闪地写满各类告别冬雪春晖万里的祝福语。我们的年是热闹的，一锅羊肉汤暖暖地温着远离家乡的人，一场隆重的晚会为旧与新画上句号揭开序幕。

"开井了，我们又添了一口新丁。"从业28年，从未亲眼见证过开新井的我，还是有点激动。我写过它的火光、写过它寒风里的劲草，在接到喜讯时，竟不知道如何落笔。我也曾上去过几回，开井前夕还守了一天。他们忙碌着，嘴唇被风吹出口子，即使有对讲机，声音依然吼得嘶哑。我唯一的作用就是用相机留下这些年轻的、中年的石油员工奋斗在一线的永久影像，还有那高高燃烧的火炬。

大雪终于在今夜降临，为元旦铺出厚厚的蕴藏。"春天像一块大红绸，舞着江南的新潮、闹着塞北的火爆，红彤彤的春天红火火地过，红火火的日子一年比一年好。"翻出这首老歌，觉得和此时此情最相配。隔着漆黑的夜，我仿佛听到雪压竹裂的声音，看到雪花飞舞的站场里，两个一袭红装的人步履艰难地打卡，看到门外桃树生出点点新绿。

我知道，这一场大雪告诉我们艰难就要过去；这一片火红，微笑着酝酿蜂绕蝶舞的花海。潮汐来来去去，风暴毫无规律。对敢于扬帆起航的人，我相信，阳光终究会把所有的梦点亮。

我师父和他的女人及吉他

黄仕洪

冬　聚

1985 年。深秋。草 9 井。

清晨的阳光照耀山林，几束橘红色的光芒钻进工棚竹窗，斜洒在靠墙的一张整洁的单身床上。竹窗边的石灰墙上斜挂着一把旧吉他，赭色的吉他泛着一丝幽暗的光，像它主人的性格：安静。

工棚里的男人们去井场了。新工的我却无所事事，难以适应钻井队生活的落寞。墙上的吉他时常引诱我的眼球。我总想去拨弄吉他的弦，只为发出声音，打破这满屋的寂寥。

井场背后是果园。果园里满山坡的橘柑成熟的时候，冬天也就来临了。

山野的冬日，渐渐有了白雪。试油还未结束，全队等候换房，井场不再显得繁忙。秦队长为节省柴油，白天不让发电取暖。工棚里的男人们静静地裹在暖和的被子里，等着午饭的敲钟声。火热的青春似乎就要这样度过，这种枯燥与单调的生活在打磨人的性格。

两天后，我床对面的人和他的恋人进入了我的生活。他们是年长我三岁的师父和我未来的师娘伍姐。

那日清晨，寝室的竹门半掩着，我对面床上的师父被一个温柔的声音轻轻地唤醒。他披了棉衣，把下半身掩盖在被窝里，低头细嚼慢咽手里的汤圆和鸡蛋。伍姐无声地伫立在他的床边，等着他手里的碗。半卧在床上看书的我，好奇地偷视着眼前的一切，心里暗自笑我的师父像个坐月子的人。师父和我未来的师娘以这样的方式出现，他们是恋爱中最幸福的人儿。

吃过早点，师父接了伍姐手里的毛巾，擦了嘴，又将毛巾递了回去，双手拖了被盖，又静静地躺下了。伍姐怕影响其他人，转身悄然离去。我用书掩脸而笑了。

甜蜜的爱情是什么呢？是月下的窃窃私语，还是缠绵的热吻？我全然不知。师傅吃着伍姐送来的早点，似乎诠释着什么是爱。兴许墙上的吉他最是知晓他们的甜蜜。

师父和我很少说话。一日，不知是谁的指甲刀遗留在我的箱子上了。指甲刀很精美，小巧玲珑，像是女人馈赠的礼品。趁师父不在寝室的那一刻，我把指甲刀放在了他的箱子上，我想一定是师父放错了位置。当我回到寝室，那指甲刀又回到我的箱子上了。一定是师父搞错了，我把指甲刀又特意放了过去。咫尺之间，两个陌生的男人就以这样的方式交谈着，最终指甲刀还是回到我的箱子上。我没能战胜师父的耐性，我故意把指甲刀搁在那里，等着它的主人来拿取，也许这指甲刀是隔壁工棚那失恋高个男子遗忘的。他探亲回家前睡过我的床。也许那是他的爱情见证物，我胡乱地猜想。我和师父这般无言的交流，墙上的吉他正在窃笑吧。

夜晚来临前，是发电机躁动的轰鸣声，唤醒了工棚里沉睡的人们。大家围坐在电炉边，取暖喝茶聊天。简陋的工棚里多了相互串门的身影。师父取下吉他，慢慢地调试着琴弦。他不厌其烦，重复着那单调的动作。我很想听他弹唱，我也实在好奇那粗细不一的钢丝在他手里，究竟会发出怎样动听的音响。时不时隔壁工棚里传来打牌人骂骂咧咧的话语，他们在为出错一张牌而争吵。这争吵声会不会是吉他的某根弦发出的呢？只要是声音，此时都是生命。

伍姐性格开朗，开朗得让她自己自嘲三年前读技校穿的衣服因现在发胖而作废了。她的笑语总是离不开与我师父有关的话题。她很满足自己的爱情和这样的生活。从伍姐的嘴里我才知道：师父在两年前搬家时，不小心，头被吊装的房子上落下的石头给砸了。伍姐电话得知后，急忙从另一个钻井队赶去护理；那时候师父和他的恋人天各一方。伍姐说话总是乐呵呵的，再苦的事情在她嘴里都会化作一缕青烟。她对我说："小黄，嘿嘿，你不知道！那一年春节，队上搬家安装，年三十的，大伙儿等天黑尽了才收工。天上下着雨雪，大伙儿又冷又饿，都盼着食堂早点开饭吃好的呢。你猜怎么着？"伍姐双手握在胸前，歪着头，笑眯眯地看着我，等候我的回答。沉默了一会儿，她见我木然，接着说："陈班长正准备捞米蒸饭，也不晓得是什么时候米锅里却烫死了一只老鼠。呵呵，大伙儿好的没有吃成，一人却只得吃一碗面条过年。嘻嘻……"

伍姐说个没完，仿佛只有说话，黑夜才会过去。从她的讲述中，我开始认识钻井队的艰辛生活。吉他在师父的怀抱，偶尔会发出一串动听的音符。电炉的热浪烤红了我们的脸庞。

山野的冬日，像风一样地流淌着。元旦那天，师父他们迎来了伍姐老队来的朋友。忙碌了一天的他们，晚上奉献给我们丰盛的火锅。师父的客人绰号"邮递员"，他是一个喝酒豪爽快乐的青年。

晚上我们喝了很多白酒。此起彼落的猜拳声，无不带着快乐、豪爽的情绪，这种气氛彻底摧毁了整个冬季的阴郁。酒后的"邮递员"，满脸绯红。突然，只见他脱去身上厚厚的棉衣，挽起袖子，抓起那把安静了多日的吉他，狂舞着手指，欢快地弹奏起吉他，用高亢的歌喉唱起《星星索》来。

音乐是潘多拉的魔盒，能释放人们快乐的灵泉。师父来了兴致，他接过"邮递员"手中的吉他，用和弦优雅地奏起了《多年以前》。音乐使人脱俗，音乐使浑浊的空气清新爽朗。师父兴致太高，他变换唱腔，继续弹唱着《老黑奴》和《可爱的家》，很多人都情不自禁地跟随他的歌声合唱起来。

他们用吉他和酒后的歌喉释放心灵的悲欢。这些平常看上去显得沉默寡言的男人们的心里，却深藏着一支悠扬而抒情的歌。此时此地，人性的懦弱和坚强都会在歌声中绽放青春的花朵。

懂得快乐的人从不言痛苦。我师父似乎就是这样的人。

一年后，伍姐成了我的师娘。

师父离开了单身寝室，他们有了属于自己的小屋。每一年，我们都会从一个地方搬家去另外一个地方打井。

又是一年后的夏日黄昏，我们还住在油毛毡工棚里。师父独自坐在他的寝室门口，低头弹唱着老歌。师娘也许在屋子里休息，师父显得有些孤单，甚至害怕和担忧；一个新的生命在等待着他们去迎接。那些日子里，穿着油工衣上班的师娘孕吐得特别厉害。师父已是副司钻了，他没了往日轻松的心态。

秋 离

秋天端出来架子，老气横秋。伫立窗前，看这满院的夜色，月光下，桂树又在酝酿花期即将到来的赞礼了，想来仲秋也快来了吧。

月夜寂静，清辉徐洒。昨日师父从钻井队来的电话，彻底粉碎了我珍藏了二十余年的，关于他的女人、吉他和我们青春年少的美好记忆。

记得师父第一次领我爬上比山顶还高的井架二层平台，也是今夜般的月色。在二层平台上，他为我系好保险带，操作示范起下钻的标准动作，讲述了注意事项，就把起下钻的活让我单独干。师父安静地趴在一边的护栏上看我操作。见我渐渐熟练了，他下了井架，去钻台上干活了。

我独自在井架上一干就是连续几个小时。在井架上，我和月亮最近，却是手忙脚乱，汗流浃背，无暇顾及月色里的山野之美。

每次师父从钻台上劳累下来，师娘都要亲手炒上几样可口的荤菜，让师父喝上几杯。在闲暇的日子里，师娘会整出一桌好菜，邀请我们去喝酒团聚。每次酒后，师娘都会笑眯眯地为我们准备好水果，或者送上一盆冰糖银耳橘子汤，作为醒酒的小吃。

1991 年的初春，我们已住上带空调机的野营房。师父和师娘也把两岁的女儿接到身边。师父用白棕绳和木板，在寝室里的门框上给女儿做了秋千，孩子穿着粉红的裙子，在秋千上慢慢长大。

初春的雨多，还寒冷。那日我刚下夜班，见师娘非常着急，问怎么回事，她说孩子病了，高烧不退，需要马上送医院，而师父出差培训井控技术不在。我主动要背孩子去几公里路外的公社医院，师娘拒绝了。她让我赶紧休息，晚上好继续上班，自己急忙请了当地一位农妇，冒着大雨背孩子徒步去医院。

上夜班最苦，也最危险。为了维持轮休作业，我们每月要上半个月的夜班，每天是从晚上八点上到第二日早上八点。师父自从当司钻后，每到深更半夜，他为强打精神，不让自己昏昏欲睡，不是在值班室连续抽烟，就是拿风油精不停地抹太阳穴，一瓶风油精三天就给用没了。冬夜处理井下复杂，偏又遇大风雨雪，每起钻一柱，我都要为操作刹把的师父支起大雨伞遮挡喷射而来的钻井液，我有好几次差点就累倒在满是稀泥的钻台上，可还得依旧咬牙地干，后来终成习惯。

师父是没有弹奏吉他的兴趣了。而我却把他的吉他，和山里黄色的野菊花花束一起画进了我的油画里。

师父当副队长的那一年，师娘调去后勤基地上班了。他们终于在重庆渝北石油基地，那个被人戏谑为"寡妇楼"的一线职工住宅楼里有了安稳的家。

一日黄昏。雨后，去井场狭窄的道路满是泥泞。我搭乘吊车出差，在路上遇见师娘喜气洋洋坐了出租车去井队。错车时，我问师娘干什么去，她笑眯眯地说今天是你师父生日呢，给他买了一根皮带送去。那次，师娘奢侈了一回；她打的去井队的车费可是那根皮带的好几倍价钱呢。

在后来的日子里，师父、师娘和我，天各一方。

那年冬天，师父突然来电话问候，让我既感意外，又倍感亲切。得知他们的女儿考上了重庆科技大学，我欣喜；可得知师娘早已买断工龄回老家做生意去了，我很忧伤；我饱含热泪，问师父究竟发生了什么事，他笑着说他们离婚都好些年了，现在还单身；自己去新疆也干了好几年了，才回到川东，现在当指导员了，他的声音明显多了流经岁月的沧桑感。

我追问他们为什么离婚。电话那端，师父沉默了一会儿，然后大声笑着说：各人有各人的生活啊！我把师娘曾经的好说与他听。他听了还是笑，说，是啊。那一声声是啊，是啊，却让我的喉咙哽塞，眼泪也差点不争气地快掉了下来。

沉默过后，我告诉师父少抽烟，少喝酒，保重身体，一定要注意安全。师父听了还是笑，说好。而这些话，分明是很多年前那个秋天的月夜，他拿来嘱咐了我的。

春　归

十年前，我去钻探公司办理调离钻井队的手续，顺路去重庆渝北石油基地我师父家，师娘热情地招待了我。我问师娘，师父当副队长后经常不在家吗？她笑着说井队忙，脱不了身。我感觉有些遗憾，我和师父有几年没有见面了。

几年后，在师父冷清的家里，师父和我长谈了一个通宵。他向我讲述了他的钻井队工作、生活和家事。几年前，他母亲重病住院，他发觉母亲特别想要一套新出产的健身器。或许是某种不祥的预感，师父在回新疆钻井队的头天傍晚，在陪伴母亲散步的路上，不顾母亲心痛花钱，给老人买了一套，母亲终究是欢喜地笑了。可就在他返回新疆钻井队的第二天，就得到母亲离开人世的噩耗……

师父讲述着母亲离世前的琐事，口吻虽是淡淡的，但唯一令他欣慰的是自己满足了母亲生前的最后一个心愿。那一刻，我懂得他一个游子长年累月在外无法孝敬长辈的无奈心境。

两个月后的一天下午，在石油基地所在的街上，我无意邂逅十年未曾见面的师娘。我问她怎么回来了。她郁闷地说一位多年的好友，前两日不幸出工伤事故丧命了，自己是回来见这位朋友最后一面的。

那天，师娘也向我讲述了她离婚后的故事。她说离婚不怪我师父，一切都怪她自己……她也谈到师父母亲的去世。她说虽然他们离婚了，但是她还是回到南充市参加了母亲的葬礼，师父的家人根本就没把她当外人，一切都跟从前一样自然，亲切。说着说着，师娘就流泪了。当我们聊及过去钻井队的往事的时候，她又开怀大笑起来。

张爱玲说：因为懂得，所以慈悲。也许是见证了他们坎坷的生活经历吧，我听完他们的婚姻故事后，先后分别劝说他们：你们在野外那么艰苦的日子里都走过来了，现在日子都好了，难道还有什么过不去的坎吗？我是真诚地希望你们牵手。我以为在我们将要老去的日子里，自己最需要的搀扶的人，一定是对自己知根知底、甘愿付出的那个人了。

世事恍如昨。转瞬之间，我们从少年到了中年。我们平淡地生活着、劳动着、恨着、爱着、孜孜不倦地追求着。这些都是生活的细节，我们在享受着这样生活的细节的同时，生活也在教会我们懂得爱和被爱。

去年春节前的夜晚，师娘给我来电话，以幸福的口吻告诉我，她和我师父已经装修好了曾经属于他们的小家，他们已经和好了！她盛情地邀请我一定去他们家做客。

我回答说一定的！

我期待着我们重逢相聚的那一天。说不定在酒后，师父还会如从前那样趁着酒兴，怀抱吉他，为我们弹唱那首经典老歌《可爱的家》。

不负花期兀自开

李绍华

春光明媚，草长莺飞，一年中最美的季节。

许久未见面的她在微信里留言，约我相见。

同在一座城市，说是好友，却三年未曾见面。虽鲜少见面却并没有影响我们近20年的情谊，走过的路，看过的风景，一路的心境，都已经彼此熟悉了。

还记得第一次在井站见到她，穿着一身红工衣正蹲在菜地里扯草。初夏的阳光带着温热照耀在她的身上，随着班长的呼喊，她抬起头，拍了拍手上的泥土，捋了一下自己垂在额前的头发，径直向我们走来，微红着脸冲我腼腆地笑了笑："我叫徐梅，站上的同事们都叫我梅梅。"

我和她住在一个宿舍，有着古典气质的她和我性格相悖，属于慢热型，但一些共同的认知和爱好依然让我们成了无话不谈的好朋友。

两年后，我调离了井站，可这并没有妨碍我们的友谊。每一次轮休，回到重庆的她都会约上我见见面、聊聊天。

时间太瘦，指缝太宽。转眼间，人生的角色随着年岁在生活舞台一一扮演。入戏太深的人，往往容易被生活所伤。

三年前，我最后一次见到梅梅，无比憔悴的她惊吓到了我。瘦得有些脱相的她坐在南山的观景台石凳上，双手托腮凝视着山下的风景。我轻轻地走近她，却浑然不觉，直到我握住她的双手，她才抬头看我，却是满脸的泪痕。

只晒幸福，不讲悲苦的她，原来生活早已经一地鸡毛。上高二的儿子迷恋上网游青春期的叛逆逐渐显现，外地工作的丈夫也摊牌说：找到了"春天"。

一时间从幸福的塔尖坠入无边的黑暗。生活狰狞的面目，让人夜夜难眠。头发开始大把脱落，轻度抑郁的诊断惶恐，她就像失去了航向的小船在生活的河流里飘荡。

一切的开导与安慰在那一刻都显得苍白无力。或许当她将生活的杂芜告诉我的时候，就已经想好了不再与我联系。我知道她是一个看似柔弱如杨柳却坚韧刚强的女人，这也是我欣赏她的地方之一。

三年后再度见到她，依然在南山的观景台，她依然坐在石凳上，双手托腮凝神远眺。听见我的脚步她迅疾回头，满脸的惊喜，一个快速的拥抱后捧着我的脸端详："嗯，岁月对你还算温柔。"

仿佛这三年身处生活水深火热的是我，我诧异于她的改变。从前的她素面朝天内敛而含蓄，40岁的女人遇见陌生依旧会脸红紧张。现在的她略施粉黛，一头乌黑靓丽的直发柔顺地披在两肩，穿着一袭白裙，裹着天空蓝披肩，气质依旧，精神饱满。

顺着山道积岁的石板小路，我俩边走边聊，她还原了这三年生活的不易与艰辛，磕磕绊绊的儿子上了大学，还了丈夫自由，也还了自己自由。

打碎从前井站、家，"两点一线"的生活，去看未看过的风景，去认识志趣相投的朋友，去感受不一样的生活，学彩铅画、学养花、学跳探戈、学弹古筝……原来自己想做的事有那么多。

三年前的她望着山下觉得杂芜丛生有一种一跃而下的冲动，现在的她望着山下觉得景致优美生活美好。

她轻描淡写地说着这三年的经历，就像说一个久远的故事，曾被剧中人左右的心境，现在只由自己左右。

她在一株纷繁怒放的桃树下站定，轻轻倚着桃树："给我拍张照吧，要拍得美美的。"

镜头里的她在一片粉红桃花映衬下格外的美，笑容若这春天里绽放的花，萌发的芽，生活如这春天一样复苏。

三年前，她流着泪对我说，"我被生活击倒了，但我想自己站起来，请给我时间！"在那一刻，我知道她兑现了自己许下的承诺。

或许只有经历过生活至暗时刻的人才能真正从内心成长。女人如花，每一朵花都不应辜负了季节，辜负了光阴。

月与梅

刘云兰

这几天倒春寒，骤然降温，楼下的晚梅仍顶着风临寒独放，我对梅花情有独钟，每年都孜孜不倦地在梅香中转悠半天。今日细雨，不顾雨滴的肆意飘洒，我端着相机直奔梅树而去，记录下这个季节里梅花最后的傲然风姿。

雨中的梅花晶莹剔透，傲立于枝头，更显得清雅俊逸，看似柔弱，却自有风骨、亭亭玉立。那沁人心脾的清香，淡雅而悠远，不愧为花中品格高洁的君子。

春节刚过，我就收到了在大池干井站工作的好友月的电话邀请："山里又下雪了，特别美，我二十多年前亲手种植的梅树开得特别茂盛。今年春节我在山里值班，真希望你能带着心爱的相机来我们这里记录山间美的一切。"接收到这份无比厚重的邀请，我的思绪久久不能平静。

记忆把我拉回二十年前初遇月的样子。漂亮、温婉且有些娇小的她，从技校毕业后，分配到大池干站线上的一个偏远井站，做了一名采气工人。还记得当时月是哭着鼻子去井站的，我明白她心里有太多的不舍和不情愿。

很快她给我写来了第一封信："山里荒凉，人迹罕至，我们做饭要走好几公里的山路去买菜。井站只有几个人，白天黑夜都要轮流值班。我特别害怕上夜班去巡检，还哭过好几次。"满纸酸楚，我除了安慰也别无他法。

时间过得亦慢、也亦快，不知不觉中又收到了月的来信，这次她适应环境多了，字里行间写满了师父对她无微不至的关心和工作上的帮助。

就这样日子不紧不慢地流淌，月每次来信，都写满了工作、学习、生活中的一些小变化。她告诉了我遇见爱情的甜蜜、孩子出生的喜悦、丈夫从遥远的井站调动到她工作的井站团聚……生活中的种种喜悦与忧伤。月的一封封来信中，展示着她在山野间对未来的憧憬与希望，以及对生活的坚定与执着。

不知不觉，月在山野间工作已是二十五个年头了，从懵懂的少女到现在皱纹依稀的成熟女性，早已没有当年对生活的手足无措。

我端着相机终于来到了月的山间。再见月时，只见她一身厚厚的红工装，包裹着微微发福的身体，对于我的到来激动不已，紧紧地拥抱后，就带我去看她工作的地方。

她行走在红黄相间的输气管线间，特别跃动、特别美丽。每天，她从清晨到黄昏，不知要在这红黄相间的输气管线间穿行多少次，早已是井站班长的她，多次捧回"百优班长""三八红旗手""先进工作者"等多项光荣称号。

我默默注视着她的背影，在巡井中，她深一脚、浅一脚，行走在荒凉山野之中的一口口气井间，查看设备是否异常，检查井口气压、管线是否冻堵。就这样日复一日、年复一年，二十五年就这样过去了。

月拿着手机给我看她儿子的照片，一个帅气十足的小男子汉。"孩子一上小学就住进学校，成为住读生；孩子 8 岁时，在学校摔伤，因为工作不能赶回他身边去照顾。"每次讲到孩子，月都有太多的亏欠。她的儿子今年 17 岁了，很独立，在学校任班长，周末主动回到爷爷奶奶家照顾两位老人，孩子的健康成长，是月最大的希望。

月带着我去看她下班后种的菜园子，这也是重庆气矿的"三个一"绿色家园建设成果。菜园子里的蔬菜、水果一应俱全，这也是她们全站员工业余生活中的收获。

我还看见了月种的梅花，与月一起在山间迎寒而开，美艳绝世，在风雪中孤傲地摇曳。就像月，面对生活当中的一切困难，她的微笑依然灿烂非凡。

燃烧的盛宴

曹　娟

　　因为地理环境，下川东山势险要、水流湍急。在交通极不发达的时候，行船是出川最快的方式。应运而生的纤夫赤裸着古铜色的上身，滚烫的脚印烙满滩壁，与悬棺、神女的传说同在。

　　"前面有一道观音滩，观音菩萨不灵验。不使劲过不了滩，你我联手各个是英雄汉。"不认命的川江号子穿透漫天红叶，生于此、葬于斯的纤夫汉子们用一生辛劳，完成守护家族的使命。

　　离开软玉温香的成都，风尘仆仆地与1993年的万县城碰头。陈旧、狭窄的小城不是我想象中充满神奇、带着巫文化气息的三峡古城。

　　坡陡路窄，溜滑的石梯层层叠叠堆在江边，两檐快要相触的街道、低矮的房屋，远远看，自上而下挂在连绵的山上，如同一块被时间洗礼得太久的帆布。城中心的高笋塘广场依然狭窄，包围在鼎沸的喇叭声、叫卖声、影碟声里。水池上被风雨侵蚀的仙女雕塑妖娆着深浅不一的颜色，成为我最深的记忆。

　　那一年，我们20多人来到这里，算一算，离家远远超过千里。车是采输三公司派来接人的，从灰头土脸的分水镇进城，然后穿过城区，还有山脚热闹的三峡师专，沿着破烂的路，车子慢慢驶向吊岩坪，三公司就驻扎在山顶上。

　　沉默不语，车里分不清楚方向的毕业生们，看着一路的莽莽大山，对未来的命运也有了大致认识。

　　这只是一个开头。一场大雨送我们各自奔向汝溪、忠县、丰都那些更偏僻的所在。女生们陆续开始流泪，哀伤美好的青春就要在山里流浪。单井，名副其实，孤单的井站，孤独的采气人，那些青春注定是一场不能娇艳盛开的花事。

　　几十年一晃而过，当初青涩的少男少女转眼成梁。相聚时，偶尔也会提到那时的窘相。敏敏是当初哭泣中的一位，在家里排行老么的她受尽家人宠爱。结果分到忠县咸隆山上那旮旯地。

"从没看到过那样差的住房，真想一走了之，我怕极了蛇和虫子。"她记忆犹新地说。

兜兜转转，敏敏历任了日输上百万立方米天然气的输气站站长、为渝东北供气的首站站长，她带领着姐妹们日日夜夜守好每立方米天然气，女子班组从未出过一丝纰漏。

笑声爽朗，转战各个采气井站的敏敏再无当初的柔弱与胆怯。

有记者在报道里写道：阳春三月，春暖花开，高粱首站与远处迷蒙的贝壳山相融成景。为了库区温暖，高粱首站的采气人把这里当成战场，有女性的细腻管理，亦有汉子冲锋陷阵的勇气。走在杏花飘落的巡检道上，她们的红色身影是这春天里最坚毅、美丽的风景。

因为这篇报道，敏敏她们被称为"贝壳山下的女人花"。

"就要退休了，我还真舍不得，干采气工挺好的。"一袭红衣的敏敏眼角有了细纹，依然美丽的她目光还是那样热忱。

人与时间时刻起伏，都不会停留在原处。三峡移民后，万州变化天翻地覆。依山而建的楼盘与廊桥，拔地而起。鲜花、钟楼、江水，在云蒸雾绕中幻化成海市蜃楼。仿佛与江面平肩的万州城，随波浪起伏，俨然是仇英笔下工整细丽的楼观山水图。"炉火照天地，红星乱紫烟。赧郎明月夜，歌曲动寒川。"劳动创造锦绣繁华，这个城市的灵魂在永不懈怠地奔跑。

妇女节，我们的保留节目多是攀登太白岩。据说李白出川，曾在万州停留，出名的地方就有白岩书院、太白公园，还有太白诗仙酒。

太白公园就在太白岩，一路不歇气地走，大约要半小时到山顶。站在山巅，看万州城山傍江来楼林立，车水马龙如同勤劳的蚁群。哪怕一场疫情一场洪灾，都没有改变这个城市的脚步。在炉火照天地里，多少采气人汇集着星光，把温暖努力涨潮到更远的地方、更偏僻的角落。

方棋在《最后的巫歌》里写尽了三峡的故事、三峡的性子。看着书，我遥想那些久远的历史，那些穿着奇奇怪怪的长袍、带着狰狞的面具、哼着装满秘密的调子的人，祈祷神灵的眷顾与赠予，越唱越是高昂有杀伐之气。巴山蜀水养大的人们，一边从心灵寻找方向，一边靠着双手生存。李白的对月当歌、屈子的悲天悯人，纷纷融进移民的薪火，开垦远方，洒播希望，巫山文明又有了新的精髓。

天沃福地，万州山里珍藏"蓝金"，我们这些移民应运而来，与山做伴，与采气树结缘，诞生不了天才的作品，只会安静地听风歌唱。喷涌的气流与心里的火焰交接，燃烧的不只是青春的盛宴，还有五月所有的微光。

路长，情更长

李绍华

暮春时节的这场雨已经断断续续下了一周，如前段时间我不断收到的小礼物。

初时，以为是购物平台友情馈送，后来发现馈送的力度似乎有点大，才觉得有些奇怪。

直到你在微信里问我，最近，是否有小惊喜？我才恍然意识到，原来这些惊喜的制造者是你。

想一想，重庆、万州一衣带水的两座城市，我们却已经有两年没见面了。偶尔，微信里互致节日问候，聊一聊彼此现下的生活。情谊，如阳台上正绽放的蔷薇花，花香淡淡，却历久弥新。

如果时间会说话，娓娓道来的 27 载似水流年里关于我们的故事，波澜不惊却一直温暖如昨。

"你先选吧，我睡上铺或者下铺都行。"寝室里，几乎同时到达的我俩面对剩下的唯一上下铺，你主动做出了让步。看着你如同小苹果似的红扑扑小圆脸，对你的好感油然而生，友谊的种子就在那时萌了芽。

冬天，怕冷的我总爱从上铺溜到你的被窝里，然后，聊一些女生之间的小秘密。你的性格比较内向，和我倒很好地互补。每次闹了矛盾，你总会主动逗我："生气，可不漂亮了。"于是，我们又会再度和好，手牵手逛街，手牵手散步……

炎热的暑期像极了短暂奔放的青春，躲在树荫里纳会儿凉都会觉得是对青春的浪费。看到你来信说整天宅在家里，觉得暑期漫长，想念学校，想念我。

没有丝毫的犹豫，从泸州到富顺，再辗转到你们镇上。当看到你眼里的那一抹惊喜时,一路行来的疲惫顷刻消散。

以后的假期里,只要思念的火苗被点燃,我们总会从一座城奔向另一座城,只为见面时彼此眼里的那一抹光。

参加工作以后,你分在万州大岭池 30 井,我分到丰都池 26 井。总想着去看看对方的工作环境,好像才能心安。却忘了,其实大山深处的每一座井站都是彼此的映照。

不远的路途,却因交通的不便利,走出了跋山涉水的沧桑。从池 26 井出发,走两小时的山路到虎威镇上,再坐一个半小时的车到丰都县城,再从县城沿江坐船到忠县,再从忠县坐车到大岭乡,最后徒步近 5 千米的山路到达你所在的池 30 井。

时值初夏,落日余晖下你还在认真地擦洗设备。我还未曾来得及站在你身后,井站的同事发现了我:"你找谁?"

低头忙碌的你转身看见我,立马扔下了手里的抹布奔向我:"绍华,你怎么来了?"

"想你了呗,红尧。"看着我汗湿通红的脸,你竟然哭了。

多年以后,聊起这段往事,你说那一刻的我在你的眼里最美。

后来,生活的纷呈让我们的联系渐少。转眼,青春就从指缝里不经意间溜走了。

岁月缱绻,葳蕤生香。内心里,情谊的路伴随岁月一路延伸,我们从未曾停止奔向对方的脚步。

一篮柿子

刘云兰

"小刘，井场外有位老乡找你。"刚下班走进宿舍，我还穿着一身油乎乎的工装，就听到外边有人叫我。

我嗅了嗅刚清洗完柴油滤纸的双手，强烈的气息扑鼻而来。本来饥肠辘辘的，还打算先狼吞虎咽几口饭菜，外面的同事又开始催促："赶紧的，人家老乡等着呢。"

我只好放下餐盒立即回应："我马上来。"

带着一脸疑惑，我一边快步走向井场的大门，一边放下袖管。哪位老乡找我呢？

只看见一位瘦小精干的中年大姐，穿着蓝色的布衣，手里提着一个沉甸甸的大篮子，篮子边站着一个十岁左右的小男孩，正睁大眼睛依偎在大姐旁边打量我。

大姐一看见我就热情地小跑上来，一边拽着小男孩："石头，快！快来谢谢石油阿姨。"仔细一看，这个名叫"石头"的小男孩，有点眼熟，似乎在什么地方见过。

"谢谢阿姨给我买的三角板和圆规。"石头羞涩地说。

我猛然想了起来。

自从我工作的钻井队搬迁至云阳境内的马槽1井，紧张的工作结束后，我和同事们常在晚餐后去井场外边散散步。沿着泥泞的山村公路，向大山的深处走去，行走在树林茂盛的山路上，呼吸着清新的空气，和队友一路欢声笑语，倒也惬意。半山中，有一所石头房常常是我们散步的终点，这是方圆几公里唯一一家能让山里村民购买生活用品的小杂货铺。我们经常借着散步去买块肥皂，或者一盒牙膏、一把牙刷，偶尔还买点零食满足一下口腹之欲。山野中，一包方便面加一根火腿肠都能让我们吃得有滋有味。

一天傍晚，我们按照惯例晚餐后相约散步去半山的小杂货店，刚到店外的长条凳上坐下歇脚，就遇到上面山林里跑来一群孩子，叽叽喳喳说个不停："老板，我要买三角板！""我要量角器！""我要圆规。"买到东西的孩子兴高采烈地跑远了。这时，窗台边才传来一个可怜巴巴的声音："老板，可不可以赊一个圆规给我？我妈说卖了鸡蛋就来还你钱。"

"不行，你家欠账最多，再欠，我的生意都做不下去了。"老板一脸无奈。

我抬头望去，只见一个瘦瘦的小男孩，大约十岁，穿着一身旧旧的军绿布衣，显得空荡荡的。他趴在窗台上，裤管挽得高高的，光着的小脚丫上全是泥土。已是初冬时节，天气转凉，我穿着一件毛衣犹自寒冷，这孩子还穿着一身单衣，他不停地用两只光脚丫来回磨蹭，手不停地在斜挎的军绿书包带上滑动着，一脸期盼。"老板，拜托你帮帮忙，老师让带，明天上课要用。"

眼看老板不为所动。我掏出钱来买了一整套圆规、量角器和三角板，递给了一脸惊诧的小男孩："阿姨送给你，好好学习。"

小男孩原本垂着的头更低了，一个劲地摇头。

"拿着呀，别客气。"

小男孩怯怯地望着我许久，才慢慢伸出双手接过了学习用具，一步三回头地离开了我的视线。

这件事情就这样过去了一些时日，我早把它丢在了九霄云外。

眼前的大姐一个劲地把柿子往我手里塞："谢谢好心的石油阿姨，我家娃爱学习，他爸瘫痪在家，屋里屋外都靠我一个人，挣的钱都给娃他爸治病了，哎！"大姐有些哀怨："家里没啥好东西，这柿子是自家树摘的，可甜了。"

望着母子俩远去的背影，我默默地祝福他家的日子越来越好，就像我眼前这篮火红的柿子。

我和张 3 井

吴　萍

"4 月 18 日，张家场气田张 3 井拆除封井器，换装完井井口完毕，修井收尾"。手机上的这条生产信息，打开了我与张 3 井的往事之门。

1996 年 9 月，21 岁的我和其他 7 个小伙伴技校毕业后分配到了位于四川省广安市邻水县兴仁镇边的原采输一厂采气一队，喘着粗气的老式客车在距离队部还有几千米处就熄了火。路边一块用红油漆写着"张 3 井"的铁皮牌子在夕阳的余晖中吸引了我，这是我与张 3 井的第一次见面。

张 3 井的对面就是采气一队的队部，兴仁镇小得在地图上找不到。从小到大没有离开过父母，也没有离开过石油圈子的我，对远离闹市、亲人疏离的"荒野生活"感到新奇而又惧怕。在坑洼不平、尘土飞扬的乡村土路上，我和小伙伴们灰头土脸地踏上了人生的崭新阶段。

和我们这群年轻人一起来到张家场的还有一座新建成的增压站，那时候的张家场气田已经生产了 18 年，日产量从 70 万立方米降至 20 万立方米，从稳产起逐步进入递减期，在增压机这颗"心脏"的强劲带动下，困扰气井的井筒积液、压力不足等问题得以缓解。小伙伴们分别被分配到张 2 井、张 10 井和刚成立的原增压二队（现在的张家场增压站），而我很幸运地留在了离队部较近的张 3 井。

"采气工们比较诗意，给生长在井站里的树取的名字……"从小在运输队长大的我，入厂教育的第一堂课上就闹了笑话。"张 3 井 1981 年投产，现在日产 4 万立方米左右……"上岗第一个班就是夜班，夜色中在师傅的带领下我第一次巡检了设备，知道了采气树不是采气工们的浪漫，是长得像树的铁疙瘩。直至今日，每每想起，一丝笑意都会不经意爬上我的眼梢。

　　张 3 井是一口管理着 2 个井口的小站，站内除了张 3 井井口外还有一口已经封堵的观察井张 7 井，靠着围墙边三间红顶白墙的平房分别是值班室、工具间和仪表间。值班室后有七八棵十几米高的粗大香樟树，师父总是开玩笑地说：这是做嫁妆的好木材，装衣服不会被虫咬。

　　跟所有采气工的单井生活一样，每天值班室、生活区两点一线和抄数据、填报表。好在张 3 井离队部近，除了上班在站上，平时吃住都在与张 3 井一路之隔的队部。春天师傅们领着挖折耳根、挖野菜，和着一大把野葱在队部食堂拌上 2 大盆，夏天的夜晚则在灯光球场上摆上几个大方桌和条凳，男女同事分工明确，男同事钓鱼抓青蛙，女同事洗葱剥蒜"偷"丝瓜，等几大盆麻辣鱼或泡椒"呱呱"上桌时，笑声、吹牛声把院墙外老乡家早早睡觉的"大黄""花花"们都引到桌子下钻来钻去。

　　那时候一个队部二十几个人，就是一家人。

　　2002 年，随着企业改革的步伐加快，原采气一队、采气六队、增压二队合并成为重庆气矿下辖的邻水采输气作业区，原采气一队的队部不复存在，管理中心转移到了当时并不繁华的邻水县城，我离开了生活了 6 年的兴仁镇，也离开了工作 6 年的张 3 井。

　　走之前的最后一个班正好也是夜班，跟才参加工作时一样，也是 9 月，月光很亮，夜风很凉，值班室静静地伏在围墙边，像个被香樟树香气包裹的白色蚕茧。夜色中的采气树没有了白天醒目的黄和红，呼啦啦长成了我记忆中采气工人的采气"树"。

沙6井

李　伟

依稀记得四十多年前的一个冬天，外婆家隔了一段山梁的凹处，突然有了高高的井架，机器的轰鸣声天天响着，没有歇息的意思，晚上的灯光照着四周，特别明亮。院子的人们纷纷谈论着，说那是石油工人在钻石油。还有胆子大的人去现场看了回来说："石油工人好苦啊，一身油污，跟挖煤炭的一样，好黑哟。"最轰动的事是井队来了宣传队，锣鼓喧天，井架上的大喇叭放着歌曲，吸引着乡亲们远远地站在田间地头打望。我没有翻过山梁去看热闹，也不知道石油是什么样子？我只知道那晚上的灯光太好了，亮得跟白天一样，院子周围不再一团漆黑，家里的煤油灯可以节约了，老人们嘴里的鬼故事听了也不用害怕了。

后来，井队搬走了，沿途铺的钢管路过外婆院子旁边的一个堰塘，悬空近 5 米。没有想到，那节悬空的钢管成了男娃儿的乐园。在夏天，他们在堰塘里游泳嬉戏，抱着钢管在堰塘里扑水，扑得水花四溅。女娃儿们是没有资格到堰塘里玩的，但谁走过那节悬空的钢管，谁就是勇敢者。从小淘气，性格如男娃儿的我是第一个轻松地走过钢管的人，我自然成了女娃儿们心中的勇敢者。

背上书包读书的我进了龙山大队小学，在离学校不远处，又有一节裸露的钢管，不知什么原因？路过时总闻到一股臭鸡蛋味，让人特别难受，后来有胆子大的人点燃了漏臭味的地方，蓝色的火焰升起 2 米多高。有人说问过石油工人了，那叫天然气，是专门输到钢铁厂炼铁用的。那段钢管经常漏气，经常被人点燃。在冬天，我们上学路过时会停下来，远远地站在一边烤一会儿。在寒冷的季节里，感觉好暖和啊！

沧海桑田，时间到了 2005 年，我所住的小区贴出公告，说对门小区的沙 6

井要封井了。当井架再次架起时，我赶紧去看了看，那就是我童年看到的灯光四射的那口井啊，当年感觉那么遥远，如今就在眼前，而封井后的沙 6 井永远埋在了地里。

又是十年过去了，一次翻阅资料时，一同事说起了沙 6 井，感觉好"穿越"啊！望着沙 6 井上面花园般的小区，门面顶上有花台，花台里栽有三角梅，绿色的枝条倒挂着、小小的花儿藏在大红的、紫色的叶片里，一串一串地，形成特有的景观。当年的田园风光，如今的都市高楼，生活的潮流永远前进着。

那场和井场有关的童年

李　陈

　　我出生在一个石油的大家庭里。父母都是采气工，常年驻守在单井上，而我的童年，多是在井场上度过的。

　　回忆里，井场的环境十分惬意。铺满鹅卵石的井场坝，被太阳晒上一天后，平滑温暖，光着脚上去走走，那温暖便自脚底悠悠扩散至全身。宿舍前的葡萄架上覆满青绿的葡萄藤，彼此缠绕蜿蜒，只让灿烂的阳光挤进彼此的缝隙，向下面的石桌投下束束光芒，置身于葡萄架下，仿佛来到绿森林一般清新自然。

　　围墙角边的大片草丛里，红有蛇莓，绿有刺菱，这色彩愣是把闷热干燥的夏季装点得温柔了起来。我总爱花上一个下午的时间，在那片草园中穿梭，看着蚱蜢随着我的脚步跳向一旁，双手合成一个拱形空间，屏住呼吸轻轻靠近，猛地一罩，便把这青绿的小东西轻握在掌心，再扯上十来根狗尾巴草，找井站门口村里的小哥哥编上一个草笼子，便拥有了自己的小宠物。有时，父亲工作得半日闲，便会扛上一个长网兜，卷起裤脚，带着我抓螃蟹、挖菱角，再在荷塘里采上几个莲蓬，收获着满满的欢喜，踏着夕阳回到井场。

　　夏夜，井场的水泥坝退热后，父亲和我总爱搬出两把藤椅，一人一把盘腿坐在上面，怀抱一瓶自制的绿豆冰，讲着故事，唱着儿歌。累了，便靠在藤椅的椅背上，头抬得高高的，仰望着漫天的繁星，极尽了想象力，用手指在夜幕上描绘着我的天马行空，还有对遥远未知的憧憬。

　　关于井场的回忆，因为太过有趣和深刻，已然成为一种情结。时光苒苒，十几年已经过去，我不再穿梭草丛，也不再在毒辣的太阳下光脚踩石头，"野小子"长成了大姑娘。但那个井场的小女孩跳跃奔跑的身影，永远停留在我的灵魂深处，她与童年相连，与老井相连，带给我美好，和无尽的希望。

养羊记

李　陈

1 口中心站，10 来个人。冬至来临的前 1 个月，大伙儿凑钱从村民那儿买来一只羊，说自个儿养肥点冬至那天杀着吃。

每天不上班的人负责"遛羊"。大多数时候，我们都是牵着绳子，看着羊儿啃草，咂巴着嘴嚼得脆生响，偶尔猛地停顿抬头，小眼睛警惕地瞟一眼四周，加上那抹小胡子，样子滑稽得很。

羊儿好动，常挣脱绳子逃跑，与我们上演着"人羊追逐战"。井场周围 2 米高的围墙，羊轻松一蹦就上去了，站在上面不时看我们，又看向外面的田野，随时想要奔向自然、奔向自由。

这时班组的团队力量得到了充分发挥，没人指挥，姑娘们站围墙边上吆喝驱赶、男同志则拿上绳子、枝条守大门两边，最壮的扛着管钳躲在墙角，活脱脱一出现实版的"CS"。

别看人多，装备齐，五六个人撵 1 个多小时，愣是没人敢伸手去捉，羊还是在围墙和大门周围乱窜。最后，一位做完农活的大叔刚好经过，被这捉羊的"强大阵容"逗得直笑，主动帮忙，几步把羊撵到边上，双手迅捷地抓住两条后腿，拿麻绳在两只角上一绑，这羊才被安全拴在树桩上。

冬至前一天，大伙儿兴致勃勃地称了称羊的体重，寻思这 1 个月天天吃草加运动，应该是健壮了不少吧？结果却让人大跌眼镜：辛苦养这一个月，羊瘦了十来斤！大家大眼瞪小眼："敢情我们这个月遛羊捉羊的，最后还倒贴？"一个姑娘笑了："羊子瘦了，我们胖了噻！"

妞妞认得红颜色

李 佳

那个莺飞草长，春暖花开的季节，妞妞和我在一起，一直在一起。

妞妞是一条狗。

采气工是"中国石油"这几个光闪闪的大字中，顶寂寞、顶孤单的一群人。

那一年，我再次从一个井站调到另外一口新井，去后没多久，以前的班长便托人给我捎来了一条两三个月大的小狗，他听说这里只有我和另外一个女工，也知道我胆小，特意辗转数人，把小家伙送到我眼前。

小狗起初并不太漂亮，瘦，又缩头缩脑不太亲近人。我每天三顿一次不落地给她拌饭，取了"妞妞"这个娇娇的名字，渐渐地，妞妞圆胖起来，眉眼长开了，毛色发亮了，一听到自己的名字，就赶紧屁颠屁颠地跑到面前来摇着尾巴撒欢。

刚建的井站一片荒凉，小树始终耷拉着脑袋，没铺好的黄土地叫人雨天一身泥，晴天一身灰。放眼望去，除了山还是山，人间烟火，成了那远得不能再远的一缕炊烟和几点星光。每天在山间和田野包围着的井站巡检，偶尔铁门外有行人路过，不认识也觉亲切，毕竟，那是除同事之外，所能看到的唯一的新鲜面孔。

这样日复一日的寂寥中，我在书里遥想外面的世界，用笔描绘梦想，而妞妞，也和我们相依为命。无论是保养设备，巡回检查，还是在井站里随性地转悠，都有她欢跳着相伴。我两手向前一伸，她便立即站起来，伸出两只前脚放在我手心，温润的舌头一遍又一遍掠过我掌心，这就是我俩的拥抱。晚上，她总是睡在我门口，稍有动静便立即起身狂吠，采气女工的夜晚因此而变得安宁、踏实。

　　有时候也会看不到她的身影，那漫山遍野的树林、草丛是妞妞的乐园，但是只要我高声呼唤几声，一会儿，她便挟着一阵疾风，和一身湿润的青草味道，呼呼地喘着粗气奔向我，照例是一番欢呼跳跃和爱抚。一眨眼的离别，在妞妞和我之间，也仿佛隔了三秋那样久。

　　一日，井站附近一个无赖酒后闹事，隔着铁门要与我们算那莫须有的账。铁门里，是两个惊慌的女人，铁门外，是醉汉语无伦次的咆哮。我一边温和地劝慰，一边打电话向单位汇报情况。表面镇静，心里却害怕极了。数里之内没有可以帮忙的人，他若是真的要翻墙而入，也非两个弱女子所能抵挡。

　　就在这时，一大早便不见踪影的妞儿出现了，她颈项的毛全部立起，眼睛直直地盯着那人，喉咙压抑的吠声虽低沉，却透着很清晰的威胁之意。酒醉心明白，确实如此，刚刚还打胡乱说，摇晃不已的无赖立马站稳了，指着我和同事说："你们等到！"随即转身而去。

　　那晚我和同事激动地做了几个好菜，奖励功臣妞妞，而她却如往常，吃饱之后便去睡了，淡定得很，我笑着拨弄她柔软的耳朵，说："妞儿是个憨包！"

　　时间就这样一天一天过去，我以为，我和妞妞会一直在一起，永远在一起。这中间，妞妞做了母亲，我帮着她照顾那些肉团儿一样的小生命。妞妞又害了一场大病，我一口一口地给她喂药、喂稀饭，直到她重新站起来。人和狗，本来是两条完全平行的生命线，却在那一段时光幸福地交织在一起，相互依靠，相互感受彼此的气息。

　　忽然有一天，我所在的单井要改为无人值守，我也调离前线到了后勤岗位。为了安顿好妞妞，我到处打电话给她找人家。可别的井站要么已经有狗不愿再接，要么不想要大狗害怕咬人，终于说动了一位好友愿意收留她，没过多久，又传来"禁止养狗"的规定。

　　好友将她放在井站附近的一个菜市场，觉得那里吃的很多，妞妞不会挨饿。可是，我那从小看着红色信号服长大的妞妞，却始终惦记着穿工衣的人，只要有穿信号服的石油人出现在她的视线里，不管认识不认识，她都亲热得不得了。在她的记忆里，那鲜艳的红色，该是自己最亲近最信赖的颜色了吧。

　　一开始，同事们看到她就会告诉我，妞妞脏了，妞妞又瘦了，一次我实在想得厉害，悄悄坐了车到菜市场去看她，尽管那天我躲得很好，可还是被她发现了。像过去的无数次那样，她站起来，粗糙的前爪放在我手心。我给她买了最爱吃的骨头和零食，她闻也不闻，只顾舔我的手，专注地嗅我的气息。她的眼睛里，信赖依旧。我的眼里，一片愧然。

走的时候，妞妞想跟着我走，我在车厢里躲着，她焦急地围着车转，呜呜悲鸣声不绝于耳。

再后来，因为一提起妞妞我就伤感，这个名字成了善良的同事们的禁语。直到冬天过去，又一个春天来临，我终于再次给妞儿找到了愿意收养她的地方，问遍了那附近上班的同事，却再也没有了妞妞的下落。

都说狗是色盲，分不清颜色，但为何我的妞妞会分得清?

她等了一天又一天，想念的那个人，却一直没来。那么骄傲美丽的妞妞，终日在污秽嘈杂的菜市场，不是为了等一口食物，而是为了能看到自己最爱的红颜色。

一晃数年，想起妞妞我依然牵挂不止。其实，在无数石油人的生命中，狗，真是和自己同甘共苦的亲人和朋友。围墙外，是精彩的世界，围墙里，是一生似一日的平淡和冷清，狗的忠实和不离不弃，成了石油人最易获取的安慰。

七桥记忆

贺　琼

一个年轻的新同事随口发问，"七桥镇"这名字的由来是不是有七座桥……我一时语塞，思绪却跟随这个问题飞快地倒退着时光。我的记忆里七桥没有桥，只有跳跃的青春和自由的时光。

扎着"羊叮叮儿"，吸着鼻涕双手插兜，这是站在开发公司幼儿园门口的我。圆圆的铁门外，脑袋瓜想的是进去还是回家？自小跟随母亲在采气四队的单井长大，铁门里这么多同龄人，穿得如此五彩缤纷，我可是第一次见，不知是自卑还是害羞。

因为入托晚，自然入学也是晚的，启智似乎也晚了些，幸好开发子弟学校就在幼儿园的旁边，我很快适应了小学生活，即便老师再三强调放学要求，我也常常忘记回家的路。小学生活对我好像没什么改变，留在记忆里反复出现的是上学路边的"小吃街"，芝麻秆儿、冷串串、搅搅儿糖、酸梅粉……

上课时总是期盼时间过得快些，路过灯光球场就能看到水上乐园，水上乐园大门旁种了很多红色的小花，可以摘下来吸里面的甜水儿。水上乐园里还有溜冰场，有小亭子、石凳子可以玩过家家……直到有一天，曾经熟悉的圆铁门紧闭，是旧幼儿园因为扩建移址了，我便时常溜去铁门前发呆，那个画面里的我，看着小小年纪，却好像因为怀念幼儿园而显得有些沧桑，人生第一次有了离别的感伤。

从幼儿园到小学毕业，在七桥基地这十年时光，上学路上的零嘴儿、放学路上的"水上基地"伴随着我长大，肆意的欢乐没有烦恼，在我还没背明白"钠镁铝硅磷"元素周期表时，分别再次来临。当年的开发公司因为某些原因调整，逐渐搬离七桥基地，陆陆续续地有同学也转校离开。有蜜的花朵没人抢了，石凳子没人占领了，身边熟悉的人越来越少了，热闹的水上乐园慢慢沉默了，忙忙碌碌的开发大院慢慢沉寂了，七桥镇好像也因此变得冷清了。时间不会因为谁的离开而停留，我也从七桥镇出发开始了新的求学之路。2004 年，工作让我再次回到了七桥这块土地，在七桥输气站一待又是十多年。七桥输气站位于去梁平县里的国道旁，输气站到镇上走路大约二十分钟，特意寻了个休息时间，闲逛在原开发公司大院里。当年的办公楼依然沉睡着，蓝底的鱼池已经没有红艳艳的锦鲤，只叠罗着厚厚的黄色树叶，微风吹过，落叶扬了扬又落下来。水上乐园亦失去了原来的乐趣，两旁稀稀拉拉的花草在风中凌乱，偶然有人匆匆路过，我们彼此打量，仿佛在寻找当年熟悉的影子，却又不甘心地垂下眉眼，不会这么巧，小声默念，想见的人此时不知在何方。

如今的七桥镇又慢慢热闹起来，街道边有颇具地方特色的小店，耳边回绕着张扬的喇叭声，路上有熙熙攘攘的背篓和三轮车，俨然一副色彩斑斓的生活画卷，只是那耀眼的灯光球场不再闪亮，静静的开发大院也没有言语，这外面的热闹与繁华衬得开发基地格外寂寞。恍然间，回到现实，我没有答案反馈他字面意思的问题，只有回之一笑。但我想，那些伴随我度过美好童年的点点滴滴，何尝不是一座座的桥，一座座通向成年人的成长之桥。

阿婆说

周翠莲

阿婆的头发很白，皱纹很深，笑意很浓。

冗长消逝的时光像是锋利刻刀，在不知痛痒中刻在阿婆脸上，牵扯她的眼角，弄皱一张容颜。

阿婆善良，省吃俭用，在农家院子里开了小型"动物园"，有聒噪不止的鸡鸭，有高贵秀丽的白鹅，有乖巧黏人的小猫，还有不得清闲的黑狗。

阿婆本是不爱养猫狗的，怕自己精力有限，照顾不及。阿婆说："怎么办呢，却又见不得它们被遗弃遭罪，楚楚可怜。都让我见了，能不管吗？"

小猫是在村口路边上拾来的，那时还是一只半月大的小奶猫，连"喵呜"的叫声都显得有气无力，是阿婆捡回后，用米浆一口一口喂起来的。

小黑则是自己跑来的，来的时候浑身是伤，鲜血刺目，湿漉漉地淌了一片。

"这些捕狗的人啊，真的是太可恶！"阿婆推门看到，声音颤抖，气到哽咽。她小心翼翼给小黑上了草药，清洗伤口，又向村里兽医要来消炎药，小黑总算是不负担心，痊愈了。

过年回家，我轻轻靠在阿婆腿上，对她说："阿婆，你就像天使一样。"

阿婆轻抚我的头发，不解地问："天使是谁？"

我笑道："就和仙女一个样，善良的仙女。"

阿婆佯作恼怒，笑骂道仙女好看，阿婆却老了，没有仙女是长皱纹的。我却告诉她，她就是我心里的天使，带着对一切生灵的善意和悲悯怜惜的慈祥。

阿婆说40多年前，村里来了钻井队，是一群身强力壮的小伙子，其中一个，便是年轻帅气的阿公。他穿着红衣，和身后散落遍野的晚霞融成一片，都那么好看。

　　那一年的夏季好像很长，天气虽热，塘里的荷花却开得正艳。他们坐着小船在水面穿梭，阿公用劲划着船桨，阿婆轻轻拨开莲蓬，午后的阳光，像打翻的星河，滴滴点点映照水面，如玻璃碎屑，荡漾一片，年轻的他们，唱着老歌。

　　阿婆说村里的东坡有许多萤火虫，一亮一闪，明明灭灭。许多年后，我已见不到萤火虫的身影，却仍能想象他们拿网捕捉的场景，嬉笑、喧闹，不似如今这般恬然安静。

　　钻井收队，全员返城，阿婆也随着阿公来到重庆。其中艰难，阿婆不曾提起，只笑说，那是她第一次见着高楼，见着火车，见着川流不息的人群和耀眼闪烁的灯光。"你阿公怕我被人群挤散，总是紧紧地牵着我，或是让我牵他衣角，我又不是小孩子，还真能走丢不成？"阿婆笑道，嘴里虽是抱怨，眼里却满是幸福与满足。

　　阿婆说，那一年，阿公没了，那双清透好看的眼闭上了，生活也越发艰苦。她抱着年仅 8 岁的爸爸哭了一夜，现在想起还历历在目。她轻叹："是有多难过呢？当年怎么就哭得那么地荡气回肠，不休不止？老头听见肯定笑了。"

　　爸爸成家，我们长大，阿婆又回到那个农家小院，守着她的"动物园"和那一方小小的天地。

　　阿婆说："你阿公穿着红衣的时候是最好看的，可精神了！"

　　她望向远处，仿佛还能看见当年的自己，当年的他。

长 夜

吴明嫒

"白昼的清晰是有限的，黑夜却漫长，尤其那心所遭遇的黑暗更是辽阔无边。"

毫无征兆地，母亲倒下了，胸椎处两处骨折，医生建议卧床休养3至6个月。

母亲平卧在家里一张单人硬板床上，动弹不得，她紧蹙眉头，表情痛苦。看到我和老公在逼仄的房间里进进出出地忙碌，她显得极度不安："人老了不中用啊，给你们添麻烦了。"听着这话，我眼前浮现的是10多年前母亲给我带女儿时的情景，不由一阵心酸。

晚上，我给母亲擦洗身体，当温热的毛巾抚过母亲脸上的皱纹和斑点时，我的心情异常复杂。抬起母亲的一只手，凸显着两节触目惊心的骨头，手臂上的肉松松垮垮地下垂着，毫无生气。我第一次近距离打量母亲的身体，她如此苍白和衰老。在母亲臀部，我发现了两处颜色偏深的茧疤，鸡蛋大小，粗糙磨手。经不住我再三询问，躺在床上的母亲才轻描淡写地说："前段时间腰椎疼痛难忍，直不起身，全靠磨着椅子走路。"怪不得，有一次回家见母亲趴在沙发上，她只跟我说腰有点痛，没有想到，母亲的病竟是那样严重，她每天就靠磨着椅子在家里艰难地走动，直至痊愈。

母亲的隐忍给了我内心莫大的触动，我发现我们做儿女的，不是做得太多，而是太少太少。

我们三姐妹都已成家，各自在工作和生活之间忙碌奔波。但是这次在照顾母亲这件事上，很快达成共识，轮流值守，不计较得失。无论谁当值，都要把母亲当天的饮食起居等情况发在微信群。诸如妈妈胃口不错喝了一碗鸡汤、妈妈今天洗了头一身轻松等消息，都会令我们欢呼雀跃。慢慢地，母亲适应了我们的照顾，像一个成长中的小姑娘沐浴在爱的光芒里，我们纠正她一些不好的习惯时，她会害羞地微笑着低下头默默接受。

还记得当年父母亲是"闪婚"的。新婚 3 天后，父亲就告别母亲，返回钻井队。

此后，母亲就经常一个人面对忙碌的白天和漫长的黑夜。父亲一年到头在外打井，家里全靠母亲一个人忙活。后来，有了我们三姐妹，日子就更苦更累了。记得那时给公社交粮，母亲来来回回走了 3 小时山路，硬撑着背了将近 100 千克粮食，折腾得羸弱的母亲够呛，家里还有 3 个嗷嗷待哺的女儿，片刻不敢停歇，母亲又急急忙忙朝家赶。

每当我半夜醒来，母亲在煤油灯下绣鞋垫的孤独剪影，成为儿时母亲留给我的永恒记忆。

多年的透支，母亲一身伤痕。现在，母亲整个脊柱早已变形，盆骨一端外倾，走路也是一跛一跛的。

后来，全家随父亲进城，父亲月薪不足 100 元，母亲十分节俭、精打细算，为一家人日夜操劳。她还在石油基地的一座乱石堆里，刨出一块空地，种上了时令蔬菜以补贴家用。

后来，3 个女儿都已成家立业，日子渐渐好起来。父亲 60 岁那年罹患重病，母亲整夜整夜守护着父亲，她陷入了无边无际的黑暗当中，在她看来，父亲恢复健康才是全家真正的黎明时刻。

在和病魔抗争两年后，父亲还是离开了。母亲一下子失去了主心骨，整天失魂落魄、郁郁寡欢。最初的半年，她几乎每天都是翻着家庭相册度日。有一次翻看相册，父亲在世的点点滴滴恍如隔世，母亲不由悲从中来，一口气堵在胸口上不来，晕了过去。等我们赶回家时，母亲手里还紧紧攥着那本泛黄的相册。

母亲又开始惧怕黑夜。白天的日子好过一点，一日三餐，看看电视，做点家务，去小区院内和老人们唠嗑。而晚上，对母亲来说，一个夜晚就像一生一样漫长，过往的一切都像电影画面一样来来回回地播放，她躺在床上翻来覆去

"烙饼子"，一秒一秒地等待着天明。即使睡着，也是在无边无际的噩梦中挣扎着醒来。

我们三姐妹开始动员母亲跟随一位女儿生活，母亲执拗得很，她坚持要守着她和父亲的老房子。每次我们去看望母亲，很多时候，她都是在絮絮叨叨地说着她的话，我们在旁低头自顾自玩着手机，间或应答两句；或者是难得的家庭聚餐，姐妹们争先恐后地说着话，母亲在一边插不上话，总是一迭声地喃喃自语："吃菜，吃菜。"

因为母亲骨折，三姐妹再次相聚在一起，冷清的家里顿时热闹起来，母亲得到了前所未有的精心照料。陪护的夜晚，我听见了母亲均匀的呼吸声，还有她在梦中宛如少女一般的咯咯笑声。

如今，母亲已经可以下床活动了。我知道，姐妹们终将会各奔东西，属于母亲的黑夜会卷土重来。

莫道故人远

李　佳

二十岁时，一家人在井站过了最后一个年。等到他暑假回家，父亲把他接进了另外一个陌生的房子。事情的缘由，父亲早已在家信中写了，井站产量逐年递减，现在已经不需要人常年值守。所以，全家在基地买了新房。

从户口上看，他一直都是城市的孩子。其实，他每天枕着蛙声入眠，每天在田间疯跑，像狗尾巴花一样自由散漫地长大。家里弟兄三个，大哥十八岁参军，二哥十八岁招工，他十八岁时，在井站门口边上的小土坡上，等来了邮差送的大学录取通知书。

还记得大哥参军那年，一家人的团年饭不再圆满，母亲端一次菜，就念一次，你大哥最爱吃这个。他想起自己那个膀大腰圆的大哥，凡是弟弟们爱吃的东西，他都说："这个我不喜欢！"

第三年，二哥招工，就在离家几十千米外的一个井站。可是二哥说，今年春节，我让师父先休假。

母亲看着缺了两个大小伙子的饭桌，菜，没了味道。

可他吃什么都咸，每一口都咸到心底。

只有父亲一如既往，该上班上班，该吃饭吃饭。看到母亲抹眼泪，递给她一张毛巾："走，设备该保养了。"

母亲作为家属，跟父亲在这个井站待了几十年。

"我是上当受骗，当初他回老家，媒人说是吃国家饭的，我就同意了。没想到嫁过来还是一辈子待在农村。"

每当这个时候，父亲就笑，来都来了，还要回去吗？

很久以来，母亲不愿意回老家，跟以前的小姐妹们比起来，她嫁得不算风光。可三个儿子一个接一个走出去后，母亲就有底气了。每次回来说，谁的儿子出去打工，半年没拿到工钱。谁的丫头复读，几年也没考上大学。

父亲不耐烦："随便啥子（什么）碗都能装饭吃，你不要去跟人家比。"

可是母亲寂寞啊，以前孩子们小的时候，她嫌闹，嫌钱总是短得够不上日子。转眼之间，母亲蓦然发现，小鸦雀怎么都飞远了。

回家的第一夜，他没有睡踏实。过去睡不着，就披上衣服出门，看月亮数星星，听田野里各种虫鸣蛙叫。要不，就在院子里坐一会，在夹杂着各种青草和泥土味的夜风里坐坐，什么都不想。一开门，对面的防盗门让他想起，此地已非彼地。

关上门，母亲也起身了，递杯水给他。

"以前想进城，拼命地想。真来了，又觉得哪里都不对……"

第二天一大早，三个人就坐了车去井站。一踩上那条熟悉的石子路，他就踏实了，安稳了。母亲说："你看你看，人闲不得屋子荒不得，才几个月没住人，窗户都要散架了。"父亲说："从来没让设备锈过，现在，唉……"

一家人撸起袖子就开干，半天工夫，井站又像过去那样像模像样。临走，母亲还把旧灶台一遍一遍擦拭。父亲拽她，她不走。他去，看见母亲眼泪啪嗒啪嗒砸在灶台上："不想走，我不想走。一走，这儿又荒了。"

一家人都沉默了，那么多的往事，和母亲的眼泪一起流淌出来，那棵花椒树，是刚结婚时栽的。那个养鸡的小围栏，当年老三捣乱蹬坏了，还挨了一顿打。还有那里……那里……

母亲说不下去了，以前怎么就没觉得这里好呢？

重返故地让母亲变得脆弱而多情，这块土地，以及土地上承载的一切，都让她无法释怀。他理解母亲，正如了解他自己，无论走多远，走多久，这里都将是自己永生永世的家园。

一人一城　大雪时

丁　会

2022年，重庆的冬天来得有些晚。立冬过后，天气依旧很舒服。艳阳高照的日子总是很温暖，让人觉不出一丝寒意。大雪将至，气温才回落到初冬该有的样子。

往年这个时候，一家人总能找到机会"撸串"烫火锅，今年却一人一城遥遥相望着。

值守深山的老公，因疫情推迟轮岗回家，留在250千米外的井站，默默守护着百姓的万家烟火。在千里之外山区支教的女儿，也因疫情暂缓返渝，在北方继续追逐教育梦。居家办公的自己守着空荡荡的家，却不似家人在旁时那般"低头"疏离，每天总想着他们是否三餐按时吃、日日都平安。

北方的大雪时节，早已是银装素裹。这是女儿第一次体验没有暖气的北方，哪哪都是冰凉的。宿舍没有插座，带去的电热毯也派不上用场；每晚睡前原地跑跳，暖和了才能上床；热水也不是随时都有。对于一个从未体验过北方山区生活的南方人来说，难免不习惯而心生抱怨。

然而，除了刚去时哭过几回，那点小情绪很快就被忙碌的支教生活给冲淡了。女儿带了3个高一班级的学生，每天批改大量的作业和试卷，一周15节课的授课节奏，整天忙得脚不沾地。偶尔说上两句话，也是简单报个平安就忙去了。

还没想好怎么安慰女儿，她就已经越过那道坎儿了。都说成长是现实逼出来的结果，谁都不例外。也许没准备好的是父母自己吧。

北方的冬天格外冷，听女儿龇牙咧嘴地说在北方洗冷水澡不是一般的刺激时，明明心都给揪紧了，心疼的话却没敢说出口，怕自己绷不住而平添烦恼，最后只能和女儿一起打趣道："这体验够你吹一辈子牛了。"

国庆节期间学生放假后，女儿一个人守着一栋黑漆漆的楼，晚上打着手电筒出门洗漱时，能幻想出一万种魔幻场景来吓自己。她说像极了现实版密室逃脱游戏。视频里见女儿装着满不在乎、嘻嘻哈哈的样子，和27年前的自己是何其相似。

当年，和女儿相仿的年纪，也是在大雪纷飞的冬天，独自前往离家千里的深山井站。山路特别陡峭，好似十里崎岖半里平，胃都要吐出来了却还没到井站。

都说越偏远的山区生态环境就越好，所以站内常有野味出没，蛇虫鼠蚁轮番袭扰，胆子没练出来，反而越吓越小。夜班外出巡检时，总觉得身后有不明生物随时会扑出来把自己给生吞活剥了。

那时的环境和女儿现在支教的条件差不多，冬天冻得实在受不了，也喜欢原地跑跳来暖和身体，每天总能找到一些事来填满枯燥的单井生活，一刻也不愿闲下来。写信回家时，全都拣好的说，偷偷哭鼻子的事从来都略过。冬天手脚和耳朵都长满冻疮，也没敢给父母讲。

寒冬腊月值夜班遭遇大面积冻堵，管线设备起了一层白霜，整个井站白茫茫一片，在漆黑的冬夜格外惊心刺眼。那一刻心都提到嗓子眼儿了，脑子里再也没了那些臆想的不明生物，一心只想和师傅们一起赶紧给设备解堵，让天然气安全采出来、平稳输出去。那时的自己和如今支教忙碌的女儿如出一辙。

看着女儿吃苦受累的样子，老公说这是年轻人踏入社会前的必修课，只有吃了苦才会珍惜甜，要是吃惯了甜，就很难适应苦了。

视频里老公的头发长了许多，曾经的少年也染了几分沧桑。亲历了几十年野外工作的变迁历程，老公深知每一个冬天都是迎接春天的前奏，当下这一刻的苦是为下一秒的甜储存养分。

冬来潇潇，寒意袭扰，野外工作艰辛而枯燥，日复一日的坚守最是磨人心志。山里的冬天就着肃穆、和着苍凉，风穿过山脊透过垭口，烙在老公展颜一笑的细纹里，憨傻而明媚。

大雪时节，冰冷的脚踩在温暖的地暖上，我知道这份惬意来自老公那样的深山采气人。

今天，一人一城的牵挂，温暖着这个冰冷的寒冬。愿那些在雪夜里不为人知的忙碌，能在默默温暖人们的同时，又能被温柔地好好珍惜！

窥探孤独

丁　会

　　对孤独的理解各有定论，但贾平凹先生所著的《自在独行》透出的安静却与众不同。他爱静，静得只想独处，静得连敲门的声音都是折磨，都是骚扰。我虽无法理解，却愿认同和尊重，毕竟自己还属于芸芸众生，还在假装独处，还在被迫孤独。

　　在此之前，我以为自己多么与众不同，叫嚣着自己喜欢孤独，常常打着"我要学会独处"的姿态，躲开各种饭局，拒绝与朋友间的往来聚会，然后缩回房间玩手机：抖音、腾讯、朋友圈、知乎、优酷等平台各刷一遍，一晚上的时间根本不够用，那就熬夜吧！当然也会抽空看几页书，真的就只是几页而已，再拍个封面在朋友圈秀一下，让别人看见自己积极上进的一面。在获赞无数的同时，我也相信自己真的独处了，灵魂在孤独中也得到了升华，然后自欺欺人地告诉自己，这就是"孤独"的全部意义。

　　正如贾平凹先生在书中所言，这样并没在独处中获取养分，因为一个人的价值与意义是在自己与自己独处时的所作所为来体现的。而我独处时只担心两件事：一是网络是否畅通；二是手机是否有电。因为这是网上冲浪必不可少的后勤保障。

　　虽然目前尚不知道自己的社交恐惧已经到了什么程度，但确实觉得自己正在逃避现实、假装独处，并非自以为是的那种与众不同。书中坦言："弱者是群居者，所以才有芸芸众生。"同时又指出强者表面上也是群居者，只是因为他的光芒太过耀眼，才吸引了很多人想与他并肩前行。而我既不能跟上强者的脚步，又故步自封地假装独处，实在不可理喻。

　　如此逃避人际交往，不知是否与自己 15 年来深山值守的经历有关，只知道一直以来自己都害怕和人说话，无法适应新环境、新同事，聚会时总是一个人埋头吃饭，碰见熟人首选绕行，更不懂维系友谊，以至于几乎断了和曾经的同学、同事的所有联系。

关于被迫独处，我想集团公司官微在 5 月 20 日当天更新的一篇文章最能诠释，这篇标题为《520 到了，为什么石油人不把对象公布在朋友圈》的文章，内容却只有短短 7 个字——"因为他们没对象"。7 字短文直击人心，点击数万，朋友圈各种转发、各种认同，感慨万千、惆怅满怀。

在我看来，大部分石油人不是没对象，而是在聚少离多的工作中"被单身"了。我也不例外，因为老公在野外工作，每年相聚的时间仅有 50 天左右，家里家外全靠自己。不仅孩子就学、照顾老人、看病就医这些全靠自己，就连汽车爆胎都自己解决，路人见我麻利更换轮胎的样子都大为称赞。

我想每一个野外石油男人背后都有一个女汉子，她们并非天生，而是在被迫孤独中练就了一身本领。

谁都知道陪伴是最长情的告白，相守是最温暖的承诺，所以，在全民告白日，石油人不会蠢到明明天各一方却要强秀恩爱，逼着另一半在孤独中微笑接受自己无奈的离开。与其在虚拟的网络世界告白，不如回家吃口热饭，一起牵手散步来得实在。他们都是在被迫孤独中选择的独处。我想众多石油夫妻能在孤独中白头偕老皆因爱的力量，因为一切痛苦的根源，皆因不想付出而只想更多地获得，对于石油人来说，他们更信奉："若相爱，携手到老；若不爱，潇洒离开。"就像书中所言：妻子依旧是乳，丈夫依旧是水，水乳交融，谁都是谁的俘虏。

千里追书

吴明嫒

20世纪90年代初，我在老家平昌泻巴念书，校园诗人"老顽童"是我的语文老师，他在《星星诗刊》常有作品发表，笔名就叫"老顽童"。

老顽童见我喜爱读书、有点灵气，便常常辅导我读书和写诗，散文诗《园丁》就是他推荐发表在《少年先锋报》的，那是我人生中的第一篇变成铅字的作品。他还安排我做学校黑板报的小编辑，一面斑驳的老墙面，镶嵌着一块木黑板，位于教学楼和学生宿舍之间，是来来往往的学生必经之地。

每月初，我都要站立在黑板前，手握粉笔，一笔一画地誊写老顽童的诗，路过的同学无不驻足观看，放声吟诵。老顽童的诗歌，大多以儿童的视角出发，童趣盎然，富有想象，颇受广大师生喜爱。小小的我，无比骄傲，仿佛书写的不是老顽童的诗，而是流淌在金色阳光下快乐的音符。

其间，老顽童曾借我一本书，书名叫《流沙河诗集》，书籍半旧，且略微发黄，他特地许我慢慢品读，读完再还。

《流沙河诗集》（1982年版）封面简洁，有几条抽象的蓝色曲线，象征着滚滚而去的河流。

翻开封面，内容提要、目录、作者自传等依次排开，紧接着是一首接一首的诗歌，素面朝天、白纸铅字、油墨清香。该书是作者从事诗歌创作多年的结集，质朴、清新、深沉、隽永，风格鲜明，其中《故园九咏》尤为深刻，《夜读》我至今背诵得下来。通篇朗朗上口，生动形象，画面感极强。这样的诗歌，是10来岁的女孩能够读懂并且爱读的。

此类独立成篇的书籍，我一般先看目录，从感兴趣的题目出发，然后翻至该页一睹为快，如此这般，断断续续地读了10来首。不久，学校放暑假，我将这本书揣回家继续阅读。

一日，在钻井队工作的父亲突然赶回家，说要带我们三姐妹去很远的城里读书。钻井队的解放牌汽车就停在村口，车头"突突突"地冒着热气，仓促间，我将《流沙河诗集》塞进包裹就跑，来不及跟老顽童告别，直到坐在汽车的敞篷里绝尘而去，仍旧感觉像梦境一样。

一路辗转颠簸，翻越大巴山，中途在父亲所在的钻井队短暂休整，最后抵达梁平七桥石油基地安顿下来。那个暑假，我看完了老顽童出借的《流沙河诗集》，却不知怎么归还。当年9月，我就读新的学校，有了新的语文老师。学校教学条件非乡下的学校所能比，我眼界大开，在全新的世界里如饥似渴地学习，我开始读三毛的游记、汪国真的小诗、席慕蓉的情诗，渐渐地，那个写黑板报的小姑娘远去了，老顽童的样子也越来越模糊了。

一个偶然，翻阅出书架上蒙尘的《流沙河诗集》，老顽童手持《星星诗刊》吟诗作对的样子浮现眼前，挥之不去。老顽童视书如命，我不辞而别，还带走了他的心爱之物，老顽童捶胸顿足的场景不难想象。

初中毕业那年假期，堂哥来家中做客，说老顽童数次问起我，并委托堂哥此行一定要将书带回去。闻言，我满面愧色，特地用牛皮纸仔细包好书，并附致歉书信一封。

时光荏苒，一晃30年。我想起这段借书读书的往事，不知今夕老顽童是否健在，感慨万千。遂上网搜《流沙河诗集》的来由，了解到流沙河原来是《星星诗刊》的标志性人物，而老顽童，一直是《星星诗刊》的忠实粉丝和作者。静寂的凌晨时分，我在心里不禁"哦"了一声，终于明白了老顽童千里追书的执念。

电脑与笔耕情结

李传富

站在 2022 年三九严冬的路口，回首走过 26 年的写作路，欢声与笑声、希望与失望、激动与低迷、批评与赞赏、辛酸与喜悦伴我一路风雨兼程，乘坐在这艘充满艰辛迟缓的船上艰难前行。

然而，时代的变迁，学打字、发稿件又是件不易之事，因为执着写作，紧随时代脉搏，在电脑上完成写稿任务的经历，早已在我心中恪下难以抹去的记忆，电脑与笔耕引发出一段深深的往事记忆。

把时光拉回到 2003 年 1 月，此时已是信息时代相当普及的年月，上网聊天、用邮箱发送电子邮件、去网上查询资料，已是人们口中的常语。身处作业区一个维修站点的我，却显然没有跟上时代的脚步，对电脑知识可以说一点都不懂，偏偏各种报纸都要求通讯员用邮件发送稿件，这下可把我急坏了。

原本曾学过电脑知识的我，因没有及时熟悉，又原封不动地归还给老师，只有暂且用手写好后邮寄到报社，许多稿子因时效性不够石沉大海。没法子，想来想去，我忍痛把多年积蓄下来的 5000 余元稿费拿出，携带妻女于 2003 年 10 月去重庆市江津区买回一台联想电脑，试着玩起了电脑。正是由于不懂，一摸上它就不知该怎么办。

妻子这下就有话说了：你不是整天闹着要买电脑吗？电脑已买回家，你怎么不用呢？又不是买来当摆设，好看的。外边的人都说你家那位现在是不是用电脑写发稿件，妻子只好无言回答。一听到此话，心里总有一种震撼，无数次地反问自己，电脑只不过是运用而已，又没叫你设计程序，又不是搞什么科研，只是努力不够。一次又一次拿起电脑书看，一遍又一遍，但始终没有结果。

光阴似箭，历史的年轮已悄悄来到 2004 年 2 月，作业区办公室由于人手不够，在办公室主任的全力推荐下，我被首次借到办公室，本应是件开心事，可怎么都高兴不起来，原因是自己不会电脑。办公室主任多次对我说：你一定要把电脑学会，办公室的活儿大多都得用电脑，不懂是肯定不行。

或许是工作需要，或许是家人的希望，或许是自己强烈的愿望，已经没有回头路的我，先在表姐家借回练习五笔输入法的教材，又向表姐讨教学习的方法，自己反复学，反复背五笔字根，不懂的字向同事请教，边学边吸取别人的长处，开始写的稿件还请同事帮忙打，慢慢地自己上电脑操作，从简单的打字到制作表格，再到给报社发电子邮件已不再是梦，辛勤的耕耘初显成绩，一篇篇稿件搭上了快车道，第一时间到达各报社的邮箱。为预防有少数难的字打不出来，我特意去书店买了一本五笔字型字词典备用，在急需时派上用场。

一封封邮件发往报社，一篇篇稿子见诸报端，时效性来得如此快，让我亲身体验到信息时代的优越感，心情不再茫然。有时自己还在想，要是早点学会电脑，说不准上报的稿件还会多上许多篇。说句心里话，要是现在还不会电脑操作，对于我一个无法用手正常写字的人来说，简直是种灾难，此时我更要感谢发明五笔字输入法的人，因为是他让我在电脑上操作完成稿件以及其他工作，减轻了我用手写字的困难。

人世间的事就是这样，当你不了解它时，它对你很陌生；当你熟悉它时，它就会给你带来许多惊喜。人活在世上，只要你是一个正常的人，通过不懈的努力，或许你就有收获，这种获得只是大与小之分，成功总是向不断奋进的人敞开大门。当我们迈步从头越时，才会体验到曾走过的路是如此美丽，人生是多么的灿烂多娇，充满幸福的甘甜。

桃花依旧笑春风

李 伟

看旅游广告，说渝北古路的盛世花都景区开园了，里面有好多春天开的花儿都开了。周末，天气晴好，蓝天白云，我们开车去赏花。

到达目的地，没有看到想象中的鲜花盛开的美景，倒是景区周边粉红的桃花、洁白的李花、金黄的油菜花点缀在山野间，开得灿烂。返回时，只见来景区的车排起了长龙，景区公路只有两车道，路窄车多。我们只有慢慢开车，想停车拍一下路边盛开的桃花，看看两边的车，只有一路前行离开景区。

重庆今年的冬天没有低温，气温几乎没有 5℃ 以下。春天来得早，又到了百花盛开的季节。桃花开了，我把电脑桌面背景换了一幅桃花图，听着老歌《跟着感觉走》，优美的旋律映象出青春的画面，让人想起井站，想起了那时的桃花开。

二十多年前的春天，我在采气井站上班。刚参加工作时的兴奋和豪情，看什么都新鲜。晚饭后，我和井站的同事们一起踏着春天的夕阳，感受着暖暖的春风，沿着那条叫桃花沟的小溪散步，桃花沟有一排开着桃花的树，一眼望去，全是桃花。绿油油的麦苗，像大眼睛一样的胡豆花，还有一片片黄灿灿的油菜花，春天的田野总是生机勃勃。

我们边走边看，年轻的心忍不住歌唱，于是我们唱《跟着感觉走》，唱《走在乡间的小路上》。我们谈论席慕蓉、汪国真的诗。青春本身就是一首诗，只是当时的我们没有感觉到而已。爱是青春的主题，爱的滋味我们悄悄地品尝。我给同事们讲"桃花依旧笑春风"的传说故事，唐朝诗人崔护的浪漫爱情让我们在桃花盛开的时候憧憬爱的美妙。崔护写的《题都城南庄》太美了："去年今日此门中，人面桃花相映红。人面不知何处去，桃花依旧笑春风。"

年年桃花开，青春的脚步匆匆远去。青春的风景留在了厚厚的相册里，成长的岁月沉淀起粉红色的回忆。

我的青春发着光

喻体卫

一口井，两个人，一只猫一条狗，一片落叶金黄，一段岁月带光。

那年，从人多的增压站调离，去到了一个老井站，是我主动申请的。这个老井站是五百梯气田的第一口井，至今还稳产、老当益壮的功勋井：天东1井。很多有故事的人从这里走出来，去到各个地方，发光发热。

我有幸在那里待了一年，感受了单井生活，成为真正的深山守井人。要知道，随着时代变迁和技术进步，和我年龄差不多的或者再往后的年轻石油人，很难再有机会感受这种老井站了。

天东1井在南雅镇的一个山上，离集市不到十千米，但全是上坡和烂石块路。下雨天，皮卡车都不容易上得去，路真的太烂了。所以面对现实，我们大多时候能选择的交通工具只能是摩托车。一般的摩托车司机还不会来拉我们，于是我们有了一个"专职"的摩托车司机，外号"麻秆儿"，风里雨里，一个电话，他都会来接你，相当有职业操守。技术高超，驾驶稳健，八卦新鲜。但技术再好，每次坐趟摩托车下山，都会被抖得满腰长疹，大概是脂肪高频率抖动，摩擦出来的能量释放。

下山无非是去购物，说通俗一点，买菜。买一次，得管十天半个月。菜买回来，基本就计划好了每天吃什么。实施得好的话，最后一天刚好剩一块五花肉，两个青椒，一个番茄，再从站外老乡家的鸡窝里找两个鸡蛋，精心烹饪出一荤一素。

同事老谢患癌多年，饮食上格外需要注意，于是我们各自准备好自己的吃食后，会端到学习室一起吃。虽然每天如此，终究还是有些客气。吃完剩点油汤汤，拌着饭喂猫喂狗。

细雨绵绵的时候，猫和狗都坐在屋檐下看雨，我和老谢一边看猫和狗，一边看雨。到了时间，便撑把伞去巡检。

厕所在离宿舍十米远的地方，山里蚊子多且"毒辣"，所以蹲坑时，是没办法玩手机的，因为得不断搽蚊子。到了冬天，怕冷的我会在晚上少喝水，否则就会在起夜和"还是算了"之间反复作斗争。

当然，寝室门口的葡萄树长势一直很好。

宿舍和厕所之间，还有一棵特别大的樱桃树，也算是天东1井的特色。远近的兄弟井站，都早早地算着樱桃成熟的时间。我们则够得忙活。鸟儿和人一样，都想尝尝那红樱桃的滋味。那段时间，工作之余只做一件事：吆雀儿。拿一根细长的竹竿，绑一个塑料口袋，在树下不厌其烦地摇，嘴里还发出怪异的声音，把鸟吆喝走。鸟会在这怪异的声音和樱桃的美味之间，痛苦挣扎。

樱桃熟了，我会摘下满满几口袋，坐上"麻秆儿"的摩托，给兄弟井站送去，顺便让兄弟井站请我打个"牙祭"。肉香四溢中，欢声笑语里，吆了十多天的雀儿也算值了。

那年，正值西南油气田公司打造"十大标杆井站"。9月，艳阳高照。领导带着我们干，从清晨干到中午，吃完午饭，不休息，也不躲太阳，继续干。那时年轻，不怕累，也不怕晒。

那个午后，猫在树荫下打着盹，狗伸着舌头散着热。而我的青春在烈日照耀下，发着光。

我与"油"的青春故事

喻晓豪

2021年6月，我们向母校挥手道别，告别一段青涩的岁月，踏上通往大山的道路。新的故事从耀眼的日光、山城的光阴开始。

重庆永川，这个三河汇碧、形如"永"字的地方，隐藏在两山的夹层里。从秋到冬，从春到夏。大半年时间、三个伙伴、黄瓜山畔、丹凤老区……一个个零碎的词语向我涌来，把它们联系在一起，便构成了一篇长长的石油故事。

星光闪烁，亦可成就浩瀚夜空

第一次来到永川，田间的风、清晨的阳光、新鲜的空气、行人的微笑，这是黄瓜山给我的直接印象。在那里，我见到了中国天然气行业的模样。

2021年9月，我以全新的身份站在石油工人的队伍里，头戴铝盔行阡陌、身着红衣送晚霞。是的，我站上自己热爱的人生舞台了。就这样，我成了黄202中心站一名普普通通的采气工，在这里遇见了一群质朴而真诚的师父们，自信的笑容，热烈而又大方。

在这之前，我对于天然气生产工艺是完全陌生的。师父为了提起我学习的劲头，在每一次的讲解指导中穿插着大量生动形象的比喻，脱水心脏的重沸器、消化系统的吸收塔……本是枯燥乏味的理论知识，在他们眼中好似妙趣横生的小品故事，看得我目不暇接。

只是我也还是个半大的男孩，玩的心思难免压抑不住，时常惹得师父"头疼不已"。为了"对付"我这块顽劣的"璞玉"，他们认认真真总结出了八字方针：正向鼓励、反向鞭策。平时见缝插针就赞扬我那些微不足道的小亮点，说什么"黄瓜山才子",夸得我是双耳通红,像模像样做出一副乖巧好学的样子;在我考核小有成就时,又平淡如水,似是理所应当。

渐渐地,我不断找到了学习的成就感,在一次次的巡检路上迈出轻快的步伐。休息的时候,我也逐渐主动找师父询问自己在看《采气工》教程中所遇到的困惑,或拿着自己梳理的工艺流程图来找师父补充完善,甚至还学会了和师父争论:"英姐,之前你不是就是说的天然气走管程嘛!"对于我来说,这样的争论充实而又幸福。

在众多师父的鼓励下,我的专业基础知识得到了肉眼可见的提高,于是对未来的工作充满了无限期待。

长剑、短剑,我们无法选择;聪颖、愚钝,我们也无法选择。我们所能选择的,就是握紧手中的剑,然后不懈怠地前进、前进、再前进……我们终会交出一份作为青年最满意的答卷。

心中有光,与爱偕行

人这一辈子,有着各种各样的活法。回首过去的日子,尝过酸甜苦辣,也见过风风雨雨,看事情越来越透彻,内心也越来越明朗,才知道:余生最好的活法,不过是骨子坚强,内心有爱。

师父们的爱,藏在一声声亲切的呼唤里,也藏在采买生活物资中夹带的那一杯奶茶里。还记得 2021 年 11 月,那段时间天天忙着修改中心站的两册一图,经常忘了时间。英姐的"大喇叭"常常向我袭来:"晓豪,走了,回去吃饭了!"从初中开始就久居异乡的我,罕有听到如母亲般的"唠叨",心中的暖意瞬间流向四肢百骸。

时值去岁年末,接到作业区通知需要轮站前往丹 7 井中心站实习。临走前的最后一夜,坐在餐厅里看着一张张亲切的面庞,我深情地对刘奎站长,以及在座的所有师父们说:"这段时间遇见大家真的很幸运,也很幸福,你们是我的启蒙恩师……"话尚未说完,孙利华老师便对我笑了笑"你还年轻,未来的路还有很长。去了丹 7 井也要多听多看多学,那里的知识于你而言又是全新的开始。"刘站长点了点头"对啊，学海无涯。一会儿吃完饭我们再去一趟办公室，我还有不少东西没教给你，只有把理论知识都拷给你，未来慢慢学。"是他们给予的爱，让我逐渐蜕变。

这片土地所厚植的家园文化让我无比缱绻、依恋。我们携着爱在现在相识，又期待在未来再见。青春就是一场永不停歇的相遇，像美得一塌糊涂的樱花，落成泥，含蕴着下一次的盛开与灿烂。

我们的青春，彼此的成就

我没有想过参加工作以后，离别是如此家常便饭，我幻想过很多和师父们道别、和自己这几个月的生活告别的方式，但在时间的催促下，我竟没有和师父们一一说再见。

春节过后，在值班室和师父们插科打诨，他们每天都会讨论说我是不是快要去作业区上班了，还问我什么时候走。我笑出了声："原来你们这么想我走呀！放心，我接到通知后会和你们说的，不会不辞而别，我可是要看到大家不舍地落泪呢！"刘松梅老师第一个表示不服"哼，我到时候肯定笑得最开心！"

在我二十几年的青春岁月里，我第一次做出了"交易知识"这样的事。丹7井的师父们年纪较黄202井的师父们稍稍长一些，所以对电脑的操作相对笨拙些，于是我大方地拿出了自己运用办公软件的一些小技巧，力所能及地让站上师父们每天的工作效率得到提高；师父们也都不藏私，教了我许多对于一个尚未取得采气初级证书的人来说更为"高级"的知识（尽管我也只能囫囵吞枣地强行灌输到大脑里）。

每次相遇都有它独特的意义，这半年，我们彼此成就。他们见证着我从一个懵懂小孩变成了有着炙热灵魂的青年，我见证着他们更加娴熟的操作技艺和愈发稳重的性格。

青年的肩上不仅有清风朗月，更有家国担当。不怕风浪高，重在桨要齐。你我每一次振臂，都在为自己未来的荣光与梦想加油助力；你我每一次挥洒汗水，都推动着这条航船稳健前行。

萤火微光，可增辉日月

我的实习故事很短，这半年却很长。

这段岁月，尽管工作忙碌，抑或遇到许多坎坷，但我找到了人生的价值和热爱。实习生活或是苦涩，或是喜悦，流汗的每个瞬间、笑着的每一副面孔，都见证着成长，洗净铅华、纯真热烈。在过去的这段时间里，我渐渐褪去了初来的青涩，双目朗日月，二眉聚风云，我的眼神里多了自信与坚定。

有着丰富收获的不仅仅是我一个人，还有同样来到永川作业区的其他两位小伙伴、来到重庆气矿的其他八位青年才俊。小小的我，小小的我们，就是那一束束微弱而又坚定的光亮，聚集起来，便可以在川东这片大山大河中，绽放属于我们的青春光芒。

今天，无数青年在努力书写无愧于时代的华彩。他们有的仰望星空、脚踏实地，用实验室里的青春换来资源勘探、生产开发的革新进步；有的深入基层，扎实一线，把为人民服务写在星罗棋布的井站泥土中。他们辛勤付出、默默奉献，守护、温暖着他人，让爱在社会传递、流淌……

可能长路漫漫、也许永夜无昼，但我们还有大把时间。趁着风华、赶在正茂，好好吃饭，认真运动，奋进路上愿我们都心中有阳光，脚下有力量。

情注大巴山

杨源平

绵延起伏的大巴山，满目苍翠，大自然的鬼斧神工造就了秀丽隽永的风景，也构成了"难于上青天"之蜀道。端午节前一天，西南油气田公司重庆气矿渝北运销部的 9 名志愿者自驾驱车 400 余千米入蜀道大巴山深处，来到革命老区重庆城口县庙坝镇石兴村新民小学捐资助学，鲜艳的九袭红工衣点缀在青山绿水、蓝天白云之间。

城口县庙坝镇石兴村，海拔 1100 余米，山高坡陡，地广人稀，属于国家级贫困县城口县下属的贫困村。本次志愿者捐助的新民小学只有一间约 10 平方米的教室挤满了两个年级的 12 名留守儿童，代课老师李姓小伙子正处于大四实习阶段，他一人既要负责两个年级的教学，还要为孩子们煮饭洗碗。该村第一书记、城口县社保局副调研员陈子中还有两个月就要退休了，是这次捐资助学的联络人。他临近退休，但贯彻落实党中央精准扶贫的热情丝毫不减。

2017 年 5 月 26 日，当志愿者一行带着全渝北运销部员工捐助的深情厚谊到来之际，城口县教委、社保局、县电视台以及庙坝镇党委、石兴村党支部均"兴师动众"，纷纷表达对石油人善举的由衷感激，志愿者胸前的宝石花在大巴山深处显得如此绚丽。

最高兴的还是孩子们，一年级的牟涛最希望有一个篮球。而这次，石油叔叔阿姨为他们送来了篮球、羽毛球、书包和文具，让同学们笑得合不拢嘴。课间休息时，他们忘情地玩着，有的爱不释手地抚摸着崭新的书包……石兴村党支部书记汤实文告诉记者："孩子们的爸爸妈妈都在外地打工，一年很难回来一次。这群志愿者的到来，在孩子们眼里，就和爸爸妈妈一样亲切。"

从 2015 年开始，西南油气田重庆气矿渝北运销部志愿者就开始对新民小学儿童进行资助。而渝北运销部员工自发的捐资助学始于 2009 年，旱土中心站万军等三人发起志愿者行动，到目前已经有 29 名员工参与，像滚雪球一样越滚越大。除了在城口外，还在重庆的石柱县和綦江区开展捐资助学活动。本次活动中，运销部党委、青工委积极引导，在两天时间里，收到 56 名员工共计 1.05 万元的捐款。当志愿者们将 700 元至 800 元不等（按每名儿童家庭的困难程度）逐一分发到孩子们手中时，孩子们稚嫩的谢谢声和留守老人眼眶边感激的湿润让人心瞬间融化……

陈子中告诉记者："对这些家庭而言，莫说数百元，就是一百元对他们都是很大的数额。""对弱势群体的态度，体现了社会的文明程度。按照城口县委、县政府的统一要求，2017 年城口县要整体脱贫。石兴村共有贫困户 145 户，412 人。"陈子中继续说道。

"我们的捐助微不足道，也是杯水车薪，但我们承诺，只要孩子们一直读下去，小学、中学、大学，我们都会一如既往资助下去。"一名志愿者坚定地说。在万军他们捐助的孩子中，已有人考入重庆药剂学校。

从此刻，向未来

蒋　剑

岁序更替、万物新生。

迎着 2022 年的第一缕阳光，回望来路，25.5 亿立方米的天然气产量，有顶住压力、迎难而上的勇气，91.2 亿立方米的天然气销售量，有运筹帷幄、决胜千里的豪气。

历史，在"十四五"开局之年落下重笔，值得欣喜的是收获，让人唏嘘的是紧迫，最值怀念的是忘我。

乐观回首，2021 是放飞梦想的一年，幸福工程、资源突破、建党 100 周年的庆祝与憧憬……

有了开始，即便梦想千年，也新意盎然。

现实记录，2021 也是承担压力、背负重任、经受考验的一年。储气库扩容达产的艰辛与不易、老气田稳产的集智与聚力、新型作业区的改革与建设……

不仅记录，还亲身感受，所以满怀希望，心存感激。

不论难易、不论成败、不论得失，都来自 3711 个"微小"力量的凝聚。

千钧之力，聚于涓埃。

涓埃的重量常被忽略，但无数渺渺涓埃汇聚一处，便可比肩丘山。

于是不拒细流便汇成了浩渺之波，不拒微尘便聚成了擎天之势！

成之维艰，殊为不易。这一年，抉择当先，要在当下，打破惯性思维而后立。

不会忘记，川东首口"一井双礁"云安 012-X16 井获百万方高产时的呼啸声，云安 002-X10 井钻遇 200 米优质云岩储层展现出高产潜力的心跳声，吴家坪组海相页岩领域罐 36 井成功获气的欢呼声；资源勘探力度不断加大，在三大资源勘探主战场均取得实质性进展；快马加鞭落实 90 余项挖潜增效措施，常规气综合递减率逐步降低，老气田稳产效果显著；"老区稳产、非常规气上产、储气库建设、降本提效"四大攻坚战全面推进，充分彰显气矿破而后立的果敢与决心。

锐意进取，天道酬勤。这一年，逢山开路，遇水架桥，拥有将改革进行到底的勇毅。

不曾忘记，国内外疫情一波未平一波又起的巨浪，数千名重庆气矿将士扛起生产重任，义无反顾投身高质量发展之路，零疫情的防控成果彰显了措施落地的果决、认真执行的坚持；寒风凛冽的相国寺山上，历经红线避让、环境保护诸多波折的扩容达产完善工程，在欣喜与怅然、激动与潸然中全面竣工，"国家优质工程奖""石油优质工程金奖"等多项国家级、省部级荣誉是对重庆气矿所有参建者最温暖的慰藉；"一库一平台"上线运行，成功搭建数字化融合平台与共享数据中心库，让数字化转型再一次傲然走在前列；西南地区首座商业储气库首次商业调峰采气的探索、新型作业区建设的全面启动、全覆盖员工安全履职能力评估的初探……无不彰显重庆气矿锐意推进改革，敢啃硬骨头的勇气和信心。

一语不能践，万卷徒空虚。这一年，丢掉幻想、逆势而进，党建引领正确方向。

难以忘记，百年前那艘红船上的抉择，与这一年每名党员的初心交相辉映；党史学习教育与"转观念、勇担当、高质量、创一流"主题教育统筹推进，超额完成提质增效年度考核目标；党委巡察将问题重点剖析、措施落实落地；"十四五"职工幸福生活工程与"我为员工群众办实事"同步推进，421 件实事认真解决员工群众急难愁盼问题；技能人才队伍建设跑步前进，集团公司"石油名匠技能人才领军人物"、中国创新方法大赛二等奖让技能人才不但有用武之地，还能发挥到极致；石油沟气田巴 1 井旧址获集团公司首批工业文化遗产，让精神彰显精神，让历史铭刻历史；"双教"基地的成功升级打造、职工文化体育的繁荣发展、矿区服务的转型升级……真正彰显了重庆气矿不驰于空想、不骛于虚声，一步一个脚印，踏踏实实干好工作的初心和使命。

　　每一个喜人的成绩、每一步前进的步伐、每一句真诚的肯定，都来自微小如涓埃的你我。而每一个你我，绝不"躺平"，绝不由天，定要努力在时代与命运的罗盘上刻下印记，以千万个涓埃聚成洪流，汇于沧海。

　　萤烛末光亦可增辉日月。

　　"微小"的力量，向来不容小觑。

　　君子务本，本立而道生。重庆气矿始终相信微小的力量，愿意读懂每一个微小背后的千钧之力。

　　新的一年，在前进的道路上，还会遇到各种风险和挑战，我们始终坚信，奋斗是最美的姿态，每个人都了不起。每一名干部员工才是重庆气矿从胜利走向新的胜利的根本力量。心有大志，便不惧前路坎坷；胸怀勇气，必能穿越资源轮回。

　　这片土地曾经辉煌，这片土地曾经黯然；这片土地沐浴阳光，这片土地充满希望。

　　虽然前路或许多艰，但对这朝着阳光方向的生长，每一个你我都在努力地奋斗着。

　　用奋斗定义时间，用奋斗成就梦想。

　　雄关漫道真如铁，而今迈步从头越。

　　当千百个涓埃汇聚在一起，也可以汇聚成巍峨的丘山，撑起川东这片土地，补益山河。

　　在不同时间留下的眼泪和微笑，就让时间如光，串起这晶莹剔透的液滴，折射出一如灿烂微笑的七彩虹谱，照亮前路和梦想。

　　加油，2022！

　　加油，每一个奋斗的你我！

天然气的"前世今生"

蒋　茜

我是上古时代一片茂密的森林
矗立千年后被泥土掩埋
隔绝 、挤压
历经万年沉寂
化作地壳深处的一声叹息

我是泥泽上一缕游荡的气体
自由升腾中被电闪雷击
燃烧、炙热
释放激情野性
点亮世人一双双惊喜的眼睛

我是油气人心中一个殷切的渴望
无人旷野中被呼喊探寻
涌动、喷薄
穿过畅通管道
奔向需要我的每一个炉灶

我是百年后一个美丽的传说
只能从档案中找到我
无影、无迹
仿佛从未存在
却推动人类迈过整整一个时代

我只想听听你

陈 伟

我只想听听你的声音
听你说那些工作的事情
虽然我一点都不懂
听你说那些可爱的同事
也许有些我从未见过
听你说领导们经常去慰问你们
原来他们也是那么的平易近人
我只愿这么静静的听
仿佛你就在我耳边

我只想听听你的味道
不管晴天还是雨天
只要有任务
那就往前冲
淋湿了不怕
晒黑了不怕
只要能保证生产
你总是那么坚持
石油的味道
天然气的味道
还有汗水的味道

即使远在天边

我也能闻到

我只想听听你的笑容

总能从电话里看到你真心的笑容

圆满完成工作的笑

和同事撒泼打诨的笑

想念家人时温馨的笑

不曾见到

却已听到

因为你的笑

我的世界不再单调

我不愿听到你们发生了意外事故

只希望你能严守禁令

只为那每晚能给我一个爱的晚安

时光因你而惊艳

胡 毅

人生若有四季

那春季一定属于女性

因为女性和春天一样

如此清新而优美

也许

你早已习惯了她们穿着制服的模样

习惯了她们奋战在各个岗位的英姿

但是当她们褪去沾满油污的工装

当她们取下厚厚的安全帽

那灵动的眉眼

也一样足以惊艳时光

石油的半边天啊

她们是气田建设的中坚

或许正值花样青春

或许已处三十年华

或许已经双鬓斑白

但她们都有一个共同的名字

石油女工

上得了厅堂下得了厨房

孝顺老人亲近孩子

还能舞动管钳爬坡巡山

这些都是属于她们的

最美的关键词

白天与空山为伴

夜晚仰望星空浩瀚

她们深知

人生的奋斗不只为自己

更要承载一种无私的大爱

巾帼显英姿豪气比男儿

穿上红装的她们英姿飒爽

换上红妆的她们风华绝代

她们温暖了岁月

也惊艳了时光

唱一曲铿锵

周翠莲

似一股清泉

潺潺沁入山冈

流淌过村庄

带着丁零脆响

和温婉清香

如一抹晚霞

徐徐染红天际

投影在窗纱

带着落日余晖

和暖暖笑颜

一个小站　几朵蔷薇

轻柔的花瓣

坚硬不折的杆儿

一片苍穹　几多荒凉

弱小的身躯

百折不挠的心

卸去红装

你是温润如水的美玉

一缕香　一抹妆

你的低语　你的芬芳

尽然刻画女儿的姿态

世间的美好

当你穿上工服

竟似独当一面的尖刀

步履从容　眼神坚毅

机智果敢　英气凛然

不屑袭来的风雨　历尽的沧桑

赞歌悠扬

清唱一曲铿锵

容颜易逝　青春易老

皱纹终会刻在脸上

你啊

是默默付出的石油女工

是亦柔亦刚的玫瑰

更是环绕心头的一抹幽香

涌动的脉搏

周翠莲

那时的我　是深藏在地底无尽的黑色

黑色的血液　黑色的眼睛

毫不停息地滚滚流淌

历经百万年的分解　合成　沉淀　孤寂

怀揣梦想　四处蜿蜒　延伸

我渴望变作一阵细雨

浇灌大地　滋润万物

我渴望化作一片汪洋

蔚蓝无际　肆意徜徉

我渴望能从地底探出头来

尽情呼吸　挥洒热忱

终于有一天

当我睁眼看见了光明和不同的颜色

看见了千万石油人脸上的笑容

我知道　等待的时刻已经来到

他们欢呼　激动　呐喊

亦如我　喜悦之情溢于言表

我看见他们身上流淌的血液

是醒目的红色

比我更加热烈　更加澎湃
还有一种叫作拼搏的力量

为了撬开覆在我身上沉重的岩石
他们攒着拳头　紧咬着牙
用坚硬的钻头刺破地表
像是打破层层牢笼
汗水　一滴滴落在地面　开出了花
芳香四溢

如今的我　随着参天铁架　喷薄而出
挣脱开束缚与枷锁
去到世界各处　散发光热
却终不能忘却他们的脸

我是滚滚流淌的石油
黏稠不断的我　深深眷恋着这片大地
和不知疲倦　默默奉献的石油人
我和他们一样
有着不停涌动的脉搏

启 航

胡　毅

光耀巴蜀

从这里诞生的页岩气能源巨轮

迎着朝阳出发

沿着"寻找大场面 建设大气田"的航道

向着保障国家能源安全的目标

掀起了气壮山河的建设浪潮

如果没有页岩气，这片荒原永远只是荒原

如果没有页岩人，这片荒原也永远没有姓氏

他们将沉寂千年的地壳作为诗歌

他们将贫瘠荒凉的土地当作景色

他们倾尽一生心血走在时光之侧

他们耗尽花样年华播下希望的种子

小站，冷月，晨曦

一群人创造着气田的荣光

勘探，压裂，控水

一口井见证着时代的兴旺

认识，认识，再认识

对大地的不歇追问是他们秉承的职业道德

突破，突破，再突破

对地层的深度解码是他们习惯的探索姿态

深耕长宁

挺进泸州

鏖战威远

从城市到乡村

从河流到山川

他们留下脚印一片

有深有浅

有血有汗

有泪花点点

有笑声串串

忽略着沿途的风景

增添了朝花夕拾的蜿蜒

疏忽着家的温暖

增添了两情若是久长时的期盼

忽略着内心的波澜

增添了小楼一夜听春雨的感叹

疏忽着不断更迭的岁月

增添了绝知此事要躬行的沉淀

他们如逆风的向日葵

用心与阳光交谈

他们是探索的蜗牛

何惧泥泞一片

战严冬

攻渝西

定井位

取五峰

一段段激情迸发的岁月

一份份滚烫灼热的情怀

抒写着一部栉风沐雨，筚路蓝缕的创业史

铸造着一部从无到有，玉汝于成的奋斗史

绘制着一部科技驱动，披荆斩棘的创新史

谱写着一部薪火相传，与时俱进的开拓史

叙述着一部精神引领，文化积淀的光荣史

百舸争流千帆竞

西南油气田页岩气事业在迈向未来的路上扬帆远航

秉承着火热的初心，承载着神圣的使命

我们共同携手，将历史演绎成不朽的丰碑

爱上这个世界

隆春梅

晨曦中
一棵小草破土而出
露水压弯了小草
承载太多
不能承受
草儿让它们跌落
一颗一颗
不知向何处
不是屈服
是放手

寒风中
逆行的身影带着温暖
一颗　两颗　三颗
像无数发光的星星
带着光明
照亮前方的路
带着光明
在这片滋养我们的土地上撒播——爱
于是
从古至今的责任 担当 忠诚 勇敢
让我们的脊梁一直坚韧挺拔

如果我们在轮回中
一直发光
我们也能成为彼此的星星
于是
又一次
爱上这个世界

党旗飘扬（组诗）

蒋　剑

党旗飘扬

一袭红衣，坚守于山间，行走在田陌

镰刀铁锤，于心田矗立，耀赤子之心

如水，如光，如螺丝钉

滋润土地，照亮黑暗，奉献自己

采千丈之气亦气壮山河

转千阀之手亦擎举红旗

精锐之师挥动奋进之旗

将精神融入血脉

让力量迸发新机

党旗，飘扬

敬礼，党旗

壮美气田

巴渝山水，物阜民丰。聚气于此，守山采气，富一方水土，供千百城户，育万千民众，履央企之责。

人与站相谐，站与线相印，线与山相连，山与城相融，交织气田之美。气田之美，美于人善物杰，美于矿山之绿，美于山河壮丽。

责任在肩

青春的朝气是清新的绿

生命的热情是浓烈的红

石油人就是红与绿的追寻者

就是诗与歌的创作者

宽阔的站场

有力的是石油人与之荣辱的责任

奔涌的管线

有声的是石油人与之俱进的心跳

热爱石油的我们

襟怀坦然无视挥汗如雨

只将责任扛在肩

情满井站

站场流云，整洁静谧

挺拔屹立的是采气树

无声流动的是天然气

站场在每一次变革中坚守

留下的是满站的情谊

夫妻、姐妹、兄弟、战友

来来去去，走走停停

改变的是容颜

不变的是永驻心中的温情

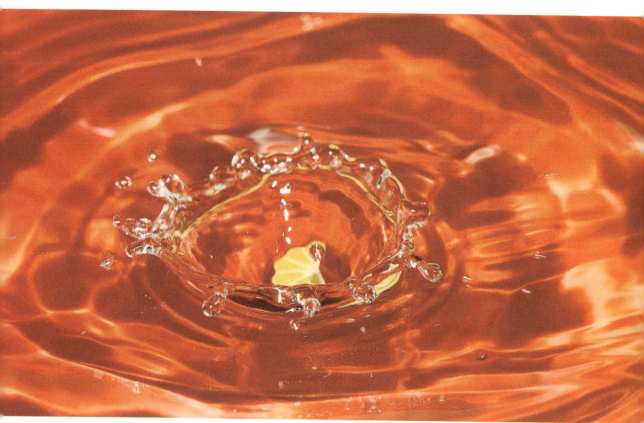

奉献能源（刘云兰 摄）

爱是一道光（程红 摄）　　　母子（刘云兰 摄）

巡检归来（刘云兰 摄）

井站夫妻（刘云兰 摄）

温情（程红 摄）

姐妹情（李传富 摄）

休憩（周玮 摄）

对话（刘云兰 摄）

爸爸下班啰（伍洪文 摄）

我的一家（刘云兰 摄）

采气女工的快乐时光（李传富）

姐妹花（刘云兰 摄）

井站团年饭（李传富 摄）

快乐运动（刘云兰 摄）

上下班（程红 摄）

植树（周玮 摄）

小站初春（程红 摄）

页岩气之春（喻体卫 摄）

春色（程红 摄）

大地（程红 摄）

气田新歌（程红 摄）

无惧"烤"验（伍洪文 摄）

烤（伍洪文 摄）

干劲十足（程红 摄）

检修（程红 摄）

值守（刘云兰 摄）

战酷暑（程红 摄）

红（伍洪文 摄）

专注（程红 摄）

描绘（喻体卫 摄）

彩霞满天（程红 摄）

一帮一传授（李传富 摄）

雨中（程红 摄）

天高云淡（程红 摄）

设备保养（李传富 摄）

晴空万里（程红 摄）

音符（程红 摄）

巡检忙（程红 摄）

山路（程红 摄）

秋色（程红 摄）

大山深处（刘云兰 摄）

战疫 采气担当（刘云兰 摄）

井站一角（刘云兰 摄）

绿色巡检路（刘云兰 摄）

石油人（程红 摄）

绿色井站（程红 摄）

粉刷忙（刘云兰 摄）

落日余晖（程红 摄）

前行（程红 摄）

修井人（周玮 摄）

绿意盎然（程红 摄）

应急演练（刘云兰 摄）

演练（李勇 摄）

奔（周玮 摄）

学与练（伍洪文 摄）　　　　　鏖战（周玮 摄）

井站夜（刘云兰 摄）

助力新能源（伍洪文 摄）

谐（刘云兰 摄）

担当（李成勇 摄）

巡检（李成勇 摄）

风雪石油人（程红 摄）

记录（汪海彬 摄）

鏖战冬夜（郑元涛 摄）

相国寺储气库（郑元涛 摄）

功勋气井（郑元涛 摄）

璀璨（刘云兰 摄）

磨盘场中心站（郑元涛 摄）

鸟瞰增压东站（郑元涛 摄）

老湾站（郑元涛 摄）

俯瞰井站（程红 摄）

黄 202 脱水站（李传富 摄）

土库曼斯坦阿姆河气田：鸟瞰萨曼杰佩增压站（80 亿立方米规模）（赵俊超 摄）

土库曼斯坦阿姆河气田：鸟瞰萨曼杰佩增压站（80亿立方米规模）（赵俊超 摄）

土库曼斯坦阿姆河气田：萨曼杰佩增压站（80亿立方米规模）（赵俊超 摄）

土库曼斯坦南约洛坦气田：天然气处理厂（100亿立方米规模）（赵俊超 摄）

土库曼斯坦阿姆河气田：集气总站（80亿立方米规模）（赵俊超 摄）

土库曼斯坦南约洛坦气田：晚霞相伴的天然气处理厂（100亿立方米规模）（赵俊超 摄）

土库曼斯坦南约洛坦气田：天然气预处理厂（赵俊超 摄）

土库曼斯坦阿姆河气田：花开气田的第二天然气处理厂（赵俊超 摄）

党在我心中（程红 摄）

我与党旗合个影（伍洪文 摄）

誓言（伍洪文 摄）

党课（程红 摄）

党旗飘扬（程红 摄）

党员先行（程红摄）

跟党走（刘云兰）

卧龙河畔党旗红（程红 摄）

党日活动（李传富 摄）

对党说说心里话（伍洪文 摄）

不忘初心（李传富 摄）

百年辉煌　心向党（刘云兰　摄）